성령론적 요한계시록

Ⅱ

REVELATION

기이한 빛 속으로

| **손요한** 지음 |

큼란출판사

기이한
빛 속으로

추천의 글

마지막 시대에 접어든 지금 우리는 지식이 더하고 소위 정보의 홍수 속에서 살아가고 있습니다. 하지만 참된 지식, 사람들에게 생명과 구원을 주는 복음, 영원한 가치를 지닌 지식을 얻기란 마치 홍수 속에서 식수를 얻는 것만큼이나 어렵습니다.

종말 시대에 있는 오늘의 교회들은 수많은 계시록 해석과 강해를 접하며 살고 있습니다. 홍수처럼 범람하는 요한계시록 관련 책과 자료들은 오히려 성도들의 마음을 혼란하고 불안하게 하고 또한 수많은 이단들을 양산하기까지 합니다. 이와 같은 현실에서 하나님의 종말 사역은 어떻게 누구에게 그리고 어떤 방법으로 일하고 계실까 우리는 생각해 보아야 합니다.

지금 우리가 살고 있는 이 시대는 미혹의 시대입니다. 주님께서 경고하신 대로 온 세상이 미혹으로 뒤덮여 있고, 특히 교회 안에는 양의 옷을 입은 거짓 종, 의의 일꾼으로 위장된 종들로 가득합니다. 그러나 그 속에도 주님의 재림을 소망하며 신령과 진정으로 예배드리는 참되고 충성된 종들이 있기에 주님은 하늘 보좌에서 종들을 향한 중보와 함께 천사들과 함께 응원하시리라 믿습니다.

요한계시록을 해석하는 일과 설교하는 일은 결코 쉬운 일이 아닙니다. 그 이유는 장차 될 일들에 관한 메시지이기 때문입니다. 계시록을 해석하는 입장에 따라서 신앙의 진위가 결정되고 신학적 위치가 정해집니다.

세속문화의 악한 도전은 그리스도인의 경건한 삶을 뒤흔들고 예수 그리스도의 재림을 무가치한 것으로 취급하는 잘못을 범하게 했습니다. 그런가 하면 성경을 떠난 시한부 종말론이 기승을 부리며 혼돈을 일으키고 있습니다. 이러한 때 성경적이고 복음적인 입장을 지키는 계시록 강해 설교집 《기이한 빛 속으로》가 출간되니 참으로 다행스럽고 축하할 일이 아닐 수 없습니다.

이 설교집이 주님의 재림을 고대하는 성도들에게는 대망의 메시지가 되고 재림을 없는 일로 치부하는 불신자들에게는 경종의 메시지가 될 것입니다. 코로나 사태로 고난의 시대를 살아가는 사람들에게 위로의 메시지가 되고, 재림신앙이 흔들리는 사람들에게는 위로와 확신의 길을 보여 주는 소망의 메시지가 될 것입니다.

본서를 통해서 성도들이 계시록 말씀을 좀 더 깊이 각성하고 가치를 깨닫고 재림신앙으로 무장하기를 바랍니다. 주님은 예언의 성취를 위하여 그리고 최후의 심판을 위하여 반드시 재림하십니다. 준비된 사람들은 마라나타를 외칠 수 있을 것이요 그렇지 못한 사람들은 전전긍긍 공포에 떨 것입니다.

설교는 설교자를 통해서 제한된 공간과 시간에 강단에서 전달됩니다. 하지만 설교집은 서로 다른 시간과 공간에 있는 사람들에게 하나님의 말씀을 전하게 하는 통로입니다.

하나님께서는 위대한 선지자들과 사도들을 통해 말씀을 전하게 하셨을 뿐만 아니라 이를 기록하여 후대의 사람들도 동일한 말씀을 듣게 하셨습니다. 손요한 목사님 역시 하나님의 말씀이 에스라 성경연구원에 나오는 사람들뿐만 아니라 더 많은 사람들에게 선포되고 들리길 바라는 마음으로 이 책을 출판하고자 했을 것입니다.

계시록에 대하여 많은 부분 오해하는 내용이 있으며, 여러 난제들에 대하여는 지금도 논쟁이 끊이지 않습니다. 다른 한편 손 목사님 자신도 혹시 아직 부족함과 미숙함으로 인해 바로 해석하고 강의했는지에 대한 염려도 없지 않아 출판을 망설이고 주저했었습니다. 그러나 성령께서 깨우쳐 주시는 말씀만 바로 전하겠다는 다짐으로 기도했고, 그 응답으로 하나님의 말씀을 바로 대언했다는 작은 기대로 이 책을 출판하게 되었다고 합니다. 그래서 제목이 《기이한 빛 속으로》입니다.

저는 지금까지 손요한 목사님과의 사귐과 말씀의 교제를 통해서 그의 성경 연구에 대한 열정과 지칠 줄 모르는 탐구력을 보고 놀라고 감탄을 금할 수가 없었습니다. 먹고 잠자는 시간을 제외한 거의 모든 시간은 오직 성경 연구에만 몰두하는 모습을 보았습니다.

저자의 줄기찬 노력과 노고에 치하와 감사를 드리고, 이 책을 읽는 분들에게 깊은 영감과 큰 은혜의 선물이 될 것을 믿으며 기쁜 마음으로 추천하는 바입니다.

뉴저지 벧엘감리교회
정성만 원로목사

추천의 글

"고난 받는 교회에 위로와 격려를 드리며 승리하는 교회가 되기를 충실한 원어의 해석을 통한 성경의 자의적 증거를 잘 드러내면서 생명과학, 유전공학 시대에 탁월한 적용의 성과를 거둔 성경 주해서"

신랑의 관심은 신부에 있듯 하나님의 관심은 교회에 있습니다.

이스라엘을 낳고 키우고 돌보고 축복하며 번성하게 하심으로 하나님의 성품과 능력과 그의 영광을 보여 주신 것같이, 종말에 예수 그리스도의 죽으심과 부활로 창세 전에 예비하신 새 이스라엘 교회가 탄생하였습니다. 교회는 영욕을 거치며 역사 가운데 성장해 왔습니다.

특별히 종말의 시간에 고난 받는 교회를 위로하며 승리하는 교회가 되도록 격려하는 서신이 요한계시록입니다. 요한계시록은 교회를 돌보는 주의 종들에게 초점을 맞추고 있습니다. 변화무쌍하고 혼돈된 세상 역사 가운데서 믿음을 지키고 교회를 보양하며, 예수 그리스도께서 승리하신 세상의 주시며 만왕의 왕이 되심을 굳게 믿고, 고난 가운데서도 낙망하지 말고 소망 가운데 다시 오실 재림의 주님을 기다리며 종말의 시대를 지혜롭게 살아가라는 당부입니다.

손요한 목사님은 원래 법학을 공부하고 일찍이 미국에 와서 생명공학과 의학에 관심을 갖고 공부하던 중 한의학에 뜻을 품고 많은 제자들을 양성하였습니다. 뉴욕의 맨해튼에서 한의원을 개업하여 10여 년간 운영하다 사람의 인체 속에서 하나님의 비밀이 있음을 발견하고 선교사로서 주의 종의 길을 가게 된, 깊은 영성의 소유자십니다.

지난 10년 동안 한국에서 목회자를 대상으로 한 에스라성경신학 연구원을 운영하면서 깊은 말씀의 영성으로 많은 제자들을 양성했으며, 특히 구약과 요한계시록의 정기적인 강의를 통해서 섬겼습니다.

변화와 혼돈의 시기, 한 치 앞도 내다보기 힘든 어둠의 시기에 요한계시록을 읽고 우리는 그 사명을 다하여야 합니다. 일제 강점기 때도 계시록은 한국교회와 우리 민족에 위로와 소망이 되었습니다. 4차 산업혁명 시대 사회주의와 민주주의의 대립이 극심한 오늘날 요한계시록을 통해 잠자고 있는 교회와 성도를 깨우는 일을 해야 합니다.

그러나 시간과 공간의 무대가 달라지면서 오해와 독선적·자의적 해석이 난무하면서 많은 사람들에게 잘못된 인식과 함께 기피의 책이 되기도 했습니다.

여기에는 개신교를 파괴하려는 예수회의 음모가 작용하여 세대주의 종말론이라는 잘못된 가르침이 한몫하기도 했음을 간과해서는 안 됩니다. 그 중 대표적인 것이 환난 전 교회 휴거라는 터무니없는 신학 이론과 같은 것들입니다.

최근 많은 요한계시록 관련 서적이 출간되어 있지만 손 목사님이 집필한 《기이한 빛 속으로》는 본문에 충실하면서도 현대적이며 현실적 적용에 탁월한 다리 역할을 하고 있습니다. 그동안 연구한 내용이 성령의 조명하심을 따라 누구나 이해하기 편한 설교식의 문체로 기록되어 있다는 특징도 있습니다.

한국과 미국의 이민교회를 담당하는 주의 종들과 성도들에게 종말의 빛으로 전해지길 바라며 일독을 권하는 바입니다.

미국 뉴저지 팰리세이즈파크 한인회장

Jesus Community Church

오대석 목사

시작하면서

세상은 성경적 종말을 향하여 달려가고 있다.

성경적 종말이란 이 세상의 끝을 말하는 것이 아니라 이 세상의 새로운 시작을 의미한다. 즉 사람이 다스리고 통치하는 시간에서 예수 그리스도께서 다스리고 통치하시는 세상으로의 변화이다.

인류 역사에서 한 번도 경험해 보지 않은 코로나19 사태를 보면서, 최근 들어서 많은 사람들은 예전에는 지역적으로 국한되었던 성경에서 말하는 온역병이 이제는 전 세계적으로 확산되며 모든 나라가 고통 받고 있는 현실을 직감하고 있다. 이것을 누가복음 21장 35절에서는 "이날은 온 지구상에 거하는 모든 사람에게 임하리라"라고 말씀한다.

성경이 갖는 권위와 힘은 이미 세상의 역사 속에서 입증되었고, 세상은 성경에서 말씀하시는 하나님의 예언대로 운영되어 왔음을 우리는 알고 있다. 이것은 세상의 운영은 하나님의 섭리와 통솔하에 있음을 말하는 것으로, 바로 지금 우리가 살고 있는 이 시간대가 종말의 시간을 향하여 달려가고 있는 시간이다.

그러므로 종말의 시간은 지금까지 살았던 평범한 시간이 아니라 하나님의 진노가 내려지는 시간으로, 우리는 이것을 환난이라고 말한다. 이것에 대하여 예레미야 30장 24절은 "나 여호와의 진노는 내 마음의 뜻한 바를 행하여 이루기까지는 쉬지 아니하나니 너희가 말일에 그것을 깨달으리라"라고 말씀한다. 말일 곧 종말에는 이 모든 것이 하나님의 뜻이라는 것을 깨닫게 되리라는 것이다.

그래서 종말에 사는 하나님의 사람들은 깨어 있어야 한다.

주님은 마태복음 24장 42절에서 "그러므로 깨어 있으라 어느 날에 너희 주가 임할는지"라며 깨어 있을 것(keep watch)을 종들에게 명령하고 있다. 깨어 있는 자만이 말일 곧 종말에 일어나는 일들에 대하여 하나님의 뜻을 깨달을 수 있기 때문이다.

아모스 3장 7절에서는 "주 여호와께서는 자기의 비밀을 그 종 선지자들에게 보이지 아니하시고는 결코 행하심이 없으시리라"라고 말씀하고 있다. 이것은 하나님은 종말에 일어날 일들을 깨어 있어 준비된 종들에게 반드시 알리고 행하신다는 약속이다.

그러므로 깨어 있는 종은 마태복음 24장 43-46절에서와 같이 "너희가 알지 못함이니라 너희도 아는바니 만일 집 주인이 도적이 어느 경점에 올 줄을 알았더면 깨어 있어 그 집을 뚫지 못하게 하였으리라 이러므로 너희도 예비하고 있으라 생각지 않은 때에 인자가 오리라 충성되고 지혜 있는 종이 되어 주인에게 그 집 사람들을 맡아 때를 따라 양식을 나눠 줄 자가 누구뇨 주인이 올 때에 그 종의 이렇게 하는 것을 보면 그 종이 복이 있으리로다"라고 말씀한다.

결국 종말은 깨어 있는 종들과 깨어 있지 못한 종들로 나뉘며, 이들에 의하여 백성들의 운명이 갈라지게 된다.

요한계시록 1장 1절도 "예수 그리스도의 계시라 이는 하나님이 그에게 주사 반드시 속히 될 일을 그 종들에게 보이시려고 그 천사를 그 종 요한에게 보내어 지시하신 것이라"라고 전한다. 여기서 그 종들 그리고 그 천사라고 할 때의 '그'는 바로 소유격 '하우투'(αὐτοῦ)로 그의 종들 또한 그의 천사들이라는 의미를 가지며, 이는 바로 예수 그리스도의 소유된 종들과 천사들이라는 의미로 해석할 수 있다.

세상에는 자칭 예수 그리스도의 종들이라는 수많은 종들이 있지만 하나님은 그의 종들 곧 예수 그리스도의 참되고 진실한 종들에게 계시하고 있는 것이다

마태복음 24장 48-51절에서처럼 "만일 그 악한 종이 마음에 생각하기를 주인이 더디 오리라 하여 동무들을 때리며 술친구들로 더불

어 먹고 마시게 되면 생각지 않은 날 알지 못하는 시간에 그 종의 주인이 이르러 엄히 때리고 외식하는 자의 받는 율에 처하리니 거기서 슬피 울며 이를 갊이 있으리라"라고 하는 것처럼 지금 이 세상에는 백성들을 잘못된 길로 인도하는, 깨어 있지 않은 악한 종들이 많음을 깨달아야 한다.

그러므로 종말은 예수 그리스도의 소유가 된 깨어 있는 종들과 세상에 미혹되고 유혹에 빠진 악한 종들과의 영적인 대결이 펼쳐지는 시간으로 이 싸움은 이미 WCC(World Council of Churches, 세계교회협의회)와 WEA(World Evangelical Alliance, 세계복음주의연맹)를 통하여 세상 속에 확연하게 드러나 있다.

2천 년의 교회사는 사단이 교회를 점령하는 시간으로 보아야 하는데, 이것은 이미 주님께서 예언하신 것으로 누가복음 8장 16-18절에 드러나 있다. "누구든지 등불을 켜서 그릇으로 덮거나 평상 아래 두지 아니하고 등경 위에 두나니 이는 들어가는 자들로 그 빛을 보게 하려 함이라 숨은 것이 장차 드러나지 아니할 것이 없고 감추인 것이 장차 알려지고 나타나지 않을 것이 없느니라 그러므로 너희가 어떻게 듣는가 스스로 삼가라 누구든지 있는 자는 받겠고 없는 자는 그 있는 줄로 아는 것까지 빼앗기리라 하시니라"라는 말씀을 통하여 세상의 등불로서 모든 사람들을 빛 가운데로 인도해야 할 교회가 그 진리의 등불을 모든 사람들이 보는 등경 위가 아니라 그릇으로 덮고 평상 아래에 둠으로 진리를 숨기고 감추었다는 것이다. 바로 사단이 교회 속에 역사하는 어둠의 세력들을 두어 그들로 하여금 하나님의 진리의 빛을 감추고 숨겨왔다는 것이다.

그러므로 마지막 시대에 종말의 종들은 자신이 진리의 빛에 속해 있는지 아니면 사단에 의해서 숨기고 감추인 비진리 속에 있는지 자신의 영적 상태를 분별하는 것이 선행되어야 한다.

성경은 사단에 의하여 숨기고 감추인 이 모든 것들이 드러나고 나타날 것을 말씀한다. 바로 종말에 깨어 있는 종들에게 이 사실들이 나타난다는 것이다. 베드로후서 1장 19-20절에서는 "또 우리에게 더 확실한 예언이 있어 어두운 데 비취는 등불과 같으니 날이 새어 샛별이 너희 마음에 떠오르기까지 너희가 이것을 주의하는 것이 가하니라 먼저 알 것은 경의 모든 예언은 사사로이 풀 것이 아니니"라고 하고 있기 때문이다.

여기서 '우리에게 더 확실한 예언이 있다'고 한다. 바로 요한계시록을 두고 한 베드로의 고백이다. 이 요한계시록은 종말에 어두움을 비추는 등불의 역할을 한다는 것이다. 종말의 시간대에 살고 있는 주님의 종들은 요한계시록이라는 등불 곧 진리의 등불을 어두움의 교회 안에 비추어야 한다는 것이다.

그러나 주의할 것이 있는데 바로 "날이 새어 샛별이 너희 마음에 떠오르기까지"라는 단서다. 샛별이라는 예수 그리스도께서 종들의 마음에 떠올라야만 한다는 것이다.

"날이 새어 샛별이 너희 마음에 떠오르기까지"라는 말씀은 종말에 사역하는 모든 종들에게 샛별이 떠오른다는 것일까, 아니면 주님의 강림을 사모하며 깨어 있어 백성들을 바른 길로 인도하는 충성된 종들에게일까? 필자는 후자라고 믿는다.

또한 요한복음 4장 23절의 "아버지께 참으로 예배하는 자들은 신령과 진정으로 예배할 때가 오나니 곧 이때라 아버지께서는 이렇게 자기에게 예배하는 자들을 찾으시느니라"라는 말씀과 같이 예배드리는 것이 범죄와 같이 여겨지는 오늘의 현실에서 어떤 눈치도 보지 않고 오직 하나님과 어린양이 인도하는 대로 따라가는 종들에게 샛별이 떠오를 것이라는 확신이 든다.

종말의 시대에는 성령도 강하게 역사하시지만 사단의 세력도 물불을 가리지 않고 하나님의 자녀들을 미혹하고 쓰러뜨리기 위해 일한다.

데살로니가후서 2장 9-10절의 말씀처럼 "악한 자의 임함은 사단의 역사를 따라 모든 능력과 표적과 거짓 기적과 불의의 모든 속임으로 멸망하는 자들에게 임하리니 이는 저희가 진리의 사랑을 받지 아니하여 구원함을 얻지 못함이니라"라는 경고를 하고 있기 때문이다.

지금 우리가 살고 있는 이 시대는 미혹의 시대이다.

주님의 제자들이 주님에게 "주의 임하심과 세상 끝에는 무슨 징조가 있사오리이까"라고 마태복음 24장 3절에서 질문할 때, 주님은 "너희가 사람의 미혹을 받지 않도록 주의하라"(마 24:4)라고 대답하시며 경고하셨다. 주님께서 경고하신 대로 온 세상은 미혹으로 뒤덮여 있다. 특히 교회에는 양의 옷을 입은 거짓 종들 또한 의의 일꾼으로 위장된 종들로 가득하다.

그러나 그 속에도 주님의 강림을 소망하며 신령과 진정으로 예배드리는 참되고 충성된 종들이 있기에 우리 주님은 하늘보좌에서 종들을 향한 중보와 함께 천사들과 함께 응원하고 계시리라 믿는다.

필자는 10년이란 시간 동안 에스라성경신학연구원을 운영하면서 많은 목회자들과 교제하며 성경을 강의해 왔다. 그동안 책을 출판하는 것에 대하여 확신이 없었는데, 기도중 하나님이 세상이 더욱 악해지고 교회가 쓰러져 가고 성도들이 진리가 무엇인지 알지 못하여 방황하는 현실과 세계적으로 유행하는 코로나19 사태를 보면서 이제는 "때가 되었다"라는 응답을 주셨다. 이에 부족하지만 성령님과 기도로 교제하면서 주시고 깨닫게 하신 것들을 요한계시록 강해집으로 출간하면서 함께 나누고자 한다.

그동안 한국에서 수차례의 요한계시록 세미나를 통해서 말씀을 전하면서도 항상 부족한 것이 많았는데, 이번 집필을 통해서 오직 성령께서 주시는 말씀만을 기록하겠다는 다짐과 함께 기도와 응답으로 하나님의 소리를 대언했다는 작은 기대를 전한다. 그래서 책의 제목을《기이한 빛 속으로》로 결정하였다.

10년 동안 에스라성경신학연구원을 위하여 헌신하며 봉사하고 충성하며 부족한 가운데서도 재정적인 도움의 손길을 베풀어 주신 모든 에스라의 종들에게 진심으로 감사를 드리고, 이곳 미국 뉴저지에서 집필에 도움을 주신 정성만 목사님, 그레이스 목사님, 최현숙 목사님, 옥한나 목사님, 오대석 목사님, 강지연 사모님에게 진심으로 감사를 드린다.

모두 종말에 주님의 사랑 안에 거하는 영적인 아름다운 신부들로 주님이 주시는 면류관의 영광이 영원할 것을 믿는다.

이 책을 읽는 모든 자에게 샛별이 그들의 마음에 떠올라, 주님이 강림하실 때 그에게 붙은 자가 되어 영원한 영광에 거하는 자가 될 것을 소원한다.

목차

추천사 정성만 원로목사(뉴저지 벧엘감리교회) _4
오대석 목사(미국 뉴저지 팰리세이즈파크 한인회장) _8
시작하면서 _11

제12장 (Revelation 12)

1. 해를 입은 한 여자 _29
   가) 철장으로 만국을 다스릴 남자 _34
   나) 하나님의 예비하신 곳 _38
2. 한 큰 붉은 용 _44
   가) 일곱 머리와 열 뿔 _44
   나) 꼬리와 하늘 별 삼분의 일 _50
3. 하늘의 전쟁 _53
   가) 땅으로 내어쫓긴 큰 용 _53
   나) 밤낮 참소하던 자 _61
4. 하늘과 그 가운데 거하는 자들 _65
   가) 큰 독수리의 두 날개 _70
   나) 광야 자기 곳 _80
   다) 뱀의 입에서 토한 강물 _83
   라) 그 여자의 남은 자손 _88

제13장 (Revelation 13)

1. 바다에서 나온 짐승 _96
   가) 뿔이 열이요 머리가 일곱 _107
   나) 표범과 곰과 사자 같은 짐승 _111
2. 죽게 되었던 상처가 나으매 _114
   가) 용과 짐승에게 경배 _119
   나) 마흔두 달 일할 권세 _123
   다) 하늘에 거하는 자들을 훼방 _126
   라) 어린양의 생명책에 녹명되지 못한 자들 _130
   마) 성도들의 인내와 믿음 _135
3. 땅에서 올라온 짐승 _139
   가) 큰 이적으로 땅에 거하는 자들을 미혹 _144
   나) 짐승의 우상에게 경배 _147
   다) 짐승의 표와 사람의 수 666 _151

제14장 (Revelation 14)

1. 이마에 쓴 어린양의 이름과 아버지의 이름 _174
   가) 새 노래와 땅에서 구속함을 얻은 자들 _177
   나) 처음 익은 열매로 하나님과 어린양에게 속한 자들 _181
2. 땅에 거하는 자들에게 전할 영원한 복음 _185
   가) 무너진 큰 성 바벨론 _188
   나) 하나님의 진노의 포도주를 마시는 자들 _192
3. 마지막 수확 _199
   가) 땅에 곡식이 다 익었음 _199
   나) 땅의 포도송이와 진노의 큰 포도주 틀 _203

제15장 (Revelation 15)

1. 일곱 천사의 마지막 재앙 _214
2. 이름의 수를 이기고 벗어난 자들 _216
   가) 모세의 노래와 어린양의 노래 _223
3. 하늘에 증거 장막과 일곱 금대접 재앙 _229

제16장 (Revelation 16)

1. 진노의 일곱 대접을 땅에 쏟으라 _234
   가) 첫째 대접 재앙 _236
   나) 둘째 대접 재앙 _240
   다) 셋째 대접 재앙 _243
   라) 넷째 대접 재앙 _248
   마) 다섯째 대접 재앙과 짐승의 보좌 _251
   바) 여섯째 대접 재앙과 아마겟돈 전쟁 _254
   사) 세 더러운 영과 귀신의 영 _263
   아) 일곱째 대접 재앙과 공기 _266

제17장 (Revelation 17)

1. 많은 물 위에 앉은 큰 음녀 _272
   가) 여자가 탄 붉은빛 짐승 _276
   나) 큰 바벨론과 가증한 것들의 어미 _284

2. 성도들의 피와 예수 증인들의 피에 취한 여자 -287
3. 일곱 머리와 열 뿔 가진 짐승의 비밀 -291
가) 일곱 왕과 여덟째 왕 -294
나) 열왕의 권세와 짐승 -298
4. 어린양의 싸움에 부르심을 입고 빼내심을 얻은 자들 -301
가) 음녀의 앉은 물과 땅의 임금들을 다스리는 큰 성 -305

제18장 (Revelation 18)

1. 큰 성 바벨론의 멸망 -312
가) 음행에 가담한 땅의 왕들 -318
나) 사치의 세력에 치부한 땅의 상고들 -320
다) 땅의 상고들의 상품과 미혹의 복술 -323
2. 큰 바벨론 성에 행한 하나님의 신원의 심판 -328

제19장 (Revelation 19)

1. 큰 음녀를 향한 참되고 의로운 신원의 심판 -332
2. 하나님께 찬송하는 종들 -334
가) 어린양의 혼인기약과 예비된 아내 -337
나) 빛나고 깨끗한 세마포 -343
다) 예수의 증거는 대언의 영 -347
3. 백마와 탄 자 그리고 하늘에 있는 군대들 -350
가) 마지막 전쟁과 하나님의 큰 잔치 -355
나) 산 채로 유황 불붙는 못에 던져진 짐승과 거짓 선지자 -359

제20장 (Revelation 20)

1. 일천년 동안 무저갱에 결박된 사단 _364
2. 심판하는 권세를 받은 보좌에 앉은 자들 _368
    가) 첫째 부활과 천년 동안 왕 노릇 하는 자들 _371
    나) 하나님과 그리스도의 제사장 _377
3. 곡과 마곡 그리고 땅의 사방 백성 _382
    가) 성도들의 진과 사랑하시는 성 _388
    나) 불과 유황 못에 던져진 사단 마귀 _393
4. 보좌 앞에 책들과 생명책 _395
    가) 자기 행위를 따라 받는 심판 _398
    나) 둘째 사망 _401

제21장 (Revelation 21)

1. 새 하늘과 새 땅 _406
    가) 거룩한 성 새 예루살렘과 어린양의 아내 _409
    나) 만물을 새롭게 하노라 _413
    다) 이기는 자가 얻는 유업 _415
2. 이루었도다 _418
    가) 열두 진주문과 이스라엘 열두 지파 _422
    나) 성곽의 열두 기초석과 어린양의 열두 사도의 이름 _425
    다) 일만 이천 스다디온의 성 _428
    라) 일백사십사 규빗의 성곽 _429

마) 각색 보석으로 꾸민 열두 성곽의 기초석 _432
3. 성전이신 전능자 하나님과 어린양 _435
가) 자기 영광을 가지고 들어오는 땅의 왕들 _438
나) 만국의 영광과 존귀를 가지고 들어오는 사람들 _440

제22장 (Revelation 22)

1. 수정같이 맑은 생명수의 강 _444
가) 생명나무의 열두 가지 실과와 잎사귀들 _449
나) 보좌 위 하나님과 어린양을 섬기는 종들 _453
2. 보라 내가 속히 오리니 _456
가) 이 책의 예언의 말씀을 지키는 자들 _460
나) 인봉하지 말라 때가 가까움이라 _462
다) 두루마기를 빠는 자들 _466
라) 성 밖의 악한 자들 _469
3. 다윗의 뿌리와 자손, 광명한 새벽별 _475
가) 성령과 신부가 말씀하다 _480
나) 예언의 말씀을 더하거나 제하면 _482
다) 아멘 주 예수여 오시옵소서 _487

집필을 마치면서 _490

성령론적 요한계시록

II

REVELATION

제12장

(Revelation 12)

계 12:1 하늘에 큰 이적이 보이니 해를 입은 한 여자가 있는데 그 발 아래는 달이 있고 그 머리에는 열두 별의 면류관을 썼더라

⬇

계 12:17 용이 여자에게 분노하여 돌아가서 그 여자의 남은 자손 곧 하나님의 계명을 지키며 예수의 증거를 가진 자들로 더불어 싸우려고 바다 모래 위에 섰더라

계시록 12장은 일곱째 나팔과 함께 시작하는 첫 영적인 사건을 기록한다. 하늘에 큰 이적이 나타나는 현상을 통하여 이 땅에서 나타날 후 3년 반의 환난을 알리는 것이다.

하늘에서 해를 입은 한 여자의 이적과 큰 붉은 용의 이적이 동시에 나타나면서 앞으로 전개될 이 땅에서의 싸움을 예고하고 있다. 또한 이 땅에서 전개될 싸움을 위하여 먼저 하늘에서 싸움을 보여주고 있으며, 이 싸움에서 패한 용은 땅으로 쫓겨나 하나님의 백성들을 향한 극렬한 복수극을 펼친다. 그러므로 후 3년 반의 환난의 시간은 용과 그의 사자들이 자기들의 때가 얼마 남지 않았다는 것

을 알고 최후의 발악을 하는 시간이다.

하나님의 백성들에게는 바로 이 시기가 힘든 고난의 시간으로 성도들의 인내와 믿음이 요구된다.

물론 하나님은 자신의 백성들을 위하여 이들을 후 3년 반 동안 양육하도록 하나님께서 예비하신 곳으로 인도할 것을 약속하신다. 바로 이곳으로 인도함을 받는 자들은 하늘에 거하는 자들로 불리며, 이스라엘 백성들을 낮에는 구름기둥으로 밤에는 불기둥으로 지키고 보호하셨던 것처럼 이 자녀들을 용과 그의 사자들로부터 지키고 보호하실 것이다.

이 시간은 강력한 사단과 그의 사자들로부터 압박과 미혹 그리고 죽음에까지 이를 수 있는 극난의 시간임을 알고, 우리가 죽으면 죽으리라는 담대한 믿음의 길을 가겠다는 각오를 요구한다.

1. 해를 입은 한 여자

계 12:1 하늘에 큰 이적이 보이니 해를 입은 한 여자가 있는데 그 발 아래는 달이 있고 그 머리에는 열두 별의 면류관을 썼더라

2017년 9월 23일 이스라엘의 나팔절 절기를 기해서 하늘에 이 말씀 같은 이적 현상이 나타났다며 떠들썩했던 적이 있다. 이스라엘의 메시아닉 유대인들은 흥분하면서 이 사건은 이제 하나님이 이스라엘을 구원하기 위하여 보여 주시는 하나님의 신호라고 했다. 다른 나라들에서는 별로 관심 없었던 사건이지만 이스라엘에서는 이 사건이 매우 중요하며, 특히 메시아닉 유대인들에게는 대단한 하나님

의 징조로 받아들였다.

그러나 필자는 이런 사건은 주님의 말씀을, 특히 계시록을 세대주의적 관점에서 바라본 결과라고 생각한다. 하나님은 공평한 분이고 모든 일을 질서를 갖고 행하시는 분이라고 생각한다면, 유대인들만을 위해 계시록에 기록된 하늘의 이적을 행하는 것은 바울을 통해서 말씀하신 성경의 길과 다르다.

하나님의 의는 유대인이나 이방인 모두에게 공평하게 적용된다. 로마서 3장 21-24절에서 "이제는 율법 외에 하나님의 한 의가 나타났으니 율법과 선지자들에게 증거를 받은 것이라 곧 예수 그리스도를 믿음으로 말미암아 모든 믿는 자에게 미치는 하나님의 의니 차별이 없느니라 모든 사람이 죄를 범하였으매 하나님의 영광에 이르지 못하더니 그리스도 예수 안에 있는 구속으로 말미암아 하나님의 은혜로 값 없이 의롭다 하심을 얻은 자 되었느니라"라고 한다.

하나님의 공의는 유대인이나 이방인이나 예수 그리스도 안에 있는 자에게는 동일한 후사가 됨을 말씀하고 있다. 로마서 4장 13-16절은 "아브라함이나 그 후손에게 세상의 후사가 되리라고 하신 언약은 율법으로 말미암은 것이 아니요 오직 믿음의 의로 말미암은 것이니라 만일 율법에 속한 자들이 후사이면 믿음은 헛것이 되고 약속은 폐하여졌느니라 율법은 진노를 이루게 하나니 율법이 없는 곳에는 범함도 없느니라 그러므로 후사가 되는 이것이 은혜에 속하기 위하여 믿음으로 되나니 이는 그 약속을 그 모든 후손에게 굳게 하려 하심이라 율법에 속한 자에게뿐 아니라 아브라함의 믿음에 속한 자에게도니 아브라함은 하나님 앞에서 우리 모든 사람의 조상이라"라고 선언한다.

본 장 1-2절에 나타나는 하늘의 이적이 예수 그리스도를 모르는 유대인들에게 보여 주는 하나님의 사인(Sign)이라고 볼 수도 있겠지만, 우리가 분명히 알아야 할 것은 이 사건은 마지막 종말에 쓰일 교회에 대하여 보여 주는 하늘의 징조이다.

그 한 예로 2017년 8월 21일 개기일식을 들 수 있다. 개기일식이 오리건주로부터 사우스캐롤라이나주까지 대륙 전체를 횡단했다. 이 사건에서도 특히 기이한 것은, 이 개기일식이 지나는 곳에 일곱 개의 샬롬(shalom)이라는 도시가 있었다는 것이다.

미국은 세계에서 가장 큰 개신교 국가이며 세계에 가장 많은 기독교 선교사를 파송하고 있다. 또한 마틴 루터의 종교개혁 사상을 근본으로 하는 청교도의 기독교 사상으로 세워진 나라이다.

이러한 나라에서 발생한 개기일식 현상과 그 일식이 일곱 개 샬롬의 도시를 지나는 기이한 현상까지 분명히 하나님은 미국, 곧 개신교 국가에게 무엇인가 신호를 보내고 있다는 생각을 하게 한다.

이것은 7년간의 평화(shalom)를 하나님의 교회인 너희에게 허락한다는 말씀으로 이해하며, 이 시간에 하나님의 말씀으로 준비되고 정결한 신부로서 양육되어야 함을 깨닫게 된다. 왜냐하면 다음에 미국에서 일어날 개기일식을 예측하였을 때 2024년 4월 8일에 캐나다 북동부로부터 시작하여 멕시코만으로 향하는 것으로 예상되기 때문이다. 미국의 중동부에 위치한 캔사스주를 기점으로 미국 대륙을 X자 형식으로 개기일식 현상이 있을 것임을 이미 나사(NASA)가 밝히고 있다.

첫 개기일식이 나타난 2017년으로부터 앞으로 나타날 2024의 개기일식의 현상까지 7년이라는 기간이라는 것이다. 이러한 현상은 하나님이 분명 개신교 국가와 교회, 그리고 하나님의 자녀들이 특별한 의미로 받아들여야 할 징조들이다.

계시록 12장은 이러한 현상이 끝나고 나타날 이적과 현상들을 말씀한다. 적그리스도의 등장과 함께 본격적인 환난의 시간 때 일어나는 사건들을 말씀하고 있다고 본다.

그러므로 여기서 해를 입고 등장한 여자는 교회, 그것도 후 3년 반의 시간까지 살아남을 이긴 자의 교회이다.

계시록 11장 4절에서는 "이는 이 땅의 주 앞에 섰는 두 감람나무와 두 촛대니"라고 한다. 두 증인에 대한 말씀에서 두 촛대만이 살아남은 것은, 계시록 2-3장의 일곱 촛대 곧 일곱 교회 중에서 두 교회만이 살아서 증인의 사역을 하게 됨을 말한다. 해를 입은 한 여자는 바로 예수 그리스도로 옷 입은 두 촛대 곧 두 교회를 의미한다.

갈라디아서 3장 27절은 "누구든지 그리스도와 합하여 세례를 받은 자는 그리스도로 옷입었느니라"라고 한다. 그러므로 두 교회는 그리스도로 옷 입었음을 보여 주는 것이다.

또 그 발아래에는 달이 있다고 한다. 두 교회의 사자들로 이 땅에서 증인의 사역을 감당해야 할 자들이다. 달은 밤 시간에 세상을 밝히는 역할을 하듯이 예수 그리스도의 빛을 받아 종말, 곧 어둠의 세상에 빛을 발하는 일을 하게 될 것이다.

여기에 머리에는 열두 별의 면류관을 썼다는 것은 예수 그리스도의 열두 사도들이 해를 둘러싸고 있는 모습을 말한다. 하늘에서 해와 열두 별의 면류관이 그리고 땅에는 달이 영적으로 교회와 한 몸을 이루어 후 3년 반의 사역을 할 시간이 되었음을 알리는 이적의 사건으로 이해해야 한다.

"이 여자가 아이를 배어 해산하게 되매 아파서 애써 부르짖더라"(계 12:2)라고 하고, 또 이 여자가 낳은 아이는 "장차 철장으로 만국을 다스릴 남자라"(계 12:5)라고 한다.

철장으로 만국을 다스릴 남자는 당연히 예수 그리스도다. 계시록 2장 26-27절을 보면 "이기는 자와 끝까지 내 일을 지키는 그에게 만국을 다스리는 권세를 주리니 그가 철장을 가지고 저희를 다스려 질그릇 깨뜨리는 것과 같이 하리라 나도 내 아버지께 받은 것이 그러하니라"는 말씀을 두아디라 교회의 사자에게 하고 있다. 주님은 이기는 자와 끝까지 내 일을 지키는 그에게도 만국을 다스리는 철장의 권세를 주신다는 것이다.

그렇다면 이 여자가 애써 부르짖으며 해산하는 이 남자 아이는 누구인가? 바로 남은 두 촛대 곧 두 교회로부터 나오는 자다. 곧 일곱째 나팔에서 두 증인의 사역을 감당할 증인들의 출산을 알리는 것이다.

이들은 계시록 20장에 "또 내가 보좌들을 보니 거기 앉은 자들이 있어 심판하는 권세를 받았더라"(계 20:4)라고 하는 자들로 만국을 다스리는 철장 권세를 받은 자들이며, 이들이 하나님의 아들들이다. 이것에 대하여 로마서 8장 19절은 "피조물의 고대하는 바는 하나님의 아들들의 나타나는 것이니"라고 말씀한다.

이에 사단은 이들의 탄생을 적극 방해하며 "여자 앞에서 그가 해산하면 그 아이를 삼키고자 하더니"라며 그들을 집어삼키고자 한다. 하나님의 아들들이 탄생하면 "그 바라는 것은 피조물도 썩어짐의 종노릇한 데서 해방되어 하나님의 자녀들의 영광의 자유에 이르는 것이니라"(롬 8:21)라는 말씀처럼 모든 피조물이 묶임과 억눌림, 파괴와 죽음으로부터 자유함을 얻게 되기 때문이다.

하나님의 아들들이 탄생하므로 그동안 사단이 만들어 왔던 고통과 묶임 그리고 파멸과 죽음이라는 세계가 끝나고 온 피조물이 하나님의 아들들의 영광의 자유에 이르게 된다. 그렇기 때문에 사단, 곧 용은 이를 적극 막으려고 하는 것이다.

그러므로 본 장에서는 여자 속에 들어 있는 두 교회를 통하여 철장 권세를 가진 하나님의 아들들이 탄생할 것과, 이들의 탄생과 사역을 막으려는 용과 그의 사자들의 집요한 공격이 있을 것을 하늘의 이적으로 보여 주고 있다.

하늘에서의 이적은 이 땅에서 벌어질 일에 대한 징조로 나타난 것으로, 일곱째 나팔이 불리고 후 3년 반이 시작되면서 이 땅에서 두 촛대, 곧 두 교회로부터 하나님의 아들들이 탄생되는 것을 막고 이들을 삼키려고 용이 강력하게 저항할 것을 말하고 있다.

가) 철장으로 만국을 다스릴 남자

> **계 12:5** 여자가 아들을 낳으니 이는 장차 철장으로 만국을 다스릴 남자라 그 아이를 하나님 앞과 그 보좌 앞으로 올려 가더라

철장은 쇠로 만든 지팡이 또는 막대기를 말한다. 당연히 예수 그리스도가 철장을 가지고 만국을 다스릴 남자로 이 땅에 오셨다. 그러나 후 3년 반의 시간에서 주님으로부터 철장의 권세를 물려받은 자들이 있다. 두아디라 교회의 사자에게 말씀하듯 이기는 자로 끝까지 내일을 지키는 자들이다.

주님은 이들에게 철장을 가지고 만국을 다스리는 권세를 주며, 저희를 다스려 질그릇을 깨뜨리는 것과 같이 한다고 말씀한다.

두아디라 교회는 자칭 선지자라 하는 여자 이세벨을 용납한 교회고 또한 하나님의 종들을 가르치고 꾀어 행음하게 하고 우상의 제물을 먹게 한 교회이다. 바로 지금의 교회 현실로, 이세벨의 영을 가진 수많은 종들이 범죄와 타락으로 우상의 제물 먹는 것을 아무렇지 않게 생각한다.

이런 현상은 벌써 오랫동안 교회 가운데 역사해 왔고, 교단의 교리와 신학 그리고 설교 속에도 가득하다. 이런 현상들이 세상의 문화와 기계화된 문명 속에서 당연하게 그리고 자연스럽게 들어와 자리 잡고 있어, 지금은 무엇이 옳고 그른지를 분별할 수 없는 시대가 되었고 교회의 현실도 다르지 않다.

주님은 이러한 이세벨의 영으로 가득 찬 이 땅에 거하는 자들에게 철장의 권세를 가지고 질그릇 깨뜨리듯 이들의 완고한 생각과 정신 그리고 이론을 깨기를 원하신다.

바로 이 일이 후 3년 반에 증인들, 곧 두 촛대로부터 나오는 철장의 권세를 가진 자들을 통하여 이루어질 사역이다. 본 장에 등장하는 여자, 곧 교회는 이와 같은 자들을 잉태하고 해산하기 위하여 아파 부르짖는 고통을 감당한 것이다. 주님은 하늘에서 이들이 교회로부터 잉태되고 태어나기까지 기다리며 안타까운 마음으로 중보하며 기도해 오셨다.

이제 후 3년 반의 시간은 이들이 이 땅에 태어나 만국을 철장으로 다스리는 시간이며, 용과 그의 사자들은 이 일을 막기 위해 온갖 악행으로 대적할 것이다.

모세가 광야에서 40년 동안 양치기를 할 때 그의 손에는 나무 지팡이가 있었다. 그 지팡이는 양을 몰기 위해서, 자신의 몸을 지탱하기 위해서, 또 적으로부터 양과 자신을 보호하기 위해서 필요한 물건이었다.

사람의 손에 갖고 있는 지팡이는 사람의 목적과 방법으로 사용하므로 하나님은 그 지팡이를 사용하실 수 없다.

그러므로 하나님은 모세에게 지팡이를 땅에 던지라고 명하셨다. 모세는 자신이 항상 손에 쥐고 있에 친근했던 지팡이가 뱀이 되는 것을 목격하면서 깜짝 놀랐다. 바로 그것이다. 모세는 자신의 지팡이가 뱀이었다는 사실을 몰랐던 것이다.

우리 자신의 생각과 방법으로 사용한 것들은 결국 뱀이며 사단의 것이었다.

오늘도 우리가 하나님의 말씀을 읽으며 말씀을 해석한다. 그러나 그것이 나의 생각과 방법 그리고 이론에 의한 것이라면 그것은 사단의 것이며, 사단을 기쁘게 하는 것임을 깨달아야 한다.

하나님은 모세에게 뱀의 꼬리를 잡으라고 하신다. 하나님의 명을 따라 꼬리를 잡으니 다시 지팡이가 되었다. 출애굽기 4장 4절은 이것에 대하여 "여호와께서 모세에게 이르시되 네 손을 내밀어 그 꼬리를 잡으라 그가 손을 내밀어 잡으니 그 손에서 지팡이가 된지라" 라고 말씀한다.

하나님은 왜 꼬리를 잡으라고 하신 것일까? 뱀의 꼬리는 거짓 선지자와 종들을 가리킨다. 곧 사단에 의하여 쓰임 받는 거짓 종들이다.

이사야 9장 15절은 "머리는 곧 장로와 존귀한 자요 꼬리는 곧 거짓말을 가르치는 선지자라"라고 말씀한다. 모세가 손으로 꼬리를 잡았으므로 이제는 거짓 선지자들과 종들이 모세의 손에 잡혔다. 곧 하나님의 일은, 사역은, 거짓 선지자들과 종들을 권능의 오른손으로 잡아 그들이 활동하지 못하게 하는 것이다.

사단은 항상 이 땅에 자신의 사자들을 광명의 천사로 가장하여 보내 교회 안에서 사역을 하게 하며 의의 일꾼인 것처럼 행동하게 한다.

그러므로 우리는 뱀의 꼬리와 같이 항상 움직이며 거짓을 가르치는 종들을 분별해야 한다. 바로 이들이 성도들을 미혹하게 하는 세력이고 잘못된 길로 인도하는 양의 탈을 쓴 이리와 같은 자들이다.

막대기 또는 지팡이는 곧 하나님의 말씀을 말한다.

처음에 모세가 들고 있던 지팡이가 인간의 지팡이, 자신의 방법과 생각이 담겨 있는 거짓의 지팡이였다면, 두 번째 뱀의 꼬리를 잡으므로 새롭게 손에 든 지팡이는 이제 인간의 지팡이가 아니라 하나님의 지팡이가 되었다. 이 하나님의 지팡이는 하나님의 말씀이 전달되고 응답되므로 홍해를 가르는 능력의 지팡이였다.

이사야 28장 27절은 "소회향은 도리깨로 떨지 아니하며 대회향에는 수레 바퀴를 굴리지 아니하고 소회향은 작대기로 떨고 대회향은 막대기로 떨며"라고 기록하고 있다. 소회향과 대회향은 하나님의 백성들을 말하는데, 하나님은 각자 그들의 분량에 따라 다스리는 정도를 달리하심을 가리킨다.

종말의 시간, 그것도 후 3년 반의 시간에는 강력한 철장 곧 쇠막대기의 권세로 다스리실 것이다. 이는 그동안 잘못된 믿음과 인본주의적 신앙 그리고 마음속에 하나님이 아닌 바알의 우상을 섬기며 이세벨의 영으로 가득 찬 심령을 깨기 위한 하나님의 방법이다. 그래서 두아디라 교회의 사자에게 이기는 자와 끝까지 내일을 지키는 그에게 철장의 권세를 주고 그가 질그릇을 깨뜨리는 것과 같이 한다고 말씀하는 것이다.

질그릇이 깨져야 우리 안에 새로운 생명이 탄생되며 또한 새 옷을 입게 된다.

고린도후서 4장 7절은 "우리가 이 보배를 질그릇에 가졌으니 이는 능력의 심히 큰 것이 하나님께 있고 우리에게 있지 아니함을 알게 하려 함이라"라고 말씀한다. 결국 종말에 환난을 통하여, 주님은 질그릇같이 언제든 깨질 수 있는 우리가 스스로 강한 것처럼 생각하는 완고하고 이기적인 자아와 생각을 깨뜨리기를 원하신다.

이것은 곧 예수 그리스도의 생명이 그들 속에 나타나게 하기 위한 것이다.

나) 하나님의 예비하신 곳

계 12:6 그 여자가 광야로 도망하매 거기서 일천이백육십 일 동안 저를 양육하기 위하여 하나님의 예비하신 곳이 있더라

광야에 하나님께서 예비하신 곳이 있고 여자는 그곳으로 도망한다고 한다. 환난의 시간 속에서 극열한 사단의 핍박과 훼방 그리고 말할 수 없는 미혹과 억눌림이, 여자 곧 두 촛대를 향하여 공격할 것이므로 정상적인 교회의 양육과 가르침이 힘들어진다.

그러므로 하나님은 미리 준비하고 예비한 장소로 여자를 1,260일 동안 양육을 위하여 도망하게 하신다.

출애굽기에서도 모세가 광야에서 이스라엘 백성들을 인도할 때 모세가 인도한 것이 아니라 하나님이 인도하셨음을 말씀하고 있다. 출애굽기 23장 20절에는 "내가 사자를 네 앞서 보내어 길에서 너를 보호하여 너로 내가 예비한 곳에 이르게 하리니"라고 한다.

또한 신명기 32장 10-12절은 "여호와께서 그를 황무지에서, 짐승의 부르짖는 광야에서 만나시고 호위하시며 보호하시며 자기 눈동자 같이 지키셨도다 마치 독수리가 그 보금자리를 어지럽게 하며 그 새끼 위에 너풀거리며 그날개를 펴서 새끼를 받으며 그 날개 위에 그것을 업는 것같이 여호와께서 홀로 그들을 인도하셨고 함께한 다른 신이 없었도다"라고 한다.

하나님은 예전이나 지금이나 그리고 장래에 있을 일까지도 홀로 계획하고 준비하며 완성하시는 분이시다.

지금도 여자를 양육하기 위하여 하나님은 미리 사자를 보내 양육할 장소를 찾고 그곳으로 여자를 도망가게 하시겠다는 말씀이다.

여기서 광야로 도망한다고 했다. '광야'는 '에레모스'(ἔρημος)라고 하여 '고독한, 쓸쓸한, 외로운, 적막한, 한적한, 황폐한, 사람이 살지 않는'이란 뜻을 가지고 있다. 세상의 시선으로 볼 때는 고독하고 쓸쓸하며 적막하고 황폐하여 사람이 살지 않는 곳이고 기피하는 장소지만, 그곳은 주님이 계시고 하나님의 영이 함께함으로 세상과는 분리된 영적인 세계가 열리는 장소이다.

주님의 사역에서도 주님은 빈들에 나가 말씀을 전하며 오병이어의 기적을 베푸셨다. 마태복음 14장 13-16절은 " 예수께서 들으시고 배를 타고 떠나사 따로 빈 들에 가시니 무리가 듣고 여러 고을로부터 걸어서 좇아간지라 예수께서 나오사 큰 무리를 보시고 불쌍히 여기사 그중에 있는 병인을 고쳐 주시니라 저녁이 되매 제자들이 나아와 가로되 이곳은 빈 들이요 때도 이미 저물었으니 무리를 보내어 마을에 들어가 먹을 것을 사먹게 하소서 예수께서 가라사대 갈 것 없다 너희가 먹을 것을 주어라"라며 기적을 증언하고 있다.

빈들은 세상의 음식이 없는 곳으로, 이곳에서는 오직 하나님이 기적으로 주시는 음식만 먹을 수 있다.

열왕기상 17장에는 엘리야를 부를 때 하나님께서 "너는 여기서 떠나 동으로 가서 요단 앞 그릿 시냇가에 숨고"(왕상 17:3)라고 했다고 기록되어 있다. 여기서 '그릿'(כְּרִית)은 '단절되다'라는 뜻으로 영어로는 'Cutting'의 의미다. 세상과 단절된 곳, 잘려진 곳으로 엘리야를 보내 까마귀를 통해서 떡과 고기를 공급하셨다.

이것은 하나님의 종들을 훈련시키시는 방법이다. 하나님은 광야와 빈들 그리고 그릿 시냇가로 보내 그곳에서 하나님의 양식을 먹이며 양육시키신다.

그러므로 하나님의 예비하신 곳이 광야인 이유는, 첫째로 세상과의 단절을 통해 오직 하늘의 방법으로 생각하고, 말하고, 오직 하나님이 주시는 양식으로만 먹게 하기 위함이며, 둘째로 하나님이 살아계심과 전능하심을 직접 느끼고 체험하게 하여 단단한 하나님의 군사들로 양육하기 위함이다.

또한 '도망하다'라는 말은 '퓨고'(φεύγω)라 하여 '내빼다, 도망하다,

탈출하다, 피하다, 달아나다'의 뜻이다. 이 말 속에서는 아주 급하게 빠져나가야만 할 그리고 탈출해야만 할 상황에서 도망했다는 것이 느껴진다. 그만큼 환난의 시간에서 사단과 마귀의 사자들을 피해서 도망한다는 것이 힘들고 어렵다는 뜻이다.

우리의 생각이나 방법이 아니라 오직 하나님의 도움의 손길이 필요한 시간인 것이다.

본장 14절에는 "그 여자가 큰 독수리의 두 날개를 받아 광야 자기 곳으로 날아가 거기서 그 뱀의 낯을 피하여 한 때와 두 때와 반 때를 양육 받으매"라고 기록하고 있다. 여자가 광야 자기 곳으로 날아간다고 한다. 원래 여자가 있던 곳이 광야이고, 바로 그곳이 자기가 있던 곳이라고 한다.

즉 하나님께서 예비하신 곳과 '광야 자기 곳'은 영적으로 같은 곳이라는 말이다.

왜 하나님은 이처럼 서로 다른 용어를 사용하며 한쪽은 1,260일이라 하고 다른 한쪽은 한 때와 두 때와 반 때라고 하는 것일까?

바로 철장의 권세를 가진 자들이 예수 그리스도로 다시 태어난 참된 유대인들 속에도 있고 이방인들 속에도 있기 때문이다. 곧 하나님의 예비하신 곳으로 도망해야 할 자들이 있고, 큰 독수리의 두 날개를 의지하여 광야 자기 곳으로 날아갈 자들이 있다는 말이다.

하나님은 야곱의 후손인 이스라엘을 인도하고 양육하는 곳과 이방인 하나님의 종들을 인도하고 양육하는 장소를 달리하고 있음을 말한다. 장소가 다른 이유는 그들이 그동안 갖고 있던 하나님과 예수 그리스도에 대한 인식과 사상들이 다르기 때문이다. 이스라엘에게는 시내산에서 율법을 주셨고 이방인들에게는 예루살렘에서 복음을 주셨던 것과 같은 이치다.

정리하면, 본장에서 말씀하는 여자 속에는 철장의 권세를 갖고 태어나는 두 부류가 있는데, 예수 그리스도를 뒤늦게 만나 주님의 피로 씻김을 받고 새로 태어난 유대인들 곧 메시아닉 유대인들과, 그동안 복음으로 훈련되고 예수 그리스도를 믿음으로 다시 태어났으며 종말에 하나님의 말씀과 예수 그리스도의 증거를 가진 이방인 종들이다.

그러므로 유대인 곧 메시아닉 유대인들은 이스라엘 백성에게 약속한 하나님의 예비하신 곳인 가나안 땅으로 돌아가야 한다.

출애굽기 23장은 이것에 대하여 "너로 내가 예비한 곳에 이르게 하리니"(출 23:20)라고 말씀하고 있으며, 또한 "나의 사자가 네 앞서 가서 너를 아모리 사람과 헷 사람과 브리스 사람과 가나안 사람과 히위 사람과 여부스 사람에게로 인도하고 나는 그들을 끊으리니"(출 23:23)라고 말씀한다.

이것은 전 세계에 흩어진 유대인들이 종말에 하나님의 예비하신 곳인 가나안 땅, 곧 본토로 돌아가야 함을 뜻하기도 한다. 특히 전 세계에 흩어진 철장 권세를 가진 메시아닉 유대인들의 본토로의 귀환과 양육을 말한다.

반면에 철장 권세를 가진 이방인 종들은 큰 독수리의 두 날개에 업혀 광야 자기 곳으로 날아가 양육을 받는다. 그러면 광야 자기 곳은 어디에 있는 것인가? 복음이 살아 있으며 전파되는 곳은 광야이며, 세례 요한은 유대 광야에서 복음을 전하기 시작했다.

마태복음 3장 1-3절은 "그때에 세례 요한이 이르러 유대 광야에서 전파하여 가로되 회개하라 천국이 가까웠느니라 하였으니 저는 선지자 이사야로 말씀하신 자라 일렀으되 광야에 외치는 자의 소리가 있어 가로되 너희는 주의 길을 예비하라 그의 첩경을 평탄케 하라 하였느니라"라고 말씀한다.

예수님은 마태복음 4장 1절에서 "그때에 예수께서 성령에게 이끌리어 마귀에게 시험을 받으러 광야로 가사"라고 말씀한다. 하나님의 종은 시험을 받기 위하여 또한 복음을 전파하기 위하여 광야로 나가야 함을 말하는 것이다.

이것은 곧 교회는 광야에 있고, 또한 광야가 종들이 있어야 할 곳이며, 바로 이곳에서 훈련과 양육을 한다는 뜻이다. 그러므로 광야는 외치는 자의 소리가 있는 곳이고 또한 시험과 유혹이 있는 곳으로, 하나님의 종들은 이 둘 사이에 위치하고 있다.

광야 자기 곳은 결국 외치는 자의 소리가 있는 곳, 성령의 소리가 있는 곳이다. 종말에 이 소리는 아무에게나 들리는 것은 아니다. 따라서 광야의 자기 곳은 요한복음 3장 8절 "바람이 임의로 불매 네가 그 소리를 들어도 어디서 오며 어디로 가는지 알지 못하나니 성령으로 난 사람은 다 이러하니라"라는 말씀처럼 하나님의 바람 소리를 들을 수 있는, 성령으로 영적으로 깨어 있는 사람들만이 찾을 수 있는 장소이다.

본 장을 통해서 하나님이 우리에게 가르치고자 하시는 것은, 여자 안에는 두 부류의 종들이 있다는 것이다. 바로 종말의 두 감람나무와 두 촛대로, 하나는 이스라엘 본토로 돌아가야 할 메시아닉 유대인들로 이들을 위하여 하나님의 예비하신 곳이 있다는 것이다. 다른 하나는 영적으로 깨어난 이방인 종들이다. 이들을 위해서 하나님은 광야에서 외치는 자의 소리 곧 바람처럼 들려오는 이 소리를 들을 수 있는 종들만이 찾고 발견할 수 있는 장소, 오직 독수리의 두 날개의 인도함을 받아야만 갈 수 있는 장소를 광야 자기 곳이라 하며 예비하셨다.

2. 한 큰 붉은 용

가) 일곱 머리와 열 뿔

> **계 12:3** 하늘에 또 다른 이적이 보이니 보라 한 큰 붉은 용이 있어 머리가 일곱이요 뿔이 열이라 그 여러 머리에 일곱 면류관이 있는데

하늘의 큰 붉은 용은 옛 뱀, 곧 사단을 의미한다. 또한 "우리 형제들을 참소하던 자 곧 우리 하나님 앞에서 밤낮 참소하던 자"(계 12:10)라고 하여, 하나님 백성들의 죄와 불법과 부정을 고발하고 정죄하며 하나님 앞에서 참소하던 자다.

예수 그리스도가 흘리신 보혈로 모든 죄악과 부정과 불법이 깨끗하게 사함을 받았음에도 불구하고 용 곧 사단은 항상 트집을 잡고 핑계를 만들어 하나님의 백성들을 죄의 올무 속에 가두어 두려고 한다.

스가랴 3장 1-4절에서 "대제사장 여호수아는 여호와의 사자 앞에 섰고 사단은 그의 우편에 서서 그를 대적하는 것을 여호와께서 내

게 보이시니라 여호와께서 사단에게 이르시되 사단아 여호와가 너를 책망하노라 예루살렘을 택한 여호와가 너를 책망하노라 이는 불에서 꺼낸 그슬린 나무가 아니냐 하실 때에 여호수아가 더러운 옷을 입고 천사 앞에 섰는지라 여호와께서 자기 앞에 선 자들에게 명하사 그 더러운 옷을 벗기라 하시고 또 여호수아에게 이르시되 내가 네 죄과를 제하여 버렸으니 네게 아름다운 옷을 입히리라 하시기로"라고 한다.

여호수아가 비록 그슬린 나무이지만 여호와께서 이미 죄과를 사하여 깨끗하게 되었음에도 사단은 계속해서 대적하며 그의 죄악과 범죄를 참소하고 있다. 이처럼 사단은 하늘에서 참소하는 일을 계속하였다.

이러한 사단의 참소는 이제 땅으로 내쫓기어 우리 안에서 그리고 우리 육체 속에서 밤낮 이루어지고 있다. 하나님 앞에서 하던 참소가 예수 그리스도의 십자가 사건을 통하여 하늘의 자리를 잃어버리고 이제는 땅으로 와 "마귀가 자기의 때가 얼마 못 된 줄을 알므로 크게 분 내어 너희에게 내려갔음이라"(계 12:12)라고 말하고 있다.

그러므로 용, 곧 사단 마귀의 활동무대는 이제 하늘이 아니라 이 땅이며, 우리의 육체 속에서 우리 안에 있는 성령의 전을 향하여 참소와 고발과 정죄를 계속하고 있다.

많은 하나님의 자녀들이 이 사단의 참소에 속아서 스스로가 죄의 올무 속에 갇히는 현상을 목회 현장에서 수없이 본다. 우리가 항상 깨어 있어야 하는 것은 사단은 거짓의 아비기 때문이다.

요한복음 8장 44절은 이것에 대하여 "너희는 너희 아비 마귀에게서 났으니 너희 아비의 욕심을 너희도 행하고자 하느니라 저는 처음부터 살인한 자요 진리가 그 속에 없으므로 진리에 서지 못하고 거짓을 말할 때마다 제 것으로 말하나니 이는 저가 거짓말쟁이요 거짓의 아비가 되었음이니라"라고 말씀하고 있다.

사단 마귀는 항상 우리의 안에서 연약한 믿음을 불안하게 하고 혼돈시키며 미혹과 거짓의 말을 통하여 넘어뜨리려고 한다.

로마서 8장 1-2절은 우리에게 믿음의 확신을 준다. "그러므로 이제 그리스도 예수 안에 있는 자에게는 결코 정죄함이 없나니 이는 그리스도 예수 안에 있는 생명의 성령의 법이 죄와 사망의 법에서 너를 해방하였음이라."

용의 머리는 일곱이고 그 머리에는 일곱 면류관이 있다.

'7'은 하나님의 안식의 수, 주님이 다스리고 통치하는 완전한 승리의 수다. 그러나 처음부터 하나님처럼 되고자 했던 사단은 항상 하나님을 모방한다. 창세기 3장 5절에서도 하와를 속이면서 "너희가 그것을 먹는 날에는 너희 눈이 밝아 하나님과 같이 되어 선악을 알 줄을 하나님이 아심이니라"라고 말하며, 하와에게 하나님같이 된다는 거짓말로 속이고 있다. 피조물이 창조주인 하나님과 같이 된다는 허황된 말로 속일 때 이 말을 받고 그 사단의 에 넘어간 것이 바로 우리 사람이다.

이와 같이 사단, 곧 용은 터무니없는 거짓으로 사람을 속이는 자로 하나님과 같이 되고자 하는 마음을 품은 존재다. 이사야 14장 14절은 이것에 대하여 "가장 높은 구름에 올라 지극히 높은 자와 비기리라 하도다"라고 말하고 있다.

한편 용의 일곱 머리는 이 땅에서의 용, 곧 사단의 실제적인 영광과 힘과 권세의 모습을 상징하는데, 지금 이 땅에는 용의 일곱 머리와 같이 사단이 준 영광의 면류관을 쓰고 있는 나라들이 있다는 것을 의미한다. 우리가 잘 알고 있는 G7은 세계의 모든 정치와 경제 그리고 군사의 막강한 힘을 가진 나라들로 서방 7개국(미국, 영국, 독일, 프랑스, 이탈리아, 캐나다, 일본)을 말한다.

결국 이들 나라는 종말에 이 땅에서 용의 일곱 머리와 일곱 면류관 역할을 하게 될 나라들로 하나님과 교회와 백성들을 짓밟고 괴롭히게 될 주요 세력이 될 것이다.

이러한 현상을 보면, 하나님은 이 땅에서 하나님의 백성인 이스라엘과 교회들을 성경 말씀에 약속하신 대로 운영하고 인도하고 계신다. 이에 반해 사단도 이 땅에서 자신의 뜻을 펼칠 나라들과 사람들을 택해서 사용하고 있다. 용의 일곱 머리와 그 위에 쓴 일곱 면류관 그리고 열 뿔의 형상이라는 표현도 괴물의 모양을 말하는 것이 아니라, 이 땅에서 종말에 하나님의 교회와 백성들을 대항하여 용이 소유하며 펼칠 힘과 권세를 표현하는 것으로 이해해야 한다.

여기에서 말하는 '뿔'은 '케라스'(κέρας)라고 하여 '제단의 뿔 모양, 구원의 뿔'을 뜻한다.

원래 뿔이라고 하면 구약에서는 '케렌'(קֶרֶן)이라고 하여 '힘과 능력, 빛의 광선' 등을 의미한다. 사무엘하 22장 2-3절에서 다윗이 "여호와는 나의 반석이시요 나의 요새시요 나를 건지시는 자시요 나의 하나님이시요 나의 피할 바위시요 나의 방패시요 나의 구원의 뿔이시요"라고 할 때, 다윗이 말하는 구원의 뿔도 '구원의 힘과 능력, 또한 구원의 빛으로서의 광선'이다.

그러나 용도 동일한 이름의 뿔, 곧 열 뿔을 말하고 있다. 이 말은 용 자신이 '열국을 위한 힘과 능력 그리고 열국의 구원을 위한 빛이며 광선'이라고 하는 것으로 하나님의 구원의 방법을 흉내 내며 열국을 속이겠다는 것이다.

데살로니가전서 5장에서는 용, 곧 사단이 열국을 속여 주님의 오심을 준비하지 못하게 하려는 것을 "저희가 평안하다, 안전하다 할 그때에 잉태된 여자에게 해산 고통이 이름과 같이 멸망이 홀연히 저희에게 이르리니 결단코 피하지 못하리라"(살전 5:3)라고 말씀한다.

사단은 열국에게 평안할 것이다, 안전할 것이라고 속여서 열국으로 하여금 주님의 재림을 준비하지 못하게 한다. 믿음과 신앙에 느긋하게 만들어 깨어 있지 못하고 영적인 잠을 자게 할 뿐 아니라, 이 일을 위하여 후에는 열 뿔에게 면류관을 씌워 주님이 아니라 자신들이 구원해 줄 것처럼 속인다.

계시록 13장 1절에 바다에서 올라오는 짐승의 모습을 보면 "내가 보니 바다에서 한 짐승이 나오는데 뿔이 열이요 머리가 일곱이라 그 뿔에는 열 면류관이 있고 그 머리들에는 참람된 이름들이 있더라"라고 말한다. 용의 모습과 같은데 면류관을 쓴 모습의 위치가 바뀌었다. 곧 용은 일곱 머리에 면류관을 썼는데 이 짐승은 열 뿔에 면류관을 쓰고 있다는 것이다.

이는 열국에게 구원의 면류관으로 힘과 능력의 면류관으로 씌워 주겠다는 거짓 약속으로 나타날 것을 말한다. 종말에 용, 곧 사단은 이와 같이 열국을 속이는 자로 모든 자들을 멸망의 구렁텅이로 끌고 가고자 하는 것이 저들의 비밀이다. 이에 후 3년 반의 시작에 바다에서 올라오는 짐승이 세상 열국에게 힘과 권세와 능력의 소유자,

열국을 구원할 빛과 광명의 천사와 같은 모습으로 등장할 것이다.

용이 사단으로서 하나님처럼 하늘의 힘과 권세와 능력을 소유하고 싶어 일곱 머리에 면류관을 쓰고 있다면, "용이 자기의 능력과 보좌와 큰 권세를 그에게 주었더라"(계 13:2)라는 말씀처럼 용의 능력을 받은 짐승은 땅의 열국에게 구원의 면류관을 쓴 자로 등장하려고 열 뿔에 면류관을 쓰고 있다.

하나님은 우리에게 말씀을 주셨고 모든 일은 그 말씀의 언약에 기록된 대로 행하신다. 그러나 용인 사단은 하나님의 하신 말씀의 언약을 이 땅에서 모방하고 흉내 내며 거짓으로 행하여 하나님의 교회와 백성들을 현혹하며 미혹한다.

종말은 이러한 사단의 미혹이 가장 강력하게 역사하는 때로, 계시록은 우리에게 이러한 사단의 미혹의 실체를 비밀한 말씀, 곧 계시 속에 숨기고 있어 이것을 성령을 통해서 드러낸다.

'이미 세상 끝에 무슨 징조가 있사오리까?'라고 질문하는 제자들에게 주님께서 "너희가 사람의 미혹을 받지 않도록 주의하라"(마 24:4)라고 당부하신 말씀을 기억해야 한다. 앞으로 이 땅에서 종말에 나타날 모든 사건과 현상들은 용의 권세를 물려받은 짐승에 속한 사람들에 의하여 계획되고 만들어지며 행해지는 미혹이라는 사실에 눈을 떠야만 한다.

한편으로는 자신들을 따르면 평안하고 부하며 안전할 것이라는 말로 속이면서 당근을 제시하고, 다른 한편으로는 사회 현상과 경제 그리고 신체적인 현상들로 겁을 주고 압박하며 채찍질할 것이다.

그러므로 큰 붉은 용에게 붙은 일곱 머리와 열 뿔은, 종말에 하늘과 땅에서 행할 자신의 의도와 계획을 표현하는 모습의 상징으로 이해해야 한다.

나) 꼬리와 하늘 별 삼분의 일

계 12:4 그 꼬리가 하늘 별 삼분의 일을 끌어다가 땅에 던지더라 용이 해산하려는 여자 앞에서 그가 해산하면 그 아이를 삼키고자 하더니

땅에 던짐을 받는 하늘 별 삼분의 일은 누구며, 용의 꼬리는 누구일까?

창세기 37장은 요셉의 꿈에 대한 이야기가 기록되어 있다. "요셉이 다시 꿈을 꾸고 그 형들에게 고하여 가로되 내가 또 꿈을 꾼즉 해와 달과 열한 별이 내게 절하더이다 하니라"(창 37:9).

야곱의 아들들을 열한 별로 표현하고 있다.

또 이사야 14장에서는 "내가 하늘에 올라 하나님의 뭇별 위에 나의 보좌를 높이리라"(사 14:13)라고 하여 아침의 아들 계명성이 말하고 있다. 별이 야곱의 아들을 표현하듯 하나님의 아들을 표현하는 말로, 곧 별은 신약 시대 하나님의 종들을 가리키는 상징적인 용어다.

예수님이 베들레헴에서 태어나실 때도 사단이 그의 탄생을 막기 위하여 그 지역의 두 살 이하 아이들을 살해한 것처럼, 사단은 하나님의 아들들이 태어나는 것을 막고 방해해야만 한다. 하나님의 아들들이 이 땅에서 나타나면 사단의 세력과 권세는 끝나기 때문이다.

이것은 온 하나님의 피조물이 원하는 일이다. 로마서 8장은 이것에 대하여 "피조물의 고대하는 바는 하나님의 아들들의 나타나는 것이니"(롬 8:19)라고 말한다. 하나님의 아들들이 누구인지 모르고 또 몇 명인지도 정확하게 알 수 없지만 하나님은 그 아들들의 이름을 불러내신다고 말씀하고 있다.

요한복음 10장 3절은 "문지기는 그를 위하여 문을 열고 양은 그의 음성을 듣나니 그가 자기 양의 이름을 각각 불러 인도하여 내느니라"라고 말씀한다. 주님은 자기의 양을 알고 또한 하나님의 아들들의 이름을 알아 그들을 종말에 일일이 불러내신다.

그러나 사단은 누가 하나님의 아들인지 알지 못하기 때문에 하나님의 종들을 무더기로 땅에 떨어뜨리기 위해 그들을 죽이려고 한다.

용의 꼬리가 바로 그런 일을 하는데 우선은 "끌어다가 땅에 던지더라"라고 한다.

'끌어다가'라는 말은 '쉬로'(σύρω)라 하여 '끌어당기다, 질질 끌다, 억지로 쫓아버리다, 지방장관을 앞으로 끌어내다, 끌어오다'의 뜻이고, '던지더라'는 '발로'(βάλλω)라 하여 '던지다. 뿌리다, 쏟다. 놓다, 몰아치다, 퍼붓다'의 뜻이다.

하나님의 종들을 질질 끌어당기어 땅에 던지고 뿌린다는 의미이다.

이것은 시간을 두고 질질 끌고 있는 모습으로, 여러 종류의 미혹의 미끼를 던져 종들을 끌어가는 사단의 수법이다. 이 수법에 걸려 넘어가면 결국은 땅으로 던져 버려 멸망하게 한다. 이와 같은 사단의 수법에 걸려든 하나님의 종들이 삼분의 일이라는 것이다.

이런 일을 하는 용의 꼬리는 바로 사단에 의하여 쓰임 받는, 거짓말을 가르치는 선지자나 종들이다.

이사야 9장은 꼬리의 실체에 대하여 "머리는 곧 장로와 존귀한 자요 꼬리는 곧 거짓말을 가르치는 선지자라 백성을 인도하는 자가 그들로 미혹게 하니 인도를 받는 자가 멸망을 당하는도다"(사 9:15-16)라고 말씀한다. 많은 하나님의 종들이 WCC와 WEA의 종교다원주의 또는 종교혼합주의에 속아서 유일하신 하나님을 배반하는 것이 지금의 현실이다.

여호와 하나님의 십계명 중에 가장 큰 것이 곧 출애굽기 20장 3절의 "너는 나 외에는 다른 신들을 네게 있게 말지니라"라는 엄중한 명령이다. 그러나 용, 곧 사단에 의하여 쓰임 받는 거짓 선지자와 종들, 이 꼬리들을 통하여 1948년 암스테르담의 제1회 WCC 대회를 기점으로 유일하신 하나님의 명령을 교회에서 지워버리기 위해 무던하게 노력해 왔다.

한국은 2013년 부산에 이 WCC 대회를 유치하고 세계에 한국의 교회들이 여호와 하나님의 제1계명을 깨고 우상 숭배에 동참했다는 선언을 함으로 불법과 타락의 길을 걷게 되었다.

우상을 섬기는 것을 무엇보다도 가장 싫어하시는 하나님이시기에 "너를 위하여 새긴 우상을 만들지 말고"(출 20:4), 또 "나 여호와 너의 하나님은 질투하는 하나님인즉"(출 20:5)이라고 말씀하며 우리에게 경고하셨다. 그럼에도 불구하고 한국교회가 우상 숭배의 길을 택하였으니 앞으로 재앙으로 다가올 수 있음을 깨달아야 한다.

사단은 자신이 예수 그리스도의 십자가 사건과 부활 이후에 영원한 무저갱과 불못에 들어갈 것을 이미 알고 있다. 따라서 종말의 시간은 최대의 거짓과 사기와 미혹을 통하여 하나님의 종들과 백성들을 넘어뜨리려고 자신의 꼬리들을 광명의 천사로 의의 일꾼과 양의 탈을 쓴 이리로 사용할 것이다.

그 일을 위한 대표적인 기관이 곧 WCC고 WEA며, 또한 이들을 뒤에서 조종하며 마틴 루터에 의하여 세워진 개신교의 파괴를 위해서 1540년 이래 줄기차게 일하고 있는 가톨릭의 예수회다.

일곱째 나팔이 불리는 시간, 곧 후 3년 반이 시작되는 시간에 용의 꼬리와 함께하며 그들의 미혹에 넘어갔던 하나님의 종들 삼분의 일이 땅으로 던짐을 받는 불행한 일이 발생할 것이다.

3. 하늘의 전쟁

계 12:7 하늘에 전쟁이 있으니 미가엘과 그의 사자들이 용으로 더불어 싸울새 용과 그의 사자들도 싸우나
계 12:8 이기지 못하여 다시 하늘에서 저희의 있을 곳을 얻지 못한지라

가) 땅으로 내어쫓긴 큰 용

계 12:9 큰 용이 내어쫓기니 옛 뱀 곧 마귀라고도 하고 사단이라고도 하는 온 천하를 꾀는 자라 땅으로 내어쫓기니 그의 사자들도 저와 함께 내어쫓기니라

예수님의 십자가 사건과 부활 이후 용과 그의 사자들은 이미 하

늘에서 쫓겨났다. 호시탐탐 하늘에서 하나님의 보좌를 탐내던 용, 곧 사단과 그의 사자들은 미가엘 천사장과 그의 사자들과의 전쟁에서 패하여 더 이상 하늘에서 있을 곳을 얻지 못하고 땅으로 내어쫓긴 것이다.

이 하늘의 전쟁은 대서사적인 영적 전쟁으로, 그동안 싸움에서의 실패를 만회함으로 하나님에게 기쁨을 가져다준 승리의 전쟁이다.

하늘에서의 전쟁은, 첫째로 첫 사람인 아담과 하와와의 싸움이다. 이 전쟁은 사단의 완전한 속임과 미혹이 하나님의 형상으로 지음 받은 사람의 완전한 실패로 이끌었다. 이로 인하여 사단의 본질이며 속성인 죄가 사람에게 들어왔고 사망이 오게 되었다.

로마서 5장 12-14절은 이것에 대하여 "이러므로 한 사람으로 말미암아 죄가 세상에 들어오고 죄로 말미암아 사망이 왔나니 이와 같이 모든 사람이 죄를 지었으므로 사망이 모든 사람에게 이르렀느니라 죄가 율법 있기 전에도 세상에 있었으나 율법이 없을 때에는 죄를 죄로 여기지 아니하느니라 그러나 아담으로부터 모세까지 아담의 범죄와 같은 죄를 짓지 아니한 자들 위에도 사망이 왕 노릇 하였나니 아담은 오실 자의 표상이라"라고 말하고 있다.

첫째 사람인 아담이 사단과의 싸움에서 실패하여 그의 후손인 모든 인류가 죄의 유전자를 갖고 태어나게 되었고, 사망 또한 그 결과로 나타났다. 그래서 하나님은 둘째로 첫 번째 실패를 만회하기 위하여, 이스라엘 백성을 택하시고 시내산에서 모세에게 이 세상이 한 번도 받아 보지 못한 하나님의 율법을 주셨다.

이스라엘 백성들이 거룩한 법인 율법을 받아 잘 지키고 행하였다면 사단을 이기고 승리할 수 있었을 텐데, 사단은 처음부터 이것을 깨기 위하여 아론과 이스라엘 백성들로 하여금 금송아지를 만들고 우상을 섬기게 하여 두 번째 하나님의 계획에 실패를 가져오게 하였다.

세 번째는 자신의 아들인 예수 그리스도를 이 세상에 보내심으로 그의 육체에 죄를 정하사 율법으로 이룰 수 없던 것을 아들의 육신을 찢으심으로 사단에게 승리하게 하신 것이다. 바로 이것을 우리는 복된 소식, 복음이라고 한다.

로마서 8장 3-4절에서 "율법이 육신으로 말미암아 연약하여 할 수 없는 그것을 하나님은 하시나니 곧 죄를 인하여 자기 아들을 죄 있는 육신의 모양으로 보내어 육신에 죄를 정하사 육신을 좇지 않고 그 영을 좇아 행하는 우리에게 율법의 요구를 이루어지게 하려 하심이니라"라고 한다.

하나님의 형상으로 지음 받은 사람을 위하여 자신의 아들을 이 땅에 보내시고 그 아들의 죽임을 통하여 하나님의 계획이 이루어지게 하심은, 결국 사람이 할 수 없는 것을 하나님 자신이 스스로 우리를 위하여 하신 것이며, 이것을 우리는 하나님의 사랑이라고 한다.

하늘에서 이 세 번의 전쟁에서 세 번째만에 주님이신 예수 그리스도께서 승리하심으로 이제는 사단이 하늘에서 있을 곳을 얻지 못하고 땅으로 내쫓겼다.

창세기 3장에서는 "내가 너로 여자와 원수가 되게 하고 너의 후손도 여자의 후손과 원수가 되게 하리니 여자의 후손은 네 머리를 상하게 할 것이요 너는 그의 발꿈치를 상하게 할 것이니라"(창 3:15)

라고 말씀하심으로, 하나님은 앞으로 이루어질 일에 대하여 예언하셨다.

여기서 여자의 후손은 당연히 마리아의 몸에서 태어날 예수 그리스도를 말씀하는 것이다. 그런데 우리가 한 단계 더 영적으로 들어가 보면 여자의 후손은 곧 교회의 후손을 말하는 것으로, 예수 그리스도를 믿는 하나님의 백성들이다. 또한 뱀의 후손이 여자의 후손과 원수가 될 것이며 여자의 후손은 뱀의 머리를 상하게 하며 뱀은 여자의 발꿈치를 상하게 할 것이라고 한다.

바로 이 싸움이 교회와 뱀, 곧 사단과의 싸움으로 종말에 이 땅에서 벌어진다. 이것을 상징하는 것이 바로 모세의 지팡이다. 하나님은 모세에게 네 손에 있는 것이 무엇이냐고 물으며 그 지팡이를 땅에 던지라고 명하신다. 그러자 모세가 던진 지팡이가 뱀으로 변했다. 이 지팡이는 모세가 양을 치는 데 사용하던 것으로 구약의 이스라엘 백성들을 치던 율법을 의미한다. 이 율법에는 사단의 힘과 권세가 역사함을 보여 주는 것이다.

하나님이 그 뱀의 꼬리를 잡으라고 명하여 모세가 뱀의 꼬리를 잡으니 다시 지팡이가 되었다.

이 지팡이를 잘 살펴보면, 원래 뱀의 머리였던 곳이 땅으로 박히고 오히려 뱀의 꼬리였던 곳을 모세의 손이 잡고 있다. 지팡이가 완전히 반대로 뒤집어졌다. 모세가 전혀 생각하지 못했던 것인데, 자신이 들고 있던 지팡이가 뱀이 된 것도 이상하려니와 이제는 그 뱀을 거꾸로 들어 만들어진 지팡이를 쥐고 있다.

우리는 여기서 하나님의 영적인 의도를 발견해야 한다.

처음에 모세가 들고 있던 지팡이는 율법의 지팡이다. 이 지팡이는 뱀의 머리가 하늘을 향해 있어 항상 그 뱀의 입에서 독을 쏠 수밖에 없고 하늘에서 항상 참소를 할 수밖에 없는 지팡이였다. 그러나 새로 모세의 손에 쥔 지팡이는 뱀의 머리가 땅에 박힘으로 본문의 말씀처럼 용이 땅으로 내어쫓겨 떨어진 모습을 상징한다.

결국 두 번째 지팡이는 예수 그리스도로 인하여 뱀의 머리가 땅으로 떨어져서 더 이상 독을 쏠 수가 없고 참소를 할 수 없는 용의 모습을 보여 주고 있다. 곧 복음의 지팡이로 이것을 하나님의 지팡이라고 부른다. 같은 지팡이지만 처음 지팡이가 율법의 지팡이라면 두 번째 지팡이는 복음의 지팡이로, 예수 그리스도의 지팡이고 하나님의 지팡이로 능력의 지팡이다.

이제 이 땅으로 곤두박질쳐진 용, 곧 사단은 우리 주님이 이 땅에 세우시고 가신 몸 된 성전인 교회를 향하여 최후의 결전을 준비하고 있다.

그러므로 예수 그리스도의 십자가 사건과 부활 이후에 이미 용은 하늘에서 이 땅으로 내어쫓겼으며, 그동안 2천 년 교회 역사는 이 땅에서 교회에 대항한 사단의 음모와 술수와 계략과 미혹의 시간이었음을 깨달아야 한다.

지금까지 교회 역사의 흐름의 바탕에는 교회와 하나님의 백성들을 잡기 위해 사단이 펼쳐놓은 온갖 사슬들이 미로처럼 엮여 있었다. 이것은 성령의 눈으로만 보이고 깨달을 수 있다. 결국 교회의 역사는 거대한 사단이 그의 사자들과 함께 펼치는 거짓과 미혹의 역사이다.

그러나 주님은 그 사단과 사자들이 교회를 향하여 행하는 거짓과 미혹 속에서도 이들을 정확하게 바라보고, 이들의 계교와 음모와 술수에 대항하여 싸우는 방법을 성경을 통해 우리에게 제시하신다.

한 가지 예로 마태복음 14장은 오병이어 기적을 베푸신 후에 물 위로 걸어오시는 주님의 사건이 기록되어 있다. 주님은 제자들에게 배를 타고 앞서 건너편으로 건너가게 하신 후, 산에 올라가 홀로 기도하시다가 밤 사경에 바다 위로 걸어서 제자들에게 가셨다.

이 사건은 전 교회 역사에서 일어날 일을 예언하는 말씀이다. 주님은 산에 올라가 이 세상에 남겨 두고 가신 교회들을 위하여 기도하신다. 그러나 이 세상의 교회들은 "배가 이미 육지에서 수 리나 떠나서 바람이 거슬리므로 물결을 인하여 고난을 당하더라"(마 14:24)라는 말씀처럼 사단의 미혹과 방해와 압박과 핍박과 같은 세상의 풍조로 인하여 고난을 당하고 있음을 보여 준다.

밤 사경은 해가 뜨기 전 새벽 시간으로 시간적으로 종말의 시간을 의미한다. 주님이 산에서 밤새 기도하시는 시간과 바다 위에서 제자들의 배가 고난당하는 시간은 곧 교회의 역사가 지나가는 시간이다.

주님이 오시는 시간까지 교회는 세상에서 사단의 미혹과 그들이 펼쳐 놓은 사슬에 의하여 고난과 고통을 당하는 모습을 보여 주고 있다. 주님은 종말의 시간인 새벽녘, 곧 사경이 되어야 바다 위를 걸어서 이 땅에 오실 것을 말씀한다.

제자들의 고백 속에 바다 위로 걸어오는 주님을 보고 "유령이라 하며 무서워하여 소리지르거늘"(마 14:26)이라는 말씀처럼, 그동안 교회는 사단이 주는 이론과 사상과 교훈에 익숙하여 종말의 시간에 나타난 주님을 유령으로 본다. 이것이 바로 오늘의 교회 현실이다. 주님께서 "안심하라 내니 두려워 말라"(마 14:27)라고 자신을 알리셨음에도 교회의 반석인 베드로는 "만일 주시어든 나를 명하사 물 위로 오라 하소서"(마 14:28)라며 주님의 신분을 알아보지 못하고 주님을 시험한다.

마태복음 4장에서 주님이 성령에 이끌리어 마귀에게 시험을 받을 때도 "만일 하나님의 아들이어든"(마 4:3, 6)이라는 말로 주님을 시험하듯이, 지금 교회의 반석인 베드로도 '만일 주시어든'이라는 말로 주님을 알아보지 못하고 있다.

바로 이 모습이 교회 2천 년의 역사에서 사단이 우리 영의 눈을 가리고 자신들이 만들어 놓은 교리와 교훈 그리고 신학적 이론과 사상들을 진리로 둔갑시켜, 종말의 종들과 교회를 깨우기 위하여 사경에 오시는 주님을 알아보지 못하는 우리의 모습이다.

마지막 종말에는 바다 속에 빠진 베드로처럼 교회도 바다 속에 빠질 수밖에 없으며, 주님이 베드로의 손을 잡아 끌어올리듯이 그 분의 손이 우리를 붙잡아야만 교회는 살 수 있다. 결국 우리 스스로는 그 어떤 것도 할 수 없으며, 종말에 하나님의 종들과 백성들이 살 수 있는 유일한 길은 주님의 손이 내려와 우리의 손을 붙잡아 주시는 것뿐이다. 주님이 우리에게 긍휼을 베푸셔야만 한다는 것이다.

이제 용, 곧 사단은 종말에 최후의 결전을 위해서 싸울 것이다. 주님은 이 싸움을 위해 밤 사경에 오시어 교회를 깨우고 하나님의 종들과 백성들을 깨워 이들 속에서 하나님의 군사들을 부르신다. 이들이 바로 여자, 곧 교회가 낳은 아이고 철장으로 만국을 다스릴 남자이다.

이제는 하늘에서의 싸움이 아니고 이 땅에서의 마지막 싸움이 일어난다. 사단의 영과 그의 힘을 받은 사자들과 주님의 영과 말씀을 가진 자들과의 치열한 싸움이 종말을 장식할 것이다. 계시록은 이때 싸움에 임할 하나님의 군사들을 깨우고 세우기 위한 말씀이다.

땅으로 내쫓긴 용, 곧 옛 뱀이라고 하며 마귀라고도 하고 사단이라고도 하는 온 천하를 꾀는 자가 지금 우리의 주변에서 호시탐탐 우리를 노리고 있다. 교회 밖에 있는 자들이 아니라 교회 안에 있는 자들로 함께 하나님을 섬긴다고 하는 자들이다.

분명한 것은, 한쪽은 참되고 진실한 의인이라면 다른 쪽은 거짓되고 미혹하는 악인이라는 사실이다. 그러므로 우리는 하나님의 말씀을 통하여 영적인 눈을 뜨고 영을 분별해야만 한다.

요한일서 4장 1절은 “사랑하는 자들아 영을 다 믿지 말고 오직 영들이 하나님께 속하였나 시험하라 많은 거짓 선지자가 세상에 나왔음이니라”라고 말씀한다. 또한 요한일서 4장 5-6절은 “저희는 세상에 속한고로 세상에 속한 말을 하매 세상이 저희 말을 듣느니라 우리는 하나님께 속하였으니 하나님을 아는 자는 우리의 말을 듣고 하나님께 속하지 아니한 자는 우리의 말을 듣지 아니하나니 진리의 영과 미혹의 영을 이로써 아느니라”라고 말씀한다.

사단이 온 천하를 꾀는 자라고 할 때 ‘꾀다’라는 말은 ‘플라나오’(πλανάω)라 한다. 이 말은 ‘방황하게 하다, 헤매다, 길을 잃다, 나쁜 길로 인도하다, 빗나가다, 속이다, 잘못을 저지르다, 실수하다, 죄를 짓다'라는 뜻이다. 교회와 하나님의 종들과 백성들을 나쁜 길로 인도하고 방황하게 하며 속이고 잘못을 저지르게 하여 결국은 죄를 짓게끔 함으로 하나님과 멀어지게 한다는 것이다.

이것이 사단과 이 땅에 있는 그의 사자들이 하는 일이다. 지금 세상은 이런 거짓된 사단의 사자들로 가득 차 있다. 그러므로 종말에 우리는 영이 깨어 있기를 위하여 기도해야 하며, 주님께서 뻗어 주시는 긍휼의 손을 붙잡아야만 한다.

나) 밤낮 참소하던 자

> **계 12:10** 내가 또 들으니 하늘에 큰 음성이 있어 가로되 이제 우리 하나님의 구원과 능력과 나라와 또 그의 그리스도의 권세가 이루었으니 우리 형제들을 참소하던 자 곧 우리 하나님 앞에서 밤낮 참소하던 자가 쫓겨났고

'참소'라는 말은 '카테고로스'(κατήγορος)라고 하여 '고소인, 원고, 송사하는 사람들, 고소하던 그들이, 참소하던 자'라는 뜻으로 고소인, 곧 고발하는 자를 말한다.

세상에서도 고소, 고발을 즐겨하는 사람들이 있다. 주로 법치가 잘되었다고 하는 나라들에서 벌어진다. 어떤 사람과의 관계에서 또는 이웃과의 관계에서도 서로의 마음이 불편한 일이 발생하면 법에 호소하여 문제를 해결하려 한다.

이런 사회나 국가에서는 사람들과의 관계를 특별히 조심하게 된

다. 자유니 프라이버시니 하는 말로 자신들의 권리를 지키기 위한 정당한 것으로 여기지만, 사실은 이런 사회에서는 사람과 사람 사이에서 느끼고 나누어야 할 사랑과 정 그리고 인륜이라는 관계가 사라진다. 사람과의 관계가 사무적이고 의무적이어 마음과 마음을 나누지 않고 냉랭해진다. 그러므로 참소하는 자와 참소를 당하는 자와의 관계는 극과 극의 관계가 될 수밖에 없다.

그동안 사단은 바로 이러한 참소자로 하나님의 보좌 앞에서 하나님의 종들과 백성들을 대항하여 죄와 불법에 대하여 지적하며, 하나님의 공의에 합당하지 않았음을 고발해 왔다. 그러나 우리는 하나님이 우리에게 베푸신 은혜와 긍휼과 자비의 법을 알아야 한다.

이 세상에서 하나님의 공의에 완전해서 구원받는 사람은 한 사람도 없다.

로마서 8장 1-2절에서 선언처럼 "그러므로 이제 그리스도 예수 안에 있는 자에게는 결코 정죄함이 없나니 이는 그리스도 예수 안에 있는 생명의 성령의 법이 죄와 사망의 법에서 너를 해방하였음이라"라고 말씀하고 있다. 우리가 그리스도 예수 안에 있느냐 아니면 그 밖에 있느냐에 따라 우리의 존재가 완전히 달라진다.

로마서 10장 10절의 말씀처럼 "사람이 마음으로 믿어 의에 이르고 입으로 시인하여 구원에 이르느니라"라고 자기 스스로 선언할 수 있다면 하나님의 백성이며 구원을 받은 자다.

그러나 사단은 계속해서 우리의 말과 행동을 트집 잡아 항상 정죄하며 우리의 마음속에 참소의 마음을 준다. 바로 여기에 말씀에 굳게 서지 못한 하나님의 자녀들이 넘어지며, 스스로를 죄인이라는 틀 속에 가두어 버린다.

로마서 2장 1절은 "그러므로 남을 판단하는 사람아 무론 누구든지 네가 핑계치 못할 것은 남을 판단하는 것으로 네가 너를 정죄함이니 판단하는 네가 같은 일을 행함이니라"라고 말씀한다.

'판단'이라는 말은 '크리노'(κρίνω)라 하여 '나누다, ~사이를 구별하다, 벌하다, 판결하다, 결정하다, 비판하다, 심판하다, 복수하다, 정죄하다'라는 뜻이다.

판단한다는 마음 자체가 이미 그 마음에 복수심을 갖고 사이를 구별하여 나누고 심판하고 정죄한다는 것으로, 곧 사단이 하나님 앞에서 참소하는 마음과 동일하다.

이러한 일을 하는 사람에게 하나님은 로마서 2장 5절에서 "다만 네 고집과 회개치 아니한 마음을 따라 진노의 날 곧 하나님의 의로우신 판단이 나타나는 그날에 임할 진노를 네게 쌓는도다"라고 말씀한다.

유다서 1장 9절에서 "천사장 미가엘이 모세의 시체에 대하여 마귀와 다투어 변론할 때에 감히 훼방하는 판결을 쓰지 못하고 다만 말하되 주께서 너를 꾸짖으시기를 원하노라 하였거늘"라고 말씀하며 마귀가 모세의 시체를 놓고도 마귀는 참소하고 있음을 말한다. 스가랴 3장 1-4절에서도 "대제사장 여호수아는 여호와의 사자 앞에 섰고 사단은 그의 우편에 서서 그를 대적하는 것을 여호와께서 내게 보이시니라 여호와께서 사단에게 이르시되 사단아 여호와가 너를 책망하노라 예루살렘을 택한 여호와가 너를 책망하노라 이는 불에서 꺼낸 그슬린 나무가 아니냐 하실 때에 여호수아가 더러운 옷을 입고 천사 앞에 섰는지라 여호와께서 자기 앞에 선 자들에게 명하사 그 더러운 옷을 벗기라 하시고 또 여호수아에게 이르시되 내가 네 죄과를 제하여 버렸으니 네게 아름다운 옷을 입히리라 하시기로"라고 말씀하는 것을 본다.

마찬가지로 우리도 완전하게 타서 재가 된 나무가 아니라 비록 그슬린 나무에 불과하지만, 여호수아의 죄과를 제하신 주님이 우리의 죄과 또한 흰눈같이, 양털같이 제하여 버렸음을 알아야 한다. 이것은 온전한 그리스도의 은혜요 나의 수고와 노력이 아니기 때문에 모든 믿는 자에게 미치는 하나님의 의이다.

그러므로 에베소서 2장 8-9절은 "너희가 그 은혜를 인하여 믿음으로 말미암아 구원을 얻었나니 이것이 너희에게서 난 것이 아니요 하나님의 선물이라 행위에서 난 것이 아니니 이는 누구든지 자랑치 못하게 함이니라"라고 말씀하고 있다.

이제 하늘에서 참소, 곧 고발과 고소를 일삼던 사단이 땅으로 쫓겨났다. 사단과 마귀들은 땅으로 쫓겨나 우리의 마음에, 바로 우리 안에 있는 하나님의 성전에서 우리를 판단하고 정죄하며 하나님의 공의를 빗대어 우리 자신들을 고소한다.

그렇기 때문에 자신의 불법과 불의가 있더라도 하나님의 말씀을 붙잡고 믿음으로 담대하게 나가는 자와 그렇지 못한 자가 이 세상에서 구별되며, 사단의 참소와 고발은 결국 우리의 양심을 괴롭혀 우리 스스로가 하나님을 떠나게 만드는 것임을 깨달아야 한다.

이것을 위하여 사단은 계속해서 미혹과 거짓과 속임으로 우리 마음을 공격한다. 그러나 뱀의 꼬리로 우리를 감는다고 해도 생명에 전혀 해를 끼치지 못한다. 뱀의 머리는 이미 주님의 발에 밟혀 있어 더 이상 사망의 독을 쏠 수 없기 때문이다.

이것은 창세기 3장에서 "여자의 후손은 네 머리를 상하게 할 것이요 너는 그의 발꿈치를 상하게 할 것이니라"(창 3:15)라고 말씀한다.

사단 곧 뱀의 머리는 주님의 십자가 사건으로 땅에 박히고 그 머리가 상했으므로 더 이상 독을 쏠 수 없다는 사실을 우리가 깨닫고 있다면 우리를 향한 뱀의 미혹과 거짓에 속아 넘어가서는 안 될 것이다.

민수기 21장의 놋뱀 사건을 보자. 불뱀에 물려 죽어가는 이스라엘 백성들에게 하나님은 장대 위에 달려 있는 놋뱀을 쳐다보면 산다고 말씀하셨다. 십자가에서 죽으신 예수 그리스도를 보면 그리고 그의 죽으심이 무엇을 의미하는가를 깨닫는다면, 비록 사망의 독이 우리 안에 들어와 있을지라도 우리와 무관하며 생명의 구원을 얻는다는 말씀이다.

구약의 율법은 예수 그리스도께서 오셔서 십자가에 달리실 것을 말씀하며, 그것을 믿는 모든 사람에게 생명의 구원이 있을 것임을 놋뱀 사건을 통하여 우리에게 보여 주셨다.

그러므로 우리는 사단의 어떤 미혹에도 넘어가서는 안 되며 말씀으로 무장하여 이들의 공격을 담대하게 물리쳐야 한다.

4. 하늘과 그 가운데 거하는 자들

계 12:12 그러므로 하늘과 그 가운데 거하는 자들은 즐거워하라 그러나 땅과 바다는 화 있을진저 이는 마귀가 자기의 때가 얼마 못 된 줄을 알므로 크게 분내어 너희에게 내려갔음이라 하더라 성경 전체에서 계시록은 유일하게 하늘에 거하는 자와 땅에 거하는 자를 구별한다. 종말의 때에 주님은 믿음의 잣대를 통하여 우리의 마음이 하늘과 그 가운데 속한 자인지, 아니면 땅과 그 가운데 속한 자인지를 분리한다는 말씀이다.

계시록 12장 11-12절을 보면 "또 여러 형제가 어린양의 피와 자기의 증거하는 말을 인하여 저를 이기었으니 그들은 죽기까지 자기 생명을 아끼지 아니하였도다 그러므로 하늘과 그 가운데 거하는 자들은 즐거워하라 그러나 땅과 바다는 화 있을진저 이는 마귀가 자기의 때가 얼마 못 된 줄을 알므로 크게 분내어 너희에게 내려갔음이라 하더라"라고 말한다.

여기서 우리는 '하늘과 그 가운데 거하는 자들이 누구인가?'라는 질문을 할 수 있다.

계시록은 성경의 종말을 알리는 말씀으로, 하나님은 특별히 하늘에 거하는 자들을 보호하며 지키시고 그리고 그들에게 즐거움을 주신다.

모세에 의하여 이스라엘 백성들을 애굽에서 출애굽 할 때 10가지 재앙을 애굽 땅에 내리신다.

그러나 하나님의 백성이 살고 있는 고센 땅에는 어떤 재앙도 내리지 아니함같이, 종말의 하나님의 백성 곧 하늘에 거하는 자들에게는 이 땅의 재앙과 환난으로부터 보호하신다는 약속이다.

출애굽기 8장 22절은 "그날에 내가 내 백성의 거하는 고센 땅을 구별하여 그곳에는 파리 떼가 없게 하리니 이로 말미암아 나는 세상 중의 여호와인 줄을 네가 알게 될 것이라"라고 말씀하고, 또한

"여호와가 애굽 사람과 이스라엘 사이에 구별하는 줄을 너희가 알리라"(출 11:7)라고 말씀하듯, 종말의 하나님은 이와 같이 하늘에 거하는 자를 세상과 구별하며 지키고 보호하신다.

그렇다면 하늘에 거하는 자는 과연 구체적으로 어떤 사람들일까?

데살로니가전서 5장 23절은 "평강의 하나님이 친히 너희로 온전히 거룩하게 하시고 또 너희 온 영과 혼과 몸이 우리 주 예수 그리스도 강림하실 때에 흠없게 보전되기를 원하노라"라고 한다. 주님이 우리의 영과 혼과 몸이 흠 없게 보전되기를 원하신다는 것이다.

또한 바울은 갈라디아서 6장 17절에서 "이후로는 누구든지 나를 괴롭게 말라 내가 내 몸에 예수의 흔적을 가졌노라"라고 한다. 바울의 몸에 있는 예수의 흔적은, 예수를 증거하기 위하여 세상으로부터 얻은 상처로 고난과 환난의 표식들이다. 바울이 예수의 증거를 위하여 몸에 흔적이 될 정도로 세상에서 육체의 고난을 묵묵히 받는 것은 그가 바라는 세상, 곧 하늘의 소망이 확실하기 때문이다.

바울이 골로새서에서 "위의 것을 생각하고 땅의 것을 생각지 말라 이는 너희가 죽었고 너희 생명이 그리스도와 함께 하나님 안에 감춰었음이니라"(골 3:2-3)라고 한 것은 확고한 믿음의 신념으로부터 왔다.

사람은 동물과 달리 마음과 정신이 육체를 지배하도록 창조되었다.

이것은 영국의 유전 생명공학자인 매트 리들리(Matt Ridly)가 "심리적인 것이 물리적인 것에 앞서고, 마음이 몸을 조절하며 게놈을 조절한다"라는 주장과도 일치한다.

우리 사람 앞에는 두 가지 세계, 곧 하늘의 세계와 땅의 세계가 놓여 있다. 어느 세계를 선택해야 할지는 자신의 자유의지로 결정하겠지만 성경은 그리고 바울은 위의 것 곧 하늘의 것을 생각하고 땅의 것을 생각하지 말라고 가르친다.

어거스틴의 저서인 《하나님의 도성》에서도 세상에는 하나님의 도성과 지상의 도성이라는 두 종류의 성이 존재하며, 하나님의 사람들은 지상 곧 세상에서 하나님의 도성에 사는 사람들이라고 정의한다.

마태복음 11장 28-30절은 세상의 것들을 무거운 짐이며 주님의 짐은 가볍다고 말한다.

"수고하고 무거운 짐진 자들아 다 내게로 오라 내가 너희를 쉬게 하리라 나는 마음이 온유하고 겸손하니 나의 멍에를 메고 내게 배우라 그러면 너희 마음이 쉼을 얻으리니 이는 내 멍에는 쉽고 내 짐은 가벼움이라 하시니라."

땅에 거하는 자들은 바로 무거운 짐을 지고 평생을 살아가는 자들이다. 하나님이 이미 사람에게 내리신 징벌로 "땅은 너로 인하여 저주를 받고 너는 종신토록 수고하여야 그 소산을 먹으리라 땅이 네게 가시덤불과 엉겅퀴를 낼 것이라"(창 3:17-18) 말씀했기 때문이다.

우리는 하나님이 사람에게 내리신 징벌을 깨달아야 한다. 먼저 이것을 깨달은 자만이 세상의 무거운 짐을 내려놓을 수 있고 하나님에게 은혜와 긍휼을 구하는 자로 나올 수 있다.

그러나 아직도 수많은 인생들은, 심지어 하나님을 믿는 성도들도, 자신들에게 내려진 징벌의 규율을 깨닫지 못한 채 세상에서 노력하고 수고하며 땀을 흘리면 성공할 수 있다는 허상에 미혹이 되어 있다. 교회는 사람들에게 이러한 하나님의 규율을 바로 전함으로 세상의 무거운 짐을 내려놓고 주님에게 나아가는 길을 제시해야 하는 것이다.

주님이 우리에게 "내 멍에는 쉽고 내 짐은 가벼움이라"(마 11:30)라고 하실 때 이 멍에와 짐은 등과 허리에 지는 짐이 아니라 무게를 느낄 수 없는 마음의 평안과 기쁨의 짐이다. 그 짐은 사랑과 용서와 긍휼과 자비와 온유 등으로 가득 차 우리의 마음을 행복하게 하며, 이 세상에서도 천국의 기쁨과 함께 하늘의 도성에 거하는 자로 살아가게 하기 때문이다.

땅에 거하는 자들이 무거운 세상의 짐을 지고 아래의 것을 바라보며 그것에 소망과 꿈을 두고 살아가는 자들이라면, 하늘에 거하는 자들은 주님의 말씀을 통하여 세상의 무거운 짐을 내려놓고 쉽고 가벼운 주님의 멍에를 진 자들이다. 종말은 바로 이러한 자들을 구별하는 시험무대다. 또한 하나님께서 세상에 환난을 통하여 땅에 거하는 자들과 하늘에 거하는 자들을 분리하므로 믿음을 측량하는 시대이다.

특별히 요한계시록은 땅에 거하는 자들에 관한 기록이 많다. 주님은 성경의 말씀을 통하여 땅에 거하는 자들을 하늘에 거하는 자들로 변화시키기 위해 곧 거듭나게 하기 위하여 제자들을 통하여 말씀을 증거하게 하셨다. 그런데 사단은 교회 역사를 통하여 세상에서의 소망과 꿈을 이루는 것 곧 성공과 축복이 하나님의 뜻이라는 거짓된 미혹으로 교회를 변질시켰다. 이러한 교리와 신학의 대표적인 것이 슐라이에르마허를 통해 자유주의 신학이라고 하는 현대 신학이다.

하늘의 하나님을 땅에 하나님으로 추락시켜 땅에서 잘살고 건강하며 성공하여 명예를 갖는 것이 하나님이 함께하는 것이고 그런 사람이 하나님의 백성이라는 거짓으로 속였음을 발견하는 것은 매우 중요하다. 왜냐하면 이것이 깨달아지고 발견되어야 진정 하늘에 속한 자로 나아가며 변화될 수 있기 때문이다.

주님이 빌라델비아 교회에게 "네가 나의 인내의 말씀을 지켰은즉 내가 또한 너를 지키어 시험의 때를 면하게 하리니 이는 장차 온 세상에 임하여 땅에 거하는 자들을 시험할 때라"(계 3:10)라고 하신 말씀처럼, 종말의 환난은 거짓에 속아서 잘못된 신앙을 하고 있는 자들과 아직도 세상의 부귀영화만을 바라보는 땅에 거하는 자들을 시험하기 위한 것이다.

가) 큰 독수리의 두 날개

계 12:13 용이 자기가 땅으로 내어쫓긴 것을 보고 남자를 낳은 여자를 핍박하는지라
계 12:14 그 여자가 큰 독수리의 두 날개를 받아 광야 자기 곳으로 날아가 거기서 그 뱀의 낯을 피하여 한 때와 두 때와 반 때를 양육 받으매

교회 역사 속에는 두 종류의 여자를 볼 수 있는데 핍박을 받는 여자와 핍박을 받지 않는 여자다.

창세기에 등장하는 야곱의 아내 중에도 형인 레아는 동생 라헬을 질투하며 핍박했으며, 사무엘상에 등장하는 엘가나의 아내들 중에서도 브닌나는 항상 한나를 핍박하므로 마음에 고통을 주었다고

기록하고 있다.

레아와 브닌나가 아주 쉽게 자식을 생산하는 것과 달리 핍박을 당하는 라헬이나 한나는 남편으로부터 큰 사랑을 받으면서도 자식을 생산하지 못하는 아픔 때문에 괴로워하였다. 그러나 핍박 속에서 마음의 고통을 갖고 하나님 앞에 간절함으로 나간 라헬과 한나에게는 요셉과 사무엘이라는, 하나님이 지극히 사랑하는 자의 씨가 잉태되었다.

이를 통해, 나무가 아름답고 향기로운 열매를 맺듯 많은 시간 애통하는 심령을 갖고 하나님께 간구와 기도를 통하여 나아갈 때 하나님의 관심과 사랑 안에 있는 자가 잉태되고 생산된다는 사실을 알 수 있다.

주님의 산상수훈에서도 "애통하는 자는 복이 있나니 저희가 위로를 받을 것임이요"(마 5:4)라고 말씀하듯 하나님의 뜻을 알고 발견하기 위하여 또한 우리의 간절한 소원까지도 애통하는 마음으로 하나님께 나아가 기도하며 마음을 토로할 때 하나님은 우리의 위로자가 되시어 그 마음의 소원을 이루어 주신다.

아이를 쉽게 낳는 레아와 브닌나는 하나님 앞에 애통하는 심령으로 나아갈 이유가 없고 자기의 간절함을 토로할 필요를 느끼지 못했을 것이다. 상대적으로 남편의 큰 사랑을 받으면서도 아이를 갖지 못한 라헬과 한나는 간절하며 애통하는 심령으로 하나님께 나아가 자기의 심령을 토로했을 것은 당연하다.

우리는 여기서 하나님의 씨가 잉태되고 생산되는 이치를 발견하게 된다. 곧 하나님이 우리에게 아픔과 고통을 주시는 이유는, 우리의 힘과 능력으로 할 수 없는 일에 하나님을 의지하고 또한 하나님의 은혜와 긍휼의 자리로 나오라는 신호라는 것이다.

이것은 종말에 환난을 허락하시는 이유와 동일하다.

주님이 빌라델비아 교회에게 "네가 나의 인내의 말씀을 지켰은즉"(계 3:10)이라고 말씀하듯 바로 교회와 성도는 끝까지 말씀이 이루어질 것을 믿고 인내해야 하며, "뜻이 하늘에서 이룬 것같이 땅에서도 이루어지이다"(마 6:10)라는 간절한 기도와 함께 주님 앞에 나아갈 것을 요구하고 계신다.

이와 같이 종말의 교회는 사단, 곧 용으로부터 공격과 핍박의 대상이 되어 환난 속으로 들어가는데, 이 또한 라헬과 한나처럼 인내로 하나님이 사랑하는 귀한 아들 요셉과 사무엘과 같은 남자아이가 탄생해야 하기 때문이다.

바로 계시록 12장의 여자로부터 탄생된 "철장으로 만국을 다스릴 남자"(계 12:5)라는 후 3년 반의 시간에 들어가기에 앞서 산고를 겪은 여자, 곧 참되고 진실한 교회로부터 탄생된 하나님의 아들들이다.

종말의 교회는 하늘에 속한 교회가 있고 반대로 땅에 속한 교회가 있다. 본 절에서 말하는 핍박을 받는 여자는 바로 하늘에 속한 교회를 의미하며, 하나님은 이 여자를 용의 세력으로부터 지키고 보호하며 양육하신다고 말씀한다.

요한복음 15장 19-20절 "너희가 세상에 속하였으면 세상이 자기의 것을 사랑할 터이나 너희는 세상에 속한 자가 아니요 도리어 세상에서 나의 택함을 입은 자인고로 세상이 너희를 미워하느니라 내가 너희더러 종이 주인보다 더 크지 못하다 한 말을 기억하라 사람들이 나를 핍박하였은즉 너희도 핍박할 터이요 내 말을 지켰은즉 너희 말도 지킬 터이라"라는 말씀처럼 세상으로부터 택함을 입은 교회와 성도들은 세상으로부터 핍박을 받을 것을 말씀하고 있다.

또한 주님은 "의를 위하여 핍박을 받은 자는 복이 있나니 천국이 저희 것임이라 나를 인하여 너희를 욕하고 핍박하고 거짓으로 너희를 거스려 모든 악한 말을 할 때에는 너희에게 복이 있나니"(마 5:10-11)라고 산상수훈을 통하여 선언하신다.

본 절에서 용은 남자를 낳은 여자를 핍박한다고 한다. 그러나 하나님은 여자를 핍박하는 용 곧 뱀의 낯을 피하여 큰 독수리의 두 날개로 받아 여자를 광야 자기 곳으로 날아가게 함으로 여자를 뱀으로부터 보호하고 있음을 말씀하고 있다.

바로 이러한 일은 후 3년 반의 시간 속에서 하늘에 속한 교회를 지키고 보호하시며 그 시간 동안 광야 자기 곳에서 양육하신다는 것이다.

창세기에 이스라엘의 아들들이 애굽에서 고센 땅에 거하며 요셉에 의해 지독한 흉년의 시간을 양육된 것처럼 하나님은 이미 세상으로부터 교회를 지키고 보호하기 위하여 큰 독수리의 두 날개를 준비하시고 이들을 양육할 계획을 세우고 계신다.

또한 이스라엘 백성들을 애굽으로부터 출애굽 시키기 위하여 모세를 준비하신 것처럼 종말의 용의 핍박과 환난으로부터 교회를 탈출시키기 위하여 큰 독수리의 두 날개를 준비하셨다.

여기서 하나님이 준비하신 '큰 독수리의 두 날개'는 무엇을 말하는가? 매우 궁금하지 않은가?

신명기 32장 11-12절은 하나님이 이스라엘 백성들을 광야에서 인도하실 때 "마치 독수리가 그 보금자리를 어지럽게 하며 그 새끼 위에 너풀거리며 그 날개를 펴서 새끼를 받으며 그 날개 위에 그것을 업는 것같이 여호와께서 홀로 그들을 인도하셨고 함께한 다른 신이 없었도다"라고 한다.

여호와를 독수리가 새끼를 기르고 훈련시키며 양육하는 모습에 비유하여 말씀하고 있다.

여기서 '독수리'는 '아에토스'(ἀετός)라고 하여 '독수리, 탐욕스런 사람, 욕심쟁이'라는 의미로 자기의 것을 남에게 빼앗기지 않는 강한 의지의 소유자를 말한다.

이것은 하나님이 자기의 백성을 하나도 사단 곧 용에게 빼앗기지 않으려는 의지와 동일하다고 볼 수 있다. 창세기 14장 16절 "모든 빼앗겼던 재물과 자기 조카 롯과 그 재물과 또 부녀와 인민을 다 찾아왔더라"라는 말씀처럼, 또한 사무엘상 30장 19-20절 "그들의 탈취하였던것 곧 무리의 자녀들이나 빼앗겼던 것의 대소를 물론하고 아무것도 잃은 것이 없이 다윗이 도로 찾아왔고 또 양떼와 소떼를 다 탈취하였더니 무리가 그 가축 앞에 몰고 가며 가로되 이는 다윗의 탈취한 것이라 하였더라"는 말씀처럼, 아브라함과 다윗은 빼앗겼던 것을 하나도 잃지 않고 독수리와 같은 심정으로 자신의 새끼들을 찾아왔다. 히브리서에서는 이를 '아브라함의 노략물'(히 7:4)이라고 말하고 있으며 사무엘상에서는 이를 '다윗의 탈취한 것'(삼상 30:20)이라고 표현하고 있다.

여기서 '노략물'로 표현된 단어는 '아크로디니온'(ἀκροθίνιον)이라고 하여 '더미와 덩어리'에서 유래된 말로 '더미 중 가장 좋은 것, 전리품 중 가장 좋은 물품, 첫 열매'라는 뜻을 갖는다. 믿음의 조상 아브라함의 노획물이 단순히 적으로부터 빼앗긴 것을 찾아온 것이 아니라 십일조 곧 멜기세덱 제사장에게 드려질 가장 좋은 노획물로서 이것 중에 십분의 일은 첫 열매로 예수 그리스도께 드려질 것이라는 의미이다.

한편 다윗의 '탈취물'은 히브리어로 '쏴랄'(שׁלל)이라고 하여 '전리품, 약탈물, 잡아먹다, 희생, 약탈, 강탈'의 뜻을 갖는 단어로, 적에게 빼앗긴 것들을 독수리처럼 약탈하고 강탈하며 잡아먹는다는 의미를 갖는다.

마태복음 1장 1절에서 "아브라함과 다윗의 자손 예수 그리스도의 세계라"는 말씀처럼 곧 구약의 아브라함과 다윗의 기록은 예수 그리스도가 오셔서 이루어야 할 기록으로 주님은 이것을 말씀을 성취하는 것이라고 하신다.

사무엘상 25장에서 나발의 아내였던 아비가일이 다윗에게 "내 주께서 여호와의 싸움을 싸우심이요"(삼상 25:28)라고 하듯, 아브라함도 다윗도 이 세상에서 여호와 하나님의 싸움을 싸우는 것을 기록하고 있는 것이 곧 구약의 말씀이다.

이것은 곧 이 세상은 여호와 하나님과 사단의 영적 전쟁터라는 말로, 하나님은 아브라함과 다윗과 같은 종들을 세워 여호와를 대신하여 싸우게 하시고 사단은 마귀와 그의 사자들 곧 거짓 선지자와 종들을 내세워 싸운다.

성경은 우리에게 이 싸움에서 이기고 승리하는 비결을 가르치고 지도하고 있다. 곧 아브라함이 가졌던 믿음이다. 이 믿음은 예수 그리스도를 향해서 나아가는 믿음과 더불어 다윗이 가졌던 용맹과 담대함 그리고 어떤 환경에서도 주님만을 바라보고 나아가는 신실함이다.

그러므로 본 절에서 큰 독수리의 두 날개는 하나님께서 종말의 남자를 낳은 여자 곧 신실한 교회를 지키기 위하여 보내신 아브라함과 다윗과 같은 종으로 보아야 할 것이다.

혹자는 독수리를 상징하는 나라가 현재 미국이기 때문에 종말에 미국이 교회를 지키고 보호하는 역할을 의미한다고 말한다. 물론 그러한 생각과 이론을 우리가 무시할 수 없다.

그러나 성경에 의할 때 하나님 자신이 독수리로 표현되어 있고 이 땅에서 독수리와 같은 역할을 감당한 주인공들이 나라와 국가와 민족이 아니고 아브라함이나 모세 그리고 다윗과 같은 하나님이 특별히 선택하신 사람들이 감당했다는 사실을 주지해야 한다.

최근에는 미국의 선거 부정을 통하여 악의 세력들의 실체가 드러나고 그들이 오랫동안 세상을 장악하고 그들이 원하는 세상을 만들어 가기 위하여 사람의 이성을 가지고는 도저히 할 수 없는 악한 일들을 해왔음이 백일하에 드러났다.

이러한 일들이 1776년 5월 1일 일루미나티가 출현한 이후 거의 250년 동안 지속되었음에도 불구하고 세계는 그리고 모든 사람들은 그들이 하는 일의 내막을 알지 못했다. 또한 대통령을 비롯한 많은 정치인들조차 그것에 대항하여 그들 곧 어둠의 세상 주관자들과 싸우려 들지 않았다,

에이브러햄 링컨이나 케네디처럼 정의를 가진 소수의 대통령만

이 그들과 대항하여 싸우다가 살해당했던 역사를 기억하고 있을 뿐이다.

그러나 현재 트럼프 대통령은 이들의 세력들과 전면전을 벌이고 있으며, 이번 미국의 부정 선거를 통하여 어둠의 세상 주관자들의 악랄한 실체가 세상 많은 사람들에게 드러났다. 그뿐만 아니라 트럼프 대통령이 그들 곧 악의 세력들과 싸우는 중심에 하나님과 교회를 지키고 보호한다는 강력한 의지가 담겨 있음을 볼 때, 그를 이 시대에 하나님이 세우시고 선택한 독수리로 보아야 한다는 생각이 든다.

구약의 출애굽기에서도 하나님은 이스라엘 백성들을 구출하기 위하여 하나님의 뜻을 실현할 모세를 세워 보냈으며, 이스라엘을 대항하는 세력으로 애굽이라는 나라가 아닌 바로라는 왕의 마음을 강퍅하게 하여 사용하셨다. 로마서 9장 17-18절에 바로 그 말씀이 기록되어 있는데 "성경이 바로에게 이르시되 내가 이 일을 위하여 너를 세웠으니 곧 너로 말미암아 내 능력을 보이고 내 이름이 온 땅에 전파되게 하려 함이로라 하셨으니 그런즉 하나님께서 하고자 하시는 자를 긍휼히 여기시고 하고자 하시는 자를 강퍅게 하시느니라"라고 말씀하고 있기 때문이다.

그런데 본 절에서 독수리에게 두 날개가 있다는 것에 관심을 가져야 한다.

출애굽을 위하여 아론이라는 제사장과 훌이라는 선지자를 모세를 돕는 자로 붙여 주셨다. 르비딤 광야에서 아말렉과의 싸움에서도 모세는 아론과 훌과 함께 산에 올라가 이스라엘의 승리를 위하여 모세의 손을 들어 올리는 사역을 감당하였다. "모세가 손을 들면 이스라엘이 이기고 손을 내리면 아말렉이 이기더니 모세의 팔이 피

곤하매 그들이 돌을 가져다가 모세의 아래 놓아 그로 그 위에 앉게 하고 아론과 훌이 하나는 이편에서 하나는 저편에서 모세의 손을 붙들어 올렸더니 그 손이 해가 지도록 내려오지 아니한지라"(출 17:11-12).

성경이 말하는 바는, 국가와 민족과 나라가 하나님과 교회 그리고 하나님의 백성들을 지키고 보호하도록 설계되어 있는 것이 아니라 하나님이 선택한 사람을 통하여 이 일을 성취된다는 것이다. 종말에 이 일을 행하기 위하여 선택되고 부름 받은 사람이 트럼프 대통령이고, 이를 보좌하는 두 날개 곧 아론과 훌의 역할을 감당해야 할 사람이 있다고 이해해야 한다.

그렇다면 아론과 훌의 역할을 감당할 사람은 누구인가? 성경은 항상 우리에게 분명한 것을 말하고 가리킨다. 아론과 훌이 제사장이고 선지자인 것처럼, 또한 구약은 아론과 같이 율법을 지키고 행함으로 하나님에게 제사의 직분을 받은 자와 엘리야나 엘리사 그리고 이사야나 예레미야처럼 선지자의 사명을 받은 자로 구분되어 있듯이, 오늘날도 아론과 훌의 역할을 감당할 주의 종들이 바로 그들이다.

독수리가 두 날개로 날갯짓을 함으로 앞으로 전진하는 것처럼, 이 땅에서 제사장의 역할로 부름 받은 신약 시대의 주의 종들이 바로 아론의 사명을 감당해야 할 사람이다. 또한 하나님의 종들과 백성들 중에는 선지자의 사명을 받은 자들이 있어 이들이 하나님의 뜻과 때를 전함으로 깨어 준비하게 하는 사명을 감당함으로 독수리가 가고자 하는 방향으로 날아갈 수 있게 한다.

그러나 하나님은 종말에 일곱 교회 중에서 충성되고 진실한 두 교회의 사자 곧 종만을 사용하신다. 또한 수많은 자칭 선지자들이 있어 이들 중에 참되고 진실하며 깨끗한 선지자를 들어 독수리의 두 날개로 사용하신다는 것은 분명하다.

이와 같이 독수리의 날개로 사용되는 충성되고 신실한 종들과 선지자들은 하나님에 의하여 백성들에게 주어진 자들이다. '받아'라는 헬라어 '디도미'(δίδωμι)의 뜻이 '수여하다, 증여하다, 위탁하다, 제물로 바치다'라는 의미이기 때문이다.

즉 여자에게 독수리의 두 날개가 '주어졌다. 제물로 바쳐졌다'라는 수동의 의미를 갖고 있어, 하나님에 의하여 여자 곧 교회에게 주어지고 제물로 바쳐진 종과 선지자들을 말한다고 할 수 있다.

이는 곧 예수님이 우리를 위하여 희생제물이 되어 드려진 것처럼, 독수리의 두 날개가 되어야 할 자들인 하나님이 세우신 종과 선지자들은 예수 그리스도의 몸인 교회와 백성들을 위하여 제물이 되어야 한다는 의미다.

그러므로 본 절에서 큰 독수리의 두 날개의 의미를 살필 때 독수리의 몸체와 두 날개의 결합과 기능에 대하여 파악하는 것이 중요하다. 지금의 현실에서 독수리의 몸체가 트럼프 대통령이라면 날개로서의 역할을 해야 할 종들과 선지자들은 몸체가 바로 갈 수 있도록 날갯짓을 해야 한다.

이것이 곧 이스라엘의 승리를 위한 모세와 아론과 훌의 역할이며 기능인 것처럼 종말의 종들과 선지자들이 이 뜻을 깨달아 트럼프 대통령이 계획하고 추진하는 일에 마음과 뜻을 맞추고 기도하며 지원해야 한다는 것을 의미한다.

이 일은 후 3년 반이 시작하기 직전에 일어날 사건으로, 지금 이 시간 우리는 세계가 어떻게 움직이고 변화되고 있는가를 면밀하게 관찰하는 것이 중요하다.

특히 코로나를 빌미로 교회를 파괴하고 예배를 중지시키고 하나님의 백성들이 모이지 못하게 하는 등의 핍박에 대항하여 목숨을 내걸고 정사와 권세와 어둠의 세상 주관자들과 싸우는 사람, 곧 트럼프 대통령 편에서 힘이 되고 지원하며 기도하는 것은 곧 모세의 손을 들어 올리는 것과 같은 승리를 위한 일이다.

교회와 하나님의 백성들이 당하고 있는 오늘의 핍박에 대하여 침묵하며 자신의 안위만을 생각하는 수많은 거짓 종들이 있다. 또 세계의 교회와 백성들을 위하여 싸우는 트럼프 대통령에 대하여 부정적인 생각으로 반대편에 서 있는 WCC와 WEA에 속한 종들을 보면서 하나님은 지금도 깨어 있는 종들을 찾으시고 부르시며 아론과 훌의 역할을 감당하게 하신다는 것이 바로 성경의 가르침이다.

미디안의 군대와 싸우기 위하여 오직 기드온의 300용사만 세우신 하나님은 오늘도 많은 종들을 필요로 하시는 것이 아니라 충성되고 진실하며 종말의 시간에 깨어 있어 주님의 재림을 기다리는 종들에게 아론과 훌의 사명을 주신다.

나) 광야 자기 곳

계 12:14 그 여자가 큰 독수리의 두 날개를 받아 광야 자기 곳으로 날아가 거기서 그 뱀의 낯을 피하여 한 때와 두 때와 반 때를 양육 받으매

"그 여자가 큰 독수리의 두 날개를 받아 광야 자기 곳으로 날아가"라고 한다. 광야의 자기 곳이 어딘지 궁금해진다. 그리고 그곳에서 한 때와 두 때와 반 때 곧 후 3년 반을 양육 받는다고 한다.

여기서 '광야'는 '에레모스'(ἔρημος)라고 하여 '고독한, 쓸쓸한, 외로운, 적막한, 한적한, 황폐한, 사람이 살지 않는, 빈들'의 뜻을 갖는다.

마태복음 14장 13-15절의 오병이어 사건을 보자. "예수께서 들으시고 배를 타고 떠나사 따로 빈 들에 가시니 무리가 듣고 여러 고을로부터 걸어서 좇아간지라 예수께서 나오사 큰 무리를 보시고 불쌍히 여기사 그중에 있는 병인을 고쳐 주시니라 저녁이 되매 제자들이 나아와 가로되 이곳은 빈 들이요 때도 이미 저물었으니 무리를 보내어 마을에 들어가 먹을 것을 사먹게 하소서"라고 한다.

바로 주님이 가신 빈들이 광야다. 주님은 이곳에서 굶주린 백성들을 위하여 오병이어의 기적을 통하여 양식을 공급하신다.

광야 곧 빈들은 사람이 살지 않는 곳이고 고독하고 쓸쓸하며 황폐한 장소로 사람들이 가지 않고 살지 않는 장소다. 세상은 그런 광야에 가는 것을 싫어하고 자신들과 같은 부류의 사람들이 많이 북적대는 장소를 좋아한다.

이것은 바로 하나님의 세계와 세상이 다름을 말한다. 주님은 빈들로 나가시며 그 주님을 따라 빈들로 가고자 하는 사람들 곧 이들이 하나님의 백성들이다. 왜냐하면 빈들은 세상의 생각이나 방법 그리고 습관이나 관념 등의 인간적인 것이 통하는 장소가 아니라 오직 하나님을 바라보고 의지하며 하나님으로부터 오는 기적을 체험하는 장소이기 때문이다.

모세가 이스라엘 백성들을 먹을 것과 마실 것이 풍족한 땅이 아닌 수르 광야와 르비딤 광야 그리고 시내 광야로 인도한 것 역시 하나님의 백성에게 세상의 방법이 아닌 하나님의 방법으로 살아가는 방법을 가르치기 위함이었다. 그곳에는 하나님의 말씀이 있고, 반석에서 물이 나오는 기적과 아침 이슬이 만나가 되고 저녁에는 메추라기를 먹는 신비한 세계가 펼쳐진다.

그러므로 여자가 광야 자기 곳으로 날아간다는 것은 세상과 분리되어 오직 하나님의 손길에 의해서만 살아갈 수 있는 장소에 간다는 것이다. 하나님의 말씀이 있는 그곳은 사람의 힘과 능력이 아닌 오직 하나님의 능력으로만 살아갈 수 있는 장소이기 때문이다.

후 3년 반의 환난의 시간은 하나님의 도움이 없으면 견디기 힘든 시간이기 때문으로 하나님은 이미 택함 받은 교회와 백성들을 위하여 예비된 곳을 준비하고 계신다. 이는 광야에서 모세에게 이스라엘 백성들을 위하여 출애굽기 23장 20절에서 "내가 사자를 네 앞서 보내어 길에서 너를 보호하여 너로 내가 예비한 곳에 이르게 하리니"라는 약속과 같은 의미이다.

또한 하나님은 그곳에서 교회와 백성들을 3년 반 동안 양육하신다고 한다.

'양육'이라는 말은 '트렙호'(τρέφω)라고 하여 '자라게 하다, 양육하다, 기르다, 영양분을 공급하다, 먹이다, 교육하다'라는 뜻이다. 이스라엘 백성들이 광야에서 40년 동안을 율법으로 양육 받고 교육을 받았듯이, 주님이 3년 반 동안을 예루살렘에서 하나님의 나라의 복음을 가르치셨듯이, 마지막 7년 환난의 후반기는 선택된 교회와 백성들이 주님의 재림을 준비하며 신부로서의 내적인 것과 외적인 것을 철저하게 단장하는 양육의 시간이며 교육의 시간이다.

세례 요한이 "광야에 외치는 자의 소리가 있어 가로되 너희는 주의 길을 예비하라 그의 첩경을 평탄케 하라"(마 3:3)라는 외침과 주님이 "성령에게 이끌리어 마귀에게 시험을 받으러 광야로 가사"(마 4:1)라고 하신 말씀에서 보듯, 광야는 하나님의 소리가 선포되는 장소이고 또한 교회와 백성들을 향한 마귀의 시험이 있는 곳이다.

그러므로 구약에서 시내 광야는 하나님의 율법과 계명과 규례가 선포되는 곳이며, 신약에서 유대 광야는 세례 요한과 주님을 통하여 복음이 선포된 곳이다. 이처럼 광야는 세상의 손길이 닿지 않는 하나님의 백성들과 하늘로부터 내려지는 말씀만이 존재하는 곳이며 기적과 이적의 장소이다.

이스라엘 백성들을 애굽에서 광야로 출애굽하듯, 7년 환난 중 후 3년 반의 시간은 교회와 백성들이 이 세상으로부터 하나님이 예비하신 광야 자기 곳으로 출애굽할 것이다.

다) 뱀의 입에서 토한 강물

계 12:15 여자의 뒤에서 뱀이 그 입으로 물을 강같이 토하여 여자를 물에 떠내려가게 하려 하되

이 말씀은 뱀 곧 사단의 강력한 시험을 의미한다.

여기서 뱀이 입으로 강같이 토한 물은 무엇인가? 거짓 종들과 선지자들을 통해서 쏟아내는 미혹의 말과 거짓 기적과 같은 것이다.

데살로니가후서 2장 9-10절에서 "악한 자의 임함은 사단의 역사를 따라 모든 능력과 표적과 거짓 기적과 불의의 모든 속임으로 멸망하는 자들에게 임하리니 이는 저희가 진리의 사랑을 받지 아니하여 구원함을 얻지 못함이니라"라고 말씀하고 있기 때문이다.

마태복음 24장 23-26절은 이것에 대하여 잘 설명하고 있는데 "그때에 사람이 너희에게 말하되 보라 그리스도가 여기 있다 혹 저기 있다 하여도 믿지 말라 거짓 그리스도들과 거짓 선지자들이 일어나 큰 표적과 기사를 보이어 할 수만 있으면 택하신 자들도 미혹하게 하리라 보라 내가 너희에게 미리 말하였노라 그러면 사람들이 너희에게 말하되 보라 그리스도가 광야에 있다 하여도 나가지 말고 보라 골방에 있다 하여도 믿지 말라"는 경고의 말씀이다.

후 3년 반의 환난 시간에, 사단은 큰 표적과 기사를 통하여 택하신 자들까지도 미혹하려고 하며 거짓 그리스도가 광야에까지 등장하여 교회와 백성들을 현혹시키고 넘어뜨리려 할 것이므로 주의하라고 요구하신다. 그러므로 광야 자기 곳에는 충성된 교회와 백성들만이 있는 것이 아니고 거짓 종들과 선지자들에 의하여 인도되는 미혹의 장소도 분명히 있다.

바로 사단은 하나님의 일과 성경의 말씀을 모방하고 흉내 내는 자들이다. 따라서 자신들이 독수리의 두 날개에 의하여 광야 자기 곳으로 날아간 자들이라는 주장을 하여 백성들을 미혹한다. 종말은 수많은 하나님의 교회와 백성들이 영적인 분별에 많은 혼돈을 가질 수밖에 없는 시대라는 점을 이용하여 여기서도 저기서도 자신들이 참이라고 주장하는 많은 거짓 종들이 출현할 것이므로, 우리는 더욱 깨어 있어 온전한 분별력을 가져야 한다.

특히 후 3년 반의 시간은 짐승의 표를 받지 않는 자들에게는 매매를 허용하지 않기 때문에 믿음이 약한 백성들이 이와 같은 거짓 종들과 선지자들에게 미혹되기 쉽다.

이들은 많은 물질과 필요한 것들을 공급한다는 미끼를 사용하여 백성들을 미혹한다. 광야 시대에도 모세와 아론을 원망하던 이스라엘 백성들, 곧 출애굽기 16장 2-3절에서 "이스라엘 온 회중이 그 광야에서 모세와 아론을 원망하여 그들에게 이르되 우리가 애굽 땅에서 고기 가마 곁에 앉았던 때와 떡을 배불리 먹던 때에 여호와의 손에 죽었더면 좋았을 것을 너희가 이 광야로 우리를 인도하여 내어 이 온 회중으로 주려 죽게 하는도다"라는 백성들의 원망을 이용하려고 했다.

그러므로 뱀이 물을 강같이 토한다는 말은, 환난의 시간 속에서 교회와 백성들이 고통을 당하며, 곧 먹을 것과 마실 것에 굶주리므로 이스라엘 백성들처럼 모세와 아론을 원망하듯 마음에 하나님과 인도자를 원망하는 자들이 생길 것이며, 이들에게 원하는 대로 필요한 것과 물질을 제공하겠다는 강력한 미혹의 미끼를 던지는 것을 의미한다.

이런 상황이 되면 죽으면 죽으리라는 신앙의 결단이 필요하며 아직까지도 육신의 세계에 미련이 있는 자들은 저들의 미혹에 흔들릴 수밖에 없게 된다.

그러므로 계시록 14장 12절은 "성도들의 인내가 여기 있나니 저희는 하나님의 계명과 예수 믿음을 지키는 자니라"라고 말씀하고 있다.

이는 곧 종말의 신앙은 모든 성도들에게 환난을 이겨내는 인내를 요구하며 그러기 위해서는 하나님의 계명과 예수의 믿음을 소유하며 지켜야 한다는 말이다.

또한 계시록 3장에서 빌라델비아 교회의 사자에게는 "네가 나의 인내의 말씀을 지켰은즉 내가 또한 너를 지키어 시험의 때를 면하게 하리니"(계 3:10)라고 한다. 바로 이러한 인내의 신앙과 믿음을 위하여 3년 반의 말씀에 의한 양육의 시간이 필요하며, 여기에서 더욱 영적으로 강하게 무장하게 된다.

그러나 본 절은 "땅이 여자를 도와 그 입을 벌려 용의 입에서 토한 강물을 삼키니"(계 12:16)라고 한다. 땅이 어떻게 여자를 도와서 용의 입에서 토한 강물을 삼킨다는 것인가?

호세아 2장 21-22절은 "여호와께서 가라사대 그날에 내가 응하리라 나는 하늘에 응하고 하늘은 땅에 응하고 땅은 곡식과 포도주와 기름에 응하고 또 이것들은 이스르엘에 응하리라"라고 한다.

'응하다'라는 말은 히브리어 '아나'(ענה)라고 하여 '대답하다, 응답하다, 증언하다, 말하다'라는 뜻이다.

첫째로 여호와께서 하늘에 응한다고 한다.

여호와 하나님이 먼저 하늘에 응하는 것은 곧 하늘 성소를 말한다. 하늘 성소는 예수 그리스도의 몸으로 여기에 바로 생명의 원천이 있고 진리가 있으며, 땅의 죽어 있는 모든 생명을 살릴 수 있는 생명수가 나오기 때문이다.

이스라엘 백성들이 70년 바벨론의 포로로 지낸 기간도 예루살렘의 성전이 무너지고 다시 세워지는 시간을 말하는 것으로 백성들의 포로 된 기간을 말하는 것이 아니다. 이 땅의 성전도 하늘 성소의 모형을 따라 지으라 하신 것처럼 여호와 하나님이 가장 먼저 하늘의 성소로부터 시작하는 것은 에스겔 47장의 말씀처럼 성전으로부터 땅과 모든 나무들이 살 수 있는 생수가 흐르기 때문이다.

둘째로 하늘은 땅에 응한다고 한다.

하늘 성소인 예수 그리스도께서 이 땅에 임하여 사람에게 곧 하나님의 백성들에게 임함을 말한다.

요한복음 15장 4절은 "내 안에 거하라 나도 너희 안에 거하리라 가지가 포도나무에 붙어 있지 아니하면 절로 과실을 맺을 수 없음 같이 너희도 내 안에 있지 아니하면 그러하리라"라고 말씀하고 있으며, 또한 요한복음 6장 56절은 "내 살을 먹고 내 피를 마시는 자는 내 안에 거하고 나도 그 안에 거하나니"라고 말씀한다. 이는 하늘 성소가 땅에 응하는 것으로 흙으로 빚어진 사람 안에 함께 거하는 것을 의미하며, 이렇게 하늘 성소와 함께 거하는 사람을 하나님의 백성이라 말한다.

셋째로 땅은 곡식과 포도주와 기름에 응한다고 한다.

여기서 땅은 하늘 성소가 임한 땅으로 곧 하나님의 백성을 말하며, 이들 백성들은 세 종류로 나뉘는데 떡을 만들 수 있는 보리와 밀 같은 곡식과 포도송이로부터 나온 포도주와 감람나무로부터 나온 감람유 기름이다.

신학적으로 곡식은 떡을 만드는 재료로서 구약의 율법과 이스라엘을 의미하고, 포도즙은 포도송이로부터 나온 신약의 복음과 이방인을 상징한다. 그리고 이 둘을 하나로 연결시키고 구약으로부터 신약으로 감람유 기름을 공급함으로 신약의 교회가 불을 밝히게 하는 것이 기름이다.

여호와께서는 하나님의 뜻이 이렇게 되도록 심고 파종하시므로 이스르엘이 되게 하셨으며 이것이 하나님의 계획이다.

그러므로 본 절의 땅이 여자를 도와서 용의 입에서 토한 강물을 삼켰다고 하는 것은 하늘 성소가 임한 백성들이 용의 입에서 토한 모든 유혹과 미혹의 물을 삼켰다는 말이다

여기서 '삼키다'라는 말은 '카타피노'(καταπίνω)라 하여 '마시다'라는 말에서 유래되었으며 '삼켜 버리다, 마시다, 먹어치우다, 흡수하다, 휩쓸다, 전멸시키다, 파괴시키다'라는 뜻이다. 이것은 용이 입에서 토한 유혹의 말들을 백성들이 강한 믿음과 신앙으로 곧 영적으로 흡수하고 파괴하며 전멸시켰다는 것으로 용에게 승리를 했음을 의미한다.

이것은 후 3년 반의 시간은 절대적인 용 곧 사단과 하나님의 교회와 백성들과의 치열한 영적 전쟁이 벌어질 것이며, 이 전쟁에서 사단은 백성들을 유혹하기 위하여 필요한 것들 곧 용의 입에서 토한 강물이라 하는 미혹의 물에 떠내려가게 하려는 계획을 갖고 있음을 알려 주는 것이다.

라) 그 여자의 남은 자손

> **계 12:17** 용이 여자에게 분노하여 돌아가서 그 여자의 남은 자손 곧 하나님의 계명을 지키며 예수의 증거를 가진 자들로 더불어 싸우려고 바다 모래 위에 섰더라

후 3년 반의 시간은 용이 세상의 권세를 잡고 통치하는 기간이

다. 그러나 이 세상에는 독수리의 두 날개에 의하여 광야 자기 곳으로 피신하지 못한 수많은 하나님의 자녀들이 있다. 하나님은 이들 곧 하나님의 자녀들이면서도 땅에 거하고 있는 자들을 위하여 "하나님의 계명을 지키며 예수의 증거를 가진 자들"(계 12:17)을 세상에 남겨 두셨다. 바로 이들을 '그 여자의 남은 자손'이라고 한다.

후 3년 반의 시간에 이들은 용과의 싸움을 통하여 땅에 거하는 하나님의 자녀들을 탈취하기 위하여 거룩한 전쟁을 할 것이다. 여기서 용의 싸움을 대신할 자들 곧 용의 입이 되어서 그 여자의 남은 자손과 싸울 자들이 바로 거짓 종들과 선지자들이다.

이 거짓 종들과 선지자들은 "양의 옷을 입고 너희에게 나아오나 속에는 노략질하는 이리"(마 7:15)며 "주의 이름으로 선지자 노릇하며 주의 이름으로 귀신을 쫓아 내며 주의 이름으로 많은 권능을 행치 아니하였나이까"(마 7:22)라고 변명하는 자들로 항상 주의 이름을 빙자하여 하나님의 종으로 행세하던 자들이다.

성경은 우리에게 인간 세상에서 일어날 일들을 자세하게 기술하고 있다. 종말에 하나님의 교회와 백성들을 핍박하며 고통을 줄 세력들이 누구인가도 이미 성경은 우리에게 계시하고 있다.

유다가 바벨론에 의하여 멸망당하고 포로로 붙잡혀 가기 전의 영적인 상황에 대하여 예레미야 23장 1-2절은 "나 여호와가 말하노라 내 목장의 양 무리를 멸하며 흩는 목자에게 화 있으리라 그러므로 이스라엘 하나님 나 여호와가 내 백성을 기르는 목자에게 이같이 말하노라 너희가 내 양무리를 흩으며 그것을 몰아내고 돌아보지 아니하였도다 보라 내가 너희의 악행을 인하여 너희에게 보응하리라 여호와의 말이니라"라고 한다.

또한 예레미야 23장 11절은 “여호와께서 말씀하시되 선지자와 제사장이 다 사특한지라 내가 내 집에서도 그들의 악을 발견하였노라”라고 말씀한다. 결국 하나님의 백성들을 멸하고 망하게 하는 자들은 교회 밖에 있는 것이 아니고 교회 안에서 백성들을 지도하고 가르치며 인도한다는 자들이라는 것이다.

이들은 종말에 용의 절대적인 지원을 받아 진리를 가진 하나님의 종들 곧 하나님의 계명을 지키며 예수의 증거를 가진 남은 자손들을 대적하며 이 땅에서 싸울 것이다.

이 싸움에 선택된 그 여자의 남은 자손들이 계시록 11장의 두 증인으로, 이들을 두 감람나무와 두 촛대라고 칭한다. 두 촛대는 마지막 종말을 밝히기 위한 증인으로서의 교회고, 이 교회의 촛대에 불을 밝히기 위해 두 감람나무는 좌우 양 옆에서 기름을 흘려보내야 하는 사명을 가진 자들이다.

두 감람나무에 대하여 스가랴서 4장 12-14절은 “다시 그에게 물어 가로되 금기름을 흘려내는 두 금관 옆에 있는 이 감람나무 두 가지는 무슨 뜻이니이까 그가 내게 대답하여 가로되 네가 이것이 무엇인지 알지 못하느냐 대답하되 내 주여 알지 못하나이다 가로되 이는 기름 발리운 자 둘이니 온 세상의 주 앞에 모셔 섰는 자니라 하더라”라고 말씀한다.

두 감람나무는 주 앞에 모셔 섰는 자로 예수님과 변화산 상의 사건을 말한다.

이것은 마태복음 17장 2-3절은 “저희 앞에서 변형되사 그 얼굴이 해같이 빛나며 옷이 빛과 같이 희어졌더라 때에 모세와 엘리야가 예수로 더불어 말씀하는 것이 저희에게 보이거늘"이라는 말씀이다.

베드로와 요한과 야고보가 보는 앞에서 주 앞에 모셔 섰는 자는 유일하게 모세와 엘리야다. 이들이 이스라엘에게 전한 율법과 선지자의 글이 바로 종말에 기름으로서 두 증인인 촛대에 불을 밝히는 일을 하고 있음을 계시하는 것이다.

그러므로 본 절에서 그 여자의 남은 자손이 갖고 있는 하나님의 계명과 예수의 증거는 곧 모세의 율법과 엘리야를 통한 선지자의 글이다. 이것이 두 감람나무의 두 가지가 되어 예수를 증거하는 기름으로 공급된다.

분명한 것은 그 여자의 남은 자손 곧 두 증인의 싸움을 위한 무기는 하나님의 계명과 예수의 증거라는 말씀으로 바로 이것을 사도 요한은 하나님의 말씀과 예수 그리스도의 증거라고 말한다.

땅에 거하는 하나님의 자녀들을 구원하기 위하여 하나님이 세운 군대와 사단 곧 용이 세운 군대와의 치열한 싸움이 이 땅에서 벌어질 것이다. 이 싸움에 하나님은 하나님의 말씀과 예수 그리스도의 증거를 가진 진실하고 충성된 종들 곧 여자의 남은 자손인 이들을 두 증인으로 세울 것이며, 상대편의 용은 거짓 종들과 선지자들을 통해 미혹과 거짓으로 땅에 거하는 하나님의 자녀들을 탈취하려고 몸부림칠 것이다. 출애굽기 15장 9절에서 "대적의 말이 내가 쫓아 미쳐 탈취물을 나누리라, 내가 그들로 인하여 내 마음을 채우리라, 내가 내 칼을 빼리니 내 손이 그들을 멸하리라"는 바로의 고백처럼 군대를 이끌고 홍해까지 쫓아가듯 세상 끝까지 하나님의 백성들을 탈취하려고 발악할 것이다.

후 3년 반의 이 세상은 이러한 하나님의 군대와 용의 군대가 치열하게 싸우는 영적 전쟁터가 되며, 믿음이 부족한 어린 영혼들과 아직 주님의 때를 깨닫지 못하고 세상에 남아 있는 어리석은 하나님의 백성들을 탈취하기 위한 전쟁이 벌어진다.

사무엘상 25장에서 아비가일이 다윗을 향하여 "내 주께서 여호와의 싸움을 싸우심이요"(삼상 25:28)라고 말하듯, 마지막 종말에 두 증인 또한 그 여자의 남은 자손들이 용의 군대인 거짓 종들과 선지자들을 대항하여 여호와 하나님의 싸움을 싸우게 될 것이다.

성령론적 요한계시록

II

REVELATION

제13장

(Revelation 13)

계 13:1 내가 보니 바다에서 한 짐승이 나오는데 뿔이 열이요 머리가 일곱이라 그 뿔에는 열 면류관이 있고 그 머리들에는 참람된 이름들이 있더라

⬇

계 13:18 지혜가 여기 있으니 총명 있는 자는 그 짐승의 수를 세어 보라 그 수는 사람의 수니 육백육십육이니라

계시록 13장의 내용은 본격적인 후 3년 반의 출발을 알리는 계시다.

짐승의 출현과 함께 이 세상은 전무후무한 환난의 시간으로 빠지며, 특히 하나님의 백성들에게는 고통과 아픔과 눈물 그리고 사망의 두려움이 몰려오는 때이다.

왜 하나님은 이러한 환난을 주시는 것일까?

'환난'은 '들립시스'(θλῖψις)라 하여 '고난, 환난, 압착, 압박, 강제, 괴로움, 역경 등을 일컫는 말로 '압착하다, 억누르다, 막다, 에워싸다, 괴롭히다, 고통을 주다, 압박당하다'라는 '들리보'(θλίβω)라는 말로부

터 유래되었다.

이것은 종말에 어둠의 세상 주관자들이 하나님의 교회와 백성들을 압박하고 괴롭히며 고통을 주는 시간으로 이해해야 한다.

종말에 있을 환난은 심판과 다른 의미다. 환난이 하나님의 백성들에게 주어진 통과 의식이라면 심판은 하나님을 믿지 아니하는 자들에게 내려진 징계의 벌로서 정죄의 판결이다.

창세기 22장에서 하나님은 아브라함에게 아들 이삭을 모리아산에서 번제로 드리라는 명령을 하시는데 바로 이것이 아브라함에게는 환난이었다. 그가 믿음의 조상이 된 것에 대하여 하나님은 "네가 네 아들 네 독자라도 내게 아끼지 아니하였으니 내가 이제야 네가 하나님을 경외하는 줄을 아노라"(창 22:12)라고 말씀하신 것이 바로 그와 같은 예이다.

사무엘상에서 골리앗을 물리치고 이스라엘을 블레셋으로부터 구원한 의로운 다윗이 사울에게 핍박과 살해의 위협을 받아 도망자의 삶을 살아야 했던 과정 역시 환난이다. 이처럼 하나님은 하나님의 백성들에게 환난을 허락하신다.

그 이유는 하나님의 백성들은 세상에 속한 자들이 아니고 또한 땅에 거하는 자들이 아니며 하늘에 속한 자들이기 때문이다. 우리가 영원한 하늘에 속하기 위하여는 사람의 능력이나 지식 그리고 권세와 물질이 우리를 지키는 것이 아니고 오직 예수 그리스도만이 우리를 지키며 도우시고 생명을 주시는 분임을 발견하게 하기 위함이다.

로마서 8장 17절은 "자녀이면 또한 후사 곧 하나님의 후사요 그리스도와 함께한 후사니 우리가 그와 함께 영광을 받기 위하여 고난도 함께 받아야 될 것이니라"라고 말씀하고 있다. 성경은 우리가 그리스도와 함께한 하나님의 후사가 되기 위해 그리고 영광에 함께 참여하기 위해 고난도 받아야 할 것을 말하고 있다.

그러므로 종말에 하나님의 백성은 환난이라는 고난을 통과해야 하며, 그 과정에서 진정한 예수 그리스도만이 유일한 우리의 구세주이심을 가슴으로 발견하고 깨달아야 한다. 후 3년 반의 환난의 시간은 "성도들의 인내가 여기 있나니"(계 14:12)라는 말씀처럼 바로 성도들에게 인내의 믿음을 요구하는 시간이다.

1. 바다에서 나온 짐승

> **계 13:1** 내가 보니 바다에서 한 짐승이 나오는데 뿔이 열이요 머리가 일곱이라 그 뿔에는 열 면류관이 있고 그 머리들에는 참람된 이름들이 있더라

바다에서 나온 짐승은 무엇이며 그리고 짐승은 왜 바다에서 나온 것일까? 영화에서 나온 이야기가 아니라 3년 반의 환난이 시작하면서 짐승의 마음을 가진 사람이 등장할 것을 말한다.

이 말씀은 후 3년 반에 세상을 지배하고 통치할 자 곧 적그리스도가 출현할 것을 알리고 있다. 그는 하나님이 보시기에 짐승의 마음을 갖고 있어 하나님의 교회와 백성들을 짓밟고 죽이고 무자비하게 통치할 자이다.

이사야 27장 1절에는 "그날에 여호와께서 그 견고하고 크고 강한

칼로 날랜 뱀 리워야단 곧 꼬불꼬불한 뱀 리워야단을 벌하시며 바다에 있는 용을 죽이시리라"라고 한다. 용이 거하는 곳은 바다고 그 용의 실체는 '꼬불꼬불한 뱀 리워야단'이라는 것이다.

본 절의 뿔이 열이고 머리가 일곱인 짐승은 용이 거하는 바다로부터 나오고 있으며, 이 짐승은 "용이 자기의 능력과 보좌와 권세를 그에게 주었더라"(계 13:2)라고 하듯 용으로부터 막강한 능력과 권세를 물려받았다. 짐승은 용과 일심동체로 하나님과 예수 그리스도가 일심동체인 것을 모방하고 있다.

이것은 또한 하나님과 예수 그리스도가 하늘에 거하고 있는 것처럼 용과 짐승은 바다라는 세상에 거하고 있어 세상의 모든 부귀영화와 권세를 쥐고 있음을 보여 준다.

원래 용은 하늘에 거하면서 하나님의 사람들을 참소하는 일을 하던 자인데 계시록 12장 9절 "큰 용이 내어 쫓기니 옛 뱀 곧 마귀라고도 하고 사단이라고도 하는 온 천하를 꾀는 자라 땅으로 내어 쫓기니 그의 사자들도 저와 함께 내어 쫓기니라"라는 말씀처럼 이 땅 곧 세상으로 내어쫓기어 하나님을 대적하며, 본 절의 짐승의 모습으로 하늘의 예수 그리스도를 모방한 그리스도 곧 적그리스도를 탄생시키고 있다.

그러므로 바다에서 나온 짐승은 종말에 예수 그리스도를 흉내 내고 있는 적그리스도로 그는 표범과 곰과 사자의 날쌤과 발톱과 이빨을 그의 심령 안에 가지고 있는 자다. 그러나 이러한 악한 짐승의 모습들을 감춘 채 겉으로는 자비하고 사랑이 많은 능력의 사람으로 나타날 것인데, 데살로니가후서 2장 9절에는 "악한 자의 임함은 사단의 역사를 따라 모든 능력과 표적과 거짓 기적"으로 나타난다고 기록하고 있다.

이러한 사단의 역사는 "불의의 모든 속임으로 멸망하는 자들에게 임하리니"(살후 2:10)라며 악한 짐승에게 속을 자들이 누구인지 밝히고 있다. 그렇다면 우리는 짐승으로 등장하는 적그리스도의 실체 곧 그의 신분을 알 필요가 있다. 왜냐하면 세상은 그리고 아직도 교회는 누가 적그리스도로 나타날 것인지에 대하여 궁금해하고 있기 때문이다.

구약은 이 적그리스도의 실체에 대하여 밝히고 있다. 신명기 32장은 이스라엘 백성들이 가나안 땅에 들어가기 전 모압 광야에서 행한 모세의 설교로, 계시록 15장 3절은 이를 '모세의 노래'라고 말한다. 하나님은 이 모세의 노래를 이스라엘 백성들에게 가르치고 그의 후손들에게도 부르게 하여 증거가 되게 하라고 말씀하신다. "그러므로 이제 너희는 이 노래를 써서 이스라엘 자손에게 가르쳐서 그 입으로 부르게 하여 이 노래로 나를 위하여 이스라엘 자손에게 증거가 되게 하라"(신 31:19).

하나님이 모세를 통하여 이스라엘 백성과 그 자손들에게 이 노래를 부르라고 하신 것은 그들이 말세에 적그리스도에게 당할 모습을 알았기 때문이다. 그래서 신명기 31장 29절 "내가 알거니와 내가 죽은 후에 너희가 스스로 부패하여 내가 너희에게 명한 길을 떠나서 여호와의 목전에 악을 행함으로 너희의 손으로 하는 일로 그를 격노케 함으로 너희가 말세에 재앙을 당하리라 하니라"라는 말씀과 같이 이 노래가 그 증거가 되게 하기 위함이다.

모세의 노래처럼 말세를 당한 지금에 이스라엘은 예수 그리스도를 알지 못하고 있다. 모세의 고백처럼 "너희의 패역함과 목이 곧은 것을 아나니 오늘날 내가 생존하여 너희와 함께하여도 너희가 여호와를 거역하였거든 하물며 내가 죽은 후의 일이랴"(신 31:27)라는 한탄이 오늘까지도 이스라엘의 현실로 나타나고 있다.

종말에 당할 이스라엘의 모습에 대한 모세의 예언 속에서 우리가 발견하는 것은 후 3년 반의 환난과 그 기간 동안 세상을 통치할 적그리스도의 등장이다. 그가 등장하는 이유는, 첫째는 아직도 깨닫지 못한 이스라엘에게 야곱의 환난을 통하여 예수 그리스도에게 돌아오게 하려는 하나님의 계획이고, 둘째는 예수 그리스도를 믿음으로 인정하면서도 아직도 세상에 미련을 두고 땅에 거하는 이방인 성도들을 돌아오게 하려는 하나님의 뜻이다.

그러므로 우리 하나님의 종들은 이 기간을 전무후무한 환난의 시간으로 만들 바다에서 올라온 짐승 곧 적그리스도의 정체를 알아야 한다.

바울은 예수 그리스도를 반석이라고 말한다. 고린도전서 10장 4절은 "다 같은 신령한 음료를 마셨으니 이는 저희를 따르는 신령한 반석으로부터 마셨으매 그 반석은 곧 그리스도시라"라고 한다.

'반석'은 '페트라'(πέτρα)라고 하여 '큰 바윗덩어리, 암반, 돌, 바위, 반석'으로 예수 그리스도가 우리에게 의지할 큰 바위가 되고 반석이 됨을 말한다. 마태복음 7장 24-25절에서는 "그러므로 누구든지 나의 이 말을 듣고 행하는 자는 그 집을 반석 위에 지은 지혜로운 사람 같으리니 비가 내리고 창수가 나고 바람이 불어 그 집에 부딪히되 무너지지 아니하나니 이는 주초를 반석 위에 놓은 연고요"라고 전한다.

출애굽기에서 이스라엘 백성들이 광야에서 물이 없어 모세를 원망할 때 하나님은 모세가 들고 있는 하나님의 지팡이를 들고 호렙산 반석을 치라고 하신다. 출애굽기 17장 6절은 그것에 대하여 "내가 거기서 호렙산 반석 위에 너를 대하여 서리니 너는 반석을 치라 그것에서 물이 나리니 백성이 마시리라 모세가 이스라엘 장로들의 목전에서 그대로 행하니라"라고 말씀하고 있다. 이것은 호렙산 반석이신 예수 그리스도가, 이스라엘 백성들을 위하여 반석이 갈라지는 것처럼 죽으심으로 그 안에서 생수가 나올 것을 상징하는 예언의 말씀이다.

이처럼 성경에서 '반석'은 예수 그리스도를 상징하는 단어다. 그러므로 우리는 신명기 32장의 모세의 노래 속에서 전하고 있는 반석에 대하여 이해해야 한다.

우선 모세는 이스라엘 백성들에게 "너를 낳은 반석은 네가 상관치 아니하고 너를 내신 하나님은 네가 잊었도다"(신 32:18), "자기를 지으신 하나님을 버리며 자기를 구원하신 반석을 경홀히 여겼도다"(신 32:15)라고 말씀함으로 이스라엘 백성들의 하나님과 반석이신 예수 그리스도에 대한 믿음의 상태를 짐작하게 한다.

모세의 노래 가운데는 배역한 이스라엘을 향한 하나님의 진노가 나타나고 있다. "내 분노의 불이 일어나서 음부 깊은 곳까지 사르며 땅의 그 소산을 삼키며 산들의 터도 붙게 하는도다 내가 재앙을 그들의 위에 쌓으며 나의 살을 다하여 그들을 쏘리로다 그들이 주리므로 파리하며 불 같은 더위와 독한 파멸에게 삼키울 것이라 내가 들짐승의 이와 티끌에 기는 것의 독을 그들에게 보내리로다"(신 32:22-24)라고 하여 그들의 미래에 다가올 재앙을 선포한다.

그러나 이스라엘을 대적하는 용 곧 사단은 자신들의 수단이 높고 훌륭해서 이스라엘이 재앙을 당하게 된 것이라고 오해하며 착각한다. 이것을 "원수가 오해하고 말하기를 우리 수단이 높음이요 여호와의 행함이 아니라"(신 32:27)라고 말하고 있다.

여기서 우리는 하나님의 자녀인 이스라엘에게는, 앞으로 다가올 좋은 일이든 재앙이든, 모든 일이 하나님의 뜻이 아니면 허락되지 않는다는 것을 말씀하고자 하심을 발견할 수 있다. 이것에 대하여 신명기 32장 28-30절은 "그들은 모략이 없는 국민이라 그중에 지식이 없도다 그들이 지혜가 있어서 이것을 깨닫고 자기의 종말을 생각하였으면 그들의 반석이 그들을 팔지 아니하였고 여호와께서 그들을 내어 주지 아니하셨더면 어찌 한 사람이 천을 쫓으며 두 사람이 만을 도망케 하였을까"라고 한다. 이 모든 재앙 곧 사단인 대적에게 이스라엘을 내준 것이 결국 그들의 반석 곧 여호와 하나님이었다.

종말에 하나님의 교회와 백성들에게 다가올 환난도 결국은 반석이신 예수 그리스도와 여호와 하나님이 허락하신 것이다. 하나님의 백성들은 하나님께서 대적자인 적그리스도에게 후 3년 반의 시간을 주셨음을 깨닫고 이 환난의 시간을 인내로 이겨 내야 할 것을 계시하고 있다.

여기서 우리는 '왜 하나님은 교회와 백성들을 환난에 넘기는 것일까?'라는 의문이 생길 수 있다. 다니엘서 8장 12절에 종말의 일어날 일에 대하여 예언하면서 "범죄함을 인하여 백성과 매일 드리는 제사가 그것에게 붙인바 되었고 그것이 또 진리를 땅에 던지며 자의로 행하여 형통하였더라"라고 말함으로 교회와 하나님의 백성들이 범죄하였음을 밝히고 있다.

다니엘은 이 범죄에 대하여 하나님께 구체적으로 고한다. 다니엘 9장 5-6절에서 "우리는 이미 범죄하여 패역하며 행악하며 반역하여 주의 법도와 규례를 떠났사오며 우리가 또 주의 종 선지자들이 주의 이름으로 우리의 열왕과 우리의 방백과 열조와 온 국민에게 말씀한 것을 듣지 아니하였나이다"라고 고백하였다.

그러므로 종말에 우리 모두에게 다가오는 환난은 교회와 하나님의 백성들의 범죄함으로 인한 결과임을 깨달아야 한다. 우리의 대적인 사단의 미혹에 교회와 하나님의 백성들이 속아서 이스라엘 백성들이 바알을 여호와 하나님으로 섬겼듯이, 오늘의 교회와 백성들도 풍요와 성공과 물질의 바알 신을 섬김으로 하나님과 우리의 반석이신 예수 그리스도를 배반한 범죄를 범했다. 이러한 사단의 미혹은 종말에 더욱 강력하여 하나님의 백성들을 혼돈에 빠지게 할 것이다.

마태복음 24장 24절에서는 "거짓 그리스도들과 거짓 선지자들이 일어나 큰 표적과 기사를 보이어 할 수만 있으면 택하신 자들도 미혹하게 하리라"라고 경고하고 있다.

본 절에서 말하는 바다에서 올라온 짐승도 그리스도의 모습을 흉내 내어 예수 그리스도처럼 반석의 모습으로 등장하여 교회와 백성들을 미혹할 것을, 신명기의 모세의 노래 속에서 지금 우리에게 경고하고 있음을 감지해야 한다.

예수 그리스도는 자신을 요한복음 15장 1절에서 "내가 참 포도나무요 내 아버지는 그 농부라"라고 비유한다. 또한 "나는 포도나무요 너희는 가지니 저가 내 안에, 내가 저 안에 있으면 이 사람은 과실을 많이 맺나니 나를 떠나서는 너희가 아무것도 할 수 없음이라"(요 15:5) 라고 말씀한다.

성경에서 예수 그리스도를 상징하고 비유하는 대표적인 말이 '반석'과 '포도나무'다.

그런데 모세의 노래 중에서 신명기 32장 30-33절에 바로 반석과 포도나무에 대한 노래 가사가 기록되어 있다.

"그들의 반석이 그들을 팔지 아니하였고 여호와께서 그들을 내어주지 아니하셨더면 어찌 한 사람이 천을 쫓으며 두 사람이 만을 도망케 하였을까 대적의 반석이 우리의 반석과 같지 못하니 대적도 스스로 판단하도다 그들의 포도나무는 소돔의 포도나무요 고모라의 밭의 소산이라 그들의 포도는 쓸개포도니 그 송이는 쓰며 그들의 포도주는 뱀의 독이요 독사의 악독이라."

이 노래 가사 안에는 종말에 나올 예수 그리스도를 흉내 내는 적그리스도의 본성과 출신과 배경, 적그리스도에게 붙은 자들의 결과가 어떠한지 자세히 담겨 있다. 대적의 반석인 적그리스도도 우리의 반석인 예수 그리스도보다 못하다는 것을 스스로 판단하고 있다.

우리의 반석이신 예수 그리스도는 하늘의 세계와 영원한 생명 그리고 주님의 재림 시의 혼인잔치 등 앞으로 도래할 하나님의 나라에 대하여 가르친다. 반면에 종말에 적그리스도로 나타날 바다에서 올라오는 짐승은 우리의 반석이신 예수 그리스도를 흉내 내며 많은 사람들을 미혹하려는 것이 목적이므로 특히 인본주의적인 사랑 곧 물질적으로 삶의 필요한 부분들을 도와주고 육신적인 고통과 슬픔에 관심을 가지면서 차별 없고 전쟁 없는 평화로운 세상을 만들어 가려는 것처럼 가르치고 행세하여 의로운 사람으로 나타날 것이라는 것이다. 우리는 이것을 잘 알아야 한다.

아무리 반석 흉내를 내더라도 적그리스도의 본성과 배경에 대하여 모세의 노래는 그가 소돔의 포도나무며 고모라 밭의 소산이라고 밝히고 있다.

우리는 창세기 19장에서 아브라함의 조카 롯이 살던 소돔성이 불과 유황으로 심판을 받는 것을 보았다.

대적의 반석 곧 적그리스도가 소돔의 포도나무라고 할 때의 의미는 무엇일까?

첫째, 소돔은 불과 유황에 의하여 하나님의 심판을 받은 성이다.

소돔이라는 히브리어는 '화산의 불붙은 역청으로 타고 있는, 불에 그을리고 시들고 말라죽게 하는'이라는 뜻을 포함한다. 성경에서 소돔이 멸망과 불과 유황의 심판의 상징적인 용어로 사용되는 것처럼 바다에서 올라온 짐승인 적그리스도는 계시록 19장 20절의 "짐승이 잡히고 그 앞에서 이적을 행하던 거짓 선지자도 함께 잡혔으니 이는 짐승의 표를 받고 그의 우상에게 경배하던 자들을 이적으로 미혹하던 자라 이 둘이 산 채로 유황불 붙는 못에 던지우고", 계시록 20장 10절 "저희를 미혹하는 마귀가 불과 유황 못에 던지우니 거기는 그 짐승과 거짓 선지자도 있어 세세토록 밤낮 괴로움을 받으리라"라는 말씀에서 보듯 불과 유황의 심판을 받을 자로 약속되었음을 말한다.

둘째, 소돔성이 멸망한 가장 큰 이유가 남색을 하는 범죄 때문이다.

동성애의 문제가 심각했던 대표적인 도시가 소돔성으로, 창세기 19장 5절은 이것에 대하여 "롯을 부르고 그에게 이르되 이 저녁에 네게 온 사람이 어디 있느냐 이끌어내라 우리가 그들을 상관하리라"라고 기록하고 있다. 여기서 '상관하리라'는 말은 '야다'(ידע)라고 하여 '알다, 인식하다, 식별하다' 등의 의미로 사용되는 단어다. 특별히 상대방의 몸에 있는 비밀한 것까지도 아는 관계로 남녀의 성적인 부부사이에서 통용되는 단어기도 하다.

그러나 '소돔'은 정상적인 남녀 관계에서 사용되는 단어가 아니라 남자와 남자의 범죄적이고 불법적인 남색 하는 관계로 사용된다. 영어의 표현 가운데 남색자 곧 동성연애를 하는 사람들을 일컫는 단어인 '소도마이트'(Sodomite)가 바로 소돔성이 불과 유황으로 멸망한 원인이 동성애 도시였다는 사실임을 입증한다.

우리는 남색에 대한 바울의 대표적인 기록으로 로마서 1장 27절에서 언급한 내용을 볼 수 있다. "이와 같이 남자들도 순리대로 여인 쓰기를 버리고 서로 향하여 음욕이 불 일듯 하매 남자가 남자로 더불어 부끄러운 일을 행하여 저희의 그릇됨에 상당한 보응을 그 자신에 받았느니라"는 기록이다. 결국 소돔성이 불과 유황으로 심판을 받은 멸망의 근원에는 하나님의 창조의 질서를 위배한 동성애가 있다.

그런데 모세의 노래에서 대적의 반석이라는 적그리스도가 '소돔의 포도나무'라고 불린다는 것을 언급하고 있다.

이는 종말에 나타날 적그리스도 자신이 남색을 하는 동성애자의 본성을 갖고 있음을 계시하는 것으로, 이미 하나님은 모세를 통하여 적그리스도의 정체에 대하여 밝히고 있다.

이와 같은 현상에 근거하여 지금은 동성애를 합법화하는 방향으로 모든 나라가 움직이고 있다는 사실을 눈여겨보아야 한다. 이러한 일들을 사람의 인권이라는 미명하에 정당화시키고 합법화하는 것은 결국 종말은 적그리스도의 본성과 같은 동성애의 세상으로 변모할 것을 말하며, 이는 곧 불과 유황으로 멸망 받은 소돔성의 전례를 따라간다는 예언이다.

한편 고모라 밭의 소산이라고 한다.

고모라는 '물이 많은, 침수, 사악, 심한 부정'을 의미하는 말로 대적의 반석인 적그리스도가 그런 밭에서 성장했다고 한다. 여기서 말하는 '물'은 영적으로 '마임'(מַיִם)이라고 하여 곧 부정하고 사악한 세상의 물을 의미하고, 하나님의 거룩한 하늘의 '물' 곧 '샤마임'(שָׁמַיִם)과 대비된다.

곧 고모라라는 부정하고 사악한 물은 땅의 물을 말한다. 이 물은 세상의 물로서 세상으로부터 배우는 모든 교육과 학문 그리고 사상과 철학과 이념 등으로 하늘로부터 와서 우리에게 영원한 생명의 양식으로 주는 성경의 말씀과는 상대적인 물이다.

고모라 밭의 소산이라는 적그리스도의 성장 과정은 세상의 풍부한 교육과 학문 그리고 철학과 사상 등의 교육적 환경에서 자라난 사람이라는 것을 말한다.

곧 남색을 하는 동성애자이자 세상의 좋은 교육환경에서 자라난 자가 바다에서 올라온 짐승으로 종말에 적그리스도로 등장한다는 것을 말하고 있다.

그는 소돔의 포도나무로 그 가지에는 수많은 거짓 종들이 붙어있어 소돔과 고모라 밭의 영양분을 빨아 먹고 동성애와 함께 세상의 교육 곧 육신적이고 인본주의적이며 하나님의 뜻과는 무관한 사망의 포도송이를 생산할 것을 노래하고 있다. "그들의 포도는 쓸개 포도니 그 송이는 쓰며 그들의 포도주는 뱀의 독이요 독사의 악독이라"(신 32:32-33)라고 말하고 있기 때문이다.

종말에 소돔의 포도나무로부터 생산되는 포도송이는 쓸개포도로 그 속에는 뱀의 독과 독사의 악독으로 가득 차 있다. 곧 포도나무의 가지인 거짓 종들과 선지자들로부터 이러한 뱀의 생각과 이론 그리고 철학과 사상으로 무장된 포도송이 곧 백성들이 탄생할 것이다.

우리가 살아가는 이 세대는 소돔의 포도나무로부터 생산되는 악한 포도송이가 대량으로 생산되는 때다. 이러한 일에 크게 쓰임을 받는 거짓 종들이 교회 내에서 세력을 갖고 하나님의 나라와 주님의 재림을 알리는 나팔을 부는 것이 아니라 세상 나라에 안주하며 성공하고 부하게 사는 것이 하나님의 뜻이라는 거짓된 미혹으로 성도들에게 독사의 악독을 전하고 있다.

결론적으로 바다에서 올라온 짐승은 종말에 나올 정치적인 적그리스도로 후 3년 반의 시간 동안 세상을 통치할 권세를 허락받은 자다. 그 자신은 그리스도처럼 반석으로 흉내 내며 그에게 붙은 수많은 포도나무의 가지 곧 거짓 종들을 통하여 많은 사람들, 하나님의 백성들을 크게 미혹하여 악독한 포도송이들을 맺히게 할 것이다. 이것을 신명기 32장에서 모세의 노래로 계시하고 있다.

가) 뿔이 열이요 머리가 일곱

계 13:1 내가 보니 바다에서 한 짐승이 나오는데 뿔이 열이요 머리가

일곱이라 그 뿔에는 열 면류관이 있고 그 머리들에는 참람된 이름들 이 있더라

바다에서 올라온 짐승은 뿔이 열이고 머리가 일곱이라고 한다. 짐승의 모양을 말하고 있는데, 사실은 짐승이 갖고 있는 권세를 의미하는 것으로 이해해야 한다.

벨사살 왕 원년에 꾼 다니엘의 꿈속에 나타난 열 뿔에 대하여 다니엘서 7장 7절은 "내가 밤 이상 가운데 그다음에 본 넷째 짐승은 무섭고 놀라우며 또 극히 강하며 또 큰 철 이가 있어서 먹고 부숴뜨리고 그 나머지를 발로 밟았으며 이 짐승은 전의 모든 짐승과 다르고 또 열 뿔이 있으므로"라고 기록하고 있다.

넷째 짐승에 대한 해석 가운데 다니엘서 7장 20절은 "또 그것의 머리에는 열 뿔이 있고 그 외에 또 다른 뿔이 나오매 세 뿔이 그 앞에 빠졌으며 그 뿔에는 눈도 있고 큰 말하는 입도 있고 그 모양이 동류보다 강하여 보인 것이라"라고 말씀한다.

한편 다니엘서 7장 24-25절은 "그 열 뿔은 이 나라에서 일어날 열 왕이요 그 후에 또 하나가 일어나리니 그는 먼저 있던 자들과 다르고 또 세 왕을 복종시킬 것이며 그가 장차 말로 지극히 높으신 자를 대적하며 또 지극히 높으신 자의 성도를 괴롭게 할 것이며 그가 또 때와 법을 변개코자 할 것이며 성도는 그의 손에 붙인바 되어 한 때와 두 때와 반 때를 지내리라"라고 한다.

일곱 머리와 열 뿔에 대한 또 다른 계시록의 언급을 보자. 요한계시록 17장 3절에서 "곧 성령으로 나를 데리고 광야로 가니라 내가 보니 여자가 붉은 빛 짐승을 탔는데 그 짐승의 몸에 참람된 이름들이 가득하고 일곱 머리와 열 뿔이 있으며"라고 기록하고 있다.

위의 기록을 종합하면, 일곱 머리와 열 뿔은 하나로 연결된 구조와 체계를 갖고 있으며 이것이 짐승의 몸과 하나로 연결되어 있다.

짐승의 나라 곧 종말의 적그리스도가 통치하는 후 3년 반의 세상에는 열 뿔로 지칭되는 권세와 힘을 가진 열 왕의 존재가 있음을 말하고 있으며, 이 열 왕은 일곱 머리를 그 기반으로 권세를 갖게 됨을 보여 준다. 이것은 어둠의 세상 주관자들이 항상 이용해 왔던 피라미드와 같은 모양으로, 가장 꼭대기에 바다에서 올라온 짐승이 있고 그 아래 일곱 머리가 있으며 또한 그 아래는 열 뿔 곧 열 왕이 존재한다. 이런 구조와 체계를 가지고 세상을 통치할 것이다.

물론 그 사이에는 여러 다른 기관과 조직들이 존재하겠지만, 후 3년 반 동안 있을 적그리스도의 통치의 핵심은 짐승과 일곱 나라와 열 뿔이라는 삼각형 모양의 정치적 체계 안에서 이루어질 것이다. 이러한 적그리스도의 통치 체계를 위하여 현재 세상은 열 개의 권역으로 구분하고 분리하는 작업을 이미 끝마쳤다.

다음은 그 열 뿔 곧 열 왕이 통치할 분리된 세계의 구분을 표시한다.

첫째, 미국, 캐나다, 멕시코(North America)
둘째, 유럽의 나토 회원국(Europe)
셋째, 일본(Japan)
넷째, 오스트레일리아, 뉴질랜드, 남아프리카(Australia, New Zealand, South Africa)
다섯째, 러시아, 슬라브 계열의 나라들(Russia, Slavic Nations)
여섯째, 중남미 국가(South & Central America)

일곱째, 북아프리카, 중동의 이슬람계(North Africa, Middle East)
여덟째, 중앙아프리카(Central Africa)
아홉째, 동남아시아, 인도(South East Asia, India)
열 번째, 중국, 북한 포함 한국(China, Korea)

세계를 다니엘서와 계시록에서 말하는 열 뿔 곧 열 왕의 통치 체계로 만들기 위한 일은 제1·2차 세계대전을 통하여 만들어진 유엔이라는 세계기구로부터 본격적으로 시작되었다. 유엔의 기구 안에 포함된 무역, 식량, 금융, 보건, 안보, 인권 등의 많은 기관들은 세계 평화와 안정이라는 미명하에 바로 열 뿔의 권세를 만들어 가기 위한 위장된 기구다.

지금 우리는 이렇게 거미줄같이 뻗어 있는 수많은 세계기구들의 통치 속에 정치, 경제, 금융, 군사, 보건 등의 각 국가의 자율권을 상실한 채 이들의 통제와 제재를 받고 있다.

이제는 이러한 통제와 제재가 당연한 것으로 여겨지고 있다. 그만큼 우리는 적그리스도가 만들어 가는 세상에 세뇌되고 익숙해져 있음을 특히 교회와 종들은 깨달아야 한다.

2020년부터 시작된 전 세계적인 코로나 팬데믹 사건은 정부가 교회의 예배를 제재하고 통제하는 전무후무한 사태로까지 발전하고 있다. 이러한 통제의 중심에 세계보건기구와 유엔이 함께하고 있음은 이미 교회를 향한 핍박이 세계적으로 진행 중이라는 말이며, 환난의 시간 곧 전 3년 반의 시간 속에 들어왔음을 인식해야 할 것이다.

더군다나 전 세계적으로 코로나 백신을 의무적으로 맞아야 한다는 정책이 만들어지고 있고, 백신 증명서와 여권을 소유해야만 여행이 가능한 세상으로 변하고 있음은, 성경의 계시, 곧 요한계시록의 계시 말씀이 성취되고 있다는 증거다. 특별히 하나님의 종들은 깨어 있어 때를 따라 양식을 나누어 주는 준비된 종이 되어야 한다.

짐승에게 있는 열 뿔과 일곱 머리는 그가 후 3년 반 동안 통치할 세계적인 통치 체제로, 1948년 유엔의 탄생 이후 만들어져 왔으며 지금은 모든 체계가 완성된 상태다. 기독교 내의 WCC와 WEA도 이들의 의도대로 세계 종교를 하나로 통합하려는 유엔 산하의 세계종교위원회의 통제하에 있는 기구다.

계시록 17장에서 "여자가 붉은 빛 짐승을 탔는데 그 짐승의 몸에 참람된 이름들이 가득하고 일곱 머리와 열 뿔이 있으며"(계 17:3)라고 할 때 바로 이 여자는 가톨릭의 교황 체제와 함께하며 적그리스도의 통치기구인 일곱 머리와 열 뿔이라는 권력의 등에 타고 있는 WCC와 WEA의 기독교의 기구를 상징한다. 곧 여자로 등장하는 종말의 교회의 실상을 보여 주고 있다.

나) 표범과 곰과 사자 같은 짐승

계 13:2 내가 본 짐승은 표범과 비슷하고 그 발은 곰의 발 같고 그 입은 사자의 입 같은데 용이 자기의 능력과 보좌와 큰 권세를 그에게 주었더라

다니엘서 7장 3절은 "큰 짐승 넷이 바다에서 나왔는데 그 모양이 각각 다르니"라고 한다. 본 절에 바다에서 올라온 짐승도 "표범과 비

슷하고 그 발은 곰의 발 같고 그 입은 사자의 입 같은데"(계 13:2)라고 기술하고 있다.

과연 네 짐승은 무엇일까?

다니엘서와 계시록에 등장하는 네 짐승을 보면 표범과 곰과 사자라는 공통점이 있다. 그러나 네 번째 짐승에 대하여는 어떤 짐승이라는 표현이 없고, 단지 "넷째 짐승은 무섭고 놀라우며 또 극히 강하며 또 큰 철 이가 있어서 먹고 부숴뜨리고 그 나머지를 발로 밟았으며 이 짐승은 전의 모든 짐승과 다르고 또 열 뿔이 있으므로"(단 7:7)라고 한다.

우리는 본 절의 말씀을 이해하기 위하여 먼저 다니엘서의 말씀을 상고해야 하는데, 네 짐승에 대한 천사의 해석 부분이다. 다니엘서 7장 17절은 "그 네 큰 짐승은 네 왕이라 세상에 일어날 것이로되"라고 해석한다. 여기서 특별한 것은 넷째 짐승에 대한 해석으로 "이에 내가 넷째 짐승의 진상을 알고자 하였으니 곧 그것은 모든 짐승과 달라서 심히 무섭고 그 이는 철이요 그 발톱은 놋이며 먹고 부숴뜨리고 나머지는 발로 밟았으며 또 그것의 머리에는 열 뿔이 있고 그 외에 또 다른 뿔이 나오매 세 뿔이 그 앞에 빠졌으며 그 뿔에는 눈도 있고 큰 말하는 입도 있고 그 모양이 동류보다 강하여 보인 것이라"(단 7:19-20)라고 하였다.

이 말씀에서 발견되는 것은, 넷째 짐승에는 표범과 곰과 사자라는 먼저 있던 세 짐승의 포악한 속성이 모두 포함되어 있다는 것이다. 네 짐승은 앞으로 나타날 나라와 왕들을 상징하는데, 마지막 나타날 네 번째 나라와 왕은 앞에 있었던 나라와 왕들보다 더욱 포악하고 잔인하며 그 머리에는 열 뿔까지 있다. 결국 본 절에서 말하는 종말에 나타날 '바다에서 나오는 한 짐승'(계 13:1) 곧 적그리스도의 나라와 일치한다는 것을 발견할 수 있다.

우리는 하나님이 만드신 피조물 중에서 6일째 창조되었으며, 지상의 사람들과 함께 호흡을 하며 살아가는 가장 잔인한 짐승인 표범과 곰과 사자가 어떤 짐승인가에 대하여 잘 알고 있다. 이 짐승들은 사람까지도 해칠 수 있는 강력한 힘은 물론 이빨과 발톱을 갖고 있어 모든 피조물들이 두려워하는 짐승이다.

주님은 마지막 종말에 나타날 넷째 짐승의 성격과 속성 안에는 앞에 설명한 세 짐승의 포악함과 잔인함 그리고 무자비함이 있음을 말씀한다. 그 위에 열 뿔까지 있는데 그 뿔에 있는 눈과 입을 통하여 다니엘서 7장 25절에서와 같이 "그가 장차 말로 지극히 높으신 자를 대적하며 또 지극히 높으신 자의 성도를 괴롭게 할 것이며 그가 또 때와 법을 변개코자 할 것이며 성도는 그의 손에 붙인바 되어 한 때와 두 때와 반 때를 지내리라"라는 해석으로 다가올 적그리스도의 세상을 설명하고 있다.

본 절은 다니엘서 7장에 근거하여 바다에서 올라오는 짐승, 곧 정치적 적그리스도이며 또한 세상의 왕으로 등극할 자가 내적으로 표범과 곰과 사자의 잔인함을 가진 자임을 계시해 준다. 이런 자에게 용이 "자기의 능력과 보좌와 큰 권세를 그에게 주었더라"(계 13:2)라고 하였다. 즉 하나님의 백성 곧 성도들에게 닥칠 환난에 대한 예고다.

그러나 이러한 짐승 곧 적그리스도가 소유한 짐승의 속성들은 철저하게 숨겨지고 외형적으로는 사랑과 인자와 자비의 모습이 드러난다. 곧 거짓의 가면을 쓰고 평화와 안전을 모토로 모든 세계를 속일 것이다.

바울은 데살로니가전서 5장 3절에는 "저희가 평안하다, 안전하다 할 그때에 잉태된 여자에게 해산 고통이 이름과 같이 멸망이 홀연히 저희에게 이르리니 결단코 피하지 못하리라"는 말씀으로 이를 증거하고 있다.

결국 바다에서 올라온 짐승은 종말에 나타날 네 번째 왕으로서 적그리스도를 말한다. 그는 용 곧 사단으로부터 능력과 보좌와 큰 권세를 받고 후 3년 반의 시간에 세상을 통치할 것이며 그의 속에는 표범과 곰과 사자와 같은 악하고 잔인하며 무자비한 짐승의 속성과 성격이 숨겨져 있다.

2. 죽게 되었던 상처가 나으매

계 13:3 그의 머리 하나가 상하여 죽게 된 것 같더니 그 죽게 되었던 상처가 나으매 온 땅이 이상히 여겨 짐승을 따르고

짐승에게 있는 일곱 머리와 열 뿔 중에서 "그의 머리 하나가 상하여 죽게 된 것 같더니 그 죽게 되었던 상처가 나으매"(계 13:3)라고 말씀한다. 우리는 열 뿔은 종말에 짐승과 함께하는 권세와 힘을 가진 세상의 열 왕으로 이미 앞에서 살펴보았다.

그러면 짐승에게 붙어 있는 일곱 머리는 무엇인가? 계시록 12장 3절은 "하늘에 또 다른 이적이 보이니 보라 한 큰 붉은 용이 있어 머리가 일곱이요 뿔이 열이라 그 여러 머리에 일곱 면류관이 있는데"

라고 기록하고 있다. 이 말씀에 따르면 계시록 12장과 13장에 등장하는 큰 붉은 용과 바다에서 올라온 짐승은 동일한 일곱 머리와 열 뿔을 갖고 있는 하나의 몸이다.

성경은 "나와 아버지는 하나이니라"(요 10:30)라고 말씀하며, 에베소서 4장 4-6절에서도 "몸이 하나이요 성령이 하나이니 이와 같이 너희가 부르심의 한 소망 안에서 부르심을 입었느니라 주도 하나이요 믿음도 하나이요 세례도 하나이요 하나님도 하나이시니 곧 만유의 아버지시라 만유 위에 계시고 만유를 통일하시고 만유 가운데 계시도다"라고 말씀한 것처럼 용 곧 사단과 적그리스도로 등장할 짐승도 한 몸이다.

사단은 항상 하나님을 흉내 내는 모방의 선수로 하나님과 예수 그리스도가 하나이듯이 용인 사단도 적그리스도인 짐승과 하나가 되어 있음을 말한다.

그러나 하나님과 예수 그리스도가 한 몸인 것은 교회를 중심으로 말씀 안에서 하나가 되지만, 말씀을 갖고 있지 않은 사단과 적그리스도는 일곱 머리와 열 뿔이라는 조직으로 한 몸을 이루고 있다는 점에서 다르다.

본 절은 바로 그 용의 몸 곧 짐승의 몸을 이루는 일곱 머리 중에 하나가 상하여 죽게 된 것 같다고 하며 또 '그 죽게 되었던 상처가 나으매'라고 한다.

여기서 '머리'는 '켑할레'(κεφαλή)라고 하여 '머릿돌, 꼭대기, 두목, 수도'를 의미한다.

짐승의 몸은 일곱 머리와 열 뿔이라는 조직으로 구성되어 있는데 그중에서 일곱 머리는 적그리스도의 몸체를 형성하고 그의 권세를 이루는 가장 중요한 머릿돌의 역할을 하는 꼭대기로 곧 일곱 두목의 나라 혹은 기구의 수장을 말한다.

짐승인 적그리스도가 세상을 통치하고 다스리기 위한 가장 중요한 핵심적인 통치기구, 곧 세계 금융기구, 무역기구, 국제재판소, 보건기구, 농업기구, 환경기구, IT 감시기구 등의 기구를 장악하고 있다. 이 기구는 열 뿔 곧 세상의 지역적으로 나누어져 있는 열 왕과는 다른 목적의 기능을 수행하며 적그리스도의 통치를 위한 핵심적인 두뇌 집단이라고 해야 할 것이다.

짐승(적그리스도)	
일곱 머리	금융, 국방, 보건, 국제경찰, 재판소, 환경, 농업, IT 감시
열 뿔	북아메리카 공동체, 유로 공동체를 비롯한 세계의 10개 지역 통치 체제

곧 일곱 머리의 역할과 기능은 직접적으로 사람들의 생활과 건강 그리고 경제와 신분 등과 관련이 있는 중요한 기구들이다. 이 기구들은 후 3년 반의 통치 기간에 제재와 압박을 가하므로 우리 하나님의 백성들에게는 환난의 시간이 될 수밖에 없다.

계시록을 강해하는 사람들 속에는 일곱 머리의 머리 하나가 상하여 죽게 되었다는 계시를 나폴레옹의 등장과 함께 교황권의 세력이 몰락하였던 1798년의 사건으로 해석하는 사람들도 있다. 이것은 적그리스도의 계시의 초점을 교황에게 맞추었을 때 바로 교황이 죽었다가 다시 살아난 자라고 하는 해석의 결과이다.

역사에서 나폴레옹 통치 시에 교황권의 몰락이 있었던 것은 사실이지만 그렇다고 교황이 짐승이라는 것은 성경과 일치하지 않는다.

왜냐하면 교황은 계시록 17장에서 말하는 교회의 타락된 음녀로 짐승 자체가 아니기 때문이다.

"내가 보니 여자가 붉은빛 짐승을 탔는데 그 짐승의 몸에 참람된 이름들이 가득하고 일곱 머리와 열 뿔이 있으며"(계 17:3)라고 하여 짐승 곧 적그리스도의 몸을 타고 있는 여자는 교회를 상징하는 음녀로 교황을 말한다. 또한 "여자와 그의 탄바 일곱 머리와 열 뿔 가진 짐승의 비밀을 네게 이르리라"(계 17:7)라는 말씀과 "이 열 뿔과 짐승이 음녀를 미워하여 망하게 하고 벌거벗게 하고 그 살을 먹고 불로 아주 사르리라"(계 17:16)라는 말씀에서 음녀인 교황과 일곱 머리와 열 뿔을 가진 짐승과는 다른 몸체인 것을 발견할 수 있다.

결국 음녀인 교황권은 한때 그들의 몸을 타고 힘과 권세를 누렸지만 나중에는 짐승과 열 뿔로부터 버림을 받는 존재로 망하게 될 것을 성경이 계시하고 있다.

그렇다면 짐승에게 있는 죽게 된 것 같은 머리 하나는 무엇일까? 우선 일곱 머리에 대한 기록을 찾아보면 계시록 17장 9-10절에 "지혜 있는 뜻이 여기 있으니 그 일곱 머리는 여자가 앉은 일곱 산이요 또 일곱 왕이라 다섯은 망하였고 하나는 있고 다른 이는 아직 이르지 아니하였으나 이르면 반드시 잠깐 동안 계속하리라"는 말씀이다.

이것에 대한 해석들에 대하여 이미 여러 다양한 설들이 존재하는데, 일곱 산과 일곱 왕을 이집트, 앗수르, 바벨론, 메대·파사, 그리스, 로마처럼 역사 속에 존재했던 거대한 나라들, 그리고 신성로마제국처럼 근현대까지 지속되었던 나라들로 해석하는 경우가 많다.

그러나 본 계시록 13장의 기록은 종말의 시간 곧 후 3년 반에 등장할 짐승 곧 적그리스도와 그와 한 몸을 이루고 있는 정치적이며 유기적인 조직체에 대하여 말씀하고 있다.

붉은 빛 짐승을 타고 있으며 교회를 대표하고 상징하는 큰 음녀가 앉아 있는 일곱 머리를 일곱 산 곧 일곱 왕이라고 표현하므로 우리는 과거의 역사 속에 있었던 힘 있고 거대한 왕국들을 상상할 수도 있다. 하지만 사실 하나님의 계시가 영적이며 비밀한 것이라고 믿는다면 이 말씀 또한 과거에 있던 실제적인 나라들이 아니라 그런 나라들과 같은 막강한 힘과 권세를 소유하고 짐승 곧 적그리스도에게 직접적인 혈관의 혈액처럼 생명을 주는 역할을 담당하는 종말의 핵심적인 기구들을 말하는 것으로 해석하는 것이 옳다고 생각한다.

여기서 우리가 이해해야 할 것은 후 3년 반 적그리스도의 통치 시간에 가장 중요한 통치 수단이 바로 통제와 감시 체제라는 것이다.

발달된 전자 감시 체제와 더불어 우리 몸에 직접 표를 받게 하므로 계시록 13장 17-18절에서 말하는 "누구든지 이 표를 가진 자 외에는 매매를 못 하게 하니 이 표는 곧 짐승의 이름이나 그 이름의 수라 지혜가 여기 있으니 총명 있는 자는 그 짐승의 수를 세어 보라 그 수는 사람의 수니 육백육십육이니라"는 전무후무한 감시의 시대를 말하고 있기 때문이다.

필자는 적그리스도가 본격적으로 등장하는 후 3년 반 이전에 그의 중요한 기구 중 하나가 죽은 것 같은 상처를 입었다가 다시 살아날 것이라 예상한다. 가령 미얀마 쿠데타 사건과 같은 국제적인 문제가 발생할 시 이를 해결해야 할 유엔의 기구 중에는 중국과 러시아와 같은 나라들이 자국의 이익을 위하여 문제 해결에 소홀하다.

이런 점 때문에 그러한 기구들이 존재해야 하는가 하는 불평의 소리가 끊이질 않는다는 점이 그 이유라고 생각한다.

그러므로 본 절의 계시는 과거의 일어났던 역사적인 사건이나 나라들을 말하는 것이 아니며, 격변하는 세계 환경 속에서 앞으로 일어날 미래적인 일에 대한 계시라는 점에 초점을 맞추어야 할 것이다.

가) 용과 짐승에게 경배

> **계 13:4** 용이 짐승에게 권세를 주므로 용에게 경배하며 짐승에게 경배하여 가로되 누가 이 짐승과 같으뇨 누가 능히 이로 더불어 싸우리요 하더라

용인 사단이 짐승인 적그리스도에게 권세를 주므로 "용에게 경배하며 짐승에게 경배하여 가로되"라며 경배를 요구한다는 것이다.

'경배'란 '프로스퀴네오'(προσκυνέω)라 하여 '~에게 경위를 표하다, 엎드려 절하다, 예배하다, 찬미하다, 경배하다'라는 뜻으로 '키스하다'라는 말에서 유래되었다. 곧 경배는 자신이 사랑하거나 좋아하는 사람에게 키스하듯 신이나 절대자에게 무릎을 꿇는 것, 또한 그를 찬미하고 예배한다는 뜻이다.

주님은 요한복음 4장에서 사마리아 여인에게 "여자여 내 말을 믿으라 이 산에서도 말고 예루살렘에서도 말고 너희가 아버지께 예배할 때가 이르리라"(요 4:21)라고 말씀하며 경배 곧 예배의 중요성에 대하여 전하셨다. 요한복음 4장 23절은 그것에 대하여 "아버지께 참으로 예배하는 자들은 신령과 진정으로 예배할 때가 오나니 곧 이때

라 아버지께서는 이렇게 자기에게 예배하는 자들을 찾으시느니라" 라고 말씀하고 있다.

그러므로 우리는 예배할 때가 언제인가를 분명히 알아야 한다. 예배의 대상이 누구인가 확실하게 결정되었을 때를 말하는 것으로, 주님이 사마리아 여인에게 그것에 대하여 "곧 이때라"라고 말씀하시듯, 우리의 구세주이신 예수 그리스도를 만났을 때 그리고 그가 나의 메시아 곧 구세주이신 것을 발견하고 깨달았을 때 그가 곧 신령과 진정으로 예배를 받으실 분임을 알 수 있다.

예배 곧 경배를 받으실 분은 오직 예수 그리스도 한 분뿐임에도 용과 짐승은 지금 자기들이 경배를 받겠다고 한다.

마태복음 4장 8-9절에서도 광야에서 시험받으시는 예수님에게 사단은 자기에게 경배할 것을 요구한다. "마귀가 또 그를 데리고 지극히 높은 산으로 가서 천하 만국과 그 영광을 보여 가로되 만일 내게 엎드려 경배하면 이 모든 것을 네게 주리라" 하고 유혹을 미끼로 무릎을 꿇을 것을 요구할 때 주님은 "사단아 물러가라 기록되었으되 주 너의 하나님께 경배하고 다만 그를 섬기라 하였느니라"라는 말씀으로 오직 하나님만이 사단을 비롯한 모든 피조물의 섬김의 대상이라는 사실을 말씀하신다.

또한 다니엘서 3장에는 느부갓네살 왕이 만든 금신상에 절하지 아니하는 자는 누구든지 "즉시 극렬히 타는 풀무에 던져 넣으리라" (단 3:6)라는 명령에 대하여 사드락과 메삭과 아벳느고는 죽음 앞에서도 하나님을 향한 믿음을 지키며 절을 받아야 할 분 곧 경배를 받아야 할 분은 오직 하나님 한 분뿐임을 선언하였다. "우리가 섬기는 우리 하나님이 우리를 극렬히 타는 풀무 가운데서 능히 건져내시겠고 왕의 손에서도 건져내시리이다 그리 아니하실지라도 왕이여 우리가 왕의 신들을 섬기지도 아니하고 왕이 세우신 금신상에게 절하지도 아니할 줄을 아옵소서"(단 3:17-18)라며 하나님에 대한 신뢰를 지켰다.

항상 용 곧 사단의 욕심은 이사야 14장 14절의 "가장 높은 구름에 올라 지극히 높은 자와 비기리라 하도다"라는 말씀처럼 하나님의 자리에 올라 모든 피조물의 경배 곧 예배를 받는 것이라는 사실을 숨기지 않는다.

그러므로 종말 후 3년 반의 시간은 교회와 하나님의 백성들에게 용과 짐승에게 경배할 것을 강력하게 압박하는 시간이 될 것이다.

여기서 우리가 알아야 할 것은 사단은 경배를 위하여 먼저 유혹을 우리에게 던진다는 사실이다. 물질과 명예와 성공 등을 미끼로 하나님의 종들의 발목을 잡아 쇠고랑으로 채우는 일을 하므로 종말에는 사드락과 메삭과 아벳느고의 믿음과 신앙의 길을 지키는 것이 우리에게 절실히 요구된다.

출애굽기 20장 3절에서 여호와 하나님은 "너는 나 외에는 다른 신들을 네게 있게 말지니라"라고 명령하신다. 한편 '너를 위하여' 우상을 만들지 말며 "그것들에게 절하지 말며 그것들을 섬기지 말라"(출 20:5)라고 하신다. 그러나 사단의 욕심은 사람들을 미혹하여 하나님의 자리에 앉아 하나님 대신 경배를 받기를 원한다.

"짐승의 우상에게 경배하지 아니하는 자는 몇이든지 다 죽이게 하더라"(계 13:15)라는 말씀처럼 후 3년 반 환난의 시간에는 막강한 힘과 권력 앞에서 사람들은 마음에 원하지 않아도 강제로 짐승의 우상에게 경배해야 한다. 그런 세상이 다가오고 있다. 다니엘서에서 느부갓네살의 신상에 절하지 아니하는 자는 뜨거운 풀무불 속에 던지듯이 죽음이라는 공포가 하나님의 백성들 앞에 놓여 있다.

그러므로 계시록 13장 10절에서 주님은 "사로잡는 자는 사로잡힐 것이요 칼로 죽이는 자는 자기도 마땅히 칼에 죽으리니 성도들의 인내와 믿음이 여기 있느니라"라고 주님은 말씀한다.

바울이 로마서에서 "누가 우리를 그리스도의 사랑에서 끊으리요 환난이나 곤고나 핍박이나 기근이나 적신이나 위험이나 칼이랴 기록된바 우리가 종일 주를 위하여 죽임을 당케 되며 도살할 양 같이 여김을 받았나이다 함과 같으니라 그러나 이 모든 일에 우리를 사랑하시는 이로 말미암아 우리가 넉넉히 이기느니라"(롬 8:35-37)라고 말씀하기 때문이다.

마태복음 4장에 광야에서 예수님을 시험하던 마귀 곧 용은 종말에 예수 그리스도의 영을 갖고 있는 하나님의 백성들로부터 경배를 받음으로 자신의 실패를 만회하고자 한다. 예수 그리스도의 영을 가진 성도들의 경배 곧 무릎 꿇음이 광야에서의 실패를 복수한다는 생각이 있기 때문이다.

종말에 사단은 미혹을 통해서 성도들의 경배를 이끌어 냄으로 광야에서 예수 그리스도를 굴복시키지 못했던 자신의 실패를 만회하려고 한다.

이 세상의 짐승으로 나타날 적그리스도를 사랑이 많고 자비로운 그리스도로 둔갑시켜 미혹함으로 성도들의 마음을 빼앗으려고 한다. 이 일을 위하여 쓰임 받는 자들이 하나님의 종이라고 칭했던 거짓 종들과 선지자들로, 고린도후서 11장은 이들에 대하여 "저런 사람들은 거짓 사도요 궤휼의 역군이니 자기를 그리스도의 사도로 가장하는 자들이니라 이것이 이상한 일이 아니라 사단도 자기를 광명의 천사로 가장하나니 그러므로 사단의 일꾼들도 자기를 의의 일꾼으로 가장하는 것이 또한 큰 일이 아니라"(고후 11:13-15)라고 경고하고 있다.

결국 믿음의 신조를 지키는 것은 누구에게 굴복하느냐 곧 누구에게 무릎을 꿇느냐 하는 것으로 종결되므로, 경배는 이와 같은 믿음의 최후의 결과로 이해해야 한다.

나) 마흔두 달 일할 권세

> **계 13:5** 또 짐승이 큰 말과 참람된 말 하는 입을 받고 또 마흔두 달 일할 권세를 받으니라

짐승이 마흔두 달 일할 권세를 받았다고 한다.

계시록 13장 2절에서 이미 용은 짐승에게 "자기의 능력과 보좌와 큰 권세를 그에게 주었더라"라고 하고 짐승 곧 적그리스도는 그 권세를 받아 후 3년 반의 기간 동안 세상을 통치할 것을 말한다.

예수 그리스도가 하나님으로부터 일할 권세를 받아 이 땅에서 3년 반 동안 사역을 했듯이, 사단인 용도 자신의 권세를 적그리스도에게 인계함으로 마흔두 달 곧 3년 반 동안 예수 그리스도를 모방하여 흉내를 내겠다는 것이다.

여기서 그리스도와 적그리스도의 사역의 차이가 있다. 그리스도

는 자신을 희생하여 교회를 세우고 백성을 세상으로부터 구원하는 사역을 했다면, 적그리스도는 자신의 권세를 이용하여 땅에 거하는 자들을 미혹하여 교회와 하나님의 백성들을 세상에서 멸하고 죽이려는 일을 한다. 그리고 예수 그리스도는 12명의 사도들을 비롯한 많은 제자들을 통하여 하나님의 나라를 전파하고 모든 백성을 구원하러 이 세상에 오신 자신의 일을 믿음으로 받고 이것을 증거함으로 생명을 얻는 길을 말씀하셨다. 그러나 짐승인 적그리스도는 자신이 세운 거짓 종들과 선지자들을 이용하여 하나님의 백성들을 미혹함으로 "도적이 오는 것은 도적질하고 죽이고 멸망시키려는 것뿐이요"(요 10:10)라는 말씀처럼 도적질로 생명을 멸하려 한다.

그러므로 우리는 용으로부터 권세를 물려받은 바다에서 올라온 짐승 곧 적그리스도는 자신이 받은 권세를 이 세상의 사단의 사자들에게 줌으로써 후 3년 반의 기간 동안은 거짓 종들과 선지자들이 최고의 미혹으로 하나님의 교회와 백성들을 멸망의 길로 이끌어 갈 것이라는 점을 알아야 한다.

바로 이 점에 대하여 바울은 고린도후서 11장 12-15절에서 "내가 하는 것을 또 하리니 기회를 찾는 자들의 그 기회를 끊어 저희로 하여금 그 자랑하는 일에 대하여 우리와 같이 되게 하려 함이로라 저런 사람들은 거짓 사도요 궤휼의 역군이니 자기를 그리스도의 사도로 가장하는 자들이니라 이것이 이상한 일이 아니라 사단도 자기를 광명의 천사로 가장하나니 그러므로 사단의 일꾼들도 자기를 의의 일꾼으로 가장하는 것이 또한 큰 일이 아니라 저희의 결국은 그 행위대로 되리라"라고 말씀한다.

용 곧 사단으로부터 받은 권세는 바다에서 올라온 짐승인 정치적 적그리스도에게 물려주게 되며, 이 정치적 적그리스도의 권세와 비호 아래 땅에서 올라온 짐승인 종교적 적그리스도가 미혹의 세력이 되어 맘껏 활동할 것이므로, 후 3년 반은 그야말로 거짓과 미혹이 판을 치는 세상이 되며 바로 이러한 일들이 교회와 하나님의 백성들 속에서 일어날 것임을 우리는 주시해야 한다.

계시록 13장 14절은 이것에 대하여 "짐승 앞에서 받은바 이적을 행함으로 땅에 거하는 자들을 미혹하며 땅에 거하는 자들에게 이르기를 칼에 상하였다가 살아난 짐승을 위하여 우상을 만들라 하더라"는 말씀을 하고 있다.

이것은 땅에서 올라온 짐승인 종교적 적그리스도 곧 사단의 사자인 거짓 종들과 선지자들의 미혹을 통하여 바다에서 올라온 짐승인 정치적 적그리스도를 위하여 우상을 만들고 또한 그에게 경배를 강요할 것이라는 것이다.

또한 "짐승이 큰 말과 참람된 말 하는 입을 받고"(계 13:5)라고 하듯 짐승 스스로가 자신을 크게 자랑하는 말, 하나님을 대항하여 불경건하며 상스럽고 신성 모독하는 말을 하여 땅에 거하는 자들에게는 자신을 자랑하며 높이고, 여호와 하나님에게는 악담과 조롱과 모독적인 폭언으로 신성을 더럽힐 것이다.

다니엘서 7장 25절은 이것에 대하여 "그가 장차 말로 지극히 높으신 자를 대적하며 또 지극히 높으신 자의 성도를 괴롭게 할 것이며 그가 또 때와 법을 변개코자 할 것이며 성도는 그의 손에 붙인바 되어 한 때와 두 때와 반 때를 지내리라"라고 말씀한다.

바다에서 올라온 짐승에게 주어진 시간인 한 때와 두 때와 반 때 곧 마흔두 달 동안 말로 하나님을 대적하고 성도들을 괴롭힐 것 곧 "범죄함을 인하여 백성과 매일 드리는 제사가 그것에게 붙인바 되었고 그것이 또 진리를 땅에 던지며 자의로 행하여 형통하였더라"(단 8:12)라고 말한다.

사실 종말에 하나님의 백성들에게 이러한 결과를 가져온 이유가 교회와 백성들이 하나님께 범죄했기 때문이라는 것이다.

그러므로 하나님은 백성들을 용으로부터 권세를 받은 짐승 곧 적그리스도에게 붙여 환난의 시간을 지나게 한 것이며 또한 이 짐승에게 충성하는 거짓 종들과 선지자들을 통하여 진리를 땅에 던지는 일을 하게 했다는 것을 말하고 있다.

이와 같은 사실로 볼 때 종말은 성도들이 자신들의 영적인 하나님과의 관계를 깊이 살펴야 할 때이다.

계시록에 등장하는 일곱 교회 중에서 충성된 교회로 인정받았던 빌라델비아 교회의 사자에게 "네가 나의 인내의 말씀을 지켰은즉 내가 또한 너를 지키어 시험의 때를 면하게 하리니 이는 장차 온 세상에 임하여 땅에 거하는 자들을 시험할 때라"(계 3:10)라고 하신 약속처럼 지금은 인내의 말씀을 지킴으로 시험의 때를 면제받는 거룩한 백성들이 되어야 할 시간이다.

다) 하늘에 거하는 자들을 훼방

> **계 13:6** 짐승이 입을 벌려 하나님을 향하여 훼방하되 그의 이름과 그의 장막 곧 하늘에 거하는 자들을 훼방하더라

계시록은 성경 전체를 통하여 유일하게 하나님의 백성들을 하늘

에 거하는 자들과 땅에 거하는 자들로 분리하고 있다. 종말은 의인과 악인 그리고 참과 거짓이 나누어지는 시간이기 때문이다.

구약의 마지막 선지자인 말라기 선지자는 말라기서 3장 18절에서 "그때에 너희가 돌아와서 의인과 악인이며 하나님을 섬기는 자와 섬기지 아니하는 자를 분별하리라"라고 말한다.

많은 사람들은, 특별히 사단의 종들은, 교회에 나가서 믿음 생활을 하는 자들과 믿음 없이 세상에 살아가는 자들로 분별한다. 그러나 이것은 믿음의 사람들을 속이기 위한 거짓된 이론이다.

종말의 심판은 교회 안에서 믿음 생활을 하는 하나님의 백성들에 대한 분별로서, 이것을 계시록 11장 1절에서는 "또 내게 지팡이 같은 갈대를 주며 말하기를 일어나서 하나님의 성전과 제단과 그 안에서 경배하는 자들을 척량하되"라고 말씀하고 있기 때문이다.

열왕기상 18장에서 엘리야 선지자는 이스라엘 백성들을 갈멜산에 모으고 그들을 향하여 "너희가 어느 때까지 두 사이에서 머뭇머뭇하려느냐 여호와가 만일 하나님이면 그를 좇고 바알이 만일 하나님이면 그를 좇을지니라 하니 백성이 한 말도 대답지 아니하는지라"(왕상 18:21)라고 한 말씀처럼 종말에는 수많은 교회들과 백성들이 바알을 하나님으로 섬기면서 그들 자신이 하나님을 섬기는 것으로 착각하고 있다.

기독교 역사에서 사단은 하나님의 백성들이 바알을 하나님으로 착각하게 하는 것을 목적으로 거짓된 말씀과 신학적 이론 그리고 성경 말씀의 변조를 통하여 꾸준히 교회를 속이고 미혹해 왔다.

종말은 이처럼 잘못된 것에 속아서 바알을 하나님인 것처럼 믿고 따르며 교회 안에서 하나님을 찾는 어리석은 백성들과 그렇게 백성들을 가르치며 지도하는 악하고 거짓된 종들을 구별하는 때다. 이 사실을 분명하게 깨달아야 한다.

그러므로 본 절에서 말하는 하늘에 거하는 자들이 누구인가에 대하여 몇 가지로 생각해 보아야 할 것이다.

첫째는 종말의 시간에 요한복음 4장 24절의 "하나님은 영이시니 예배하는 자가 신령과 진정으로 예배할지니라"라는 말씀처럼 진리의 말씀 안에서 신령과 진정으로 예배드리는 자들이다.

둘째는 마태복음 25장 4절의 "슬기 있는 자들은 그릇에 기름을 담아 등과 함께 가져갔더니"와 같이 종말에 등불만이 아니라 그릇에 기름을 담는 슬기로운 신부로 준비하는 자들이다.

셋째는 에베소서 6장 11-12절에서 "마귀의 궤계를 능히 대적하기 위하여 하나님의 전신갑주를 입으라 우리의 씨름은 혈과 육에 대한 것이 아니요 정사와 권세와 이 어두움의 세상 주관자들과 하늘에 있는 악의 영들에게 대함이라"는 말씀같이 종말에 하나님의 군대로서 전신갑주를 입은 자들이다.

넷째는 주님의 강림하심을 기다리며 데살로니가전서 5장 8절의 "우리는 낮에 속하였으니 근신하여 믿음과 사랑의 흉배를 붙이고 구원의 소망의 투구를 쓰자"며 종말의 시간에 깨어 있는 자들이다.

하나님의 백성들 중에서도 이와 같은 자들은 분명 하늘에 거하는 자들이다 이들은 하나님의 말씀을 신뢰하며 반드시 그렇게 될 것을 믿는 믿음의 사람들로, 이 세상 곧 땅에 관심과 성공과 명예와 부를 바라지 않고 오직 하나님의 나라에 관심을 갖는 자들이다.

용의 권세를 받은 짐승 곧 적그리스도는 이와 같이 하늘에 거하는 자들을 훼방하는데 "그의 이름과 그의 장막"(계 13:6)을 훼방한다고 한다.

여기서 '훼방'이란 말은 '블라습헤미아'(βλασφημία)라고 하여 '중상, 욕설, 비방, 명예 훼손, 악담, 조롱, 모독, 신성모독'의 뜻으로 사용되는 단어이다. 바로 하늘에 거하는 자들이 매일 부르는 예수 그리스도의 이름과 그의 장막 곧 교회를 대항하여 비방하고 악담과 함께 조롱하며 신성모독을 한다.

바로 이 시간에도 교회와 주님의 이름은 코로나 바이러스라는 사건을 통하여 세상으로부터 핍박과 조롱의 대상이 되고 있다. 예전에는 신성시되었던 예수 그리스도의 이름이 땅에 떨어지는 신성모독이 매일 각처에서 발생하고 있음을 보면서 적그리스도라는 짐승의 등장이 눈앞에 와 있음을 깨달아야 한다.

이와 같이 예배를 방해하고 시간과 모임을 통제하며 교회와 하나님의 백성들을 향한 전 세계적인 압박의 움직임은 일시적인 현상이 아니라 짐승 곧 적그리스도의 탄생과 더불어 시작될 본격적인 훼방을 알리는 신호다. 또한 주님과 이 땅에서 주님의 강림을 소원하며 준비하는 하늘에 거하는 자들에 대항하여 싸움이 시작되었음을 알리는 것이다.

이에 관해 계시록 13장 7절은 "또 권세를 받아 성도들과 싸워 이기게 되고 각 족속과 백성과 방언과 나라를 다스리는 권세를 받으니"라고 하여, 후 3년 반의 시간은 교회와 백성들이 적그리스도의 권세 아래 있을 것을 말하고 있다.

이 시간이 교회와 하나님의 백성들에게는 전무후무한 환난의 시간이 될 것이다.

그런데 이 환난에서 가장 중요한 포인트는 바로 짐승인 적그리스도에게 경배하는 일이다. 우리의 경배의 대상은 오직 하나님과 예수 그리스도라는 것은 성경이 우리에게 가르쳐 온 진리이다.

그러나 종말의 환난의 시간 곧 후 3년 반 동안 용과 짐승에게 경배할 것을 하나님의 백성들에게 강요할 때 과연 우리는 이 강요를 받아들일 것인가?

바로 여기에 우리의 믿음의 결단이 요구된다. 성경은 우리에게 "죽으면 죽으리이다"(에 4:16)라는 에스더의 고백과 "그리 아니하실지라도 왕이여 우리가 왕의 신들을 섬기지도 아니하고 왕의 세우신 금 신상에게 절하지도 아니할 줄을 아옵소서"(단 3:18)라는 사드락과 메삭과 아벳느고의 믿음의 고백을 요구한다.

라) 어린양의 생명책에 녹명되지 못한 자들

> **계 13:8** 죽임을 당한 어린양의 생명책에 창세 이후로 녹명되지 못하고 이 땅에 사는 자들은 다 짐승에게 경배하리라

여기서 어린양의 생명책은 과연 무엇을 말하는가?

온 우주 만물 가운데 유일한 생명책은 성경뿐이라는 것은 이미 우리가 알고 있다. 주님은 요한복음 5장 39절에서 "너희가 성경에서 영생을 얻는 줄 생각하고 성경을 상고하거니와 이 성경이 곧 내게 대하여 증거하는 것이로다"라고 말씀한다.

성경은 우리에게 영원한 생명을 알려 주는 유일한 책으로 이는 곧 생명책임에 분명하다. 주님은 또한 요한복음 10장 35절에서 "성경은 폐하지 못하나니 하나님의 말씀을 받은 사람들을 신이라 하셨거든"이라며 성경이 곧 하나님의 말씀임을 말씀한다. 이 세상은 성경의 말씀을 폐할 수 없으며 이 말씀을 받은 사람들을 신이라 할 정도로 하늘의 고귀한 생명책임을 전하고 있다.

바울도 성경에 대하여 디모데후서 3장 15-17절에서 "또 네가 어려서부터 성경을 알았나니 성경은 능히 너로 하여금 그리스도 예수 안에 있는 믿음으로 말미암아 구원에 이르는 지혜가 있게 하느니라 모든 성경은 하나님의 감동으로 된 것으로 교훈과 책망과 바르게 함과 의로 교육하기에 유익하니 이는 하나님의 사람으로 온전케 하며 모든 선한 일을 행하기에 온전케 하려 함이니라"라고 말씀한다.

결국 성경은 하나님이 이 세상에 생명을 주기 위하여 그리고 선한 일을 위하여 특별히 우리에게 주신 책으로, 우리는 이 책을 생명책이라 부른다.

그러나 구약에서는 생명책이라 부르지 않고 기념책 또는 기록하신 책이라는 이름으로 부른다. 말라기 3장에는 "여호와를 경외하는 자와 그 이름을 존중히 생각하는 자를 위하여 여호와 앞에 있는 기념책에 기록하셨느니라"(말 3:16)라고 말씀하고 있으며, 출애굽 시에 광야에서 금신상을 만든 범죄에 대하여 모세는 이스라엘의 죄를 사하여 달라고 청원하면서 출애굽기 32장 32절에서 "그러나 합의하시면 이제 그들의 죄를 사하시옵소서 그렇지 않사오면 원컨대 주의 기록하신 책에서 내 이름을 지워 버려 주옵소서"라며 여호와 하나님께 간절하게 탄원하는 말씀이 기록되어 있다.

여기서 기록하신 책에서 '기록하다'라는 말은 '카타브'(כָּתַב)라고 하여 '~을 새기다, ~을 새겨 두다, 조각하다, 명심하다'라는 의미로 해석할 수 있으며 이것은 주님에게 새겨지고 조각된 상태를 말한다. 기념책에서 '기념'은 '지크론'(זִכָּרוֹן)이라 하여 '기억, 기억된'으로 해석할 수 있다. 곧 구약은 생명책은 '여호와 하나님에게 기억되고 그에게 조각하듯 새겨진 상태'를 표현하는 책이라는 것이다.

이것은 제사장이 가슴에 차는 이스라엘 열두 아들의 이름을 인을 새기듯 판 보석과 판결 흉패 그리고 그 안에 두는 우림과 둠밈의 의미로 생각해 볼 수 있다.

제사장의 가슴에 있는 흉패는 하나님의 심판의 권세를 의미하며 이 권세를 제사장에게 주셨다. 이 흉패는 하나님이 제사장의 가슴에 있는 이스라엘 아들들의 이름을 기억하고 빛으로 판결을 완성한다는 심판의 뜻 곧 생명책으로서의 의미로 해석할 수 있다.

이는 계시록 20장에서 왕 같은 제사장들이 갖는 권세로 "또 내가 보좌들을 보니 거기 앉은 자들이 있어 심판하는 권세를 받았더라"(계 20:4)라는 말씀이 이를 증명한다.

결국 아론의 자손 제사장들이 가슴에 흉패를 달고 그 안에 우림과 둠밈을 넣는 이유를, 앞으로 종말 이후 주님의 강림과 함께 멜기세덱의 제사장들 곧 왕 같은 제사장들이 갖게 될 심판의 권세, 곧 "또 다른 책이 펴졌으니 곧 생명책이라 죽은 자들이 자기 행위를 따라 책들에 기록된 대로 심판을 받으니"(계 20:12)라는 말씀처럼 제사장의 권세를 예표하는 모형으로서의 의미를 가진다고 이해할 수 있다.

신약의 복음서에는 아론의 자손들과 같은 제사장들이 존재하지 않고 베드로전서 2장 5절에서 "너희도 산 돌같이 신령한 집으로 세워지고 예수 그리스도로 말미암아 하나님이 기쁘게 받으실 신령한 제사를 드릴 거룩한 제사장이 될지니라"는 말씀과 계시록 20장에서 "그들이 하나님과 그리스도의 제사장이 되어 천년 동안 그리스도로 더불어 왕 노릇 하리라"(계 20:6)라는 말씀으로 주님의 강림 이후에 앞으로 다가올 천년왕국에서의 왕 같은 제사장에 대한 기록이 있을 뿐이다.

그러나 본 절의 말씀 안에 "죽임을 당한 어린양의 생명책에 창세 이후로 녹명되지 못하고 이 땅에 사는 자들은 다 짐승에게 경배하리라"(계 13:8)라는 표현에서 굳이 '어린양의 생명책'이라 표현한 이유가 무엇일까?

우리는 죽임을 당한 어린양이 우리의 죄를 대속하고 우리에게 생명을 주시기 위하여 십자가에서 죽음을 당하신 예수 그리스도라는 사실을 알고 있다. 그러므로 어린양의 생명책은 예수 그리스도의 피 흘리심과 부활 그리고 영생의 구원을 기록한 복음서라 할 것이다.

베드로전서 1장 23-25절에서 "너희가 거듭난 것이 썩어질 씨로 된 것이 아니요 썩지 아니할 씨로 된 것이니 하나님의 살아 있고 항상 있는 말씀으로 되었느니라 그러므로 모든 육체는 풀과 같고 그 모든 영광이 풀의 꽃과 같으니 풀은 마르고 꽃은 떨어지되 오직 주의 말씀은 세세토록 있도다 하였으니 너희에게 전한 복음이 곧 이 말씀이니라"라고 하듯 주님이 이 세상에 오셔서 전한 말씀 곧 복음이 영원한 생명이다.

이 복음의 말씀이 우리의 심령에 새겨진 사람을 우리는 '어린양의 생명책에 녹명된 자'라 칭하며, 복음의 말씀과는 무관하게 관심 없이 살아온 자들을 '땅에 사는 자들'이라고 하여 '어린양의 생명책에 녹명되지 아니한 자들'로 부른다.

곧 종말에 복음 없이 땅에 관심을 갖고 살아가는 자들은 노아의 때와 같이 그리고 롯의 때와 같이 먹고 마시고 시집가고 장가가며 주님의 강림하심과 심판에 대한 깨달음이 없이 살아가는 자들이고 어린양의 생명책에 녹명되지 못한 자들이다. 이들은 모두가 짐승인 적그리스도에게 경배할 것이다.

생명책은 성경의 말씀을 일컫는 것이다. 이 성경의 생명의 말씀이 우리의 심령에 기록되어 이 말씀을 지키며 행하는 자를 어린양의 생명책에 녹명된 자라 칭한다면, 성경의 말씀과는 무관하게 오직 이 땅에만 관심을 갖고 자신의 생각과 이론 그리고 물질과 성공만을 심령에 채우고 살아가는 자를 어린양의 생명책에 녹명되지 못한 자라 부른다.

종말에는 미혹의 세력들, 곧 거짓 종들과 선지자들에 의하여 하나님의 말씀을 듣는 교회 안에 성도들을 거짓된 미혹의 말씀을 통하여 어린양의 생명책에 녹명되지 못하게 하는 교훈과 사술들이 판을 칠 것이다. 그러므로 우리는, 특히 종들은 깨어 있어야 한다.

구약에 제사장들의 가슴에 흉패를 달고 그 안에 우림과 둠밈을 넣어 이스라엘 백성들을 판결할 때 말씀의 빛으로 옳고 그름을 분별하듯이 신약의 하나님의 종들은 그 심령 안에 빛이신 주님의 생명의 말씀을 넣고 그 빛의 조명을 통하여 진리와 거짓을 분별하는 영적인 분별력을 가져야 한다.

마) 성도들의 인내와 믿음

> **계 13:10** 사로잡는 자는 사로잡힐 것이요 칼로 죽이는 자는 자기도 마땅히 칼에 죽으리니 성도들의 인내와 믿음이 여기 있느니라

후 3년 반의 환난의 시간을 전무후무한 환난이라고 표현한다. 마가복음 13장 19절은 "이는 그날들은 환난의 날이 되겠음이라 하나님의 창조하신 창초부터 지금까지 이런 환난이 없었고 후에도 없으리라"라고 말하고 있으며, 누가복음 21장 26절은 "사람들이 세상에 임할 일을 생각하고 무서워하므로 기절하리니 이는 하늘의 권능들이 흔들리겠음이라"라고 말한다.

'환난'은 '들립시스'(θλῖψις)라 하여 '고난, 환난, 압착, 압박, 강제, 괴로움, 역경' 등을 의미하며, 이 단어는 '압착하다, 억누르다, 막다, 에워싸다, 협착하다, 고통을 주다'라는 뜻의 '들리보'(θλίβω)라는 말로부터 왔다.

이것은 종말의 환난이 육체적인 고통보다는 심리적이며 정신적인 고통으로 성도들에게 다가올 것을 의미한다. 이에 다니엘서 7장 25절은 그때의 상황을 "그가 장차 말로 지극히 높으신 자를 대적하며 또 지극히 높으신 자의 성도를 괴롭게 할 것이며 그가 또 때와 법을 변개코자 할 것이며 성도는 그의 손에 붙인바 되어 한 때와 두 때와 반 때를 지내리라"라고 예언하고 있다.

앞으로 환난의 시작과 함께, 성도들이 교회에서 예배드리는 법과 때를 강제로 변개하고 다니엘서 3장에서 느부갓네살의 금신상과 같이 우상에게 경배하라는 명이 내려온다면, 이러한 상황에서 성도들

은 어떻게 대처해야 할까? 지금 우리에게 이런 질문이 주어져 있다. 이러한 상황에서 어린양의 생명책에 녹명되지 못한 자들 곧 땅에 거하는 자들은 모두가 짐승에게 경배한다고 성경은 말하고 있다.

여기서 땅에 거하는 자들은 믿음이 없는 세상 사람들을 말하는 것이 아니다. 이들은 교회 안에서 주님에게 예배드리던 성도들이었다. 주님과의 만남과 예배를 이 땅에서의 삶의 평안과 안전 그리고 축복을 위해서 찾았던 자들, 또한 거짓된 종들에 의하여 그것이 하나님을 섬기는 것이라고 잘못된 배움과 믿음을 받은 자들이다.

그러나 환난의 시간이 코앞에 다가오면 이들도 자신들이 거짓된 믿음을 소유하고 있음을 발견할 것이며, 자신들을 그렇게 이끌었던 거짓된 종들의 실체 또한 드러날 것이므로, 이들의 마음속에 정신적이며 심리적인 환난의 정도가 강력해질 것은 분명하다.

마태복음 25장은 바로 이러한 상황에 대하여 미련한 다섯 처녀와 슬기로운 다섯 처녀의 비유로 우리를 가르친다. 미련한 다섯 처녀는 그릇에 기름을 준비하지 않았고 기름을 파는 자들에게 사러 간 사이에 혼인잔치의 문은 닫혔다고 말한다.

여기서 말하는 그릇에 기름을 성령이라고 생각하는 사람들이 많다. 그래서 성도들은 성령 충만 받으면 될 것이라고 생각하고 또한 종들은 그렇게 가르치므로 성령 충만이 모든 것의 답인 줄 착각하게 만들었는데, 이런 생각에는 문제가 있다.

종말은 주님의 혼인잔치에 들어가는 시간이므로 성도들은 반드시 그릇에 기름을 준비해야 하며 그 기름은 등불을 밝히는 데 아주 중요하기 때문이다.

구약에서 제사장들은 성전 안에 등불을 밝히기 위해서 감람유를 사용했다. 출애굽기 27장 20절에서는 이것에 대하여 "너는 또 이스라엘 자손에게 명하여 감람으로 찧어낸 순결한 기름을 등불을 위하여 네게로 가져오게 하고 끊이지 말고 등불을 켜되"라고 말한다. 이 기름은 감람나무를 찧어서 얻은 기름이다.

사실 감람나무는 영적으로는 예수 그리스도를 상징하고, 감람나무를 찧는다는 것은 이 세상에서 우리의 죄를 대속하기 위하여 고난 받으시고 십자가에서 죽으신 예수님 자신을 말한다.

우리를 살리기 위하여 자신의 몸을 찧어서 그 안에서 나오는 기름으로 등불 곧 교회를 밝히셨다. 그러므로 교회의 등불은 감람유 곧 예수 그리스도의 몸을 찧어서 만든 기름으로만 밝혀야 한다. 이것이 성경이 우리에게 가르치는 진리이다.

그렇다면 기름으로 쓰이는 감람유 곧 예수 그리스도의 몸은 실제적으로 무엇인가?

스가랴 4장은 이것에 대하여 우리에게 답을 주고 있다. "등대 좌우의 두 감람나무는 무슨 뜻이니이까…금기름을 흘려내는 두 금관 옆에 있는 이 감람나무 두 가지는 무슨 뜻이니이까"(슥 4:11-12)라는 질문에 천사는 14절에서 "이는 기름 발리운 자 둘이니 온 세상의 주 앞에 모셔 섰는 자니라"라고 답한다. 등대의 좌우에는 두 감람나무가 있고 그 감람나무로부터 금기름이 흘러나오는데, 두 감람나무를 주 앞에 모셔 섰는 자라고 하며 어떤 사람임을 말하고 있다.

과연 이 두 감람나무로 표현된 사람이 누구일까? 주 앞에 모셔 섰는 자는 마태복음 17장의 변화산에서 나타났던 모세와 엘리야다.

베드로는 이 광경을 보고 여기에 주를 위하여, 모세를 위하여, 엘리야를 위하여 초막 셋을 짓겠다고 말한 바 있다.

누가복음 9장에서는 이 표현을 "우리가 여기 있는 것이 좋사오니 우리가 초막 셋을 짓되 하나는 주를 위하여, 하나는 모세를 위하여, 하나는 엘리야를 위하여 하사이다 하되 자기의 하는 말을 자기도 알지 못하더라"라고 말하고 있다. 이것은 베드로의 의지와 생각에서 나온 말이 아니고 성령이 베드로의 입을 통하여 하신 말씀으로 이해해야 한다. 또한 이 땅에서 베드로를 반석으로 교회를 세우겠다고 하신 주님의 말씀처럼 이 땅의 교회는 초막 셋으로 이루어져야 함을 말하는 것이다.

첫째는 주님을 위한 초막으로 복음의 집이요, 둘째는 모세를 위한 초막으로 율법의 집이며, 셋째는 엘리야를 위한 초막으로 선지자의 글로 된 집을 의미한다. 신약 시대 주님이 이 땅에 세우고 가신 교회에는 이 세 집이 있어야 하며 이것이 곧 등불과 기름의 역할이다. 교회는 두 감람나무인 모세의 율법과 엘리야를 통한 선지자의 글이 기름으로서 공급될 때에만 주님의 집인 교회가 등불을 밝힐 수 있다.

그러므로 슬기로운 다섯 처녀가 그릇에 기름을 준비한 기름은 성령의 충만이 아니고, 두 감람나무인 모세의 율법과 엘리야로부터 온 선지자의 글로부터 짜낸 예수 그리스도라는 금기름이다.

종말은 성도들의 인내와 믿음이 요구된다. 이 인내와 믿음은 하나님의 말씀을 바로 이해하고 깨달을 때 나타나는 능력이다.

우리 자신의 의지나 힘, 또는 오랫동안 교회에서 신앙생활을 했다는 이유만으로 종말에 인내와 믿음으로 모든 어려움을 이겨 낼 수 는 없다. 오직 하나님의 진리가 우리 안에 믿음으로 채워져 있을 때 성령의 능력으로 가능해진다.

주님이 일곱 교회의 사자를 향하여 "이기는 그에게는"이라는 말을 반복적으로 사용한 것도 이 모든 어려움과 환난을 이겨 낼 수 있는 것은 오직 하나님의 진리의 말씀이기 때문이다.

그러나 종말에 거짓된 종들을 통하여 미혹의 말들이 교회 안에 가득해지고, 새싹과 같은 어린 심령들을 미혹하여 땅에 거하는 자들로 추락시키려는 사단의 집요한 공격이 있을 것이다. 하나님의 종들은 깨달아야 한다.

3. 땅에서 올라온 짐승

계 13:11 내가 보매 또 다른 짐승이 땅에서 올라오니 새끼 양같이 두 뿔이 있고 용처럼 말하더라

계시록 13장은 땅에서 올라온 짐승에 대하여 말하고 있다.

"또 다른 짐승이 땅에서 올라오니 새끼 양같이 두 뿔이 있고 용처럼 말하더라"(계 13:11)라고 한다. 바다에서 올라온 짐승과 함께 땅에서 올라온 짐승이 용처럼 말하더라는 기록처럼, 이 땅에서 사단의 입을 대신하는 자로 사용될 것을 말한다. 곧 바다에서 올라온 짐승인 정치적인 적그리스도를 위하여 "땅에 거하는 자들을 미혹"(계 13:14)하는 사단의 영적인 선지자로 쓰임을 받는 존재다.

따라서 땅에서 올라온 짐승은 종교적 적그리스도로, 하나님의 교회와 백성들을 미혹하여 적그리스도 앞에 무릎을 꿇게 하는 거짓 종들과 선지자들을 일컫는다. 성경을 보면, 주님은 초림 때 이 세상에 사는 모든 인생들에게 자신이 '제사장이며 선지자이며 왕'이신 것을 알리셨지만 그가 이 땅에서 행하신 사역은 오직 선지자의 사역이었다.

선지자는 하늘의 하나님의 뜻을 계시의 말씀을 통하여 이 땅에 전하는 사역을 하는 사람으로 구약의 모세와 같은 역할을 한다.

이 땅에서 주님에게 주어진 사역 중에 이루지 못한 것이 있는데 그것이 곧 제사장의 사역과 왕의 사역이다. 이는 이 땅에 세워질 천년왕국에서의 사역이며 또한 영원한 하나님의 나라에서의 사역이다. 그러나 적그리스도는 후 3년 반의 환난의 시간을 이 땅의 왕으로 그리고 땅에서 올라오는 짐승은 제사장으로 행세할 것이다.

계시록 13장에 등장하는 바다에서 올라온 짐승과 땅에서 올라온 짐승은 환난의 시간 동안 이 땅에서 용 곧 사단에 의하여 세워진 사실적이며 현실적인 왕과 제사장이다. 땅에서 올라온 짐승에게 "새끼 양같이 두 뿔이 있고 용처럼 말하더라"(계 13:11)라고 하는 것은, 예수 그리스도처럼 어린양의 모습으로 꾸미고 사단으로부터 받은 두 뿔의 권세를 가진 용처럼 곧 거짓된 미혹의 말을 한다는 것을 의미한다.

여기서 미혹의 말이란 이 세상에 속한 말들로 곧 부와 명예와 성공이라는 말들이다. 이들은 천국이라는 하나님의 나라에 대한 소망과 꿈을 이 세상에서 이루는 것으로 가르친다. 무천년주의자들은 천년왕국이 이미 성령과 함께 이 세상에 와 있다고 가르치고 주장하며 주님의 재림에 대한 약속을 흐리게 한다.

또한 우리의 영원한 구원의 반석이며 생명이신 예수 그리스도를, 사람이며 선한 일을 한 어떤 선지자쯤으로 인식하게 한다. 성경의 본질을 세상적이고 육신적인 인본주의로 해석하며 이해하게 하는 것이다. 요한일서 2장 22절에서 “거짓말하는 자가 누구뇨 예수께서 그리스도이심을 부인하는 자가 아니뇨 아버지와 아들을 부인하는 그가 적그리스도니”라는 말씀처럼 아버지와 아들이 하나라는 사실과 예수 그리스도가 영원한 구원의 메시아라는 사실을 부인하게 만드는 것이다.

미혹하는 자들은 사람의 생명을 영원한 생명이 아닌 이 세상에 육신으로 살아 있는 생명을 인식하게 하여, 살아 있는 동안에 받는 육신의 축복이 곧 하나님으로부터 오는 축복이라고 미혹하여 성경의 말씀을 사람의 윤리적이며 도적적인 교과서로 받게 한다.

그러나 요한 사도는 요한일서 2장 25-28절에서 “그가 우리에게 약속하신 약속이 이것이니 곧 영원한 생명이니라 너희를 미혹게 하는 자들에 관하여 내가 이것을 너희에게 썼노라 너희는 주께 받은바 기름 부음이 너희 안에 거하나니 아무도 너희를 가르칠 필요가 없고 오직 그의 기름 부음이 모든 것을 너희에게 가르치며 또 참되고 거짓이 없으니 너희를 가르치신 그대로 주 안에 거하라 자녀들아 이제 그 안에 거하라 이는 주께서 나타내신바 되면 그의 강림하실 때에 우리로 담대함을 얻어 그 앞에서 부끄럽지 않게 하려 함이라”라고 말씀하여 종말에 미혹하는 자들이 가르치는 거짓된 복음으로부터 우리 자신을 지키라고 전한다.

땅에서 올라온 짐승의 미혹에 대하여 계시록 13장 13-14절은 "큰 이적을 행하되 심지어 사람들 앞에서 불이 하늘로부터 땅에 내려오게 하고 짐승 앞에서 받은바 이적을 행함으로 땅에 거하는 자들을 미혹하며 땅에 거하는 자들에게 이르기를 칼에 상하였다가 살아난 짐승을 위하여 우상을 만들라 하더라"라고 말한다.

하나님의 진리의 말씀에 비추어 바로 세워져 있는 하늘에 거하는 자들이 아닌 땅에 거하는 자들 곧 거짓 종들로부터 세상에서 얻는 물질과 성공 그리고 명예와 같은 것들을 하나님으로부터 오는 축복이라고 가르침을 받은 자들을 속이기에 충분한 큰 이적을 행함으로 미혹게 할 것이라는 말씀이다.

이 말씀 속에서 보듯이 땅에서 올라온 짐승은 미혹하는 자로 바다에서 올라온 짐승을 위하여 일하는 종교적 지도자라고 하겠다.

구약의 제사장들이 하나님의 성전에 들어가 섬기는 일을 행하듯, 땅에서 올라온 짐승은 사단이 이 세상에 세운 제사장으로 사람들을 짐승의 우상에게 경배하게 하는 일 곧 종말에 용의 권세를 받은 적그리스도를 섬기는 일을 하게 한다.

그러므로 우리는 이들의 실체에 대하여 반드시 알고 있어야 하고 깨닫고 있어야 한다. 이는 적을 알아야 우리 자신을 지키고 보호할 수 있기 때문이다.

또한 베드로후서 3장 3-5절의 "먼저 이것을 알지니 말세에 기롱하는 자들이 와서 자기의 정욕을 좇아 행하며 기롱하여 가로되 주의 강림하신다는 약속이 어디 있느뇨 조상들이 잔 후로부터 만물이 처음 창조할 때와 같이 그냥 있다 하니 이는 하늘이 옛적부터 있는 것과 땅이 물에서 나와 물로 성립한 것도 하나님의 말씀으로 된 것을 저희가 부러 잊으려 함이로다"라는 말씀처럼, 주님의 강림을 부정하며 오히려 교회 안에서 하나님의 백성들을 속이며 거짓된 말씀으로 세상에서의 부귀영화가 곧 하나님의 축복이라는 설교를 통하여 백성들을 우롱하는 자들이다.

여기서 '기롱하는 자'라는 말은 '엠파익테스'(ἐμπαίκτης)라 하여 '조롱하는 사람, 거짓 교사, 흉내 내는 사람'이라 하고, 이 말은 '조소하다, 희롱하다, 조롱하다, 능욕하다, 속이다, 기만하다'라는 '엠파이조'(ἐμπαίζω)에서 유래된 말이다.

말세에는 교회 안에 하나님의 말씀을 비웃고 조롱하며 거짓과 속임으로 백성들을 가르치는 이러한 자들이 등장한다. 그러므로 마태복음 7장 15절의 말씀처럼 "거짓 선지자들을 삼가라 양의 옷을 입고 너희에게 나아오나 속에는 노략질하는 이리라"는 주님의 경고를 마음에 새겨야 한다.

결국 땅에서 올라온 짐승이란 새끼 양 같은 모습으로 꾸며 예수 그리스도의 모습을 흉내 내는 종교 지도자다. 바다에서 올라온 짐승 곧 용인 사단의 전권을 받은 적그리스도를 위하여 거짓과 미혹으로 땅에 거하는 자들에게 짐승을 경배하게 하고 손과 이마에 표를 받게 하는 일에 충성하는 사단의 종이다.

땅에서 올라온 이 짐승의 역할을 하는 자는 현재 가톨릭을 비롯하여 유대교와 우리 기독교 안에도 수없이 많이 존재하고 있다. 말세에 이러한 일을 행하는 종들의 국제적인 연합체가 WCC와 WEA와 같은 종교 통합의 기관들이다.

가) 큰 이적으로 땅에 거하는 자들을 미혹

계 13:13 큰 이적을 행하되 심지어 사람들 앞에서 불이 하늘로부터 땅에 내려오게 하고

계 13:14 짐승 앞에서 받은바 이적을 행함으로 땅에 거하는 자들을 미혹하며 땅에 거하는 자들에게 이르기를 칼에 상하였다가 살아난 짐승을 위하여 우상을 만들라 하더라

사단은 미혹에 특별한 재능을 갖고 있다. 사람의 지능이 아무리 뛰어나더라도 사단의 미혹에 넘어가지 않을 자가 없다. 그것은 창세기 3장에서 뱀이 하와를 미혹하는 장면에서 더욱 두드러지게 나타나는데, 하나님은 뱀을 향하여 "여호와 하나님의 지으신 들짐승 중에 뱀이 가장 간교하더라"(창 3:1)라고 말씀한다.

여기서 '간교하다'는 말은 히브리어 '아룸'(עָרוּם)이라고 하고 영어로는 'Subtle'이라고 한다. 이 말은 '훌륭히 직조된'이라는 뜻의 단어로 '지각과 감각이 민감하고 치밀한, 지각할 수 없을 정도로 미묘한, 신비적이고 불가사의한, 포착하기 어려우며 형언하기 어려운, 이상한 매력, 이해하기 어렵고 구별하기 어려운, 음흉하고 교활하며 마음 놓을 수 없는' 등을 표현할 때 사용된다.

이러한 속성을 가진 뱀 곧 사단은 얼마든지 자신이 원하는 거짓 기적과 이적을 만들어 하나님의 말씀으로 깨어 있지 않은 땅에 거하는 자들을 미혹할 수 있다.

특히 종말에는 사단의 세력들은 발전된 과학을 이용하여 사람들의 눈을 현혹시키는 이적을 행한다. 본 절에서 말하는 "불이 하늘로

부터 땅에 내려오게”(계 13:13) 하는 거짓 이적과 그밖에 다른 많은 이적들을 과학의 힘을 빌어서 행할 것을 예고하는 것이다.

출애굽기 7-8장에서 하나님은 모세와 아론을 통하여 이스라엘 백성들을 애굽에서 출애굽시키기 위하여 열 가지의 재앙을 애굽에 내리는 것을 보여 주시는데, 이때 바로의 술객들도 술법으로 물이 피가 되게 하고 지팡이가 뱀이 되게 하며 개구리가 하수에서 올라오게 하는 이적들을 행한다.

바로의 술사들이 행하는 이적들은 앞으로 하나님의 교회와 백성들을 영적으로 미혹하기 위해서 사단이 행할 이적들을 예표하는 것이다.

그러므로 우리는 하나님의 행하시는 이적과 사단이 행하는 이적의 차이를 알아야 한다. 하나님은 하늘의 것들 곧 해와 달과 별 그리고 흑암 곧 어둠과 우박 또한 존재하지 않는 무에서 유를 만들어 내는 이적들을 행하는 데 반하여, 사단은 땅에 속한 것들 곧 눈에 보이는 실체들을 사용하여 이적을 베푼다.

‘이적’이라는 말을 ‘세메이온’(σημεῖον)이라 하여 ‘지시, 표시, 표징, 표적, 이상한 현상, 기사, 징조’ 등을 뜻한다. 하나님은 하늘에 속한 사물들을 통하여 세상을 깨우기 위해서 그리고 하나님이 정한 시간과 때를 교회와 백성들로 하여금 예측하고 준비하라는 신호로 기사와 이적을 행하신다. 하지만 사단은 세상에 속한 물질들을 사용하여 이를 과학적으로 변조시킴으로 사람의 눈을 속이려고 한다. 그러므로 우리의 영이 깨어 있어야 하는 것이다.

이러한 거짓 기사와 이적을 베푸는 자들이 바로 자칭 선지자와 하나님의 종이라는 자들로 예레미야 29장은 이것에 대하여 “너희

중 선지자들에게와 복술에게 혹하지 말며 너희가 꾼바 꿈도 신청하지 말라 내가 그들을 보내지 아니하였어도 그들이 내 이름으로 거짓을 예언함이니라"(렘 29:8-9)라고 말하고 있다.

이 거짓 선지자들과 종들은 땅에서 올라온 짐승으로, 교회와 하나님의 백성들을 미혹하기 위하여 종말에 사단의 부르심을 받고 또한 사단의 기름 부음을 받은 자들이다. 이들은 성령의 역사라는 거짓된 사술로 방언, 예언, 은사, 웃음과 찬양 치료 그리고 임파테이션 등의 온갖 것들을 동원하여 백성들의 눈과 마음을 사로잡고 현혹시킨다. 오늘날의 신사도에서 행하는 사역들은 그 대표적이다.

문제는 이들에게 속고 미혹되는 자들이 땅에 거하는 자들이라는 것이다. 교회 안에서 하나님을 섬기면서 주님의 말씀을 믿고 신뢰하며 종말에 주의 강림을 기다리는 자들이 아니라, 세상과 육신의 것들에 취해서 그것을 목적으로 살아가며 하나님을 자신들의 목적을 이루기 위한 도구로 이용하는 자들이다.

출애굽기 20장 4-7절에서 "너를 위하여 새긴 우상을 만들지 말고 또 위로 하늘에 있는 것이나 아래로 땅에 있는 것이나 땅아래 물속에 있는 것의 아무 형상이든지 만들지 말며 그것들에게 절하지 말며 그것들을 섬기지 말라 나 여호와 너의 하나님은 질투하는 하나님인즉 나를 미워하는 자의 죄를 갚되 아비로부터 아들에게로 삼사 대까지 이르게 하거니와 나를 사랑하고 내 계명을 지키는 자에게는 천 대까지 은혜를 베푸느니라 너는 너의 하나님 여호와의 이름을 망령되이 일컫지 말라 나 여호와는 나의 이름을 망령되이 일컫는 자를 죄 없다 하지 아니하리라"라고 명령하시듯 땅에 거하는 자들은 이 두 번째와 세 번째 계명을 어긴 자들이다.

종말에는 이처럼 사단이 세운 종들을 통하여 백성들이 잘못된 길을 가도록 가르치는 데 혈안이 되어 있다. '미혹'이라는 말은 '플라나오'(πλανάω)로 '방황하게 하다, 길을 잃게 하다, 나쁜 길로 인도하다, 빗나가다, 헤매다, 잘못을 저지르다. 실수하다, 죄를 짓다'라는 뜻이 있는데, 이처럼 백성들로 하여금 방황하게 하고 길을 잃고 헤매게 하여 실수하게 하고 죄를 짓게 만드는 데 목적이 있다.

우리가 여기서 발견하는 것은, 사단은 물론 거짓 선지자와 종들조차도 "하늘에 거하는 자들을 훼방"(계 13:6)은 할지언정 미혹하여 그들을 넘어지게 하지 못한다는 사실이다.

'훼방'은 '블라습헤미아'(βλασφημία)라고 하여 '중상, 욕설, 비방, 명예 훼손, 악담, 조롱, 신성 모독'의 뜻으로 모욕과 욕설과 비방과 조롱 등으로 자신들의 거짓된 속임에 넘어가지 않는 하늘에 거하는 자들을 대항하여 말로 강력한 핍박을 나타낸다.

종말 때에 분명히 교회 안에 있는 백성들이 하늘에 거하는 자들과 땅에 거하는 자들로 분리되어, 땅에서 올라온 짐승인 거짓 선지자들과 종들은 땅에 거하는 자들을 미혹하기 위하여 온갖 방법들을 동원할 것이다.

나) 짐승의 우상에게 경배

> **계 13:15** 저가 권세를 받아 그 짐승의 우상에게 생기를 주어 그 짐승의 우상으로 말하게 하고 또 짐승의 우상에게 경배하지 아니하는 자는 몇이든지 다 죽이게 하더라

이제 땅에서 올라온 짐승은 바다에서 올라온 짐승의 우상을 만

들고 그 우상에게 경배하라고 명령한다. 그리스도인들에게는 후 3년 반의 본격적인 핍박의 시간이 다가온 것으로 "성도들의 인내와 믿음이 여기 있느니라"(계 13:10)라는 말씀처럼, 죽으면 죽으리라는 에스더의 고백과 같이 이 상황을 이기고 승리하느냐, 아니면 짐승의 명령에 굴복하고 경배 곧 예배드리느냐는 갈림과 선택이 놓여 있다.

우리는 역사적으로 이미 이러한 과정을 겪어 왔다. 일제 36년 동안 일본의 천황에게 경배하느냐 아니면 그리스도인으로 오직 하나님에게만 경배해야 하느냐라는 갈등을 경험한 바 있다.

마태복음 4장에서도 마귀는 예수님을 시험하면서 "천하 만국과 그 영광을 보여 가로되 만일 내게 엎드려 경배하면 이 모든 것을 네게 주리라"(마 4:8-9)라고 미혹하는 것을 본다. 물론 예수님은 이러한 마귀의 미혹에 대하여 "사단아 물러가라 기록되었으되 주 너의 하나님께 경배하고 다만 그를 섬기라 하였느니라"(마 4:10)라고 말씀하시며 단호하게 마귀의 미혹을 물리치신다.

이 세상의 모든 피조물은 창조주이신 하나님에게만 경배해야 함에도 불구하고 사단 마귀는 하님의 자리에 앉아 세상의 모든 피조물로부터 하나님 대신에 경배를 받기를 원한다. 미혹의 주체인 땅에서 올라온 짐승 곧 거짓 종들과 선지자들을 이용하여 하나님의 교회와 백성들로부터 경배를 받고자 하는 것이 마귀의 속마음이다. 이러한 일이 종말의 후 3년 반의 시간에 이 세상에서 일어날 일이다.

이사야 14장 13-14절은 이러한 사단의 속마음에 대하여 "네가 네 마음에 이르기를 내가 하늘에 올라 하나님의 뭇별 위에 나의 보좌를 높이리라 내가 북극 집회의 산 위에 좌정하리라 가장 높은 구름에 올라 지극히 높은 자와 비기리라 하도다"라며 자신의 속마음을 드러내고 있음을 말하고 있다.

본 절에서는 땅에서 올라온 짐승이 우상을 만들라고 하고 또한 "그 짐승의 우상에게 생기를 주어 그 짐승의 우상으로 말하게 하고"(계 13:15)라고 하여 짐승의 우상이 살아 생명이 있는 것처럼 이적을 베풀 것을 말한다.

다니엘서 3장에서 느부갓네살 왕이 만든 금신상에 "누구든지 엎드리어 절하지 아니하는 자는 즉시 극렬히 타는 풀무에 던져 넣으리라"(단 3:6)라고 하는 강력한 명령이 내려졌다. 그러나 사드락과 메삭과 아벳느고는 이런 왕에게 대항하여 "왕이여 우리가 왕의 신들을 섬기지도 아니하고 왕의 세우신 금 신상에게 절하지도 아니할 줄을 아옵소서"(단 3:18)라고 고백하며 죽음 가운데서도 하나님에 대한 신앙의 절개를 지켰다.

여기서 우리는 종말에는 사단의 계략이 더욱 정밀하고 확실하다는 사실을 발견할 수 있다. 느부갓네살 왕 때와는 다른 우상에게 생기를 넣어 말하게 함으로 정말로 살아 있는 우상처럼 보이게 하기 때문이다. 그러나 온 우주에서 생기를 넣으실 수 있는 분은 오직 하나님 한 분이라는 사실을 성경은 우리에게 말하고 있다

에스겔서 37장은 골짜기의 마른 뼈들에게 생기를 넣어 뼈에게 생명을 불어넣는 장면을 보여 주고 있다. 에스겔 37장 9절은 "또 내게 이르시되 인자야 너는 생기를 향하여 대언하라 생기에게 대언하여 이르기를 주 여호와의 말씀에 생기야 사방에서부터 와서 이 사망을 당한 자에게 불어서 살게 하라 하셨다 하라"라고 말씀한다.

이것은 생명이 없이 죽은 마른 뼈 같은 이스라엘에게 예수님이 오시어 생기에 대하여 대언하여 이스라엘로 다시 살게 하겠다는 예언의 말씀이다.

여기서 말씀하는 생기는 예수님이 오셔서 우리에게 주실 성령이다. 에스겔 37장 14절은 이것에 대하여 "내가 또 내 신을 너희 속에 두어 너희로 살게 하고 내가 또 너희를 너희 고토에 거하게 하리니 나 여호와가 이 일을 말하고 이룬 줄을 너희가 알리라 나 여호와의 말이니라 하셨다 하라"라고 말씀하고 있다.

오직 예수님만이 우리에게 생기를 주어 살게 하실 수 있는데도 불구하고 짐승이 우상에게 생기를 주어 말하게 함으로 모든 사람들을 미혹하게 하겠다는 것이다.

사단과 마귀는 이 세상에 생명을 주는 자가 아니고 오직 사망을 갖다 주는 자이다. 그런데도 불구하고 짐승의 우상에게 생기를 준다고 말하는 것은 과학적 힘을 빌려서 예수 그리스도의 흉내를 내겠다는 것으로, 이것은 엄청난 미혹을 예고하는 것이다.

종말은 "많은 사람이 빨리 왕래하며 지식이 더하리라"(단 12:4)라는 말씀처럼 인류사에 최고의 지식의 발달로 모든 생활이 자동화되고 로봇이 대체하는 시대다.

그러나 이러한 과학의 발전은 곧 하나님을 대적하는 사단의 도구로 사용된다. 종말의 이적의 현상을 통하여 땅에 거하는 자들을 미혹하는 모든 것들이 과학적인 방법에 의한 것이다. 하나님이 가장 혐오하며 경멸하는 우상을 세워 하나님의 자리에 앉히고 이 우상에게 경배하게 하는 최악의 상황이 지금 우리 앞에 놓여 있다. 이것을 실현하기 위하여 사단의 영의 지배를 받고 권세를 받은 전 세계의 어둠의 세력들은 하나가 되어 일하고 있음을 인식해야 할 것이다.

다) 짐승의 표와 사람의 수 666

> **계 13:18** 지혜가 여기 있으니 총명 있는 자는 그 짐승의 수를 세어 보라 그 수는 사람의 수니 육백육십육이니라

요한계시록의 가장 핵심 포인트는 "오른손이나 이마에 표를 받게"(계 13:16) 하므로 진정한 그리스도인들에게 매매를 할 수 없게 하는 강력한 핍박과 제재라 하겠다.

매매는 사고파는 것으로 우리의 일상생활과 직결되며, 이것이 없다면 우리의 정상적인 삶은 유지하기가 어려려워진다.

짐승은 우리 삶의 최후의 수단인 매매 수단을 통제함으로 하나님을 향한 그리스도인들의 방향을 세상과 짐승에게 바꾸어 놓으려고 한다.

후 3년 반의 가장 강력한 통제수단으로 사용될 이 짐승의 표는 이미 우리의 현실에서 베리칩이나 메디칩 또한 디지털칩이란 이름으로 2000년 이후 다양하게 사용되고 있다. 더욱이 매년 기술적인 진보와 함께 발전해 간다.

최근에는 코로나 바이러스 팬데믹 상황을 맞이하여 유전자 백신의 등장으로, 우리는 우리 인간의 유전 체계와 신경 체계를 어느 정도까지 제어할지 알 수 없는 생명공학의 시대를 살아가고 있다. 짐승의 표(Mark)라는 과학의 발전과 함께 진화에 진화를 거듭하고 있다. 우리가 생각하던 기존의 손등에 놓던 쌀 알갱이 크기의 투박한

칩보다 시각적으로 눈에 드러나지 않는 미세한 나노 형태의 칩이 될 가능성이 높다.

IBM에서는 이미 2나노의 반도체 개발에 성공했다고 발표했다. 이제는 컴퓨터 안에 또는 모든 전자기기 안에 들어가는 반도체는 현미경으로나 보아야 할 크기로 아주 미세하다. 이런 사실로 미루어 보아 우리 몸의 손과 머리에 전혀 흔적도 없이 칩을 심을 수 있다는 예상이 충분히 가능하다. 앞으로 우리의 삶에 이와 같은 표를 이식해야만 하는 시대가 바로 종말이라 부르는 때다. 성경은 이것이 후 3년 반의 시간에 현실적으로 우리 앞에 펼쳐질 통제의 수단이 될 것이라고 우리에게 말한다.

계시록 13장 16-17절은 이것에 대하여 " 저가 모든 자 곧 작은 자나 큰 자나 부자나 빈궁한 자나 자유한 자나 종들로 그 오른손에나 이마에 표를 받게 하고 누구든지 이 표를 가진 자 외에는 매매를 못 하게 하니 이 표는 곧 짐승의 이름이나 그 이름의 수라"라고 말한다.

이 말씀에 의하면, 지구상에 있는 모든 자에게 이 표를 받을 것을 요구할 것이며 표를 받지 않은 자는 사고파는 매매의 기능을 할 수 없게 될 것이다. 이처럼 생명공학의 산물이 역사 이래 전무후무한 통제의 수단으로 사용될 것을 계시하고 있다.

누가복음 21장 34-36절에서는 이러한 시대에 그리스도인들에게 깨어 있어 기도할 것을 요구하고 있는데 곧 "너희는 스스로 조심하라 그렇지 않으면 방탕함과 술 취함과 생활의 염려로 마음이 둔하여지고 뜻밖에 그날이 덫과 같이 너희에게 임하리라 이날은 온 지구상에 거하는 모든 사람에게 임하리라 이러므로 너희는 장차 올 이 모든 일을 능히 피하고 인자 앞에 서도록 항상 기도하며 깨어 있으라 하시니라"라고 주님은 말씀하며 우리에게 경고하신다.

그러면 후 3년 반의 시간에 사용될 짐승의 이름이나 그 이름의 수라고 하는 이 표는 무엇을 의미하는가?

여기서 이름은 '오노마'(ὄνομα)라고 하여 '이름, 권위, 대의명분, 칭호'를 말한다. 이것을 그대로 해석한다면 '짐승의 이름'은 '짐승의 권위와 대의명분'을 상징하게 된다. 우리는 짐승이 종말에 세상을 향하여 어떤 대의명분 그리고 권위를 가지고 나올 것인가에 대하여 생각을 해야 한다. 그것은 곧 평화와 안전이라는 대의명분일 것이다.

바울이 데살로니가전서 5장 3절에서 "저희가 평안하다, 안전하다 할 그때에 잉태된 여자에게 해산 고통이 이름과 같이 멸망이 홀연히 저희에게 이르리니 결단코 피하지 못하리라"라고 말씀했다. 짐승은 세계의 '평화와 안전'(Peace and Safety)이라는 구호를 대의명분으로 가지고 모든 자들을 미혹할 것이다. 이 일은 2017년 9월에 있었던 유엔(UN) 총회의 구호로써 이미 드러났다.

여기서 우리는 유엔(UN)이라는 국제기구가 과연 무엇을 위한 기구인가를 알아야 한다. 유엔은 유나이티드 네이션(United Nations)의 약자로 세계 모든 국가들의 연합체며 모든 국가를 연합시키기 위한 국제기구다. 세계 모든 국가들의 평화와 안전을 위한다는 목적과 함께 인권, 복지, 건강, 환경, 그리고 경제적인 물품의 교역 등 세계 모든 나라들의 정치적 안정과 경제적 부흥이라는 공동의 목표를 가지고 활동하는 기구로 우리는 알고 있다.

그러나 동시에 유엔(UN)이 세계의 모든 나라들의 자주권과 민족자결권을 없애고 하나의 세계라는 통치 이념 곧 원 월드 오더(One World Order)라는 단일 세계 정부를 세우기 위한 기구라는 사실을 잊어서는 안 된다. 이 단일 세계 정부는 세계를 한 사람의 통치자 밑에 10개의 통치지역으로 나누어 통치하겠다는 발상으로, 이미 성경은 그 사실에 대하여 계시록 13장 1절에서 "내가 보니 바다에서 한 짐승이 나오는데 뿔이 열이요 머리가 일곱이라 그 뿔에는 열 면류관이 있고 그 머리들에는 참람된 이름들이 있더라"라고 계시하고 있다.

한 짐승 곧 적그리스도 밑에는 일곱 머리가 있고 또한 열 뿔과 함께 열 면류관을 가진 통치기구가 있으므로 이들을 통해서 하나의 세계 정부를 다스리겠다는 것을 말한다. 유엔(UN)은 제1·2차 세계대전 후에 결국 세계의 평화와 안전을 위한다는 목적을 구실로 적그리스도의 통치 세계인 하나의 세계 정부를 만들기 위한 기구로 세워졌다.

이와 같은 이유로 지금 우리가 살아가고 있는 이 지구는 하나의 목표를 향하여 달려가고 있으며, 그중 대표적인 것이 코로나 펜데믹 사건이다.

왜냐하면 코로나 펜데믹은 어느 한 나라의 문제가 아니고 온 세계가 함께 협력하고 뜻을 모아야 해결될 수 있는 사건이기 때문이다. 이 사건을 통하여 온 세계는 전에 겪어 보지 않았던 새로운 국제 공조와 방역이라는 목표를 가지고 움직였다. 현재 우리의 눈앞에서 벌어지고 있는 각 나라의 코로나 상황과 백신 접종 그리고 세계가 백신 접종 여하에 따라 격리와 자유와 여행 등을 국제적으로 통제하겠다는 것은, 곧 계시록 13장에 출현하는 적그리스도의 세상 곧 세계 단일 정부를 위한 짐승의 표(Mark of Beast)의 작업의 일환이다.

이들은 먼저 코로나 바이러스를 통해서 온 세상을 불안과 공포의 세상으로 몰아넣는다. 이 문제는 한 나라가 잘해서 해결될 문제가 아니고 반드시 국제적인 공조를 통해서만 해결할 수 있다는 인식을 심어 준 다음, 그 해답은 백신 접종이라는 강력한 의식을 세계의 모든 국가와 국민들에게 심어 주고 있다.

백신을 생산할 수 있는 나라들은 소수의 나라 곧 G7 국가들이다. 이런 나라에게 자국민을 위한 백신을 확보하도록 선의를 베풀어 달라는 많은 약소국들의 요청에 대하여, 만약 세계 단일 정부에 협조할 것을 조건으로 내세운다면 어떻게 될까? 여기에 '국민들의 생사가 달린 문제 앞에서 각 나라 정부들은 어떻게 대응하겠는가?'라는 문제를 우리는 생각해야 할 것이다.

바로 이러한 문제들 앞에서 거대 세력 곧 "정사와 권세와 이 어두움의 세상 주관자들"(엡 6:12)은 하나가 되어서 세계 평화와 안전이라는 구호를 앞세우고 "우리는 하나의 세계인"이라는 그럴듯한 미혹의 소리로 세계의 모든 나라와 국민들에게 자비와 호의를 베푸는 퍼포먼스를 행할 것임에 우리는 깨어 있어야 한다.

이러한 일들은 적그리스도의 출현을 알리는 신호다. 세계인을 하나의 생각으로 모으는 데 가장 필요한 것이 바로 전염병이라는 문제의 발생과 그 문제를 해결하는 소수의 국가와 유엔(UN 내의 WHO)이 바로 그 주체다.

성경은 사단이 거짓의 아비라는 것을 계속해서 말씀한다. 바다에서 올라온 짐승과 땅에서 올라온 짐승은 모두 용 곧 사단의 권세를 물려받은 자들로 종말에 이 세상에 평화와 안전이라는 거짓된 미혹으로 온 세계를 속일 자들이다. 그러므로 이들은 그리스도 안에서 영적으로 깨어 있지 못한 자들 곧 땅에 거하는 자들을 대상으로 미혹할 것을 주님은 계시하고 있다.

또한 본 절에서는 그 이름의 수 곧 "그 짐승의 수를 세어 보라"(계 13:18)라고 한다. 후 3년 반의 시간 동안 세상을 통치할 짐승 곧 적그리스도의 이름의 수를 세어 보라는 것이다.

그동안 계시록을 해석하는 자들은 이 짐승의 이름의 수가 헬라어나 히브리어의 숫자 값에 의하여 666이 되는 사람들을 찾아왔다. 그 숫자 값에 해당하는 사람들은 로마 시대의 네로를 비롯하여 오늘날은 영국의 해리 왕자까지 많은 사람들을 명단에 올려놓고 있다.

그러나 우리는 여기서 한 가지의 중요한 사실을 간과해서는 안 된다. 사단으로부터 권세를 받은 짐승이 언제 등장할 것이냐는 것이다. 초대교회 시대에 교회가 핍박과 고통을 받을 때라는 과거주의적 해석을 따르는 자들과 반대로 종말의 시간 전무후무한 환난의 시기에 등장할 것이라는 미래주의적 해석을 따르는 자들이 있다.

사실 이 모든 해석들은 존 넬슨 다비(John Nelson Darby)의 세대주의 종말론에 의한 해석으로 보아야 한다. 이 해석은 주님의 계시를 한쪽 방향으로 치우치게 하므로 잘못된 길로 인도하는 미혹의 실체다.

요한일서 2장 18-22절에서 "아이들아 이것이 마지막 때라 적그리스도가 이르겠다 함을 너희가 들은 것과 같이 지금도 많은 적그리스도가 일어났으니 이러므로 우리가 마지막 때인 줄 아노라 저희가 우리에게서 나갔으나 우리에게 속하지 아니하였나니 만일 우리에게 속하였더면 우리와 함께 거하였으려니와 저희가 나간 것은 다 우리에게 속하지 아니함을 나타내려 함이니라 너희는 거룩하신 자에게서 기름 부음을 받고 모든 것을 아느니라 내가 너희에게 쓴 것은 너희가 진리를 알지 못함을 인함이 아니라 너희가 앎을 인함이요 또 모든 거짓은 진리에서 나지 않음을 인함이니라 거짓말하는 자가 누구뇨 예수께서 그리스도이심을 부인하는 자가 아니뇨 아버지와 아들을 부인하는 그가 적그리스도니"라고 말씀하고 있기 때문이다.

적그리스도가 누구며 그가 어디서 나갔는지를 분명히 말씀한다. 예수께서 메시아 곧 그리스도이심을 부인하는 자며 아버지 하나님과 아들을 부인하는 자가 적그리스도라고 했다.

또한 "저희가 우리에게서 나갔으나…저희가 나간 것은 다 우리에게 속하지 아니함을 나타내려 함"이라고 말한다. 사도 요한이 이 글을 기록한 것은 90년경이고 이스라엘 주변으로 복음이 왕성하게 전파되었던 시기라는 점을 감안할 때, 중동 지역은 예수 그리스도의 복음이 가장 먼저 전해진 지역이라고 볼 수 있다.

그러므로 복음이 전파된 그때로부터를 계시의 시점으로 보면, 우리에게서 나갔다는 말은 구약의 유대교로부터 나간 것이 아니고 신약인 예수 그리스도의 복음 곧 교회로부터 나갔다는 해석이 가능하다.

사도 요한이 이 글을 기록할 때도 "적그리스도가 이르겠다 함을 너희가 들은 것과 같이 지금도 많은 적그리스도가 일어났으니"(요일 2:18)라고 말하는 것을 볼 때 그 당시에도 예수가 그리스도인 것을 부인하는 자들, 아버지와 아들을 부인하는 자들인 적그리스도의 영을 가진 자들이 많았음을 알 수 있다. 그러므로 적그리스도의 영을 가진 자들은 예수 그리스도 이후 지금까지 계속해서 존재하고 있다.

그렇다면 과연 복음이 전 세계에 전파되는 2천 년 동안 "짐승의 수를 세어 보라 그 수는 사람의 수니 육백육십육이니라"(계 13:18)라는 문자적 기록 속에는 오류나 잘못된 미혹이 숨어 있지는 않겠는가? 왜냐하면 바로 이 숫자가 종말의 적그리스도와 연결되는, 중요하며 핵심적인 숫자이기 때문이다. 용 곧 '사단의 다스림 속에 있던 교회와 신학 그리고 성경의 번역 과정이 중세의 영적인 암흑시대를 지내면서 그리고 종교개혁과 자유주의 신학의 시대를 지나 지금까지 정직하게 진리의 말씀을 기록했겠는가?'라는 질문을 던지지 않을 수 없다.

이러한 문제를 제기하는 이유는, 열성적인 이슬람의 지하드 요원이었다가 기독교의 복음 전도자로 변신한 왈리 슈밧이라는 목사의 계시록 13장에 등장하는 육백육십육에 대한 고견 때문이다.

그의 연구에 의하면 350년에 바티칸의 문서 곧 P.Oxy. LVI 4499라는 이름으로 보관 중인 문서는 육백육십육이라는 숫자가 아니라 이슬람의 아랍어 글자로 기록되어 있는데, 지금의 성경에 기록된 "그 수는 사람의 수니 육백육십육이니라"가 아니라 아랍어 문자로 "그것은 그 사람(마호메트)의 무리니 그의 무리는 알라의 이름으로 온 자들이니라"로 기록되어 있다는 것이다.

이러한 기록에 의한다면 적그리스도는 이슬람의 창시자 마호메트고 그의 무리들 곧 알라의 이름으로 오는 자들을 육백육십육으로 이해해야 한다.

이러한 해석은 지금까지 전혀 알지 못하고 또한 알려지지 않은 해석으로 듣는 이로 하여금 의아함을 자아내게 한다. 그러나 우리는 이 해석을 귀담아 들어야 하는데, 왜 바티칸의 서고에 있는 오래된 문서의 기록과 성경의 기록이 일치하지 않느냐 하는 것 때문이다. 만약 거짓의 아비인 사단 곧 어둠의 세상 주관자들이 이 기록을 의도적으로 변경해서 후세에 성경 해석에 혼돈을 가져올 목적이 있었다면 지금 계시록의 가장 중요한 부분인 666의 해석은 모두가 잘못된 것이고 사단은 지금 이것을 비웃고 있을 것이다.

누가복음 8장 17절에서 "숨은 것이 장차 드러나지 아니할 것이 없고 감추인 것이 장차 알려지고 나타나지 않을 것이 없느니라"라는 말씀처럼, 종말의 때를 맞은 지금은 과거에 숨겨지고 감추어져 있던 사실들이 드러나고 나타나야만 한다면, 육백육십육도 성경의 아주 중요한 부분으로 사단에 의하여 지금까지 숨겨지고 감추어져 왔을 것으로 이해할 수 있다.

이슬람의 창시자인 마호메트가 등장한 때는 570~632년이다. 예수 그리스도 사후 약 6세기 정도가 지난 시기로 중동지역 곧 아라비아 북부, 동부, 남부와 동로마제국과 가까운 오늘날의 시리아 남부, 요르단, 북부 사우디아라비아를 아우르는 북부 아라비아 지역은 기독교 세력이 강한 지역이었다.

이슬람 이전의 언어인 그리스어, 라틴어, 시리아어의 자료에서는 기독교 신앙을 가진 아랍인에 대하여 언급하고 있으며 이들은 유일신 신앙을 믿고 있었다고 전한다.

《이슬람의 탄생-현대적 관점으로 바라본 고전 전통》이라는 책을 저술한 가브리엘 사이드 레이놀즈(Gabriel Said Raynolds)는 다음과 같은 주장을 한다.

“초월적인 신을 강조하는 코란은 그리스도의 본질이라는 신학적 문제로 교회가 분열되었던 중동의 종교적 환경에서 나타난 대응으로 보인다. 특히 예수가 차지하는 위치는 코란에 대해 매우 중요한 점을 알려 준다. 즉 코란은 무엇보다도 절대신 신앙을 지키는 데 초점을 맞추고 있다.

이러한 점은 이슬람이 등장한 역사적·종교적 맥락에 대해 우리에게 중요한 통찰, 곧 이슬람의 등장이 기독교 역사와 매우 긴밀하게 관련되어 있음을 보여 준다. 코란은 전통 서사가 말하는 대로 이슬람이 다신교적 배경에서 발생한 예기치 못한 단절이 아님을, 이슬람의 등장을 중동의 더 넓은 종교사 속의 위치에서 생각해야 함을 시사한다.”

또한 이슬람의 등장에 가톨릭 교황청의 계략이 숨어 있다고 보는 견해가 있다. 이는 솔로몬의 성전 터에 교황청을 세우겠다는 야심으로, 40대의 돈 많은 과부로 재산을 가톨릭 교회에 헌납하고 수녀원에서 생활하던 하디자라는 여인을 마호메트의 아내로 발굴했다는 것과 그녀의 사촌오빠인 바라카가 특수 임무를 수행했다는 것이다.

당시 가톨릭 교황청의 야심에 갖은 걸림돌이 되는 세력들이 바로 정통 유대인들과 가톨릭의 교리를 반대하는 기독교인들이었다. 이 때문에 자신들의 손을 대지 않고 이들을 제거하기 위한 묘책으로 정통 유대인들과 가톨릭 교리를 반대하는 기독교인들은 무조건 죽여야 한다는 코란의 교리를 통하여 가톨릭이 자신들의 목적을 이루려고 했다는 것이다.

한편 가톨릭은 자신들의 목적을 이루기 위하여 마호메트를 통한 코란의 교리 형성과 세력 확장에 자금까지 지원하면서 이들과 세 가지의 협정을 맺었는데 그 내용은 다음과 같다.

첫째, 정통파 유대인들과 가톨릭 교리를 반대하는 기독교인들을 제거할 것, 둘째, 어거스틴 수도사들과 로마 가톨릭 교회는 항상 보호할 것, 셋째, 교황청을 위하여 예루살렘을 정복하여 가톨릭에 돌릴 것 등의 내용이다.

이와 같은 가톨릭의 야심을 이루기 위하여 기독교 역사는 종교재판이라는 것을 통하여 서방에서는 수많은 기독교인들을 죽였고, 동방에서는 이슬람을 통하여 정통 유대인들과 기독교인들을 무차별 학살하였다는 기록을 우리는 지금도 보고 있다.

물론 가톨릭과 이슬람 사이에 맺어진 협상은 오랜 시간이 지나면서 그 틀이 깨어지기는 했지만 현재도 이슬람 세계에서는 예수 그리스도를 믿고 전하는 기독교의 교회와 목사 그리고 선교사에 대하여는 무차별 공격과 함께 살해를 가하지만 가톨릭 교회와 수도사들에 대해서는 절대로 공격이나 해를 가하고 있지 않다. 이 점은 바로 이들이 예전에 맺은 협약 때문이라고 한다.

그런데 가톨릭 교황청이 성전 산을 손에 넣으려고 악한 음모와 계략으로 추진했던 이슬람의 세계가 너무 커져서 오히려 성전 산을 자신들의 이슬람 성지로 만들었다. 이슬람의 코란에는 아브라함의 아들 이스마엘이 모리아산에서 이삭 대신에 번제로 드려졌다는 기록이 있다. 그러므로 그들에게는 성전 산을 소유해야 하는 가치와 중요성이 더욱 강력해졌으며, 정복 후 성전 산을 돌려달라는 교황청과의 약속을 파기하고 그 터에 이슬람의 바위의 돔(The Dom of Rock)과 알 악사 사원을 건축함으로 성전 산의 주인으로서 확고한 입지를 갖게 되었다.

그러므로 1099년에 시작된 가톨릭의 십자군 전쟁은 바로 이슬람과 맺었던 협정이 성사되지 않은 것에 대하여 가톨릭 교황청이 성지 회복을 목적으로 실시되었다고 볼 수 있다. 가톨릭과 이슬람은 200년간의 전쟁을 정교 조약의 협상으로 마무리지었는데, 이 협상의 주된 내용은 첫째로 터키를 가톨릭에 양보하고, 둘째로 레바논을 아랍 영토로 인정하며, 셋째로 로마 가톨릭이 아랍 영토에서 활동할 수 있는 한 이슬람도 아무런 간섭 없이 회교 사원을 건축할 수 있으며, 넷째로 그들 상호의 종교를 독립된 종교로 인정하고 공동의 적이 되는 정통파 유대인들과 가톨릭의 교리를 반대하는 기독교인들을 제거하는 일에 공조할 것을 맹세한다는 것이다.

사실 이 협상 내용의 중심에는 아랍권의 이스마엘 자손들로 하여금 복음을 듣지 못하게 하려는 것과 또한 교황청이 이슬람과 유대 사이를 이간질하려는 의도가 숨어 있다. 교황청은 성경과 역사를 바르게 전하며 가르치는 사람들을 무차별하게 죽이고 종교재판이란 이름으로 수많은 기독교인들을 살해해 왔다는 것이 그 증거다.

지금도 이슬람의 최고 성직자인 아야톨라와 이슬람 수도사들은 가톨릭과 맺은 이 정교조약의 협정 내용에 따르고 있다. 이슬람의 세계에서는 성경을 가르치거나 전파하는 일을 법정 최고형으로 다스리며 기독교의 진리가 전파되는 것을 철저하게 막고 있다. 또한 성경을 금서 목록에 두고 이스마엘의 자손들에게 거짓 역사로 왜곡과 기만을 행하고 있다.

현대에서도 이러한 일들이 진행된다. 가톨릭과 맺은 협정의 결과로 가톨릭과 이슬람은 오직 정통 유대인들과 가톨릭의 교리를 반대하는 기독교인들을 극단주의자(Extremist)로 부르며 이들의 제거를 위하여 협력하고 있다.

그러므로 이제 우리는 이러한 역사적인 배경을 갖고 있는 가톨릭과 이슬람이 이제는 본격적으로 기독교 교회와 종들 속에 WCC와 WEA라는 세계적인 기관들을 통하여 침투함으로 거짓된 속임과 미혹의 세력으로 활동하고 있다는 사실을 알아야 한다. 이는 결국 종말에 하나님과 예수 그리스도에 대한 진리를 발견하지 못하게 하여 모두를 멸망으로 이끌겠다는, 하나님에 대한 사단의 철저한 적대심과 복수심에서 기인한 것이다.

종말을 맞은 지금의 우리가 깨어 있어야 하는 이유가 바로 이것이다. 하나님과 그 아들 예수 그리스도를 대적하는 세력이 오늘날이 되어서야 발생한 것이 아니고 바로 교회라는 이름을 갖고 가톨릭이 시작한 6세기부터 시작되었다. 이들은 교회가 성경 진리를 세상에 나타내어 생명을 주려는 것이 아니라 사단의 목적을 이루기 위하여 사용되어 왔다. 이는 마태복음 23장 13절에서처럼 "화 있을진저 외식하는 서기관들과 바리새인들이여 너희는 천국 문을 사람들 앞에서 닫고 너희도 들어가지 않고 들어가려 하는 자도 들어가지 못하게 하는도다"라는 주님의 예언이 그대로 이루어졌음을 알아야 한다.

결국 사단의 지배를 받는 가톨릭의 음모와 탐욕에 의해서 이슬람은 이 세상에 거대한 종교로서 탄생되고 자리 잡고 말았다. 그들은 지금도 정통 유대인과 진리를 좇는 기독교인들을 대적하며 무차별적으로 살해한다. 이슬람의 배후에 있는 가톨릭은 이중성을 띄며 교회라는 이름을 갖고 행하는 "양의 옷을 입고 너희에게 나아오나 속에는 노략질하는 이리"(마 7:15)로 절대적인 미혹의 주체이다.

지금까지의 이슬람의 탄생과 실체 그리고 그 배후의 세력과 목적이 누구이며 무엇인가를 역사적 사실로 알아보았다. 주님은 왈리 슈밧의 주장처럼 이슬람의 세력 곧 '알라의 이름으로 오는 무리들'이 육백육십육으로 올 것을 알고 계시하신 것이라고 보아야 한다. 실제적이고 현실적이며 가시적인 육백육십육은 알라를 하나님이라고 하며 그리스도를 메시아로 인정하지 않는 이슬람과 그 이슬람을 배후에서 조종하는 가톨릭의 교황권이라 해야 할 것이다.

그렇다면 우리에게는 왜 이들을 굳이 육백육십육(666)이라 하며 짐승의 이름이나 그 이름의 수와 사람의 수라고 하는 것일까? 그냥 알라의 이름으로 오는 자들이라고 해도 되고, 또는 이슬람의 이름으로 오는 자들이라고 해도 될 것을 굳이 육백육십육이라는 숫자를 쓰는 것일까? 이것이 무엇을 의미하는가에 대한 논쟁과 혼돈이 있어 온 것에 대해서도 궁금증이 풀려야 한다.

이것은 특히 육백육십육이라는 해석에 있어 요한계시록은 계시의 말씀이기 때문에 그 속에는 영적인 비밀이 담겨 있다고 믿어야 한다. 그러므로 이 말씀을 해석할 때는 문자적으로 보기보다는 그 문자나 숫자에 담긴 상징적인 비유를 성경 속의 영적인 의미로 찾아야 한다.

전도서 3장 18-21절에는 "내가 심중에 이르기를 인생의 일에 대하여 하나님이 저희를 시험하시리니 저희로 자기가 짐승보다 다름이 없는 줄을 깨닫게 하려 하심이라 하였노라 인생에게 임하는 일이 짐승에게도 임하나니 이 둘에게 임하는 일이 일반이라 다 동일한 호흡이 있어서 이의 죽음같이 저도 죽으니 사람이 짐승보다 뛰어남이 없음은 모든것이 헛됨이로다 다 흙으로 말미암았으므로 다 흙으로 돌아가나니 다 한 곳으로 가거니와 인생의 혼은 위로 올라가고 짐승의 혼은 아래 곧 땅으로 내려가는 줄을 누가 알랴"라고 기록한다. 또한 시편 49장 20절은 "존귀에 처하나 깨닫지 못하는 사람은 멸망하는 짐승 같도다"라고 말씀한다.

하나님은 사람과 짐승을 동일한 날 곧 여섯째 날에 창조하셨다. 사람과 짐승은 동일한 호흡을 갖고 동일한 오장육부의 생리 기능을 가지며 또한 생명인 붉은 피를 갖고 있다. 그러나 사람과 짐승이 다른 것도 있는데, 바로 하나님의 형상이다. 창세기 1장 26절은 "하나님이 가라사대 우리의 형상을 따라 우리의 모양대로 우리가 사람을 만들고 그로 바다의 고기와 공중의 새와 육축과 온 땅과 땅에 기는 모든 것을 다스리게 하자 하시고"라고 말씀한다. 사람은 하나님의 형상과 모양을 갖고 있다고 한다.

사람 속에 있는 하나님의 형상과 모양이 곧 하나님을 바라보며 찾아가는 영(Spirit)이며, 짐승에게는 없는 특별한 기능이다. 그러므로 사람은 이 영으로 인하여 하나님을 육신의 아버지와는 대별되는 '영의 아버지'라고 부른다.

우리가 우리를 낳아 준 육신의 아버지를 보고 싶어 하고 찾아가 만나 기쁨을 나누듯이, 하나님은 우리 안에 하나님이신 영의 아버지를 찾고 그를 사모하며 그리워하는 하나님의 형상과 모양 곧 영을 넣어 주심으로 하나님과 사람과의 관계를 영의 아버지와 자녀의 관계로 만드셨다.

이처럼 사람과 짐승을 같은 날에 만드시고 외적인 육체의 기능은 동일하게 하였지만, 그 안에 특별히 사람과 짐승을 구별하는 하나님의 형상과 모양 곧 영이 있느냐 없느냐에 따라 사람이냐 혹은 짐승이냐를 구분하게 하셨다.

전도서 기자는 이러한 결과로 "인생의 혼은 위로 올라가고 짐승의 혼은 아래 곧 땅으로 내려가는 줄을 누가 알랴"(전 3:21)라고 하여 사람과 짐승의 차이를 분명하고 명확한 경계로 전하고 있다.

여기서 우리는 시편 기자가 전하는 "존귀에 처하나 깨닫지 못하는 사람은 멸망하는 짐승 같도다"(시 49:20)라는 말씀의 의미를 생각해 볼 필요가 있다. 사람과 짐승의 차이점을 알고 깨달아 하늘에 계신 영의 아버지 곧 하나님을 찾아가는 자를 사람이라고 한다면, 그렇지 못하고 깨닫지 못하여 땅에 있는 것들만을 바라보며 살아가는 자는 겉모양은 사람 같으나 하나님은 그러한 사람을 멸망하는 짐승 같다고 여기신다는 것이다.

그러므로 우리는 종말에 일어나는 현상들에 대하여 짐승 곧 적그리스도는 왜 짐승의 수 그리고 사람의 수인 육백육십육(666)을 사람의 몸에 마크(Mark)하려는 것일까? 종말은 하나님이 보시기에 사람이냐 혹은 짐승이냐를 결정하는 시간으로 우리는 이것을 심판의 시간으로 이해해야 한다.

그래서 말라기 선지자는 말라기 3장 17-18절에서 "만군의 여호와가 이르노라 내가 나의 정한 날에 그들로 나의 특별한 소유를 삼을 것이요 또 사람이 자기를 섬기는 아들을 아낌같이 내가 그들을 아끼리니 그때에 너희가 돌아와서 의인과 악인이며 하나님을 섬기는 자와 섬기지 아니하는 자를 분별하리라"라고 말씀하는 것이다.

우리가 본문에서 깨달아야 할 것은, 땅에서 올라온 짐승이 이적을 행할 때 "땅에 거하는 자들을 미혹하며 땅에 거하는 자들에게 이르기를 칼에 상하였다가 살아난 짐승을 위하여 우상을 만들라 하더라"(계 13:14)라는 말씀처럼 그 대상이 땅에 거하는 자들임을 명시하고 있다.

이들은 곧 하나님이 보시기에 짐승이며 악인이고 하나님을 섬기지 아니하는 자들임을 말씀하고 있다.

그렇다면 왜 하늘에 거하는 자들에게는 미혹하며 우상을 만들라는 말을 하지 않는 것일까? 종말은 이러한 분별과 나눔이 분명하게 갈라지는 때로, 하늘에 거하는 자들은 이미 하나님에게 속한 자들로 하나님이 "사람이 자기를 섬기는 아들을 아낌같이 내가 그들을 아끼리니"(말 3:17)라는 자들로 하나님이 특별한 소유를 삼은 자들이고 의인으로 짐승 곧 적그리스도의 세력이 그들에게 미치지 못하기 때문으로 해석해야 할 것이다.

그러므로 종말은 하나님의 인 맞은 자와 사단 곧 짐승의 인 맞은 자로 분류될 것이다. 바로 하나님이 보시기에 '하늘에 거하는 자와 땅에 거하는 자'로의 구분이다.

오직 성경을 통하여 이러한 나뉨이 요한계시록에만 기록되어 있는 것은, 종말은 모든 것이 하나님이냐 아니면 사단이냐 또는 하늘이냐 아니면 땅이냐로 둘 중에 하나를 선택해야 하는 시간이라는 것을 말하는 것이다.

이 선택은 곧 사람 안에 숫자로 표시될 것인데 짐승은 자신의 수이며 사람의 수인 육(6)을 가시적, 사실적으로 손과 이마에 마크함으로 자신의 소유를 확정한다는 것을 의미하며, 이렇게 표시된 자들을 땅에 거하는 자들이라 칭하게 된다.

여기서 우리는 먼저 육(6)이라는 숫자에 대하여 이해해야 한다.

창세기 1장에서 사람과 짐승은 같은 날 창조되므로 육(6)은 사람과 짐승의 공통의 숫자이며 본질의 수이다. 노아의 홍수 심판과 소돔과 고모라의 불의 심판이 보여 주듯 육(6)의 수가 짐승의 수이며 악의 수이기 때문에, 사람은 창조 이후 타락하여 하나님을 버리고 짐승과 같은 삶을 살아왔음을 성경이 우리에게 가르치고 있다.

본 절에서 짐승의 수이며 사람의 수인 육백육십육(666)의 표 곧 마크(Mark)를 사람의 몸에 새기려고 하는 것은, 사단의 권세를 받은 짐승이 더 이상 사람들로 하여금 하나님의 사람이 되지 못하게 하려는 의도다. 사단이 영원한 짐승의 인을 몸에 새겨 자신의 소유를 주장하려는 것이다.

바로 이러한 짐승의 인을 치는 계획은 오래 전부터 과학을 통하여 발전하고 사람에게 평화롭고 안전하다(Peace and Safety)라는 구호와 함께 편리함과 유익함으로 미혹하여, 지금은 완성된 형태로 사람의 몸에 적용되는 시대가 되었다.

그러나 본 절의 말씀을 통하여 하나님이 말씀하시는 바는, 짐승과 같은 우리의 수 곧 사람의 수 육(6)이 예수 그리스도를 통하여 본질적으로 하나님의 수인 칠(7) 곧 안식과 쉼 그리고 평안의 수로 바뀌기를 원하신다는 것이다. 성경 속에 숨겨진 사실을 영적으로 깨닫도록 계시로 주셨는데 이것이 계시록의 비밀이다.

사람이 짐승과 다른 점은, 짐승이 혼과 육을 가진 생명체라면 사람은 영과 혼과 육을 가진 생명체라는 점이다.

영은 하나님의 형상과 모양으로, 하나님이 불어넣으신 생기로 인하여 사람 안에 들어오게 되었다. 이 영 때문에 사람은 하나님을 영의 아버지라 부르는 것이다.

또한 이 영으로 인하여 사람은 하나님을 찾고 부르며 향하여 나아가게 된다. 하나님은 사람에게 자식이 사랑하는 아버지를 찾아가는 마음 곧 영을 우리 안에 넣으셨기 때문이다.

에스겔서 37장 8-9절에서는 생기에 대하여 대언하라는 말씀 곧 "내가 또 보니 그 뼈에 힘줄이 생기고 살이 오르며 그 위에 가죽이 덮이나 그 속에 생기는 없더라 또 내게 이르시되 인자야 너는 생기를 향하여 대언하라 생기에게 대언하여 이르기를 주 여호와의 말씀에 생기야 사방에서부터 와서 이 사망을 당한 자에게 불어서 살게 하라 하셨다 하라"에서 보듯 생기가 생명이다.

이 생기는 하나님의 형상과 모양으로 사람 안에서 생명의 원천이며 아무리 뼈가 있고 살이 붙으며 가죽으로 모양을 갖추었을지라도 생기가 없으면 죽은 자 곧 사망을 당한 자가 된다. 이 생기가 사람 속의 영이다.

그러므로 하나님께서는 생기가 있는 자 곧 하나님의 영이 있는 자는 살아 있는 자로 보지만 생기가 없는 자는 아무리 좋고 값비싼 뼈와 살과 가죽으로 만들어졌다고 할지라도 죽은 자로 보신다.

에스겔 37장 14절은 이것에 대하여 "내가 또 내 신을 너희 속에 두어 너희로 살게 하고"라며 생기 곧 하나님의 영을 '나의 신'이라고 표현하고 있다.

이것을 숫자로 표현하면 생기가 있는 자 곧 하나님이 내 신이라고 하는 영을 가진 자를 칠(7)이라고 하여 생명을 가진 자라면, 뼈와 살과 가죽의 형체는 갖고 있으나 생기를 갖고 있지 않은 자는 육(6)이라고 하여 아직까지 짐승의 본질을 벗어나지 못한 죽은 자다.

창세기 2장에서도 하나님이 사람을 지으실 때 "여호와 하나님이 흙으로 사람을 지으시고 생기를 그 코에 불어넣으시니 사람이 생령이 된지라"(창 2:7)라고 말씀한다. 흙으로 만든 사람의 몸에 생기를 불어넣으시니 생령(a living being)이 되었다고 한다. 곧 살아 있는 생명을 가진 영이 되었다는 것을 말하고 있다.

이 말은 고린도전서 15장 45절에서 "기록된바 첫 사람 아담은 산 영이 되었다 함과 같이 마지막 아담은 살려 주는 영이 되었나니"라는 말씀 속에서 이해해야만 한다.

첫 사람 아담은 산 영(A living being)이고 마지막 아담 곧 예수 그리스도는 살려 주는 영(A life giving spirit)이다. 창세기 3장에서 사람이 뱀에 의하여 범죄하고 타락하기 전에 아담은 살아 있는 영으로 생명 그 자체였다.

이것은 온전히 생기를 불어넣으신 하나님과 생명으로 하나 되었음을 말하며, 그 속에는 사단 곧 뱀의 속성이 없었음을 의미한다. 그러나 뱀의 유혹에 넘어가 사람이 범죄하고 타락하여 에덴동산에서 쫓겨난 후에는 처음 아담이 가지고 있던 생명 자체인 산 영(A living being)의 기능은 사라지고 사람 속에는 짐승과 같은 혼의 기능만이 왕성하게 역사하게 되었다.

요한 사도는 이러한 혼의 기능에 지배를 받는 사람들 속에서 나오는 것은 "육신의 정욕과 안목의 정욕과 이생의 자랑"(요일 2:16)으로, 이러한 것들은 하나님 아버지로부터 온 것이 아니고 세상으로부터 좇아 온 것 곧 세상 권세를 쥐고 있는 사단 마귀로부터 온 것이라고 말한다.

그러므로 예수 그리스도는 마지막 아담으로 오시어 사람 속에 죽어 있는 산 영(A living being)의 기능을 다시 회복시키기 위한 살려 주는 영(A life giving spirit)으로 오셨다고 바울은 고린도전서 15장을 통하여 말씀하고 있다.

이처럼 아담으로부터 죽은 영을 다시금 살려 주는 영으로 오신 예수 그리스도를 통하여 살게 된 영 곧 하나님 자녀들의 영을 부활했다고 말할 수 있다.

계시록에서 하늘에 거하는 자들과 땅에 거하는 자들로 분류할 때, 예수 그리스도를 통하여 살게 된 영 곧 부활의 영을 갖게 된 자들을 하늘에 거하는 자들이라 한다면 그렇지 않고 아직까지 아담의 범죄 이후 타락의 상태로 하나님과 멀어져 오직 짐승과 같이 땅에 있는 것만을 바라보며 추구하는 자들을 땅에 거하는 자들이라 한다.

사단은 이미 우리 안에 있는 영이 예수 그리스도를 통하여 살게 된 영 곧 부활의 영인지 아니면 짐승의 본질을 벗어나지 못하여 부활하지 못한 죽은 영인지를 너무나 잘 알고 있다.

짐승 곧 적그리스도가 계시록 13장에서 육백육십육(666)의 표를 손과 이마에 받게 하는 것은 짐승의 본질과 속성을 아직 가지고 있는 땅에 거하는 자들 곧 영과 혼과 육은 겉으로는 사람이면서도 속은 짐승과 다름이 없는 사람들, 짐승의 수 곧 사람의 수인 육(6)의 지배를 받고 있는 자임을 확인하는 표로 짐승의 인을 치는 것이다.

그러나 하늘에 거하는 자들 곧 예수 그리스도의 살려 주는 영을 통하여 살게 된 자들은 이미 그 수가 육(6)으로부터 칠(7)로 바뀌었기 때문에 사단 마귀의 세력들 곧 종말의 짐승인 적그리스도가 이들에게 짐승의 표를 받게 할 수 없다. 종말에 사명을 받은 하나님의 종들이라면 이와 같은 사실은 당연히 알아야 할 비밀이다. 주님은 지금도 이와 같은 하나님의 종들을 찾고 계신다.

문제는 이러한 비밀을 깨닫지 못하게 하려고 사단은 거짓 종들과 선지자들을 이용하여 계속된 미혹의 말을 전하고 있다는 것이다. "할 수만 있으면 택하신 자들도 미혹하게 하리라"(마 24:24)라는 말씀처럼 주님은 지금도 우리에게 경계하라고 주의시키신다.

결국 짐승의 이름이나 그 이름의 수이며 사람의 수인 육백육십육(666)의 표는 예수 그리스도를 통하여 살려 주는 영의 은혜를 받지 못한 땅에 거하는 자들에게 심겨질 것이며, 이것이 종말에 "성도들의 인내와 믿음이 여기 있느니라"(계 13:10)라는 말씀처럼 우리가 끝까지 지켜야 할 주님의 계시이다.

성령론적 요한계시록

Ⅱ

REVELATION

제14장

(Revelation 14)

계 14:1 또 내가 보니 보라 어린양이 시온산에 섰고 그와 함께 십사만 사천이 섰는데 그 이마에 어린양의 이름과 그 아버지의 이름을 쓴 것이 있도다

⬇

계 14:20 성 밖에서 그 틀이 밟히니 틀에서 피가 나서 말굴레까지 닿았고 일천육백 스다디온에 퍼졌더라

1. 이마에 쓴 어린양의 이름과 아버지의 이름

계 14:1 또 내가 보니 보라 어린양이 시온산에 섰고 그와 함께 십사만 사천이 섰는데 그 이마에 어린양의 이름과 그 아버지의 이름을 쓴 것이 있도다

계시록 14장은 십사만 사천에 대하여 그들이 누구인지 그리고 그들의 할 일이 무엇인지에 대하여 기록하고 있다. 적그리스도의 등장과 함께 짐승의 표를 강제적으로 받게 하는 후 3년 반의 시간에 활동하면서 땅에 거하는 자들에게 마지막 영원한 복음을 전하는 사역

이다.

강력한 적그리스도의 활동 시간에 하나님의 자녀들을 마지막 추수에 동참하게 하려는 주님의 사랑과 자비 그리고 은혜가 이 세상에 베풀어지고 있다. 이들은 이미 계시록 7장에서 하나님의 인을 맞은 종들로 "우리가 우리 하나님의 종들의 이마에 인 치기까지"(계 7:3)라고 하며 "이스라엘 자손의 각 지파 중에서 인 맞은 자들이 십사만 사천이니"(계 7:4)라고 한다.

본 장은 바로 인 맞은 십사만 사천의 종들의 "그 이마에 어린양의 이름과 그 아버지의 이름을 쓴 것이 있도다"(계 14:1)라며 그들이 이마에 맞은 인이 무엇인지를 밝히고 있다. 이마의 인은 이름을 쓴 것으로 어린양이신 예수 그리스도의 이름과 아버지 하나님의 이름이다.

'이름'은 '오노마'(ὄνομα)라고 하여 '권위, 대의명분, 칭호'를 가리키는 단어다. 곧 어린양의 이름은 어린양이시며 성자이신 예수 그리스도의 권위와 대의명분을 나타내며, 아버지의 이름은 성부이신 하나님 아버지의 권위와 대의명분을 가리킨다는 의미다. 십사만 사천 종들의 이마에는 이와 같이 예수 그리스도의 권위와 하나님 아버지의 권위가 새겨져 있다.

'권위'는 영어로 '어서리티'(Authority)라고 하여 위로부터 부여받은 권한을 의미한다. 곧 어린양이신 예수 그리스도와 하나님 아버지의 권한을 부여받았으며 그 권위가 이마에 기록되어 있음을 말한다.

세상에서도 대통령으로부터 각 부처의 장관의 권위를 부여받은 사람이나 군대의 장군으로 보직을 명받은 사람은 그 분야를 다스릴 수 있는 권한을 가지며 모두가 인정하는 권위와 대의명분을 갖는다.

바로 이러한 권위 곧 어린양과 하나님 아버지가 주시는 권한이 십사만 사천의 인 맞은 종들의 이마에 새겨지게 된다.

그렇다면 이름으로 나타난 어린양과 아버지의 권위는 무엇을 말하는가? 곧 십사만 사천의 이마에는 어린양의 이름과 아버지의 이름이 쓰여 있다고 하는데, 무엇이 쓰여 있다는 것인가? 여기서 우리는 이 부분을 구체적으로 이해해야 한다.

어린양과 하나님 아버지의 이름 곧 권위는 말씀이다. 어린양이신 예수 그리스도의 이름 곧 권위는 증거의 복음으로 이해해야 하며 하나님 아버지의 이름 곧 권위는 율법과 선지자의 글로 이해해야 한다. 이것은 사도 요한이 계시록에서 반복적으로 말씀하는 '하나님의 말씀과 예수 그리스도의 증거'다.

즉 십사만 사천의 종들의 이마에는 하나님의 말씀과 예수 그리스도의 증거의 말씀이 새겨져 있다는 말이다. 하늘로부터 내려오는 권위는 말씀에서 나오는 것으로 마지막 종말의 종들 특히 십사만 사천은 이와 같은 하나님의 말씀이 이마에 새겨짐으로 권위가 입혀진 종들이기 때문이다.

또한 '쓴'으로 표현하고 있는 '그랍호'(γράφω)는 '새기다, 쓰다, 기록하다, 글로 표현하다, 작성하다, 문서, 녹명되다'라는 뜻이다. 그러므로 '종들의 이마에 인 치기까지'라는 표현은 곧 하나님의 말씀과 예수 그리스도의 증거가 '새겨지고 기록되며 녹명되기까지'라는 의미로 해석할 수 있다.

히브리서 10장에서 "그날 후로는 저희와 세울 언약이 이것이라 하시고 내 법을 저희 마음에 두고 저희 생각에 기록하리라"(히 10:16)라는 주님의 말씀도 이마에 인을 침과 같은 의미이다.

종말은 적그리스도에 의하여 하나님의 말씀이 사라지는 시대이기 때문에 이 말씀이 우리의 생각과 마음에 기록되고 새겨져야만 한다. 특히 십사만 사천의 하나님의 종들은 더욱 후 3년 반의 사역을 위하여 하나님의 말씀과 예수 그리스도의 증거가 이마에 인을 치듯 기록되어 있어야 함을 말하는 것이다.

가) 새 노래와 땅에서 구속함을 얻은 자들

> **계 14:3** 저희가 보좌와 네 생물과 장로들 앞에서 새 노래를 부르니 땅에서 구속함을 얻은 십사만 사천 인밖에는 능히 이 노래를 배울 자가 없더라

십사만 사천이 하늘의 보좌와 네 생물과 장로들 앞에서 새 노래를 부르는 장면을 기록하고 있다. 그들은 또한 땅에서 구속함을 얻은 자들이고 오직 이들만이 새 노래를 배울 수 있다고 한다. 과연 이 '새 노래'가 무엇이기에 이들만이 배울 수 있다는 것인가?

여기서 '새'는 헬라어 '카이노스'(καινός)라 하여 '새로운, 새로 만든, 새롭게 된, 신선한'의 뜻을 갖는다. 또한 '노래'는 '오데'(ᾠδή)라고 하여 '찬양, 노래, 송가, 송시'를 의미한다.

아무나 부를 수 없고 배울 수도 없는 이 새 노래는 오직 종말에 땅에서 구속함을 얻은 십사만 사천만이 배울 수 있다고 한다.

우리는 여기서 종말에 배워야 부를 수 있는 노래가 무엇일까 생각해 보아야 하는데, 그것은 바로 계시록 15장에서 말씀하는 "하나님의 종 모세의 노래, 어린양의 노래"(계 15:3)다.

에스겔서 2장 9-10절에는 "내가 보니 한 손이 나를 향하여 펴지고 그 손에 두루마리 책이 있더라 그가 그것을 내 앞에 펴시니 그 안팎에 글이 있는데 애가와 애곡과 재앙의 말이 기록되었더라"라고 한다. 두루마리 책은 곧 성경을 말하는데 그 안에는 '애가와 애곡과 재앙의 말'이 기록되어 있다는 것이다. 곧 성경은 하나님의 사랑의 노래와 슬픔의 노래 그리고 심판을 위한 재앙의 말이 기록된 책이라는 말이다.

그러므로 종말의 종인 십사만 사천은 하나님의 말씀 곧 애가와 애곡과 재앙의 말이 기록된 성경 속의 하나님의 마음을 깨닫고 이해하며 이것을 노래하는 자들이라 하겠다. 그러나 이 노래는 저절로 부를 수 있는 것이 아니다. 반드시 성령의 가르침을 통해서 하나님의 마음을 배우고 깨달아야만 부를 수 있다고 말한다.

사도 요한은 계시록 10장에서 "내가 천사의 손에서 작은 책을 갖다 먹어 버리니 내 입에는 꿀같이 다나 먹은 후에 내 배에서는 쓰게 되더라"(계 10:10)라고 했다. 작은 책 속의 하나님의 비밀을 깨달을 때는 꿀같이 맛있고 기쁘며 행복했지만 그 속에 내용이 애가와 애곡과 재앙의 글이라는 하나님의 마음을 이해했을 때는 아픔으로 인하여 배에서는 쓰게 되었다는 요한의 고백이 십사만 사천의 고백 곧 노래가 되었다.

하나님의 애가와 애곡과 재앙의 말이 기록된 말씀이, 첫째는 모세의 노래로 하나님의 사랑과 그 사랑을 받지 않고 깨닫지 못하는 어리석은 백성들 그리고 그 백성들이 종말에 당할 재앙의 글로, 율법은 하나님의 백성인 이스라엘을 향한 하나님의 마음을 노래하고 있다.

둘째는, 복음으로 백성들을 향한 어린양의 애가 곧 사랑을 노래하고 있으며, 특히 계시록은 어린양이신 주님의 사랑을 받지 않고 사단에 의하여 미혹되어 끌려가는 백성들을 향한 애곡과 재앙의 말을 기록하고 있는 노래다. 그러므로 새 노래는 결국 하나님의 마음 곧 애가와 애곡과 재앙의 글을 담고 있는 모세의 율법과 어린양이신 주님의 복음을 말하는 것이다.

모세는 이미 주님의 재림과 함께 종말에 될 일에 대하여 바로 하나님의 애가와 애곡과 재앙의 글을 가나안 땅에 들어가기 전인 모압 광야에서 이스라엘 백성들에게 노래로 만들어 대대손손이 이 노래를 부를 것을 명하였다.

신명기 31장과 32장은 바로 모세의 노래에 대하여 말하고 있는데 신명기 31장 19-22절에서는 "그러므로 이제 너희는 이 노래를 써서 이스라엘 자손에게 가르쳐서 그 입으로 부르게 하여 이 노래로 나를 위하여 이스라엘 자손에게 증거가 되게 하라 내가 그들의 열조에게 맹세한바 젖과 꿀이 흐르는 땅으로 그들을 인도하여 들인 후에 그들이 먹어 배부르고 살찌면 돌이켜 다른 신들을 섬기며 나를 멸시하여 내 언약을 어기리니 그들이 재앙과 환난을 당할 때에 그들의 자손이 부르기를 잊지 아니한 이 노래가 그들 앞에 증인처럼 되리라 나는 내가 맹세한 땅으로 그들을 인도하여 들이기 전 오늘날에 나는 그들의 상상하는 바를 아노라 모세가 당일에 이 노래를 써서 이스라엘 자손에게 가르쳤더라"라고 말씀한다.

또한 모세는 이스라엘 백성들이 당할 재앙에 대하여 신명기 31장 29절에서 "내가 알거니와 내가 죽은 후에 너희가 스스로 부패하여 내가 너희에게 명한 길을 떠나서 여호와의 목전에 악을 행하여 너희의 손으로 하는 일로 그를 격노케 하므로 너희가 말세에 재앙을 당하리라"라고 하며 말세에 백성이 당할 재앙을 아픔으로 노래하고 있다.

주님은 종말에는 때를 따라 양식을 나누어 주는 종을 찾으신다. 마태복음 24장 45절에서처럼 "충성되고 지혜 있는 종이 되어 주인에게 그 집 사람들을 맡아 때를 따라 양식을 나눠 줄 자가 누구뇨"라며 우리에게 질문하고 계신다. 그때라는 것은 곧 주님의 재림에 대한 시간으로, 종은 이 사실을 백성들에게 알리고 준비하며 정결하며 거룩한 신부로 세워지는 사역을 해야 한다. 이때에 대한 말씀이 사도 요한에 의하여 기록된 요한계시록이다.

계시록에는 주님의 재림에 대한 이야기가 기록되어 있으며, 준비되지 못한 백성들에게 내려질 심판과 재앙의 글도 기록되어 있다. 또한 주님의 재림과 함께 정결한 신부로 혼인잔치에 참여하는 준비된 성도들에게 주어질 영원한 축복의 약속이 기록되어 있다.

그러므로 요한계시록은 우리의 신랑이신 예수 그리스도께서 종말에 깨어 있는 하나님의 종들과 성도들이 부를 노래이며, 사도 요한을 통해서 우리에게 주셨다.

구약에서는 모세의 노래를 통해서 마지막 종말에 일어날 이스라엘의 심판과 재앙의 글을 노래로 부르게 했다면, 신약에는 사도 요한을 통해서 예수 그리스도 안에 있는 유대인들과 이방인들에게 요한계시록의 노래를 부르게 함으로 주님의 재림을 준비하게 했다.

그러나 이 새 노래는 아무나 부를 수 없고 또한 배울 수 없다. "십사만 사천 인밖에는 능히 이 노래를 배울 자가 없더라"(계 14:3)라고 하기 때문이다. 초림 시의 주님은 모든 사람의 죄를 씻어 구원을 주시기 위하여 인류 전체에게 오셨지만 재림 때에는 "구원에 이르게 하기 위하여 죄와 상관 없이 자기를 바라는 자들에게 두번째 나타나시리라"(히 9:28)라고 말씀하기 때문이다.

이는 곧 주님의 재림을 간절히 사모하는 자들에게 주님이 오신다는 것이며 십사만 사천은 그런 자들이다. 특히 종말에 "이 사람들은 여자로 더불어 더럽히지 아니하고 정절이 있는 자라 어린양이 어디로 인도하든지 따라가는 자며 사람 가운데서 구속을 받아 처음 익은 열매로 하나님과 어린양에게 속한 자들이니 그 입에 거짓말이 없고 흠이 없는 자들이더라"(계 14:4-5)라고 하여 하나님과 주님의 인정을 받은 자들이다.

바로 이들은 때를 따라 양식을 나눠 주는 종들이고 주님의 오심을 간절히 사모하는 자들이다. 이들이 구약과 신약에서 말씀한 모세의 노래와 어린양의 노래 곧 새 노래를 배우고 부름으로써 성경에 기록된 하나님의 마음 곧 애가와 애곡과 재앙의 글의 의미를 깨달을 수 있다.

종말에 십사만 사천의 종들은 하나님의 말씀을 깨달은 자들로 이들은 예수 그리스도를 통하여 땅에서 구속함을 얻은 첫 열매이며, 하나님이 이들 종들의 이마에 인을 치심으로 주님과 하나가 된 하늘의 군대이다.

나) 처음 익은 열매로 하나님과 어린양에게 속한 자들

계 14:4 이 사람들은 여자로 더불어 더럽히지 아니하고 정절이 있는

자라 어린양이 어디로 인도하든지 따라가는 자며 사람 가운데서 구
속을 받아 처음 익은 열매로 하나님과 어린양에게 속한 자들이니

예수 그리스도는 첫 이삭에 비유된다.

레위기는 이 땅에 심겨진 첫 이삭으로서 하나님이 그를 받으실 것을 말한다. 초실절은 예수 그리스도를 하나님께 드리는 절기 예식으로 레위기 23장 10-11절은 "이스라엘 자손에게 고하여 이르라 너희는 내가 너희에게 주는 땅에 들어가서 너희의 곡물을 거둘 때에 위선 너희의 곡물의 첫 이삭 한 단을 제사장에게로 가져갈 것이요 제사장은 너희를 위하여 그 단을 여호와 앞에 열납되도록 흔들되 안식일 이튿날에 흔들 것이며"라고 한다.

초실절은 십자가에서 죽으시고 안식일 다음 날 부활하시는 예수님을 요제로 드리는 예식이며, 하나님이 주님을 받으셨다는 표식을 가리킨다. 그리고 주님의 부활 이후 첫 절기는 바로 오순절인데 이를 성령강림절이라고 한다. 이는 이 땅에 심겨진 첫 이삭 곧 예수 그리스도가 부활하시고 40일을 이 땅에서 제자들 앞에 보이며 하나님의 나라에 대하여 말씀하신 후 승천하시면서 제자들에게 당부하신 말씀 "너희는 몇 날이 못되어 성령으로 세례를 받으리라"(행 1:5)라고 하심에 따라 50일 되는 날에 마가의 다락방에 내린 성령 강림을 기념하는 날이다.

오순절에 대하여 레위기 23장 15-16절에서 "안식일 이튿날 곧 너희가 요제로 단을 가져온 날부터 세어서 칠 안식일의 수효를 채우고 제칠 안식일 이튿날까지 합 오십 일을 계수하여 새 소제를 여호와께 드리되"라고 하여 오순절 절기는 새 소제를 드리는 절기임을 말

하고 있다.

바로 이때 드리는 새 소제가 첫 열매인 것으로, 계시록은 이들을 "사람 가운데서 구속을 받아 처음 익은 열매로 하나님과 어린양에게 속한 자들이니"(계 14:4)라고 말하는 것이다.

곧 이 땅에서 첫 이삭인 예수 그리스도를 통해서 맺어진 첫 열매이며, 이들은 세상 사람들 가운데서 구속을 받은 자들임을 말한다. 그러므로 마가의 다락방에 내린 성령 강림의 의미는 이 세상에서 처음으로 하나님의 영인 성령의 인 침을 통하여 하나님과 어린양에게 속한 자들 곧 장자들을 세우시는 예식이라 하겠다.

왜냐하면 레위기 23장 19-20절에서 "또 숫염소 하나로 속죄제를 드리며 일년 된 어린 숫양 둘을 화목제 희생으로 드릴 것이요 제사장은 그 첫이삭의 떡과 함께 그 두 어린양을 여호와 앞에 흔들어 요제를 삼을 것이요 이것들은 여호와께 드리는 성물인즉 제사장에게 돌릴 것이며"라고 하기 때문이다.

여기서 화목제로 드려지는 어린 숫양 둘과 그것을 첫 이삭의 떡 곧 예수 그리스도의 말씀과 함께 여호와 앞에 요제로 드리라고 하는 것은, 오순절 성령을 받은 120명의 사람들은 이 땅에서 처음으로 구속된 사람들로 예수 그리스도의 말씀을 가진 제자들이며 하나님은 이들에게 성령을 주시고 첫 열매인 장자로 받으셨다.

하나님은 이들을 하나님의 거룩한 성물로 받으신 것이며, 이 성물 곧 희생된 숫양 둘을 제사장에게 돌리라고 하듯 곧 성령 세례를 받은 첫 열매인 이들이 제사장의 신분임을 말한다. 첫 이삭인 예수 그리스도에 의하여 이 땅에서 처음으로 맺은 첫 열매인 이들은 우리와 같은 사람으로, 장차 멜기세덱의 반차를 따르는 제사장들이 될 것이며, 종말에 하나님은 성령 세례를 통하여 "하늘에 기록한 장자들의 총회"(히 12:23)에 참여할 자들을 찾고 계신다.

사도행전 2장 17-18절은 "하나님이 가라사대 말세에 내가 내 영으로 모든 육체에게 부어 주리니 너희의 자녀들은 예언할 것이요 너희의 젊은이들은 환상을 보고 너희의 늙은이들은 꿈을 꾸리라 그때에 내가 내 영으로 내 남종과 여종들에게 부어 주리니 저희가 예언할 것이요"라고 한다. 본문은 바로 이러한 자들을 "거짓말이 없고 흠이 없는 자들이더라"(계 14:5)라고 한다.

구약의 율법에서도 하나님에게 제물로 드려지는 예물에 흠이 있다면 열납되지 않았다.

레위기 1장 3절에서 "그 예물이 소의 번제이면 흠 없는 수컷으로 회막 문에서 여호와 앞에 열납하시도록 드릴지니라"라고 하듯 하나님께 장자의 제물로 드려지는 사람 역시 흠이 없어야 한다.

그러나 여기서 우리는 '어떻게 사람이 흠이 없을 수 있을까?'라는 의문이 생긴다. 아무리 주님에게 속한 사람이라고 해도, 곧 바울과 베드로일지라도 부족함이 있고 어리석음이 있으며 인간의 생각이 먼저 앞서 나갈 수도 있음을 우리는 알기 때문에 사실 흠 없는 사람을 찾기란 매우 어렵다.

오순절에 첫 요제로 여호와께 드리는 떡을 만들 때에는 레위기 23장 17절에서처럼 "너희 처소에서 에바 십분 이로 만든 떡 두 개를 가져다가 흔들지니 이는 고운 가루에 누룩을 넣어서 구운 것이요 이는 첫 요제로 여호와께 드리는 것이며"라고 하여 누룩을 넣은 떡을 말씀하고 있다. 이는 오순절 성령 세례를 받은 120명의 사람들의 본질 속에는 아직도 누룩이라는 인간의 생각과 욕구 등이 있음을 말한다.

하나님은 우리가 완전하게 깨끗하고 흠이 없어야 받으시는 분이 아니다. 물론 우리에게 부족한 것들이 많이 있지만, 곧 세상과 육신의 누룩이 있지만, 완전하신 예수 그리스도의 피를 힘입어 믿음으로 나가는 자들을 흠이 없다고 하신다. 이것에 대하여 바울은 로마서 4장 7-8절에서 다윗의 말을 인용하여 "그 불법을 사하심을 받고 그 죄를 가리우심을 받는 자는 복이 있고 주께서 그 죄를 인정치 아니하실 사람은 복이 있도다 함과 같으니라"라고 했다.

우리에게 불법과 죄가 있지만, 하나님은 그리스도를 믿는 믿음을 통하여 의롭다고 인정된 자들에게는 이와 같은 복을 허락하신다는 것이다. 이처럼 사람에게 있는 누룩으로 하나님께 드려지는 오순절 요제의 떡에 누룩이 들어간 떡을 만들라고 하신 하나님의 뜻에 감사하지 않을 수 없다. 이러한 은혜는 오직 예수 그리스도를 통한 믿음으로 얻어지는 축복으로 하나님의 사랑과 긍휼의 크기가 얼마인지를 깨닫게 한다.

2. 땅에 거하는 자들에게 전할 영원한 복음

계 14:6 또 보니 다른 천사가 공중에 날아가는데 땅에 거하는 자들 곧 여러 나라와 족속과 방언과 백성에게 전할 영원한 복음을 가졌더라 성경 전체에서 '땅에 거하는 자들'이란 말이 등장하는 곳은 유일하게 요한계시록뿐이다. 왜냐하면 계시록이 적용되는 종말은 하나님이냐 아니면 세상이냐로 나누어지는 때로 분리의 시대이기 때문이다. 계시록은 하늘에 거하는 자들과 땅에 거하는 자들로 이미 분리를 선언하고 있다.

알파와 오메가이시며 시작과 끝인 여호와 하나님은 이제 우리에게 주신 생명의 말씀, 곧 그동안 종들과 선지자들을 통하여 주신 성경 말씀의 결론을 내려야 할 시간이라고 하신다.

성경은 아브라함 이후로 하나님은 믿음을 말씀하시며 또한 의를 강조하였다. 하늘에 거하는 자들은 이 믿음과 의에 대하여 확실한 신념을 갖고 오직 말씀을 의지하며 예수 그리스도인 주를 신뢰한 자들이다. 또한 종말에 심판의 주로 재림하실 예수 그리스도를 믿고 이 세상이 아닌 하나님의 나라의 임재만을 바라는 자들이다.

그것에 대하여 이사야 26장 3절은 "주께서 심지가 견고한 자를 평강에 평강으로 지키시리니 이는 그가 주를 의뢰함이니이다"라고 한다. 히브리어로 '견고하다'는 '사막'(סָמַךְ)이라고 하여 '기울지 아니한 받침이 확립 또는 정착되어 있는' 상태를 말한다.

믿음의 상태를 마태복음 7장 24-25절 "그러므로 누구든지 나의 이 말을 듣고 행하는 자는 그 집을 반석 위에 지은 지혜로운 사람 같으리니 비가 내리고 창수가 나고 바람이 불어 그 집에 부딪히되 무너지지 아니하나니 이는 주초를 반석 위에 놓은 연고요"라는 말씀에 비유할 수 있다. 특히 종말에는 이사야 26장 8-9절에서와 같이 "여호와여 주의 심판하시는 길에서 우리가 주를 기다렸사오며 주의 이름 곧 주의 기념 이름을 우리 영혼이 사모하나이다 밤에 내 영혼이 주를 사모하였사온즉 내 중심이 주를 간절히 구하오리니 이는 주께서 땅에서 심판하시는 때에 세계의 거민이 의를 배움이니이다" 라는 말씀과 일치한다.

종말에 하늘에 거하는 자들의 굳건한 믿음과 그 마음의 중심을 말하고 있으며, 특별히 마지막 심판의 때는 세계 모든 거민의 신인 예수 그리스도를 배우는 시간임을 전하고 있다.

그러나 지금 본문은 땅에 거하는 자들에게 전할 영원한 복음을 가진 자들에 대하여 말씀하고 있다. 그들은 땅에 거하는 자들에게 하나님의 심판의 시간이 이르렀음과 하나님께 영광을 돌리며 경배하라는 선포를 한다는 것이다.

여기서 우리는 땅에 거하는 자들이 과연 누구인가에 대하여 알아야 한다. 왜 하나님은 이들에게 복음을 전하며 심판과 함께 영광과 경배를 전하라고 하는 것일가?

우리는 땅에 거하는 자들이라 하면 믿음을 갖지 않은 그리고 교회를 참석하지 않는 세상에 속한 자들이라고 생각할 수 있다. 그러나 그것은 잘못된 판단이다. 계시록에서 말하는 땅에 거하는 자들이란 분명 교회에 참석하는 자들이고, 그동안 말씀을 듣고 천국에 대한 소망을 가진 믿음의 사람들이다. 그러나 이들은 양의 옷을 입은 이리 같은 거짓 종들에 의해서 잘못된 길로 인도함을 받았다. 주님의 심판의 시간이 이르렀음에도 불구하고 의에 대하여 배우지 아니하고 세상에 대한 관심과 성공 그리고 명예와 부를 가르침 받음으로 잘못된 길을 걸어온 자들이라는 것이다.

베드로후서 3장 3-4절에서처럼 "먼저 이것을 알지니 말세에 기롱하는 자들이 와서 자기의 정욕을 좇아 행하며 기롱하여 가로되 주의 강림하신다는 약속이 어디 있느뇨 조상들이 잔 후로부터 만물이 처음 창조할 때와 같이 그냥 있다 하니"라고 하여 주님의 강림하심을 부인하며 세상의 정욕에 빠진 거짓 종들이 미혹하여 성도들의 믿음과 신앙이 오직 이 세상에 머물게 한다. 그래서 이들은 주님 맞을 준비가 전혀 되어 있지 않았기 때문에 안타깝고 어리석으며 어린 백성이라고 할 수 있다.

하나님의 사랑하심과 자비하심은 이러한 어린 자들에게 마지막 십사만 사천의 종들을 통하여 환난 기간에 다시금 영원한 복음을 듣게 하시어 돌이킬 기회를 주신다. 이것은 곧 후 3년 반의 환난의 시간에 이루어질 일이다. 교회와 성도들을 향한 적그리스도의 압박이 심해지고 강제적으로 짐승의 표를 받아야 하는 때이므로 이들을 가르치던 거짓 종들은 더 이상 이들에게 진리의 복음을 전할 수 없을 뿐더러 계속해서 미혹의 세력이 되어 하나님의 진노를 기다려야 하는 처량한 신세로 전락한다.

그러므로 마지막 후 3년 반의 환난의 시간에 하나님의 말씀을 들고 땅에 거하는 자들에게 유일하게 복음을 전할 수 있는 자들은 특별한 훈련으로 세워진 십사만 사천이다.

가) 무너진 큰 성 바벨론

계 14:8 또 다른 천사 곧 둘째가 그 뒤를 따라 말하되 무너졌도다 무너졌도다 큰 성 바벨론이여 모든 나라를 그 음행으로 인하여 진노

의 포도주로 먹이던 자로다 하더라

계시록에서 말하는 바벨론은 유다가 70년 동안 포로 생활을 했던 바벨론이 아니라 함의 손자 니므롯이 세운 바벨탑의 세계다. 창세기 11장에 등장하는 바벨탑의 사건은 노아 홍수 이후 "온 땅의 구음이 하나이요 언어가 하나이었더라"(창 11:1)라는 말씀처럼 하나의 문자와 언어를 사용하던 시대를 의미한다.

이 시대는 니므롯이 통치하던 때로 하나의 구음과 언어로 인하여 서로 소통이 자유로울 뿐만 아니라 통치 체계 또한 하나의 명령 계통을 따라 원활하게 수행되었던 시대다. 니므롯(נִמְרוֹד)이 '반란, 반항, 폭동, 반역'의 뜻과 함께 '용감하고 씩씩하며 단호한'의 의미를 갖는 것처럼, 이 시대의 사람들은 하나님에 대항하여 반란과 반역의 마음을 갖고 강력한 힘으로 용감하고 단호했던 니므롯의 명을 따라 하나님이 아닌 세상 곧 자신들이 원하는 세상을 만들어 가려고 했다.

창세기 11장 3-4절은 바로 이것에 대하여 말하고 있는데 "서로 말하되 자, 벽돌을 만들어 견고히 굽자 하고 이에 벽돌로 돌을 대신하며 역청으로 진흙을 대신하고 또 말하되 자, 성과 대를 쌓아 대 꼭대기를 하늘에 닿게 하여 우리 이름을 내고 온 지면에 흩어짐을 면하자 하였더니"라고 하여 그들의 의도를 보여 주고 있다.

하나님은 사람에게 "다듬지 아니한 돌로 네 하나님 여호와의 단을 쌓고"(신 27:6)라고 하시듯 사람의 손으로 또는 철기를 사용하여 가공된 것을 사용하지 않아야 함을 말씀한다.

그러나 니므롯 시대는 "벽돌로 돌을 대신하며 역청으로 진흙을 대신하고"(창 11:3)라는 말씀에서 보듯이 하나님의 법에 대항하여 사람의 인위적인 법을 사용하고 있다. 바로 이처럼 사람의 이성으로부터 나오는 생각을 통하여 가공되고 변화된 것을 우상이라고 한다.

이들은 "성과 대를 쌓아 대 꼭대기를 하늘에 닿게 하여 우리 이름을 내고"(창 11:4)라는 말에서 보듯 그들의 의도가 얼마나 하나님을 대적하는 일인지를 알지 못한다. 성과 대를 하늘에 닿게 한다는 것은 곧 하나님을 섬기는 단을 쌓는다는 것으로 하늘까지 높아지려는 사람의 마음을 말한다. 또한 하나님의 이름을 내야 할 사람들이 자신들의 이름을 내려고 한다는 사실은, 이미 이들의 생각 속에 하나님이 아닌 인간의 생각들이 앞서 있다는 뜻이다. 이들은 "자기 모양 곧 자기 형상과 같은 아들을 낳아"(창 5:3)라는 아담과 하와의 타락 이후에 변질된 사람의 모습을 보여 준다.

하나님은 원래 사람을 '하나님의 형상과 모양'으로 만드셨지만 타락과 범죄 이후에 사람은 '자기 모양과 자기 형상'으로 그 내적이며 질적인 내면의 세계가 바뀌었음을 보여 준다. 최초의 사람은 하나님 안에서 하나님을 위한 존재로 만드셨지만 이제 타락한 사람은 하나님이 아닌 자기 안에서 자기를 위한 존재로 변질되고 말았다.

니므롯의 바벨탑 사건은 이런 타락한 사람의 전형적인 상태를 보여 주는데, 곧 '우리의 이름을 내자'고 하는 것이다. 성경은 이와 같이 사람의 이성과 생각 그리고 이론들에 의하여 변질된 상태로 만들어진 물질을 우상이라고 한다.

노아의 방주 사건 이후에 니므롯의 바벨탑을 쌓는 사건을 통하여 큰 성 바벨론이라는 우상의 성 곧 우상의 집이 세상에 시작되었다.

이 성은 세상의 종말의 시간까지 지속된다. 그러다가 오늘 본문에서 드디어 "모든 나라를 그 음행으로 인하여 진노의 포도주로 먹이던 자로다 하더라"라는 우상의 성인 큰 성 바벨론 멸망에 대하여 말씀하는 것이다.

바벨탑 사건 이후 이 세상에는 우상의 집인 큰 성 바벨론의 기나긴 역사가 시작되었으며, 이것에 지배를 받는 인간의 삶은 하나님에 의해서가 아니라 자기 자신이 사는 삶으로 변질되어 오늘에 이르고 있다.

큰 성 바벨론이 무너졌다는 의미는 우리 안에 있던 나 곧 자기라는 세계가 무너졌음을 말하는 것이다. 바로 이것이 무너져야만 우리는 진정으로 하나님에게 돌아갈 수 있다.

특별히 종말을 맞은 현대인의 삶에서 왜 '자기와 우리 그리고 나'라는 세계를 중요시하는지를 깨닫고 발견하는 것은 매우 중요하다. 이것이 우상의 세계로 내 안 곧 우리 안에 있는 큰 성 바벨론이라는 사실이기 때문이다.

종말의 심판의 시간에 십사만 사천이 가진 영원한 복음을 통하여 비로소 땅에 거하는 자들에게 하나님의 진리의 말씀이 들어갈 때, 이들은 그동안 자신들이 알고 믿어 왔던 믿음의 세계가 나를 위한 것, 곧 자신을 위한 것이라는 사실을 깨닫고 그들 속에 있던 우상의 집인 큰 성 바벨론이 무너진다.

그러므로 여기서 큰 성 바벨론이 무너졌다고 하는 것은 실체적인 어떤 성, 예를 들어 가톨릭의 바티칸을 말하는 것이 아니고 우리 사람들 속에서 자신도 모르게 자신의 영혼을 지배해온 큰 세력이 무너졌다는 것이다. 이것을 큰 성 바벨론이라고 표현하는 것은 앞서 말했듯 바로 모든 우상의 출발이 바벨탑 사건으로부터 시작되었기 때문이다.

바울은 이것에 대하여 고린도후서 10장 4-5절을 통하여 "우리의 싸우는 병기는 육체에 속한 것이 아니요 오직 하나님 앞에서 견고한 진을 파하는 강력이라 모든 이론을 파하며 하나님 아는 것을 대적하여 높아진 것을 다 파하고 모든 생각을 사로잡아 그리스도에게 복종케 하니"라고 말한다.

우리 사람의 속에 하나님을 대적하는 강력한 진과 높아진 이론이 있는데 그것이 바로 우리가 싸워야 할 대상이며 우상의 성인 큰 성 바벨론이다.

종말에 영원한 복음을 가진 십사만 사천의 하나님의 군대는 그동안 우리 또는 내 안에서 자신을 지배해 오던 세력 곧 바벨탑과 같은 거대한 우상의 성을 무너뜨릴 것을 약속하고 있다. 마지막 추수를 위하여 하나님의 자녀들에게 반드시 필요한 것이며, 우리 안에 큰 성 바벨론이라는 우상이 존재하는 한 결코 추수를 당할 수 없기 때문이다.

나) 하나님의 진노의 포도주를 마시는 자들

> **계 14:10** 그도 하나님의 진노의 포도주를 마시리니 그 진노의 잔에 섞인 것이 없이 부은 포도주라 거룩한 천사들 앞과 어린양 앞에서 불과 유황으로 고난을 받으리니

하나님은 종말에 성도들이 인내로 지켜야 할 것을 특별히 강조하신다. 곧 하나님의 계명과 예수의 믿음을 지키라는 것인데, 바다에

서 올라온 짐승을 위하여 우상을 만들고 그 우상에게 경배하라고 하기 때문이다.

특별히 종말의 성도들에게 주어진 조건으로 "누구든지 짐승과 그의 우상에게 경배하고 이마에나 손에 표를 받으면"(계 14:9) 하나님의 진노의 포도주를 마신다고 한다.

곧 계시록 13장에서 등장하는 육백육십육의 짐승의 표를 말한다. 이것에 대하여 계시록 13장 16-17절에서는 "저가 모든 자 곧 작은 자나 큰 자나 부자나 빈궁한 자나 자유한 자나 종들로 그 오른손에나 이마에 표를 받게 하고 누구든지 이 표를 가진 자 외에는 매매를 못 하게 하니 이 표는 곧 짐승의 이름이나 그 이름의 수라"라고 한다.

이 표를 받지 않은 자는 매매를 할 수 없으므로, 단순히 사고파는 문제만이 아니고 모든 경제 활동을 할 수 없게 됨을 말한다.

롯이 살던 소돔성을 멸할 때 누가복음 17장 28절에서는 "또 롯의 때와 같으리니 사람들이 먹고 마시고 사고 팔고 심고 집을 짓더니"라고 하여 그 시대의 사람들이 일상적인 경제 활동을 하고 있었음을 알 수 있다.

그러나 종말 곧 바다에서 올라온 짐승인 적그리스도의 시대에는 오른손이나 이마에 짐승의 표를 받은 사람들만이 모든 경제 활동을 할 수 있다. 이 표를 받지 않으면 어떤 경제적인 활동이 불가능하므로, 이것은 최대한으로 육체적이며 정신적인 압박을 가하고자 하는 마지막 사단의 통치 전략이다.

곧 교회와 하나님의 백성들인 성도들을 향한 압박으로 성경은 이 표를 받는 자는 하나님의 진노의 포도주를 받을 것이며 "거룩한 천사들 앞과 어린양 앞에서 불과 유황으로 고난을 받으리니"(계 14:10)라면서 하나님의 엄중한 경고를 말씀한다.

사단은 어떻게 해서라도 하나님의 백성들을 그리스도의 믿음과 신앙에서 떨어지게 하려는 의도로 이와 같은 엄중한 압박과 고통을 가함으로 그리스도인들 스스로 주님을 믿는 믿음을 포기하게 하려는 목적을 가지고 있다. 그러므로 노아의 때와 롯의 때의 심판은 범죄에 대한 심판이 목적이라면, 종말의 심판은 곡식이 익으면 추수를 하듯 하나님의 창고에 들이기 위한 타작마당에서 알곡과 쭉정이를 나누는 일이다.

이것에 대하여 마태복음 13장에서는 "내가 추수꾼들에게 말하기를 가라지는 먼저 거두어 불사르게 단으로 묶고 곡식은 모아 내 곳간에 넣으라"(마 13:30)라고 말씀하며, 또 "또 천국은 마치 바다에 치고 각종 물고기를 모는 그물과 같으니 그물에 가득하매 물 가로 끌어 내고 앉아서 좋은 것은 그릇에 담고 못된 것은 내어 버리느니라 세상 끝에도 이러하리라 천사들이 와서 의인 중에서 악인을 갈라내어 풀무 불에 던져 넣으리니 거기서 울며 이를 갊이 있으리라"(마 13:47-50)라고 말씀한다.

여기서 하나님의 진노의 포도주를 마시는 자들은 못된 가라지며 악인으로 판정된 자들이다. 이것에 대한 표식으로 자신의 오른손이나 이마에 짐승의 표를 받는 것으로 해석할 수 있다.

종말에는 누구에게 소속되어 있는가를 분류하고 결정되는 시대이기 때문에 우리는 하나님과 예수 그리스도에 속해 있는가 아니면 세상의 신인 사단과 짐승에게 속해 있는가를 결정해야만 한다.

엘리야 시대에 이스라엘 백성들 앞에서 “너희가 어느때까지 두 사이에서 머뭇머뭇하려느냐 여호와가 만일 하나님이면 그를 좇고 바알이 만일 하나님이면 그를 좇을지니라”(왕상 18:21)라며 부르짖던 갈멜산에서 엘리야의 경고의 소리는 바로 지금 종말을 살아가는 우리에게 향한 소리다. 그러므로 본문 계시록 14장 12절에서는 “성도들의 인내가 여기 있나니 저희는 하나님의 계명과 예수 믿음을 지키는 자니라”라고 말씀하고 있다.

엘리야 시대에는 백성들에게 여호와 하나님이냐 아니면 바알이냐의 선택을 요구하였지만, 마지막 짐승의 시대에는 하나님의 백성들 곧 성도들이 어디에 속해 있는가를 측정한다. 하나님은 그동안의 믿음을 버리고 짐승의 표를 자신의 오른손이나 이마에 받고 짐승에게 경배하는 자와 반대로 죽음을 각오하면서도 주님의 말씀을 믿고 신뢰함으로 짐승의 표를 거부함과 경배하지 아니하는 자로 나뉠 것을 계시록을 통해 우리에게 보여 주고 계신다.

한편 본 절은 짐승의 표를 받지 않고 경배하지 않고 ‘하나님의 계명과 예수의 믿음을 지키는 것’(계 14:12)은 매우 힘들고 어려운 것이기에, 이때 많은 성도들이 순교의 길을 갈 것을 말씀하며 “자금 이후로 주 안에서 죽는 자들은 복이 있도다 하시매 성령이 가라사대 그러하다 저희 수고를 그치고 쉬리니 이는 저희의 행한 일이 따름이라 하시더라”(계 14:13)라고 기록하고 있다.

여기서 성도들이 인내로 지켜야 할 것이 ‘하나님의 계명과 예수 믿음’이라고 말씀하고 있는데, 그렇다면 이것의 구체적인 내용이 무엇인가?

계시록은 특별히 하나님의 종들과 성도들이 지켜야 할 말씀의 차이를 구별하고 있다. 종들에게는 '하나님의 말씀과 예수 그리스도의 증거'를 요구하는 반면 성도들에게는 '하나님의 계명과 예수 믿음'을 지킬 것을 말하고 있다. 여기서 말씀하는 하나님의 계명은 출애굽기 20장의 십계명이며, 특별히 1-4계명 곧 성도들이 지켜야 할 하나님과 성도의 관계를 의미한다고 할 것이다.

첫째는 "너는 나 외에는 다른 신들을 네게 있게 말지니라"(출 20:3)라는 명령으로 유일하신 하나님만이 우리의 신이 될 수 있다는 유일신 사상이다.

둘째는 "너를 위하여 새긴 우상을 만들지 말고 또 위로 하늘에 있는 것이나 아래로 땅에 있는 것이나 땅아래 물속에 있는 것의 아무 형상이든지 만들지 말며 그것들에게 절하지 말며 그것들을 섬기지 말라"는 것이다. 곧 유일하신 하나님 외에는 네 마음속에서 또는 마음 밖에서 어느 형상을 만들어 너를 위하여 절하지 말고 섬기지 말라는 것이다.

셋째는 "너는 너의 하나님 여호와의 이름을 망령되이 일컫지 말라"는 것이다.

여기서 '망령되이'라는 말은 '솨브'(שָׁוְא)라고 하여 '황폐하고 사악한 마음의 상태에서 맹목적이며 의미 없고 헛된 속임수와 교활한 마음'의 상태로 여호와 하나님의 이름을 부르는 것을 의미한다. 진실하고 참된 마음이 아닌 거짓되며 교활하고 속임의 부패한 마음을 갖고 여호와 하나님의 이름을 도용하고 사용하는 자들을 말한다.

넷째는 "안식일을 기억하여 거룩히 지키라"는 것이다.

안식일을 지키라는 말은 단순히 의례적인 예식을 지키라는 것이 아니다. 창세기 2장 2절에서 "하나님의 지으시던 일이 일곱째 날이 이를 때에 마치니 그 지으시던 일이 다하므로 일곱째 날에 안식하시니라"는 말씀을 기억하고 일곱째 날의 의미가 무엇인지를 알고 깨달아 지키라는 것이다. "하나님이 일곱째 날을 복 주사 거룩하게 하셨으니"(창 2:3)라는 말씀처럼 일곱째 날은 복의 날이고 거룩한 날임을 명하셨다.

이날은 곧 종말론적인 뜻으로 예수 그리스도가 통치하시는 일곱째 날인 천년왕국을 의미한다. 창조의 7일째인 안식일을 기억하여 지키라는 명령도 하나님의 백성들에게 주님의 재림과 함께 이 땅에서 펼쳐질 안식의 시간 곧 천년왕국을 바라보라는, 미래적이며 종말론적인 의미로 해석해야 한다.

그러므로 성도들의 종말의 신앙은 위의 네 가지 곧 하나님과의 관계를 연결시키는 계명을 바로 지키는 것이 우선이어야 하며, 나머지 사람과 사람 간의 계명들은 하나님의 백성이라면 당연히 행해야 할 것이다.

또한 예수 믿음을 지키는 자라고 할 때, 과연 예수 믿음이라는 것이 무엇인가를 알아야 한다. 그것은 바로 예수 그리스도 안에 있는 믿음이며, 또한 말씀이신 그리스도를 믿는 믿음이다.

요한복음 6장 55-56절에서는 "내 살은 참된 양식이요 내 피는 참된 음료로다 내 살을 먹고 내 피를 마시는 자는 내 안에 거하고 나도 그 안에 거하나니"라고 하여, 주님은 자신의 살과 피를 먹고 마시는 자를 향하여 '내가 그 안에 있고 그가 내 안에 있다'라고 하셨다.

여기서 살과 피는 말씀으로 오신 자신을 말하는 것으로, 곧 우리에게 주신 생명의 책인 성경이라 하겠다.

그러므로 성도들의 신앙과 믿음은 말씀 안에서 곧 성경 안에서 얻어야 한다. 현대 신학이라는 자유주의 신학이 우리에게 가르쳐 준 감정에 의한 믿음과 신앙이나 또한 관상에 의존하는 주관적인 신앙이 되어서는 안 된다.

주님이 종말에 성도들의 믿음에 대하여 이와 같이 언급하시는 것은, 잘못된 미혹의 거짓 종들로부터 예수 안에서의 믿음이 아닌 예수 앞에서 성도 노릇만 하는 것을 배울 수 있기 때문이다. 그래서 성도들에게 바른 인내와 믿음을 요구하신다.

성도가 지켜야 할 '하나님의 계명과 예수 믿음'이라는 길을 떠나서 넓고 큰 길로 행하는 어리석은 백성들을 위하여, 주님은 마지막 영원한 복음을 가진 하나님의 종들을 보내어 이들에게 참된 진리의 길을 가르칠 것을 말씀하신다.

그러나 이러한 참된 종들의 가르침을 외면하는 성도들 곧 짐승과 우상에게 경배하고 그 짐승의 표를 받는 자들에게는 "그도 하나님의 진노의 포도주를 마시리니 그 진노의 잔에 섞인 것이 없이 부은 포도주라 거룩한 천사들 앞과 어린양 앞에서 불과 유황으로 고난을 받으리니"(계 14:10)라는 엄중한 진노가 쏟아질 것이다.

여기서 '하나님의 진노'는 과연 어떤 진노일까?

'진노'는 '뒤모스'(θυμός)라고 하여 '열정, 감정, 정신, 격노, 분노'를 의미하는 단어로 '뒤오'(θύω)라는 단어에서 유래되었으며 '제물로 바치다, 제물로 죽이다, 희생하다, 제물이 되다, 죽이다, 잡다'라는 뜻으로 해석된다. 따라서 이 단어를 해석하면 '제물로 바치고 죽이기 위한 희생물로 하나님의 정신과 감정의 열정이 심겨진 분노'의 표시라는 의미다.

다시 말하면, 하나님의 계명과 예수 믿음을 지키지 못하고 끝내 짐승과 우승에게 경배하고 그 짐승의 표를 받은 자들에게 내려질 하나님의 분노의 제물로, 이들은 곧 사단 곧 용에게 드려지는 제물이 될 것이다.

제물(Sacrifice)은 하나님이 받으시는 제물과 사단이 받는 제물로 구분할 수 있다. 하나님에게 드려지는 제물은 곧 영광이요 기쁨이요 면류관이라면, 사단에게 드려지는 제물은 고통과 고난과 멸망과 사망이다. 이들은 하나님의 진노의 포도주를 마시는 자들 곧 "누구든지 짐승과 그의 우상에게 경배하고 이마에나 손에 표를 받은"(계 14:9) 자들로, 사단과 용에게 드려지는 제물로 죽게 된다.

그러므로 종말의 성도는 하나님의 계명과 예수 믿음을 지키는 강력한 신앙과 믿음으로 무장해야 함을 더욱 깊이 깨달아야 할 것이다.

3. 마지막 수확

가) 땅에 곡식이 다 익었음

계 14:15 또 다른 천사가 성전으로부터 나와 구름 위에 앉은 이를 향하여 큰 음성으로 외쳐 가로되 네 낫을 휘둘러 거두라 거둘 때가 이르러 땅에 곡식이 다 익었음이로다 하니 본 절은 마지막 추수에 대한 말씀으로 진노의 일곱 재앙인 마지막 대접 재앙 전의 사건을 다루고 있다. 주님은 계시록 16장의 일곱 대접 재앙 전에 주님의 백성들을 추수하여 하나님의 곳간에 수장하려는 것이다. 바로 초막절 절기가 진행되고 있음을 말한다.

초막절은 매년 7월 15일에 시작하여 7일 동안 진행하는데, 첫날은 하나님께 성회로 드리고 7일 동안은 화제를 드리며 8일째는 화제와 더불어 성회라 하여 거룩한 대회로 하나님께 드리는 절기다. 화제를 드리는 7일 동안 하나님의 곳간에 수장하는 일을 하며 8일째는 모든 수장을 끝내고 추수를 완성함을 기뻐하며 거룩한 성회로 드린다.

레위기 23장 39절에서는 "너희가 토지 소산 거두기를 마치거든 칠월 십오일부터 칠 일 동안 여호와의 절기를 지키되 첫날에도 안식하고 제 팔일에도 안식할 것이요"라고 한다.

초막절 절기의 첫날에도 안식하고, 모든 수장을 마치고 마지막 8일째도 안식하므로 초막절 절기는 안식의 절기이다.

본 절에서는 이한 낫을 가진 사람의 아들과 같은 이에게 성전에서 나온 천사는 "네 낫을 휘둘러 거두라 거둘 때가 이르러 땅에 곡식이 다 익었음이로다"(계 14:15)라고 말하고 있다. 이 땅에서 익은 곡식으로 추수되는 사람들은 누구인가?

여기서 곡식으로 추수되는 사람들은 하나님의 종들로, 종말에는 종들의 추수와 하나님의 백성들 곧 성도들의 추수로 나누어진다.

성경은 곡식에 대하여 대맥인 보리와 소맥인 밀로 분리하며 이 곡식은 떡을 만드는 원료로 사용된다. 이것에 대하여 이사야 28장에서는 "소맥을 줄줄이 심으며 대맥을 정한 곳에 심으며"(사 28:25)라고 하며, 또한 "곡식은 부수는가, 아니라 늘 떨기만 하지 아니하고 그것에 수레 바퀴를 굴리고 그것을 말굽으로 밟게 할지라도 부수지는 아니하나니"(사 28:28)라고 한다.

이는 곡식을 통하여 하나님의 종의 사역을 감당할 사람들을 어떻게 하나님이 관리하시는가에 대한 말씀이다. 백성들인 소회향과 대회향을 뿌리는 것에 반해서 소맥은 줄줄이 심으며 대맥은 정한 곳에 심으므로 하나님의 종들을 특별히 관리하고 있음을 말한다.

한편 호세아서 2장 21-22절에서는 "여호와께서 가라사대 그날에 내가 응하리라 나는 하늘에 응하고 하늘은 땅에 응하고 땅은 곡식과 포도주와 기름에 응하고 또 이것들은 이스르엘에 응하리라"라고 한다.

'응하리라'는 말은 '아나'(עָנָה)라고 하여 '듣는다, 응답한다, 증거한다, 말한다'라는 뜻으로, 그날이라는 종말에는 순서대로 먼저는 하늘에 그리고 하늘은 땅에 또한 땅은 곡식과 포도주와 기름에 응한다고 한다.

여기서 땅은 영적으로 우리 안에 있는 성전 곧 교회로, 이 교회에서는 곡식과 포도주와 기름에게 응답한다. 신학적으로는 곡식은 구약의 율법을 의미하며 포도주는 신약의 복음을 의미한다.

그리고 '기름'은 히브리어로 '이촤르'(יִצְהָר)라고 하여 '순결하고 빛나는 기름으로 불을 밝히는 기름'이며 '기름 부음 받음'을 뜻한다.

이 말씀은 땅 곧 이 땅에 있는 교회는 세 종류로 구성되어 있음을 말한다. 바로 구약의 말씀인 율법과 신약의 말씀인 복음 그리고 순결하고 빛나며 교회의 등불을 밝히는 원료로 기름 부음을 받은 자인 예수 그리스도로 구성되어 있다. 이것은 종말에 교회는 율법과 복음과 예수 그리스도만으로 증거된다는 것으로 우리에게 준 성경의 말씀과 예수 그리스도를 의미한다.

그런데 본 절은 "곡식이 다 익었음이로다"(계 14:15)라고 한다. 여기서 말하는 곡식은 대맥과 소맥이며, 이것들을 신학적으로 율법이라고 하겠다. 그 안에는 모세를 통하여 준 모세오경 곧 율법과 예수 그리스도에 대한 예언을 기록한 엘리야의 선지서가 있다.

다시 말하면 대맥과 소맥인 곡식이 익었다는 것은 곧 모세의 율법과 선지자의 글이 익었다는 것으로 완성되었다는 의미다.

마태복음 17장의 변화산 상에 나타난 예수 그리스도와 모세와 엘리야가 바로 그것이다. 베드로의 말대로 이 땅에 세워진 세 종류의 초막, 곧 주님을 위하여 모세를 위하여 그리고 엘리야를 위하여라는 교회 안에 세 초막의 완성을 말한다. 이것을 계시록에서는 곡식이 익었다고 표현하고 있다.

누가복음 16장에 등장하는 거지 나사로와 부자의 이야기 속에서도 부자가 음부에서 고통 중에 하는 말이 "아버지여 나사로를 내 아버지의 집에 보내소서"(눅 16:27)라며 다섯 명의 형제들에게 음부에 오지 않도록 복음을 전할 것을 요청한다. 그러나 "아브라함이 가로되 저희에게 모세와 선지자들이 있으니 그들에게 들을지니라"(눅 16:29), "가로되 모세와 선지자들에게 듣지 아니하면 비록 죽은 자 가운데서 살아나는 자가 있을지라도 권함을 받지 아니하리라 하였다 하시니라"(눅 16:31)라고 말씀한다. 모세와 선지자들은 곧 하나님의 종들로서 지금 이 시대에도 교회 안에는 예수 그리스도와 함께 율법과 선지자의 역할을 감당하는 종들이 있다.

그러므로 곡식이 익었다는 것과 이 곡식을 추수한다는 것은 곧 대맥과 소맥인 하나님의 종들이 모세의 율법과 선지자의 글에 익었다는 것이다. 이것은 완성과 깨달음을 의미하며 이렇게 된 하나님의 종들을 추수한다는 말이다.

그러므로 곡식과 포도송이의 추수 중에서 먼저 하나님의 종들인 곡식의 추수가 일어나고 이들이 초막절의 추수 기간에 하나님의 곡식창고에 수장이 될 것이며, 그 다음에는 백성들인 포도송이의 추수가 일어날 것이다.

나) 땅의 포도송이와 진노의 큰 포도주 틀

계 14:18 또 불을 다스리는 다른 천사가 제단으로부터 나와 이한 낫 가진 자를 향하여 큰 음성으로 불러 가로되 네 이한 낫을 휘둘러 땅의 포도송이를 거두라 그 포도가 익었느니라 하더라
계 14:19 천사가 낫을 땅에 휘둘러 땅의 포도를 거두어 하나님의 진노의 큰 포도주 틀에 던지매

땅의 포도송이는 하나님의 백성들 곧 성도들을 말한다.

곡식을 추수할 때 성전으로부터 나온 천사가 구름 위에 앉은 자를 향하여 낫을 휘둘러 거두라고 하는 데 반해서, 다 익은 포도송이를 추수할 때는 제단으로부터 나온 천사가 성전에서 이한 낫을 가지고 나온 천사에게 "이한 낫을 휘둘러 땅의 포도송이를 거두라"(계 14:18)라고 한다.

여기서 우리는 먼저 제단의 의미와 그 제단이 무엇을 행하는 곳

인지에 대한 이해가 있어야 한다.

제단은 백성들의 번제와 속죄제와 화목제 등의 제사를 드리는 곳으로, 오늘날은 바로 이 땅의 교회에서 백성들이 드리는 예배를 의미한다. 성소와 지성소가 있는 성전을 하늘이라고 하면, 제단은 이 땅에서 드리는 예배다. 출애굽 시에 광야의 성막은 곧 하늘의 성전과 예배단인 이 땅의 제단이 함께 결합되어 있는 모형을 상징한다.

광야 성막의 모형은 신약 시대의 성전이며, 하늘의 성소와 지성소 자체이신 예수 그리스도께서 몸소 하나님을 섬기는 제단이 있는 이 땅에 임재하시므로 하늘 성소가 이 땅의 제단과 결합될 것을 보여 주시는 예표였다.

주님의 초림은 이 성막의 완성을 위해서 성전 자체이신 예수 그리스도께서 이 땅에 육신을 입고 오신 것을 말하며 완성된 성막이 곧 교회이다.

요한복음 2장 19-22절에는 "예수께서 대답하여 가라사대 너희가 이 성전을 헐라 내가 사흘 동안에 일으키리라 유대인들이 가로되 이 성전은 사십육 년 동안에 지었거늘 네가 삼 일 동안에 일으키겠느뇨 하더라 그러나 예수는 성전 된 자기 육체를 가리켜 말씀하신 것이라 죽은 자 가운데서 살아나신 후에야 제자들이 이 말씀하신 것을 기억하고 성경과 및 예수의 하신 말씀을 믿었더라"라고 한다.

곧 이 땅에 육신을 입고 오신 예수 그리스도 바로 그분 자신이 성전이고, 주님은 부활하시며 승천하실 때에 이 성전을 이 땅에 두고 가셨는데 그것이 곧 교회이다. 그러므로 지금은 주님의 몸 된 성전과 제단이 함께 교회 안에 출애굽의 성막의 모양으로 존재한다.

구약 시대에 성막 안에서 제사장은 성전 안의 성소의 일을 보고 백성들을 위하여 제단의 일을 보았듯이, 오늘날도 제사장의 사역을 감당하는 종들은 교회 안에서 동일하게 성소의 일과 백성들을 위하여 제단의 일을 보고 있다.

곧 백성들이 하나님 앞에 나가기 위하여 자신들에게 필요한 제사인 번제와 속죄제와 화목제 등의 제물을 가지고 제단 앞까지 나아갈 수 있지만 이 제사를 드려 주는 사람은 제사장인 것처럼, 오늘도 주님의 종들은 하나님 앞에 나가는 백성들 곧 성도들의 제사, 이것을 오늘날은 예배라는 형식으로 드리는 것이다

그러므로 백성들이 드리는 예배는 제단의 제사에 해당하는 것이다.

본 절은 제단으로부터 온 천사가 "땅의 포도송이를 거두라 그 포도가 익었느니라"(계 14:18)라고 한다. 제단으로부터 온 천사는 곧 주님의 종을 말한다.

"충성되고 지혜 있는 종이 되어 주인에게 그 집 사람들을 맡아 때를 따라 양식을 나눠 줄 자가 누구뇨 주인이 올 때에 그 종의 이렇게 하는 것을 보면 그 종이 복이 있으리로다"(마 24:45-46)라는 말씀처럼 마지막 시대의 종들은 때를 따라 양식을 나눠 줌으로 맡겨진 하나님의 백성들 곧 포도송이가 익도록 해야 한다.

포도송이가 익었는지 안 익었는지를 정확하게 아는 사람은 바로 그 백성을 양육한 주의 종이다. 여기서 한 가지 이해할 수 없는 것이 "땅의 포도를 거두어 하나님의 진노의 큰 포도주 틀에 던지매"(계 14:19)라는 말씀이다. 많은 계시록의 해석들은 이 부분을 심판으로 진노와 재앙을 받는 것으로 해석한다.

그러나 '진노'라는 말 '뒤모스'(θυμός)는 '마음의 열정과 정신과 감

정이 격한 상태'를 의미하는 단어로 '뒤모스'는 '뒤오'(θύω)라는 '제물로 바치다, 제물로 죽이다, 희생하다, 제물이 되다'라는 의미로부터 유래되었다. 그러므로 진노의 내적인 의미는 '제물로 바치고 죽이고 희생을 위해 마음과 감정이 격한 상태'를 뜻한다.

이것은 하나님께 제물로 드려지기 위하여 희생과 죽음을 당하는 하나님의 백성들을 위한 열심의 마음과 감정을 뜻한다고 해석해야 한다. 구약에서 동물의 희생을 하나님에게 제물로 드림으로 하나님께서 열납하시고 흠향하시는 것처럼, 마지막 추수란 다 익은 포도송이 하나하나인 하나님의 백성들이 하나님 앞에 제물로 바쳐지는 희생을 의미한다는 것이다.

이것은 다른 말로 하나님의 백성들 하나하나가 죽지 아니하면 추수될 수 없다는 것을 말하며 곧 이 죽음은 예수 그리스도를 통한 죽음을 의미하며, 결국 예수 그리스도의 죽음이 나의 죽음이 된 백성들이 곧 익은 포도다.

이것에 대하여 로마서 6장 3-5절 "무릇 그리스도 예수와 합하여 세례를 받은 우리는 그의 죽으심과 합하여 세례 받은 줄을 알지 못하느뇨 그러므로 우리가 그의 죽으심과 합하여 세례를 받음으로 그와 함께 장사되었나니 이는 아버지의 영광으로 말미암아 그리스도를 죽은 자 가운데서 살리심과 같이 우리로 또한 새 생명 가운데서 행하게 하려 함이니라 만일 우리가 그의 죽으심을 본받아 연합한 자가 되었으면 또한 그의 부활을 본받아 연합한 자가 되리라"는 말씀처럼, 예수 그리스도의 십자가에서 죽으심과 연합한 자가 익은 포도로 주님이 제물로 하나님께 드려졌듯이, 마지막 종말의 추수 때에 하나님께 제물로 드려진다.

이것은 하나님의 사람이 되기 위하여 곧 추수가 되기 위하여 의로운 피가 쌓여야 함을 말한다. 마태복음 23장 30-36절에서는 악인의 피와 의인의 피에 대하여 말씀하고 있다. "만일 우리가 조상 때에 있었더면 우리는 저희가 선지자의 피를 흘리는 데 참예하지 아니하였으리라 하니 그러면 너희가 선지자를 죽인 자의 자손 됨을 스스로 증거함이로다 너희가 너희 조상의 양을 채우라 뱀들아 독사의 새끼들아 너희가 어떻게 지옥의 판결을 피하겠느냐 그러므로 내가 너희에게 선지자들과 지혜 있는 자들과 서기관들을 보내매 너희가 그중에서 더러는 죽이고 십자가에 못 박고 그중에 더러는 너희 회당에서 채찍질하고 이 동네에서 저 동네로 구박하리라 그러므로 의인 아벨의 피로부터 성전과 제단 사이에서 너희가 죽인 바라갸의 아들 사가랴의 피까지 땅 위에서 흘린 의로운 피가 다 너희에게 돌아가리라 내가 진실로 너희에게 이르노니 이것이 다 이 세대에게 돌아가리라."

공의의 하나님에게는 한 편의 심판을 위하여 그리고 다른 편의 추수를 위하여 동시에 악인의 피와 의인의 피의 양이 차야만 한다. 마지막 추수되는 포도송이들인 하나님의 백성들의 피는 의인의 피에 채워질 것을 의미한다.

창세기 40장에서는 바로의 관원장 중 술 맡은 관원장과 떡 맡은 관원장의 이야기가 소개된다. 여기서 한 사람의 관원장 곧 술 맡은 관원장은 생명을 얻지만 다른 한 명의 떡 굽는 관원장은 죽음의 나락으로 떨어진다. 생명을 얻은 관원장은 꿈 속에서 포도나무를 보았다. 바로 이것은 포도나무이신 예수 그리스도를 보았다는 것으로 요한복음 15장에서는 자신을 포도나무로 소개하고 있다.

술 맡은 관원장은 꿈에서 포도나무에 세 가지가 있고 그 가지에 포도송이가 열렸는데 자신이 포도송이를 따서 포도즙을 바로의 잔에 따라 바로에게 주었다고 한다. 포도송이는 가지에 열린다.

요한복음 15장 5절은 "나는 포도나무요 너희는 가지니 저가 내 안에, 내가 저 안에 있으면 이 사람은 과실을 많이 맺나니 나를 떠나서는 너희가 아무것도 할 수 없음이라"라고 말씀한다. 곧 가지는 주님의 종들을 말하며, 이 종들이 포도송이를 많이 맺으려면 주님에게 붙어 있어야 하며 또한 그 안에 있어야 한다는 것이다.

술 맡은 관원장이 꿈에서 포도를 짜서 즙을 내고 이를 바로의 잔에 드렸다는 것에서, 포도를 '짜다'라는 말은 '사하트'(שחט)라고 하여 '불을 밟아 끄듯이 압착하며 짜내고 진압하고 압박한다'라는 뜻이다. 본 절에서 "성 밖에서 그 틀이 밟히니"(계 14:20)라는 '파테오'(πατέω)라는 단어와 그 의미가 같다.

바로의 잔에 담을 포도주 즙을 위하여는 포도를 짜야만 하고, 또한 하나님의 추수를 위하여서도 포도는 포도주 틀에서 밟혀야 한다. 백성들을 위하여 이처럼 된 분이 곧 예수 그리스도다. 술 맡은 관원장은, 바로 예수 그리스도가 백성들을 위한 포도송이의 포도가 되어 자신의 즙 곧 피를 바로의 잔에 주므로 사단에게서 우리 모두의 생명을 구하기 위하여 피 값을 지불했다는 복음의 이치를 깨달아 생명을 얻었다.

예수 그리스도는 우리 모두의 죄 곧 대속의 피의 값을 갚기 위하여 자신의 몸을 십자가에서 죽어 물과 피를 흘림으로 사단에게 그 피 값을 지불하고 우리를 구원하신 것처럼, 우리가 마지막에 주님의 추수에 합당한 자가 되기 위하여는 이제는 우리 자신을 주님에게 제물로 드려야 한다. 이를 위하여 우리는 성 밖에서 그 틀이 밟혀야 한다.

여기서 '성 밖'이란 '마을 밖 또는 도시 밖'이란 말로 우리 하나님의 백성들이 종말에 거해야 할 장소 곧 처소를 말한다. 또한 이것은 영적으로는 주님이 예루살렘 성문 밖에서 십자가에 달려 돌아가시며 물과 피를 쏟으신 것을 의미한다. 주님이 성문 밖에서 죽으심같이 종말에 익은 포도송이도 성문 밖으로 나아가야 하며, 이는 주님의 가신 길을 따라가는 성도의 길이다.

한편 마가복음 8장 23절은 예수님이 소경을 치료하기 위하여 그의 손을 잡고 마을 밖으로 데리고 나가시는 장면을 기록한다 "예수께서 소경의 손을 붙드시고 마을 밖으로 데리고 나가사 눈에 침을 뱉으시며 그에게 안수하시고 무엇이 보이느냐 물으시니"라고 한다. 그리고 소경을 치료하신 후에 그에게 하시는 부탁하셨다. "예수께서 그 사람을 집으로 보내시며 가라사대 마을에도 들어가지 말라 하시니라."

곧 주님은 소경을 치료하기 위하여 마을 밖으로 그를 데리고 나가시며 또한 그를 치료하신 후에는 마을 안으로 들어가지 말하고 하셨음에 유의해야 한다. 이는 영적인 말씀으로, 종말에는 마을 안의 세상과 마을 밖의 세상이 다름을 의미한다. 하나님의 사람들 곧 백성들은 마을 안이라는 세상의 사상과 이론과 지식 그리고 상식과 방법과 삶이 있는 자리가 아니라 세상과는 분리된, 하나님의 소리가 있고 말씀과 기적이 있고 주님의 손에 의한 치료의 손길을 통한 만물을 밝히 볼 수 있는 마을 밖의 세상에 거해야 한다.

이렇게 마을 밖의 세상에 거하는 성도를 본 절에서는 추수할 익은 포도송이로 표현하여 "성 밖에서 그 틀이 밟히니 틀에서 피가 나서 말굴레까지 닿았고 일천 육백 스타디온에 퍼졌더라"라고 하였다.

여기서 '틀'이란 '레노스'(ληνός)라고 하여 포도주 틀을 말하며, 포도주 즙을 내기 위한 통을 말한다. 분명한 것은, 포도주 즙을 내기 위한 통 곧 틀에는 익은 포도만이 들어갈 수 있다는 것이다. 익지 않은 포도나 설익은 포도는 들어갈 수 없다.

본 절에서는 포도주 틀에서 밟힌 포도즙을 피로 표현하고 있다. '피'는 곧 죽음을 의미하는 단어로 '하이마'(αἷμα)라고 하며 상징적으로 대속을 의미하는 피와 생명과 피 흘림을 뜻한다. 곧 생명의 피를 흘림으로 대속이라는 속죄를 받았다는 말이다.

이것이 영적으로는 예수 그리스도의 피 흘림을 통하여 대속을 받은 우리 하나님의 백성들 곧 추수될 하나님의 성도들의 피로, 제물로 드려지는 피를 의미한다.

이 피의 양이 말굴레까지 닿았고 1,600스타디온에 퍼졌더라고 한다.

여기서 '굴레'라는 '칼리노스'(χαλινός)는 '재갈, 굴레, 구속'을 뜻하는 단어로, 이사야 53장 7절에서 "그가 곤욕을 당하여 괴로울 때에도 그 입을 열지 아니하였음이여 마치 도수장으로 끌려가는 어린양과 털 깎는 자 앞에 잠잠한 양같이 그 입을 열지 아니하였도다"라는 말씀처럼 자신을 희생의 제물로 드리면서 두려움과 괴로움의 모든 것을 이겨 내며 입을 열지 아니하는 주님의 모습같이 마지막 종말의 추수될 포도송이 곧 성도들의 모습을 말한다.

또한 피가 1,600스타디온에 퍼졌다고 했다. 여기서 스타디온은 그리스의 거리 측정 단위로 경주마가 달리는 운동장의 거리를 말하며 1,600스타디온은 오늘날로 우리의 거리 계산으로 320km다. 이 거리는 북쪽으로는 갈릴리 호수에서부터 남쪽으로는 홍해 가에 있는 에시온게벨까지의 거리다. 또한 종말의 이스라엘 전역을 가리키는 남북의 거리로, 하나님의 선택한 땅이 피로 덮일 것을 의미하며, 결국 이 땅 안에 있는 하나님의 백성들 곧 성도들의 피로 덮인다는 것을 말한다.

레위기 16장에 대속죄일에 대제사장 아론은 예수 그리스도의 죽음을 상징하는 먼저 잡은 염소의 피를 가지고 성소에 들어가 피를 뿌리고 향단 뿔에 바르며, 남은 피를 성소 밖의 번제단 뿔에 바르고 번제단 땅 밑에 뿌렸음이 기록되어 있다. 종말에 이 땅에 하나님의 백성들의 피가 하나님의 선택한 땅인 가나안 땅에 뿌려져야 땅이 속죄함을 받아 깨끗해진다는 율법의 요구가 이루어질 것이다.

성령론적 요한계시록

Ⅱ

R E V E L A T I O N

제15장

(Revelation 15)

계 15:1 또 하늘에 크고 이상한 다른 이적을 보매 일곱 천사가 일곱 재앙을 가졌으니 곧 마지막 재앙이라 하나님의 진노가 이것으로 마치리로다

⬇

계 15:8 하나님의 영광과 능력을 인하여 성전에 연기가 차게 되매 일곱 천사의 일곱 재앙이 마치기까지는 성전에 능히 들어갈 자가 없더라

1. 일곱 천사의 마지막 재앙

계 15:1 또 하늘에 크고 이상한 다른 이적을 보매 일곱 천사가 일곱 재앙을 가졌으니 곧 마지막 재앙이라 하나님의 진노가 이것으로 마치리로다

종말의 시간 속에서 후 3년 반의 환난의 때는 하나님의 백성들의 기쁨의 추수와 함께 마지막 재앙으로 심판이 내려지는 시간이다. 이 마지막 대접 재앙은 두 증인의 사역 곧 땅에 거하는 자들에게 영원

한 복음을 증거하는 일을 마치고 하나님의 곳간에 마지막 추수의 일이 끝난 후에 나타날 이 땅에 대한 심판을 말한다.

두 증인의 증거의 사역 동안에 회개하고 주님에게 돌아오지 않은 자들, 곧 짐승과 우상에게 경배하고 그 짐승의 표를 받은 자들 또한 그동안 이들을 미혹한 거짓 선지자들과 짐승 그리고 하나님의 뜻을 대적하며 세상을 다스리던 보좌와 그들의 통치 체제의 권세와 능력들이 심판을 받게 된다. 이 재앙을 마지막 재앙이라고 한다.

여기서 '재앙'은 '플레게'(πληγή)라 하여 '타격, 강타, 재난, 때림, 구타, 상처' 등을 나타내는 말이다. 또한 '마지막'은 '에스카토스'(ἔσχατος)라 하여 '마지막의, 극도의, 최후의, 맨 끝의, 가장 어려운 종말의'라는 뜻이다. 세상의 맨 끝 곧 마지막 종말에 이 땅을 강타할 재난과 때림 그리고 받을 상처를 말한다.

주님이 계시록 18장 4-5절에서 "내 백성아, 거기서 나와 그의 죄에 참예하지 말고 그의 받을 재앙들을 받지 말라 그 죄는 하늘에 사무쳤으며 하나님은 그의 불의한 일을 기억하신지라"라고 경고하시듯 악한 자들과 뜻을 같이하며 그 자리에 함께한 자들로 이들은 하나님의 부르심을 외면하며 거역하고 듣지 아니하였다.

또한 이들은 계시록 14장 7절 "그가 큰 음성으로 가로되 하나님을 두려워하며 그에게 영광을 돌리라 이는 그의 심판하실 시간이 이르렀음이니 하늘과 땅과 바다와 물들의 근원을 만드신 이를 경배하라 하더라"라는 말씀같이 두 증인의 선포 곧 땅에 거하는 자들에게 영원한 복음을 전한다. 심판의 시간이 가까웠으니 하나님을 경배하며 다시 돌아오라고 하지만 이 소리를 외면하였다.

이는 하나님에게 돌아오라 부르짖는 선지자 예레미야의 경고를 무시한 유다의 백성들이 결국 바벨론의 포로가 되어 끌려가는 재앙과 같다

"여호와의 말씀에 보라 내가 너희에게 재앙을 내리며 계책을 베풀어 너희를 치려 하노니 너희는 각기 악한 길에서 돌이키며 너희 길과 행위를 선하게 하라 하셨다 하라 그러나 그들이 말하기를 이는 헛된 말이라 우리는 우리의 도모대로 행하며 우리는 각기 악한 마음의 강퍅한 대로 행하리라 하느니라"(렘 18:11-12)라는 말처럼 선지자의 경고를 무시하고 악한 길과 마음의 강퍅한 대로 행한 자들에 대한 심판이다.

2. 이름의 수를 이기고 벗어난 자들

계 15:2 또 내가 보니 불이 섞인 유리바다 같은 것이 있고 짐승과 그의 우상과 그의 이름의 수를 이기고 벗어난 자들이 유리바다 가에 서서 하나님의 거문고를 가지고

교회와 하나님의 자녀들에 대한 성경에서 말하는 전무후무한 환난은, 짐승의 표를 받는 것과 모든 매매를 금지함으로 일상생활을 할 수 없게 하는 것, 그리고 짐승과 그의 우상에게 강제로 경배케 하는 것 등이다.

현재 코로나 전염병이 진행 중에 있어 그로 인한 백신 주사를 맞아야 하는 환경, 곧 백신 여권을 지참해야 하며 또한 백신 확인 증명이라는 QR 코드를 소지해야만 여행이 가능한 것은 물론 사람들

이 모이는 장소에 출입할 수 있는 환경 가운데 있다. 앞으로는 버스나 지하철과 같은 일반 대중 교통도 이러한 증명이 없으면 사용할 수 없게 하는 시회적인 통제 등으로 과거에는 전혀 예상하지 못했던 정치와 경제 그리고 전반적인 사회적 시스템의 변화 등이 있을 것인데, 이것이 바로 환난의 현상들이다.

계시록 13장은 짐승의 표를 "짐승의 이름이나 그 이름의 수"(계 13:17)라고 표현하고 있고, 그 짐승의 수를 세어 보면 "그 수는 사람의 수니 육백육십육"(계 13:18)이라고 한다. 또한 "누구든지 이 표를 가진 자 외에는 매매를 못 하게 하니"(계 13:17)라고 하여 모든 경제적인 수단을 하지 못하게 함에 그 목적이 있다고 한다.

결국 적그리스도로 등장할 짐승은 사람들의 삶에 가장 중요한 부분이 무엇인가를 알고 그것을 차단함으로 교회와 하나님의 자녀들을 자신에게 굴복시키려고 한다는 것이다. 그러므로 지금도 육백육십육이라는 바코드가 이미 모든 상업적인 부분에 사용되고 있고, 이러한 코드는 인터넷의 발전과 함께 더욱 과학적으로 세밀하게 적용될 것으로 예상된다.

특히 경제와 문화가 발전한 나라들에서는 이미 모든 경제 수단이 현금으로 이루어지지 않는다. 카드 또는 모바일 하나만 있으면 모든 결제가 끝나는 생활의 편리함으로 우리의 생활 속에 깊숙이 파고 들어와 있다. 또한 몇몇 나라들에서는 손에 넣은 칩을 통하여 모든 매매 행위를 하고 있다. 최근에는 눈에 보이지도 않는 나노 칩과 양자 칩 등을 우리의 뇌의 조직에 연결하여 생각과 정신까지도 외부에서 조종하려는 반인간적 현상들이 진행되고 있다. 이런 사실로 미루어 보아 지금 우리가 살아가는 이 시대는 평범한 때가 아니고 계시록의 성취와 함께 주님의 재림을 앞둔 종말의 시대라는 것을 깨달아야 한다.

본 절에서는 "짐승과 그의 우상과 그 이름의 수를 이기고 벗어난 자들"이라고 한다.

여기서 '이겼다'는 말은 '니카오'(νικάω)라고 하여 '정복하다, 우세하다, 무찌르다, 이기다, 압도하다, 승리하다'라는 뜻이다. 이 사람들은 짐승과 그의 우상과 그 이름의 수를 정복하고 무찌르며 승리한 자들이다.

그런데 한 가지 중요한 것은, 이들이 이기고 승리한 것이 육백육십육이라는 짐승의 이름이나 수만이 아니고 짐승은 물론 또한 그의 우상까지도 이기고 승리함으로 세 가지를 정복하고 승리했다는 점이다.

첫째로 짐승을 이기고 정복하며 압도함으로 승리했다는 것이 무엇인가를 알아야 한다. 이것은 짐승의 실체 곧 그의 신분과 출현에 대하여 정확하게 이해해야 한다는 말이다. 먼저 하나님의 사람들은 적이 누구인가 그리고 그가 어떻게 등장하는가, 또한 어떤 방식으로 일을 하는가 등을 먼저 알고 깨달아야 한다.

사무엘상 17-18장에는 다윗을 대항한 압살롬의 반역이 기록되어 있다. 이 반역 사건에 사용된 인물이 압살롬의 쪽에서는 아히도벨이고 다윗 왕의 쪽에서는 후새라는 인물이다.

다윗 왕은 압살롬의 아버지로서 그 아들의 성장 과정과 성격을 이미 파악하고 있으며, 그를 이길 수 있는 방법이 무엇인지를 알고 있었다. 그러나 하나님은 압살롬과 다윗 사이에 계시며 지금 그들의 마음이 누구에게 있는가 보고 있음을 알아야 한다.

우리는 여기에서 압살롬은 자신의 힘을 의지했다면 다윗은 하나님을 의지했다는 것을 알 수 있다. 비록 압살롬을 도왔던 모사인 "아히도벨이 베푸는 모략은 하나님께 물어 받은 말씀과 일반이라" (삼하 16:23)라고 하지만, 반대로 압살롬과 함께했던 장로들의 의견이 오히려 "아렉 사람 후새의 모략은 아히도벨의 모략보다 낫다 하니 이는 여호와께서 압살롬에게 화를 내리려 하사 아히도벨의 좋은 모략을 파하기로 작정하셨음이더라"(삼하 17:14)라는 말씀처럼 하나님은 두 사람 중에서 다윗을 향하셨다.

이 말씀에서 우리가 발견하는 것은, 첫째, 다윗은 이미 그 아들 압살롬에 대하여 알고 있었지만 자신이 알고 있는 지식을 사용하지 않았다는 것이다. 둘째, 다윗은 자신의 힘과 지식과 경험을 의지하지 않고 전적으로 하나님만을 의지했다는 것이다. 하나님은 사람이 갖고 있는 지식과 이론과 힘과 경험을 의지하지 않고 하나님을 전적으로 의지하는 자의 편에서 일하신다.

사람의 마음을 지으신 하나님은 우리의 마음을 완악하게 할 수 있고 또한 긍휼의 마음과 사랑의 마음으로 바꾸실 수 있는 분이다.

신명기 2장 30절은 바로 그 실례를 보여 주고 있다. "헤스본 왕 시혼이 우리의 통과하기를 허락지 아니하였으니 이는 너의 하나님 여호와께서 그를 네 손에 붙이시려고 그 성품을 완강케 하셨고 그 마음을 강퍅게 하셨음이라 오늘날과 같으니라."

그러므로 종말에 살아가는 우리는 짐승의 실체가 무엇인지를 볼 수 있어야 하고 이해해야 하지만, 그보다 더욱 중요한 것은 그 짐승이 행할 일에 대하여 전적으로 여호와 하나님께 의지해야 한다는 것, 우리의 힘은 연약하지만 이러한 현실을 놓고 강하신 주님께 간절히 기도하며 간구해야 한다는 것이다.

둘째로 그의 우상을 이기고 정복해야 한다.

여기서 우상이라는 것은 곧 계시록 13장 14절 "짐승 앞에서 받은 바 이적을 행함으로 땅에 거하는 자들을 미혹하며 땅에 거하는 자들에게 이르기를 칼에 상하였다가 살아난 짐승을 위하여 우상을 만들라 하더라"라는 말씀같이 바다에서 올라온 짐승인 적그리스도의 우상을 말한다.

'우상'은 '에이콘'(εἰκών)이라 하여 '형상, 물질로 만든 우상, 문자적인 상, 비유적인 초상, 유사, 모양, 모습, 형상'을 말한다.

고대의 바알 상이나 아세라 상 그리고 현대에는 부처의 상, 힌두교의 여신상과 같은 눈에 보이는 실제적인 상을 말하기도 하지만, 종말에 나타날 우상은 이러한 오랫동안 우리가 알고 있던 우상의 형상이 아니다. 그 우상이 상징하는 이미지 곧 비유적인 초상, 유사, 모양, 모습 등을 말씀한 것이다.

다시 말하면 그 우상 곧 적그리스도가 추구하는 세상을 향해 가기 위하여 우리가 무엇인가에 매달리고 집중하며 그것이 없으면 살아갈 수 없을 정도의 어떤 현실적인 것으로, 그것이 우리의 생각과 사상과 지식과 감정까지도 지배하는 어떤 것이 될 것이다.

예를 들어 지금 우리가 아무렇지도 않게 사용하는 스마트폰은 바로 짐승이 원하는 세상으로 가기 위한 최고의 작품이며 우상이다. 지금은 스마트폰을 소유하지 않으면 활동할 수 없고 세상에서 어떤 것도 할 수 없는 존재로 당연히 항상 소지하고 다녀야 할 소지품이 되었다. 한마디로 사람들의 생각을 다스리고 지배하는 물건 곧 우상이 된 것이다.

이것뿐만 아니라 종말의 우상은 지금 현재 우리가 겪고 있는 코로나 바이러스 사태를 통해서 우리의 삶속에 깊이 침투하고 있다. 우리의 의식을 통제하고 있다는 사실이 그 증거다.

세계적인 바이러스 팬데믹 상황을 만들어 마스크를 써야만 하고 거리 두기를 해야 하며 백신 주사를 맞아야만 한다는 규정, 그리고 이것을 통한 백신 증명서와 백신 여권의 발급을 추진함으로 백신을 통한 모든 사람들의 삶을 통제하고 지배하려는 적그리스도의 정치적 술수에, 세계가 그가 추진하려는 세상 속으로 의식적이든 무의식적이든 아무소리도 하지 못하고 복종하고 있다. 이것은 질병이라는 두려움을 이용하여 사람들을 자신들의 목적하는 방향으로 이끌어 가려는 교묘한 의식화와 세뇌화의 우상이다.

이러한 적그리스도의 생각과 의도를 발견하고 이해할 때 우리는 그들의 술수에 넘어가지 않을 것이며, 깨어서 그들을 이기고 정복하며 승리할 수 있다.

그 밖에도 적그리스도의 우상은 문화 곧 영화와 아이돌과 같은 가수들 그리고 교육과 스포츠에 이르기까지 다양한 분야에서 우리의 정신을 마비시키고 한곳에 빠지게 하여 하나님의 대한 믿음과 신앙으로부터 점점 더 멀어지게 한다. 이 모든 것들이 바로 종말의 우상의 형상이다.

그러므로 종말의 우상은 실제적이고 눈에 보이는 우상이 아니고, 사람의 의식과 생각과 감정까지도 적그리스도가 원하는 방향으로 이끌어 가며 복종케 하려는 의식화의 우상이다.

셋째는 그의 이름의 수를 이기고 벗어났다고 한다.

이 이름의 수는 계시록 13장의 "짐승의 이름이나 그 이름의 수"(계 13:17)를 말한다. 그리고 그 이름의 수는 짐승의 수라고도 하며 "그 수는 사람의 수니 육백육십육이니라"(계 13:18)라고 한다. 종말에 짐승으로 등장하는 적그리스도에 의하여 모든 자들의 손이나 이마에 받게 될 표를 말하는 것이다. 이 표(Mark)는 매매를 위한 표라고 하지만 더욱 구체적으로는 적그리스도의 통치를 완성하기 위한 표다. 모든 사람들의 신분은 물론 은행을 비롯한 경제적인 매매의 수단 그리고 위치와 추적 또한 보건과 제약 의료의 통제를 통한 사람의 생명권을 주장하기 위한 것임은 이미 전자에서 설명한 바이다.

그러므로 우리는 이 표를 통해서 적그리스도가 무엇을 행할 것인가를 먼저 이해하고 알아야 한다. 이들의 계획과 음모를 알고 있다면 이것에 대항하여 이들이 추진하려는 어떤 정책이나 방법과 수단을 죽음을 무릅쓰고라도 거부하며 물리칠 수 있을 것이다. 만약 그렇지 않다면 당연히 그들이 가고자 하는 방향으로 함께 수긍하며 나가고 말 것이다.

에베소서 6장 12절에서 "우리의 씨름은 혈과 육에 대한 것이 아니요 정사와 권세와 이 어두움의 세상 주관자들과 하늘에 있는 악의 영들에게 대함이라"는 말씀처럼 종말의 우리는 깨어 있어 정사와 권세와 어두움의 세상 주관자들이 이 세상에 어떤 일을 계획하고 실행하려고 하는지를 알고 이를 막아 내기 위하여 전신갑주를 입어야 한다.

바다에서 올라오는 짐승 곧 적그리스도는 바로 정사와 권세와 어두움의 세상 주관자들 속에서 나오는 자로, 이들은 성경의 예언대로 마지막 종말에 등장할 적그리스도를 만들어 내기 위해서 그리고 그가 통치할 세상의 모든 정치, 경제, 군사, 문화, 보건, 의료 등을 만들어 가기 위해서 지금도 부지런히 일하고 있다.

본 절에서는 바로 짐승과 그의 우상과 그 이름의 수를 이기고 벗어난 자들이라고 하여 이들 악의 세력들을 이기고 승리했다고 한다. 이들이 하나님의 전신갑주를 입고 저들 곧 정사와 권세와 어두움의 세상 주관자들의 실체를 알아 저들이 행하는 모든 일들을 성령의 눈으로 바라보며 저들이 행하는 술수와 음모와 책략으로부터 자신을 지키며 이기고 정복하여 승리했기 때문이다.

계시록의 일곱 교회에게 주님은 '이기는 자'를 말씀한다. 여기서 이기는 자는 육적인 싸움에서 이기는 것이 아니라 악의 세력들이 행하는 일들을 성령의 눈으로 보고 깨달아 이들로부터 도피해야 한다는 말이다.

그런 까닭에 바울은 에베소서 6장의 말씀을 통하여 우리가 이기기 위하여 하나님의 전신갑주를 입어야 한다고 경고하고 있다.

가) 모세의 노래와 어린양의 노래

계 15:3 하나님의 종 모세의 노래, 어린양의 노래를 불러 가로되 주 하나님 곧 전능하신 이시여 하시는 일이 크고 기이하시도다 만국의 왕이시여 주의 길이 의롭고 참되시도다

계 15:4 주여 누가 주의 이름을 두려워하지 아니하며 영화롭게 하지 아니하오리이까 오직 주만 거룩하시니이다 주의 의로우신 일이 나타

낫으매 만국이 와서 주께 경배하리이다 하더라

신명기 18장 15절에 "네 하나님 여호와께서 너의 중 네 형제 중에서 나와 같은 선지자 하나를 너를 위하여 일으키시리니 너희는 그를 들을지니라"라는 기록이 있다. 모세는 자신과 같은 선지자 사역을 할 하나님의 기름 부음을 받은 자를 이미 알고 이스라엘 백성들에게 계시하고 있다.

성경의 계시는 노래로 기록되어 있어 에스겔서 2장 9-10절에서는 "내가 보니 한 손이 나를 향하여 펴지고 그 손에 두루마리 책이 있더라 그가 그것을 내 앞에 펴시니 그 안팎에 글이 있는데 애가와 애곡과 재앙의 말이 기록되었더라"라고 말씀한다. 이스라엘 백성들 곧 하나님의 사랑하는 자녀들이 세상에서 당할 아픔과 고통 그리고 마지막 재앙이 두루마리 책인 성경에 기록되어 있다는 것이다.

특별히 구약의 시편과 전도서, 잠언은 이러한 하나님의 마음을 노래한 글로 하나님의 창조 세계의 희노애락 전반을 노래하고 있다.

그렇다면 본 절에서 종말에 불려야 할 모세의 노래와 어린양의 노래는 무엇을 의미하는가?

계시록 14장 3절에서는 이 노래를 새 노래라고 하며 "저희가 보좌와 네 생물과 장로들 앞에서 새 노래를 부르니 땅에서 구속함을 얻은 십사만 사천 인밖에는 능히 이 노래를 배울 자가 없더라"라고 한다. 또한 이 노래의 "소리는 거문고 타는 자들의 그 거문고 타는 것 같더라"(계 14:2)라고 하여 본 절에서 모세의 노래와 어린양의 노래를 부르는 자들도 거문고를 가지고 이 노래를 부른다고 한다.

역대상 25장에는 여두둔과 그의 아들들에게 "수금을 잡아 신령한 노래를 하며 여호와께 감사하며 찬양하며"(대상 25:3)라고 한다.

'수금'은 거문고를 말하며 이것을 히브리어로는 '킨노르'(כִּנּוֹר), 영어로는 '하프'(Harp)라 하여 '울림을 통하여 강하게 전달되는 소리'로 해석할 수 있다. 다시 말하면 하나님에게 감사와 찬양을 올릴 때 우리의 마음의 강력한 전달을 의미한다. 이 거문고의 소리로 전달되는 모세의 노래와 어린양의 노래가 바로 '신령한 노래'이며, 이 노래는 하나님의 영에 의하여 불리는 예언이므로 이것을 영적 노래 또는 신령한 노래라고 한다.

역대상 25장에 등장하는 세 사람 곧 아삽과 여두둔과 헤만은 모두가 하나님의 신령한 노래를 부르는 자들이지만 그 각각의 소임은 다르다. 아삽과 그의 아들들은 신령한 노래를 시로 표현하고, 여두둔과 그의 아들들은 거문고로 감사와 찬양의 신령한 노래를 표현하며, 헤만과 그의 아들들은 하나님의 말씀을 받는 자들로 나팔로 신령한 노래를 표현한다.

본 절에 등장하는 짐승과 그의 우상과 그 이름의 수를 이기고 벗어난 자들은 여두둔과 같이 거문고를 가지고 감사와 찬양을 표현하고 있다.

이들은 "주 하나님 곧 전능하신 이시여 하시는 일이 크고 기이하시도다 만국의 왕이시여 주의 길이 의롭고 참되시도다 주여 누가 주의 이름을 두려워하지 아니하며 영화롭게 하지 아니하오리이까 오직 주만 거룩하시니이다 주의 의로우신 일이 나타났으매 만국이 와서 주께 경배하리이다"(계 15:3-4)라고 하며 성경을 통하여 전능하신 하나님의 의로운 말씀이 성취된 것을 찬양하며 노래하는 것이다.

첫째는 모세의 노래가 성취되었음을 말하는 것으로 이는 신명기 31장을 통하여 이스라엘 백성들에게 가르쳐 부르게 한 노래다. 곧 신명기 31장 19-22절 "그러므로 이제 너희는 이 노래를 써서 이스라엘 자손에게 가르쳐서 그 입으로 부르게 하여 이 노래로 나를 위하여 이스라엘 자손에게 증거가 되게 하라 내가 그들의 열조에게 맹세한바 젖과 꿀이 흐르는 땅으로 그들을 인도하여 들인 후에 그들이 먹어 배부르고 살찌면 돌이켜 다른 신들을 섬기며 나를 멸시하여 내 언약을 어기리니 그들이 재앙과 환난을 당할 때에 그들의 자손이 부르기를 잊지 아니한 이 노래가 그들 앞에 증인처럼 되리라 나는 내가 맹세한 땅으로 그들을 인도하여 들이기 전 오늘날에 나는 그들의 상상하는 바를 아노라 모세가 당일에 이 노래를 써서 이스라엘 자손에게 가르쳤더라"라고 하는 말씀이다.

이 노래에는 이스라엘의 시작에서부터 마지막 종말까지의 하나님의 예언이 담겨 있으며, 대적의 반석 곧 종말에 적그리스도의 탄생과 그가 할 일에 대하여 그리고 그의 운명에 대한 기록이 그려져 있다.

하나님이 모세를 통하여 이스라엘 백성들에게 가르치라 한 노래에는 이스라엘을 향한 하나님의 사랑과 연민, 애처로움과 안타까움 그리고 그들이 당할 종말의 재앙과 대적의 심판을 그리고 있다.

신명기 31장 29절에서 "내가 알거니와 내가 죽은 후에 너희가 스스로 부패하여 내가 너희에게 명한 길을 떠나서 여호와의 목전에 악을 행하여 너희의 손으로 하는 일로 그를 격노케 하므로 너희가 말세에 재앙을 당하리라 하니라"는 이스라엘 백성들의 운명을 노래하고 있다. 이 노래의 의미를 깨닫고 발견한 자는 하나님에게 돌아올 것이기 때문에 모세는 이 노래를 대대손손 자손들에게 가르치라 하였다.

본 절에서 모세의 노래를 부르는 자들은 이 노래의 의미를 깨닫고 주님에게 돌아와 하나가 된 자들이다. 바로 십사만 사천의 종말에 세워질 증인을 말하는 것으로, 이들은 새 노래를 배우며 부를 수 있는 자이다. 이들은 "사람 가운데서 구속을 받아 처음 익은 열매로 하나님과 어린양에게 속한 자들이니 그 입에 거짓말이 없고 흠이 없는 자들이더라"(계 14:4-5)라는 세상으로부터 완전히 구별된 하나님의 종들이다.

둘째는 어린양의 노래를 부른다고 한다.

예수 그리스도의 복음의 노래를 부르는 자들로 계시록 10장 10절의 "내가 천사의 손에서 작은 책을 갖다 먹어버리니 내 입에는 꿀같이 다나 먹은 후에 내 배에서는 쓰게 되더라"는 사도 요한이 먹은 작은 책을 말한다. 이 작은 책은 마지막 종말을 세상에 알리고 주님의 재림을 강력하게 선포하므로 "네가 많은 백성과 나라와 방언과 임금에게 다시 예언하여야 하리라"(계 10:11)라는 책이다. 곧 계시의 책으로 사도 요한을 통해서 기록한 요한계시록을 말한다.

베드로 사도는 이 계시의 책에 대하여 이미 베드로후서에서 "또 우리에게 더 확실한 예언이 있어 어두운 데 비취는 등불과 같으니 날이 새어 샛별이 너희 마음에 떠오르기까지 너희가 이것을 주의하는 것이 가하니라"(벧후 1:19)라고 말하며, 이 예언은 어두운 세상에 비추는 등불이라고 표현하였다.

다니엘서 12장에서는 다니엘의 예언의 기록을 "마지막 때까지 이 말을 간수하고 이 글을 봉함하라"(단 12:4)라고 말씀하므로, 마지막 종말의 시간, 곧 "많은 사람이 빨리 왕래하며 지식이 더하리라"(단 12:4)라는 시간이 되어서야 봉함된 말씀이 이해되고 풀어질 것이라고 한다. 마찬가지로 요한계시록의 예언도 '샛별이 너희 마음에 떠오르기까지'라는 단서가 있음에 주의해야 한다.

예수 그리스도로 상징되는 샛별, 곧 금성, 새벽 별(Morning Star)은 태양이 뜨기 전의 새벽녘에 하늘에 가장 빛나는 별이 떠오르는 것처럼 어두움의 시간이 끝나가는 시간 그리고 주님이 오시기 직전의 시간인 종말에 우리의 마음에 떠오를 것을 말한다.

베드로 사도는 더 확실한 예언인 요한계시록을 해석하는 데 주의해야 하며, 이것을 해석하기 위해서는 샛별이 우리의 마음에 떠올라야 한다고 말한다.

이것은 예수 그리스도의 영 곧 성령만이 이 말씀을 해석할 수 있다는 것으로, 새 노래를 배울 수 있고 부를 수 있는 십사만 사천의 마음에 성령의 샛별이 떠오를 것을 말하는 것이기도 하다.

결국 요한계시록의 예언은 아무나 해석할 수 없는 책으로, 사도 요한과 같이 이 책을 먹을 수 있는, 그래서 입에서는 달고 배에서는 쓰게 되는 자들만이 먹고 이해할 수 있다는 것으로 볼 수 있다.

하나님은 모세를 통하여 신명기 32장에서 종말을 노래하고 또 예수 그리스도는 사도 요한을 통하여 요한계시록에서 종말을 노래함으로, 결국 하나님이 구약과 신약에서 약속하신 언약의 성취 곧 말씀의 성취가 모세의 노래와 어린양의 노래에 담겨져 있음을 말한다.

이는 마지막 시대 종말의 종들은 이 모세의 노래와 어린양의 노래를 이해하여 깨닫고 배울 수 있고 부를 수 있는 자들이 되어야 함을 말하는 것이기도 하다.

3. 하늘에 증거 장막과 일곱 금대접 재앙

계 15:5 또 이 일 후에 내가 보니 하늘에 증거 장막의 성전이 열리며
계 15:6 일곱 재앙을 가진 일곱 천사가 성전으로부터 나와 맑고 빛난 세마포 옷을 입고 가슴에 금띠를 띠고
계 15:7 네 생물 중에 하나가 세세에 계신 하나님의 진노를 가득히 담은 금대접 일곱을 그 일곱 천사에게 주니

맑고 빛난 세마포 옷을 입고 가슴에 금띠를 띤 일곱 천사가 일곱 재앙을 갖고 하늘의 증거 장막의 성전으로부터 나왔다고 한다.

여기서 일곱 천사가 나온 하늘의 증거 장막은 무엇인가?

증거 장막은 언약궤를 말하며 이것이 놓여 있는 곳은 하늘의 지성소다. 굳이 증거 장막이라고 한 것은 하나님의 말씀인 언약궤 곧 증거궤를 드러내기 위한 것으로, 이것은 하나님의 말씀에 의한 심판 곧 재앙을 내린다는 뜻이다. 하나님의 증거궤 안에는 에스겔서 2장에서 말씀하는 것처럼 "애가와 애곡과 재앙의 말이 기록되었더라"(겔 2:10)라고 하기 때문이다.

그러므로 종말에 내려질 심판인 일곱 재앙은 증거궤 안에 있는 하나님의 말씀으로부터 출발한다. 공의로우신 하나님의 심판은 일방적이지 않다. 이미 우리에게 말씀을 통하여 알려 주셨으며 어느 쪽에도 기울어지지 않는 심판, 곧 의인과 악인 모두에게 공평한 심판을 하실 것이다.

여기서 일곱 재앙을 가진 자는 일곱 천사로 이들 천사에게 네 생물 중 하나로부터 하나님의 진노를 가득히 담은 금대접 일곱이 주어졌다고 한다. 우리는 먼저 재앙을 가진 일곱 천사에 대하여 알아야 한다.

왜 일곱 천사인가? 또한 왜 일곱 재앙인가? 그것은 일곱 교회에 대한 심판이기 때문이며, 한편으로는 하나님의 창조의 실체에 대한 심판이기 때문이다.

하나님은 이 땅에 주님의 몸으로 주고 가신 교회와 하나님의 창조의 실체들 곧 이 모든 것이 타락하고 변질되었고 우상과 함께 더러워졌기 때문에, 심판을 통하여 "뽑으며 파괴하며 파멸하며 넘어뜨리며 건설하며 심게 하였느니라"(렘 1:10)라는 말씀처럼 모든 것을 지우고 새로운 옷으로 갈아입히려고 하신다. 그러므로 계시록 16장에서의 일곱 재앙은 하나님의 처음 창조에 대한 실체들에게 내리는 재앙들이다.

사실 주님은 마태복음 16장에서 베드로를 반석으로 교회를 세우겠다고 하시며 음부의 권세가 틈타지 못하리라고 말씀하셨다. 이 땅의 주님의 교회에게 하나님의 창조의 것들을 보존하고 지킬 것을 명하신 것인데, 결국 이 땅의 일곱 교회는 음부의 권세 곧 사단의 세력들에 의하여 철저하게 유린되어 더 이상 회복할 수없는 지경에 이르렀으므로 하나님은 일곱 천사를 통하여 이 모든 것들을 파괴하라고 허락하셨다.

여기서 하나님의 진노가 가득히 담긴 일곱 금대접은 성도들의 기도가 담긴 대접이다. 곧 하나님에게 세상을 심판하여 주실 것을 탄원하는 향단의 기도가 가득히 담긴 대접을 말한다.

이것은 공의로운 하나님의 심판은 성도들의 기도 곧 "땅에 거하는 자들을 심판하여 우리 피를 신원하여 주지 아니하시기를 어느 때까지 하시려나이까"(계 6:10)라는 탄원과 신원의 기도의 양이 차야 함을 말하는 것이다. 계시록 6장 11절은 이것에 대하여 "각각 저희에게 흰 두루마기를 주시며 가라사대 아직 잠시 동안 쉬되 저희 동무 종들과 형제들도 자기처럼 죽임을 받아 그 수가 차기까지 하라 하시더라"라고 말하며 그 뜻을 같이한다.

그러므로 일곱 금대접에 담긴 하나님의 진노는 그동안 하나님의 종들과 백성들이 세상 곧 짐승으로부터 당한 고통과 아픔과 눈물 그리고 신음과 한숨과 죽음에 대한 진노다. 바로 이것들이 탄식과 기도가 되어 성소의 향단에 올려져 쌓였다고 하겠다.

또한 본 절에서는 "성전에 연기가 차게 되매"(계 15:8)라고 한다.

여기서 '연기'는 '카프노스'(καπνός)라 하여 '연기, 향연'을 말한다. 계시록 8장 3-4절에는 "또 다른 천사가 와서 제단 곁에 서서 금 향로를 가지고 많은 향을 받았으니 이는 모든 성도의 기도들과 합하여 보좌 앞 금단에 드리고자 함이라 향연이 성도의 기도와 함께 천사의 손으로부터 하나님 앞으로 올라가는지라"라고 하여 향연은 바로 성도들의 기도라고 한다.

이 향연 곧 성도들의 기도가 성전에 가득 차므로 이제는 하나님의 심판의 조건이 이루어졌다. 또한 일곱 교회의 성도들로부터 올라온 신원의 기도로 일곱 금대접 안에 이 기도가 쌓이며 바로 이것이 하나님의 진노가 된다.

"일곱 천사의 일곱 재앙이 마치기까지는 성전에 능히 들어갈 자가 없더라"(계 15:8)라고 한다.

여기서 '마친다'는 말은 '텔레오'(τελέω)라 하여 '끝마치다, 완성하다, 결론짓다, 끝내다, 성취하다'라는 뜻이다. 이는 하나님의 언약의 성취를 의미하며 완성을 말하는 것이다.

또한 이것은 세상을 향한 곧 땅에 거하는 자들을 향한 하나님의 분노의 표현이기도 하여 심판의 엄중함을 말하는 것이다.

한편 이 세상의 심판이 완성되어야 비로소 하나님의 성소가 자유해지며 문을 열고 하나님의 종들과 성도들이 성전으로 들어올 수 있다. 이것은 마태복음 16장에서 "네가 땅에서 무엇이든지 매면 하늘에서도 매일 것이요 네가 땅에서 무엇이든지 풀면 하늘에서도 풀리리라"(마 16:19)라고 하신 주님의 말씀처럼 먼저 땅에서 모든 것이 완성되고 해결되며 끝이 나야 하늘에서도 문이 열린다는 것을 의미한다.

결국 하나님의 창조와 종말이 이 땅에서 시작해서 이 땅에서 완성할 때라야만 그다음 하늘의 문이 열리며, 하늘의 시간이 시작될 것이다.

성령론적 요한계시록

Ⅱ

REVELATION

제16장

(Revelation 16)

계 16:1 또 내가 들으니 성전에서 큰 음성이 나서 일곱 천사에게 말하되 너희는 가서 하나님의 진노의 일곱 대접을 땅에 쏟으라 하더라

⬇

계 16:21 또 중수가 한 달란트나 되는 큰 우박이 하늘로부터 사람들에게 내리매 사람들이 그 박재로 인하여 하나님을 훼방하니 그 재앙이 심히 큼이러라

1. 진노의 일곱 대접을 땅에 쏟으라

계 16:1 또 내가 들으니 성전에서 큰 음성이 나서 일곱 천사에게 말하되 너희는 가서 하나님의 진노의 일곱 대접을 땅에 쏟으라 하더라

일곱 대접 재앙은 7년 환난의 기간 중 후 3년 반의 후반기에 나타나는 재앙으로 하나님의 곡식과 포도의 추수를 마친 후 이 땅에 내려지는 마지막 심판이다. 이 땅을 심판해 달라는 성도들의 신원의 기도와 함께 하나님의 진노가 분노가 되어 땅에 거하는 자들에게

그리고 땅을 파괴한 자들에게 내려지게 된다.

이 재앙은 하늘과 땅 그리고 바다와 물을 창조하신 하나님의 창조의 본질과 실체에 대한 심판이다. 하나님은 창세기 1장에서 하나님의 형상대로 사람을 창조하시고 "하나님이 그들에게 복을 주시며 그들에게 이르시되 생육하고 번성하여 땅에 충만하라, 땅을 정복하라, 바다의 고기와 공중의 새와 땅에 움직이는 모든 생물을 다스리라 하시니라"(창 1:28)라고 명령하셨다. 그런데 이 말씀을 거역하고 오히려 땅을 파괴하고 모든 생물들을 포악과 폭력 또한 죽음으로 다스리고 통치함으로 하나님의 손으로 창조된 모든 피조물들의 신음과 한탄이 하늘에 가득한 결과이다.

그러므로 이 재앙은 불법과 포악으로 가득 찬 세상을 심판함으로 깨끗이 청소하고 다시금 하나님의 믿음의 자녀들을 통하여 새로운 세상을 만드시는 하나님의 결단과 심판으로 이해해야 한다.

모든 피조물은 바로 이 시간을 기다려 왔다. 로마서 8장 19-22절에 "피조물의 고대하는 바는 하나님의 아들들의 나타나는 것이니 피조물이 허무한데 굴복하는 것은 자기 뜻이 아니요 오직 굴복게 하시는 이로 말미암음이라 그 바라는 것은 피조물도 썩어짐의 종노릇한 데서 해방되어 하나님의 자녀들의 영광의 자유에 이르는 것이니라 피조물이 다 이제까지 함께 탄식하며 함께 고통하는 것을 우리가 아나니"라며 피조물의 바람에 대하여 그리고 그동안의 아픔에 대하여 말씀하고 있다.

그러므로 우리는 대접 재앙의 심판 후에 올 새로운 세상을 바라보며 나아가야 한다. 베드로는 이것에 대하여 베드로후서 3장 12-13

절을 통하여 "하나님의 날이 임하기를 바라보고 간절히 사모하라 그날에 하늘이 불에 타서 풀어지고 체질이 뜨거운 불에 녹아지려니와 우리는 그의 약속대로 의의 거하는바 새 하늘과 새 땅을 바라보도다"라며 우리를 위로하며 소망을 붙잡을 것을 말하고 있다.

결국 하나님의 진노의 마지막 심판 곧 일곱 대접의 재앙은 하나님의 자녀들 곧 하늘에 거하는 자들에게는 주님이 오시는 신호로 신부가 신랑을 기다리며 맞이하는 시간이다. 반대로 땅에 거하는 자들에게는 하나님의 말씀이 심판이 되어 그들에게 꽂히며 영원한 멸망으로 떨어지는 재앙의 시간으로 다가올 것이다.

이제 한 명 한 명의 천사가 재앙이 담긴 대접을 땅에 쏟음으로 이 세상은 심판의 소용돌이로 변하며 아귀다툼의 현장이 될 것이다. 그러나 그들 안에는 이미 사단의 영과 세상 신 곧 짐승의 영향이 있어, 그들은 하나님을 부르거나 회개하지도 않고 오히려 하나님을 훼방하는 악인들이 될 것이다.

가) 첫째 대접 재앙

계 16:2 첫째가 가서 그 대접을 땅에 쏟으매 악하고 독한 헌데가 짐승의 표를 받은 사람들과 그 우상에게 경배하는 자들에게 나더라

첫째 대접 재앙은 "짐승의 표를 받은 사람들과 그 우상에게 경배하는 자들에게"(계 16:2) 내린다고 한다.

여기서 우리가 한번 생각해 보아야 할 것이 있다. 짐승의 표를 받은 사람들은 당연히 우상에게 경배할 것이고, 반대로 우상에게 경

배하는 자들은 당연히 짐승의 표를 받을 것이라고 생각되니 이들은 하나 같은데 왜 본 절에서는 이들을 서로 다른 자들처럼 말하고 있는 것일까? 이들에게 내리는 재앙이 "악하고 독한 헌데"(계 16:2)라고 하는데, 주님은 짐승의 표를 받은 사람들과 그 우상에게 경배하는 자들로 이들을 분리하고 있다.

이것은 짐승의 표를 받지 않고 우상에게만 경배하는 자들이 있기 때문으로 해석해야 한다. 다시 말하면, 계시록 13장 16절에서 "저가 모든 자 곧 작은 자나 큰 자나 부자나 빈궁한 자나 자유한 자나 종들로 그 오른손에나 이마에 표를 받게 하고"라고 하여 피동적으로 표를 받을 수밖에 없는 신분의 사람들이 있는가 하면, 다른 한편으로는 짐승 곧 적그리스도와 한 패가 되어서 권력과 힘을 가지고 자신들은 짐승의 표를 받을 필요가 없는 자들이 있다는 것이다.

이들은 이미 짐승과 동일한 생각과 사상과 이론을 가지고 짐승의 편에서 일하기 때문에 굳이 짐승의 표를 별도로 받을 필요가 없다. 그러므로 주님은 벌써 이 모든 사실들을 아시고 주님을 대적하고 말씀에 순종치 않은 자들을 짐승의 표를 받은 자들과 표는 받지 않았지만 짐승에게 경배하는 자들로 구분하여 심판으로부터 자신을 숨기거나 벗어나지 못하게 하셨다.

이들에게는 공통적으로 "악하고 독한 헌데"(계 16:2)가 난다고 말하는데 과연 이것이 무엇일까?

우선 이 말을 분석해 보자. '헌데'라는 말은 '헬코스'(ἕλκος)라 하여 '상처, 종기, 궤양'을 가리키는 말이다. 영어로는 'sores'라 하여 상처나 종기로 인하여 몸이 아픈 상태를 말한다. 누가복음 16장 21절에서도 거지 나사로는 "부자의 상에서 떨어지는 것으로 배불리려 하매 심지어 개들이 와서 그 헌데를 핥더라"라고 하는 것과 동일한 어원을 갖는다.

여기서 나사로의 헌데는 마음의 상처와 아픔을 말한다면 짐승의 표를 받은 자들과 그의 우상에게 경배한 자들의 헌데는 '악하고 독하다'라는 표현을 사용하고 있다는 것에 주의해야 한다.

먼저 '악하다'라는 말은 '카코스'(κακός)라 하여 '나쁜, 사악한, 해로운, 위험한' 등의 의미고, '독하다'라는 말은 '포네로스'(πονηρός)라 하여 '힘드는, 고된, 쓰라린, 사악한, 더악한, 괴악한, 악독' 등을 말한다. 이 말들을 종합해 보면 '악하고 독하다'라는 것이 나타난 질병의 상태와 증상의 표현일 수도 있지만 어떤 계획과 의도에 의하여 곧 나쁘고 해로우며 위험한 어떤 악한 것을 그들의 몸에 주입함으로 힘들고 고통스러우며 괴악한 악독이 발생하게 된다는 해석이 가능하다.

그렇다면 그들의 몸에 주입한 이것 곧 악하고 독한 것이 과연 무엇인가?

후 3년 반 동안 적그리스도의 통치를 위한 가장 핵심적인 일이 사람의 몸에 짐승의 표를 심는 일이다. 그리고 이 표를 받은 사람들을 외부에서 조종하고 관리하며 통제하려는 목적이 있다. 지금까지 우리에게 알려진 사실들로 유추해 보면, 현재 아무렇지도 않게 사용하는 5G 스마트폰과 코로나 사태를 이용하여 세계 모든 사람들에게 백신 주사를 놓으려고 하는 정부와 보건 당국의 의도에 심각한 비밀이 숨어 있을 것이라는 예측이 가능하다.

저들이 우리의 생각과 사고 그리고 사람이 갖고 있는 하나님으로부터 받은 천부적인 이성까지도 조종하기 위해서는 먼저 우리 몸에 외부와 접촉할 수 있고 또한 우리 사람 뇌의 신경기능까지 다스리고 정복하며 통제할 수 있는 어떤 미세한 물질, 곧 나노 입자가 들어 있는 그래핀의 주입이 필요하다.

그래핀이란 원래 현대 과학이 흑연에서 추출한 얇고 미세한 막이다. 어떤 다른 물질보다 전도율이 높아 외부의 전파와 쉽게 접촉할 수 있다는 특점이 있어 모든 산업 분야에서 광범위하게 연구되고 적용되는 신소재 물질이다. 이러한 물질이 짐승의 목적을 이루기 위한 숨겨진 의도를 가지고 우리 몸에 삽입된다면 장래에 우리는 하나님이 사람에게 부여하신 모든 권리를 빼앗기고 짐승의 노예가 되고 말 것이다.

지금 세상은 바로 이것을 위하여 코로나 사태를 의도적으로 발생시켰으며, 코로나를 종식시킨다는 허황된 거짓과 유혹 그리고 방송을 통한 세뇌로 온 세상의 국민들에게 백신 주사를 놓는 데 혈안이 되어 있다. 이것은 바로 짐승의 세상 곧 다가올 적그리스도의 세상을 만들기 위한 준비를 하는 것이며 반대로는 이러한 현상과 징조들은 우리 주님의 재림의 시간이 얼마 남지 않았음을 알리는 신호로 받아들여야 한다는 것이다.

그렇다면 본 절에서 말하는 "악하고 독한 헌데"가 발생하는 이유를 예상할 수 있다. 전자적인 자성을 띤 그래핀 나노 입자가 우리 몸 안에서 일으키는 현상으로, 몸 안의 세포조직과 혈관 그리고 단백질과 신경조직 등과의 충돌로부터 발생한다고 할 수 있다. 이 물질은 몸 안에서 자성을 띠므로 점막에 염증을 발생시킬 뿐 아니라 혈전과 더불어 몸 안에서 종양을 발생시킬 수도 있다.

앞으로 5G의 강력한 전파를 보내면 이미 백신을 통하여 우리의 몸 안에 주입된 그래핀 나노 입자가 자성으로 인하여 몸 내부의 각 조직을 손상시킬 것이며, 이로 인하여 하나님의 말씀에 순종치 않고 오히려 세상과 짝하며 짐승의 소리를 경청하므로 백신 주사를 맞은 땅에 거하는 자들 곧 짐승의 표를 받은 자들과 그의 우상에게 경배하는 자들에게는 고통으로 다가올 것이다.

이러한 현상은 2020년의 코로나 사태 이후 현재까지 지속되고 있다. 이들의 의도는 깨닫지 못한 어리석은 백성들에게 백신이라는 미명의 독극물을 주입시킴으로 자신들의 목적과 뜻을 이루려 하고 있다는 사실과 이러한 과정을 통하여 짐승의 세상이 오는 것을 준비하고 있다는 것에 주의하여야 한다.

그러므로 진정 하나님의 사람들이라면 지금의 시간이 마지막 종말이라는 사실을 깨닫고 이런 자들의 계획과 음모로부터 자신을 보호해야 한다.

나) 둘째 대접 재앙

> **계 16:3** 둘째가 그 대접을 바다에 쏟으매 바다가 곧 죽은 자의 피같이 되니 바다 가운데 모든 생물이 죽더라

둘째 대접을 바다에 쏟는다고 한다.

계시록 13장에는 "바다에서 한 짐승이 나오는데"(계 13:1)라고 하여 후 3년 반 동안 세상을 통치할 적그리스도가 바다로부터 올라온다고 한다. 여기서 바다에서 올라온 짐승은 곧 세상으로부터 올라온 짐승을 말하는 것으로, 정치와 경제와 군사 등 세상의 모든 것을 지

배하는 통치자의 등장을 의미한다.

이스라엘 백성들이 애굽에서 출애굽할 때도 홍해라는 바다를 건너야만 광야라는 하나님의 말씀과 임재가 있는 곳으로 갈 수 있듯이 바로 우리 신앙인들이 가장 먼저 건너야 할 대상이 바로 바다라는 장애물이다.

바다는 애굽을 상징하기도 하며 지금 우리에게는 현재 우리가 살고 있는 삶의 현실과 환경이기도 한 것이다. 반드시 주님의 사람으로 하나님의 나라를 소망한다면 이 바다를 건너 하나님이 인도하는 곳으로 나아가야 한다.

마태복음 14장에서는 바다에서 "바람이 거슬리므로 물결을 인하여 고난을 당하더라"(마 14:24)라는 제자들의 모습을 그리고 있다. 제자들이 타고 운전하는 배는 곧 교회를 의미한다. 이 교회가 세상의 바람에 거슬리고 물결로 인하여 고난을 당할 것을 보여 주는 예언이다.

이는 바다라는 세상에는 항상 바람이 불고 물결이 몰아치듯이 교육과 사상과 철학 그리고 이론과 과학들이 바람과 같은 눈에 보이지 않는 강력한 세력이 되어 교회를 힘들게 할 것과, 이러한 바람에 의하여 만들어진 교회의 반대 세력들이 실제적으로 물결처럼 교회를 치게 됨으로 어렵고 힘든 고통의 시간이 될 것을 예언하는 말씀이다.

그러나 우리 주님은 밤 사경이라는 새벽녘 곧 해가 뜨기 직전의 시간에 새벽별이 되어 교회를 찾아오실 것이다. 또한 세상의 잘못된 교육과 사상과 철학 그리고 이론과 과학 등 주님을 대적하여 교회를 힘들게 하고 어렵게 하며 고통을 주었던 모든 실체들을 드러내며 바람을 잠잠케 하실 것을 약속하신다.

이 말씀은 종말에 교회에 이루어질 일에 대한 주님의 예언이며 약속이며 교회는 생리적으로 세상과 함께할 수 없음을 보여 주고 있다. 주님은 바로 그동안 교회를 힘들게 하고 핍박하며 고통을 가했던 세상을 향하여 본 절에서 대접 재앙으로 심판하는 것이다.

여기서 둘째 대접을 쏟음으로 "바다가 곧 죽은 자의 피같이 되니 바다 가운데 모든 생물이 죽더라"(계 16:3) 하는 현상이 일어난다.

죽은 모든 생물의 근본을 살펴보면 '네크로스'(νεκρός)라고 하여 죽은 육체를 말하는 것인데 특별히 '생명이 없는, 하나님으로부터 떠나서 죽은, 죽을 수밖에 없는, 죽음과 불행을 가져오는'의 뜻이다. 결국 둘째 대접 재앙으로 죽은 자들은 하나님과 무관하게 살았던 자들로, 이미 이들의 영은 죽은 자들 곧 생명이 없는 자들이라는 것이다. 이는 하나님을 알지 못하므로 이미 이들의 생명은 죽을 수밖에 없는 심판을 받은 자들로 둘째 대접을 통하여 육체적인 죽임 곧 육체적인 심판을 받게 됨을 말한다.

요한복음 3장 18절은 이것에 대하여 "저를 믿는 자는 심판을 받지 아니하는 것이요 믿지 아니하는 자는 하나님의 독생자의 이름을 믿지 아니하므로 벌써 심판을 받은 것이니라"라고 말씀한다. 독생자 예수 그리스도를 믿지 아니한 자들로 이미 이들은 영적인 심판을 받은 자들이며, 마지막으로 하나님으로부터 떠나 죽음과 불행을 가져오는 육체적 죽음의 심판을 받을 것을 말하는 것이다.

둘째 대접 재앙은 하나님을 모르고 예수 그리스도를 인정하지 않는 세상이란 바다에 속하여 살아가던 자들 곧 세상의 부귀와 영화 그리고 성공과 명예만을 바라고 살던 자들에 대한 육체적 죽음이라는 심판을 가리킨다.

그렇다면 이들의 죽음은 과연 무엇으로 인한 것일까? 전쟁으로 아니면 바이러스와 같은 질병 등으로 인한 것일까? 정확하게 지금은 무엇이라 단정할 수 없지만 분명한 것은 바다가 죽은 자의 피같이 된다는 사실이다.

피는 사람의 생명으로 우리의 몸 안에서 흐르고 있다. 그러나 만약 이 피가 죽은 자의 피같이 된다면, 곧 굳게 되고 검게 되며 흐르지 않는 것처럼 몸 안에 피가 검게 굳은 피떡이 된다면 이는 분명 이렇게 하는 원인이 있을 것이기 때문이다.

지금 산화 그래핀이라는 물질이 백신을 통하여 우리 몸 안에 주입되고 있다. 이것으로 인하여 현재 많은 사람들이 원인도 모르고 죽어가고 있는 것이 현실이다. 백신 주사를 통하여 사망을 당한 사람들의 피는 모두가 혈전이라는 피떡이 발생한다는 사실은 이미 많이 알려져 있다. 하나님의 말씀과 예수 그리스도를 인정치 않으므로 예언과 경고를 무시하고 코로나를 핑계로 백신 주사 곧 우리 몸에 화학 독극물질을 아무 의심 없이 투여받은 자들의 마지막 결국이 바로 이와 같을 것이라고 생각한다.

이것은 종말에 깨어 있으라는 주님의 경고를 무시한 자들에게 내려지는 심판으로 후 3년 반의 후반기에는 바로 이 세상이 죽음의 세상으로 바뀔 것을 보여 주는 경고다.

다) 셋째 대접 재앙

계 16:4 셋째가 그 대접을 강과 물 근원에 쏟으매 피가 되더라 셋째 대접은 강과 물 근원에 쏟는다고 하며 피가 되더라고 한다.

먼저 셋째 대접 재앙이 쏟아지는 강과 물 근원은 어디인가? 강과 물은 바다와 비교되는 말이다. 사람이 생명을 위하여 먹고 마실 수 있는 것이 강과 물이라면 바다는 마실 수 없는 사망의 물이다.

또한 둘째 대접 재앙 "그 대접을 바다에 쏟으매 바다가 곧 죽은 자의 피같이 되니 바다 가운데 모든 생물이 죽더라"(계 16:3)라는 재앙과 비교하여 강과 물 근원에 내리는 재앙을 말하고 있다. 다시 말하면, 바다에 내리는 재앙이 세상에서 하나님을 떠나고 예수 그리스도를 믿지 아니하는 자들 곧 이미 영의 심판을 받아 생명이 없는 자들에게 내려지는 재앙이라고 한다면, 강과 물 근원에 내리는 재앙은 사람이 먹고 마실 수 있는 생명의 물의 근원을 맡은 자들에게 내려지는 재앙이라는 것이다.

주님은 곧 저들이 그동안 한 일이 무엇이었는지 말씀하고 있다. "저희가 성도들과 선지자들의 피를 흘렸으므로 저희로 피를 마시게 하신 것이 합당하니이다 하더라"(계 16:6)라고 하기 때문이다. 저들은 그동안 교회 안에서 하나님의 말씀을 맡은 자들로 변질된 신학을 가르치고 성경을 변조시키며 성도들로 하여금 잘못된 길로 가도록 인도하며 유인한 자들이다.

주님은 이 땅에 교회를 두시고 어두운 세상을 밝히는 등불로 세우셨다. 그러나 저들은 누가복음 8장 16절에서 "누구든지 등불을 켜서 그릇으로 덮거나 평상 아래 두지 아니하고 등경 위에 두나니 이는 들어가는 자들로 그 빛을 보게 하려 함이라"는 말씀처럼 교회가 밝혀야 할 진리의 등불을 그릇으로 덮고 평상 아래 둠으로 사람들로 하여금 보지 않게 또한 보지 못하게 했음을 지적하신다.

하나님의 진리의 말씀이 가려진 채 거짓된 말씀으로 포장되어 그동안 수많은 성도들이 독이 든 강물과 물을 먹어 왔다. 신명기 32장 33-34절에는 이러한 현상에 대하여 "그들의 포도주는 뱀의 독이요 독사의 악독이라 이것이 내게 쌓이고 내 곳간에 봉하여 있지 아니한가"라고 하며, 하나님은 저들이 성도들에게 뱀의 독이요 독사의 악독을 주어 사망으로 이끌어 가는 악랄한 죄를 하나님의 곳간에 쌓음으로 어느 한날 한때, 곧 종말의 시간에 셋째 대접 재앙을 통하여 심판하실 것이다.

그러므로 강과 물 근원에 대접을 쏟는다는 의미는 더 이상 하나님의 생명의 말씀을 가지고 장난치지 못하게 함과 더불어 이제는 이 땅에 사람들이 먹고 마심으로 생명을 얻을 수 있는 강과 물인 하나님의 말씀이 더 이상 존재하지 않고 끝이 난다는 의미로 받아들여야 하겠다. 그 이유는 주님은 히브리서 8장 10절을 통하여 "또 주께서 가라사대 그날 후에 내가 이스라엘 집으로 세울 언약이 이것이니 내 법을 저희 생각에 두고 저희 마음에 이것을 기록하리라 나는 저희에게 하나님이 되고 저희는 내게 백성이 되리라"는 말씀처럼 하나님의 백성이 되는 조건이 '법을 생각에 두고 마음에 기록한 자'이기 때문이다.

이것은 우리 안에 하나님의 말씀이 있는 자로서, 이제는 겉으로 보이는 변조되고 변질된 성경이 아니고 성령께서 우리에게 가르쳐 주신 진리의 말씀을 소유한 자를 말한다. 요한일서 2장 27절은 "너희는 주께 받은바 기름 부음이 너희 안에 거하나니 아무도 너희를 가르칠 필요가 없고 오직 그의 기름 부음이 모든 것을 너희에게 가르치며 또 참되고 거짓이 없으니 너희를 가르치신 그대로 주 안에 거하라"는 주님의 음성에서 그 사실을 알 수 있다.

본 절은 저들에게 피를 마시게 하는 것이 합당하다고 한다. 여기서 피를 마시게 하는 것이 합당하다는 이유는 무엇인가?

레위기 17장에서는 "육체의 생명은 피에 있음이라"(레 17:11)라고 말씀한다. 그러나 성경이 말씀하는 '생명이 피에 있다'고 하는 말은 예수 그리스도의 보혈의 피가 우리 피 안에 흐를 때 생명이 있고 그렇지 않다면 이 피는 생명이 없는 사망의 피라는 말이다.

피는 생명의 피와 사망의 피로 나뉘며, 예수 그리스도의 죽으심의 피가 우리의 죽을 몸에 믿음으로 들어와 하나가 되었을 때 우리 몸에 흐르던 사망의 피가 생명의 피로 바뀌게 된다. 반면에 예수 그리스도의 죽으심과 그의 피 흘리심을 믿음으로 받지 아니하고 믿지 아니한 자들에게는 그들의 몸에 그대로 사망의 피가 흐른다.

성도들과 선지자들의 피를 흘린 자들은 겉으로는 예수 그리스도를 믿는 자로 거짓 행세하지만 마음으로는 예수 그리스도와 무관한 자들로 이미 저들의 몸속에는 사망의 피가 흐르고 있다.

우리 안에 흐르는 피가 생명의 피인지 또는 사망의 피인지를 알 수 있고 분별할 수 있는 분은 오직 예수 그리스도시다. 겉으로는 거룩한 주의 종으로 또는 신학자로 행세하지만 그 마음속 깊은 곳을 헤아리시는 분의 눈을 피할 수 없다.

요한복음 2장 24-25절에도 "예수는 그 몸을 저희에게 의탁지 아니하셨으니 이는 친히 모든 사람을 아심이요 또 친히 사람의 속에 있는 것을 아시므로 사람에 대하여 아무의 증거도 받으실 필요가 없음이니라"라고 말씀하듯이, 우리가 예수 그리스도를 믿는 믿음이 있느냐 없느냐 또한 그의 흘리신 피의 능력을 믿느냐 아니면 믿지 않느냐를 주님은 이미 알고 계신다.

왜 사망의 피로 재앙을 내리시는가? 예수 그리스도께서 우리를 위하여 흘리신 피 곧 보혈이 매우 고귀하고 거룩한 것임에도 불구하고 이 피를 거역하고 믿지 아니하는 자들은 이미 그들이 믿지 아니하므로 그들의 몸속에 흐르는 사망의 피로 그 심판이 내려지게 된다.

본 절은 또 "제단이 말하기를 그러하다 주 하나님 곧 전능하신 이시여 심판하시는 것이 참되시고 의로우시도다 하더라"는 말씀을 한다.

여기서 '제단'은 '뒤시아스테리온'(θυσιαστήριον)이라 하여 '제단, 번제단'을 말하며 이 말은 '뒤시아'(θυσία)라는 '희생, 제사, 제물'이라는 단어에서 유래하였다. 곧 번제 희생의 제사를 드리는 번제단을 말하는데 번제단은 지금의 교회에서 드려지는 예배를 상징한다.

그리고 이 예배는 요한복음 4장에서 말씀하시는 신령과 진정의 예배다. 요한복음 4장 24절의 "하나님은 영이시니 예배하는 자가 신령과 진정으로 예배할지니라"는 말씀처럼 여기서 말하는 신령과 진정은 곧 신령한 영인 성령과 진리의 말씀을 가진 마음 곧 진정이라는 의미이다.

제단 곧 예배는 "네 마음을 다하고 목숨을 다하고 뜻을 다하고 힘을 다하여 주 너의 하나님을 사랑하라"(막 12:30)라는 말씀과 같이 자신의 모든 것을 번제물로 드려지는 마음으로 드려야 한다. 신령과 진정으로 드려지는 제단 곧 예배는 주님의 생명이 살아 있는 생명체이다.

따라서 제단이 이처럼 말하는 것은 결국 거짓으로 가증스럽게 예배드린 자들에 대한 하나님 앞에 심판의 합당함을 증거하는 것이다.

결국 셋째 대접 재앙은 하나님과 예수 그리스도를 망령되이 일컬으며 거짓된 사역으로 성도들과 선지자들의 피를 흘리게 하며 예배의 단을 더럽혔던 자들에 대한 심판이다.

라) 넷째 대접 재앙

> **계 16:8** 넷째가 그 대접을 해에 쏟으매 해가 권세를 받아 불로 사람들을 태우니

네 번째 대접은 해에 쏟으므로 해가 강력한 뜨거움으로 사람들을 태운다고 한다.

하나님이 지으신 창조물 중에서 해와 달과 별은 넷째 날에 창조하셨고, 이것을 지으신 목적을 징조와 사시와 일자와 연한을 이루기 위함이라고 하였다.

창세기 1장은 하늘의 궁창에 두 광명을 만드시고 큰 광명으로 낮을 주관하게 하시며 작은 광명으로 밤을 주관하게 하셨다고 한다. 그리고 "그 광명으로 하여 징조와 사시와 일자와 연한이 이루라"(창 1:14)라는 명령을 하셨다. 그러므로 해와 달의 두 광명은 빛을 통하여 낮과 밤을 주관하게 하신 것 외에 하나님이 세상에 보내시는 징조와 사시와 일자와 연한을 위해 해와 달과 별을 창조하셨다고 말씀한다.

지금 세상은 1992년 이후 온난화 또는 기후 변화(Climate Change)라는 화두가 빅 이슈가 되어 있다. 그리고 이러한 지구 환경의 기후 변화가 탄소가스 배출로 인해 발생한다는 이론, 또는 과학적으로 기후 변화가 의도적인 기구 곧 하늘에 컴트레일(Chemtrail)과 하프(Haarp)로 인하여 발생한다는 음모 이론이 공존하고 있다.

여기서 우리가 알아야 하는 것은, 1992년 브라질의 리우데자네이루에서 열린 기후 변화 회의에서 세계의 탄소 배출량의 감소와 인구 감축에 대한 의견이 제기되었다는 것이다. 그 이후 탄소 배출의 주범인 빌 게이츠는 이것을 이유로 사람의 수를 감축해야 한다는 인구 감축 강연을 하면서 공공에 이것을 공개적으로 제안했다.

이와 같이 기후 변화에 대한 관심과 함께 세계 모든 나라가 이것에 대하여 책임져야 한다는 사고를 주입시키면서, 지금까지 세계는 기후 변화에 대한 노이로제에 걸릴 만큼 심각한 기후 환경을 맞이하고 있음을 보고 있다. 곧 세계적인 지진과 화산 폭발과 수시로 다가오는 강력한 태풍과 기온 상승 등, 전에 경험하지 않았던 수없이 많은 환경의 변화를 지금 우리는 느끼고 있다.

여기서 우리는 이러한 기후 현상이 자연적인 것인가 아니면 세상을 지배하려는 자들이 과학을 통하여 만든 의도적인 것인가라는 점을 생각해 봐야 한다. 물론 과학계에서도 이것에 대한 의견이 분분하여 우리로서는 무엇이 옳은 것인지 분별할 수 없는 혼란이 있음은 분명하다. 그러나 전 세계의 하늘에서 컴트레일이 뿌려지고 또한 하프(Haarp)라는 기구가 존재하며, 이것에서 발생하는 수백만 볼트의 전류를 이용하여 하늘의 오존층을 파괴하고 있다는 많은 문서들이 존재한다. 따라서 기후 변화를 조장하여 인구의 감축을 유도하고 있다는 사실로 충분히 유추할 수 있다.

그렇다면 왜 넷째 대접을 해에 쏟을 때 해가 권세를 받아 불로 사람을 태운다고 할까? 이미 이 세상을 주관하려는 자들이 하늘의 컴트레일에 의하여, 뿌려진 화학 물질로 인하여, 또한 하프에 의하여 뚫어진 오존층으로 인하여 지구의 온도가 급격히 상승하고 이로 인하여 사람들이 불로 태워지는 재앙이 올 것을 예상할 수 있다.

왜냐하면 하나님이 이 땅에 행하시는 심판과 재앙은 하나님이 새롭게 만드신 재앙이 아니라 이미 이 땅의 사람들 곧 땅을 망하게 하는 어둠의 세상 주관자들이 자신들의 목적을 이루기 위하여 사용하던 방법과 기술과 환경을 그대로 사용하기 때문이다.

다시 말하면 계시록 11장에서 "땅을 망하게 하는 자들을 멸망시키실 때로소이다"(계 11:18)라는 말씀같이 자신들이 만들어 놓은 과학적인 기구들 곧 컴트레일과 하프와 같은 것들을 통하여 인구 감축과 함께 땅을 멸망시키려는 계획에 대하여 하나님도 동일한 방법을 사용하신다는 것이다. 이것을 "자기 발등을 자기가 찍는다"는 말로 표현할 수 있다.

여기서 해가 권세를 받는다는 표현은 태양의 온도가 갑자기 크게 상승하는 것을 말하는 것이 아니다. 태양의 온도는 일정한데 중간에 하늘에 뿌려놓은 물질로 인하여 지구의 온도가 갑자기 크게 상승하는 것으로 이해해야 한다.

문제는 이러한 재앙이 땅에 내리는 중에도 "하나님의 이름을 훼방하며 또 회개하여 영광을 주께 돌리지 아니하더라"(계 16:9)라는 말씀이다.

계시록 14장에서 하나님의 추수가 끝난 이후 이 땅에 거하는 자들은 더 이상 하나님의 은혜와 긍휼의 대상이 되지 못하고 오직 진노하시는 하나님의 불같은 심판만이 있다는 것으로, 이미 이들 속에는 강력한 사단의 영의 지배가 있을 뿐이라는 것을 보여 준다.

그러므로 아무리 교회를 다니며 신앙인의 모습을 보였을지라도 종말에 하나님과 주님을 배도하고 세상으로 돌아간 자들은 더 이상 회개의 영이 임하지 않는다는 사실로 오히려 하나님을 훼방하는 자로 변화될 것이다.

마) 다섯째 대접 재앙과 짐승의 보좌

> **계 16:10** 또 다섯째가 그 대접을 짐승의 보좌에 쏟으니 그 나라가 곧 어두워지며 사람들이 아파서 자기 혀를 깨물고

다섯째 대접은 특별히 짐승의 보좌에 쏟는다고 한다.

계시록 13장에는 두 마리의 짐승이 등장하는데 곧 바다에서 올라오는 짐승과 땅에서 올라오는 짐승이다.

환난 기간의 후 3년 반 곧 마흔두 달은 이들이 세상을 통치하는 기간이고 이들에게 모든 권세가 주어진다. 짐승의 표가 없으면 매매를 할 수 없고 짐승의 우상에게 경배하지 아니하면 누구든지 죽음을 당하는, 역사 이래 전무후무한 시대임을 이미 계시록 13장에 기록하고 있다. 이들 짐승의 세력들은 자기의 때가 얼마 남지 않았다는 사실을 알고 하나님과 예수 그리스도를 대적하여 마지막 최고의 발악을 하는 시기이다.

본 절의 다섯 번째 대접 재앙은 이제 후 3년 반의 기간 곧 이들의 통치 기간의 후반부에 나타날 재앙으로 이것은 우리 주님의 재림이

임박한 시간을 말하는 것이기도 하다.

여기서 짐승의 보좌라는 것은 짐승이 갖고 있는 그리고 짐승에게 주어졌던 권세를 말하는 것으로, 계시록 13장 5절에 "짐승이 큰 말과 참람된 말 하는 입을 받고 또 마흔두 달 일할 권세를 받으니라"는 바로 그 권세를 말한다. 그러므로 다섯 대접 재앙은 이제 그 짐승에게 주어졌던 권세가 끝이 나고 있음을 말하며 이에 속했던 나라들의 어두워짐 곧 침몰할 것을 말하는 것이다.

여기서 '어두워진다'는 말은 '스코토오'(σκοτόω)라 하여 '징벌과 고통의 어둠, 영적인 흑암, 어두움에 싸이다, 장님이 되다'라는 뜻이다. 그동안 그들에게 충만했던 지혜와 지식이 떠나고 장님같이 앞을 볼 수 없는 영적인 어둠과 흑암의 세력들이 그들을 덮을 것을 말한다.

이와 더불어 "사람들이 아파서 자기 혀를 깨물고"(계 16:10)라고 하는데, 여기서 '아프다'라는 말은 '포노스'(πόνος)라고 하여 수고하다라는 말에서 유래한 '노동, 고통, 수고, 고생, 비참함, 고뇌, 아픔'을 가리키는 단어다. 그동안 자신들이 이루었던 모든 것 곧 그동안 수고하며 고된 노동과 함께 고생한 모든 일들이 무너져 내리는 고통과 함께 비참함을 의미한다. 자신들의 계획과 그동안 수고했던 모든 일들이 무너져 내리는 것에 대한 좌절과 고통의 마음을 표현한 것이다

"또한 혀를 깨물고"라는 말에서 '깨문다'라는 말은 '맛사오마이'(μασσάομαι)라고 하여 '씹다, 먹어 버리다, 깨물다, 악물다, 이를 갈다'라는 뜻으로 자신들의 뜻이 실현되지 못하는 것에 대한 분노와 억울함의 표시다. 재앙을 행하는 하나님과 주님에 대하여 이를 갈고 씹어 먹어 버리고 싶은 악한 감정을 표현한 것이다.

이것은 종말에 사단을 통한 악의 표현이 얼마나 강력한 것인가를 보여 주는 예로, 그들은 최후가 가까이 올수록 회개하고 반성하는 것이 아니라 끝없는 악을 발산한다는 것을 보여 주는 전형적인 사건이다.

이러한 재앙은 교회를 배반한 자들에게 크고 강력하게 역사하여, 재앙에 대하여 하나님과 주님을 더욱 원망하며 아파서 자기 혀를 깨무는 일이 발생할 것이다.

이들에 대하여 "아픈 것과 종기로 인하여 하늘의 하나님을 훼방하고 저희 행위를 회개치 아니하더라"(계 16:11)라고 하는데, 이것은 첫째 대접 재앙에서 짐승의 표를 받은 사람과 그 우상에게 경배하는 자에게 나타났던 악하고 독한 헌데와 같은 증상이다. 이들의 몸속에 흐르는 뱀의 독과 같은 악의 피가 썩어서 피부를 뚫고 나오는 종기, 곧 암과 같은 종양으로 발생하는 고통을 의미한다.

이와 같이 짐승의 보좌에 앉고 또한 그 보좌 주변에서 함께 수고하며 같은 목적을 이루기 위하여 일을 했던 자들은 그 행위를 회개치 않는다고 한다.

여기서 '행위'는 '엘곤'(ἔργον)이라고 하여 '일, 행동, 업무, 사업, 행실' 등을 가리킨다. 그동안 하나님의 백성들과 교회를 핍박하고 괴롭히며 억눌렀을 뿐 아니라 미혹하여 잘못된 길로 인도했던 모든 거짓의 행위 등을 회개치 않는다고 말함으로 이들이 얼마나 사단의 영에 잡혀 있었는지를 짐작하게 한다.

그러므로 다섯째 대접 재앙이 내림과 동시에 짐승의 보좌와 그의 권세 그리고 그와 함께했던 모든 나라들은 이제 수렁으로 떨어지며 점점 그 세력을 잃고 파멸의 길을 향하여 갈 것이다.

그러나 이 다섯째 대접 재앙으로 인하여 아직 이들의 모든 것은 끝난 것이 아니다. 아직 여섯째와 일곱째 대접 재앙이 남아 있어 이들은 최악의 수단과 함께 하나님과 주님 그리고 이스라엘에게 대적을 하려는 계획을 갖게 될 것이다.

그러나 이사야 42장 13절에서 "여호와께서 용사같이 나가시며 전사같이 분발하여 외쳐 크게 부르시며 그 대적을 크게 치시리로다"라는 말씀처럼 주님은 마지막 종말의 싸움에서 대적을 물리치고 승리할 것을 선언하고 있으므로 우리에게는 기쁨과 소망이 있다.

바) 여섯째 대접 재앙과 아마겟돈 전쟁

계 16:12 또 여섯째가 그 대접을 큰 강 유브라데에 쏟으매 강물이 말라서 동방에서 오는 왕들의 길이 예비되더라

여섯째 대접은 큰 강 유브라데에 쏟는다고 한다. 유브라데는 창세기 2장 14절에 등장하는 강으로, 에덴에서 발원한 네 개의 강 중 하나로 아브라함이 태어난 시날 땅을 흐르는 강이고 니므롯을 통한 바벨론의 문명 곧 우상의 문명이 발생된 강이다.

또한 유다의 백성들이 느부갓네살에 의하여 포로가 되어 70년의 노예 생활을 한 지역이 바로 유브라데강이 흐르는 바빌로니아 지역이다.

'유브라데'(Εὐφράτης)는 히브리어로 '페라트'(פְּרָת)라고 하며 '결실이 많은, 유익함'이라는 뜻과 함께 '격하고 성급하며 활발하게 돌진하다, 별안간 일어나다, 발발하다'라는 뜻을 갖는 단어이다. 곧 유브라데는 두 가지의 뜻을 갖고 있는 강이다. 먼저는 인류의 생명의 젖줄이며

인류 문명의 발생지로서의 의미를 갖고 있다.

그러나 인류의 역사를 보면, 특히 성경의 역사 속에서 볼 때 유브라데는 항상 하나님이 가장 싫어하며 격노하시는 우상의 발생지가 되었다. 오늘날 세계 모든 지역과 나라에서 행해지는 우상과 그의 행위들이 바로 유브라데라는 강을 중심으로 한 시날 땅에서 발생했다.

창세기 10장에서 하나님을 대적하며 바벨탑의 우상으로 하나님을 격노케 했던 니므롯의 나라에 대하여 "그의 나라는 시날 땅의 바벨과 에렉과 악갓과 갈레에서 시작되었으며"(창 10:10)라고 하여 시날 땅이 우상의 시작이었음을 말한다.

스가랴서 5장에서도 악이라고 하는 한 여인을 에바 바구니 속에 넣어 시날 땅으로 옮기는 장면을 기록하고 있다. "그들이 시날 땅으로 가서 그를 위하여 집을 지으려 함이니라 준공되면 그가 제 처소에 머물게 되리라"(슥 5:11)라는 말씀을 통하여 종말에는 우상을 상징하는 여인을 우상의 본거지인 시날 땅으로 옮겨 그곳 처소에 머무르게 하겠다고 말한다.

그러므로 본 절에서 대접을 유브라데에 쏟는 것과 그리고 그 강물이 마르는 이유는, 원래 하나님은 에덴동산으로부터 흐르는 네 개의 강을 통하여 이 세상에 생명을 주기를 원하셨지만 유브라데강을 중심으로 발생한 시날 땅의 문명과 니므롯의 나라들이 세상의 우상의 본거지가 되고 말았다. 우상이 마지막 종말까지 지속하며 하나님을 대적하므로 하나님은 이 유브라데에 최후의 진노의 대접을 쏟아 그 지역을 영원히 영적으로 마르게 하여 사람이 살 수 없는 황량한 땅으로 만들겠다는 의미다.

여기서 '말라서'라는 말은 '크세라이노'(ξηραίνω)라고 하여 '마르게 하다, 바짝 마르게 하다, 쇠약해지다, 시들게 하다'라는 뜻을 가지고 있다. 결실이 많고 유익한 지역이었던 유브라데강과 시날 땅의 근원을 이제는 생명이 살 수 없는 땅, 곧 다시는 어떤 우상이 발생할 수 없는 땅으로 바짝 마르게 하며 쇠약하게 하겠다는 하나님의 진노와 재앙을 표현하는 말이다.

현재 유브라데강이 지나는 나라는 터키와 시리아와 이라크 지역으로 전형적인 이슬람의 종교가 강력한 나라들이다. 또한 이 지역은 계속된 전쟁으로 인하여 국가와 경제가 피폐한 상태로 이스라엘과는 오랫동안 악한 대립의 관계가 지속되고 있다.

그러나 우리가 여기서 생각해야 할 것은 있다. 이들 나라와 민족의 구성이 성경적으로 아브라함의 아들인 이스마엘과 야곱의 형인 에서의 후손들이라는 것이다.

이스마엘은 아브라함의 장자이지만 하나님의 언약으로부터 벗어난 아들로 내어 쫓김을 받았다. 에서는 이삭의 장자로 태어났지만 야곱에게 장자권을 빼앗기고 떠난 자로 나중에 "이스마엘의 딸이요 느바욧의 누이인 마할랏을 아내로"(창 28:9) 취하였다. 이로써 이스마엘과 에서는 하나의 가족 관계로 형성됨을 성경은 말한다.

바로 이것은 오늘날 중동의 사람들이 이스마엘과 에서의 가족에서 출발했음을 말하는 것이다. 다니엘서 2장 43절에서는 느부갓네살 왕의 꿈을 통하여 "왕께서 철과 진흙이 섞인 것을 보셨은즉 그들이 다른 인종과 서로 섞일 것이나 피차에 합하지 아니함이 철과 진흙이 합하지 않음과 같으리이다"라고 하며 발가락이 철과 진흙이라는 서로 다른 성분과 섞일 것을 말하고 있음에 주의해야 한다.

"그 발과 발가락이 얼마는 토기장이의 진흙이요 얼마는 철인 것을 보셨은즉"(단 2:41)이라는 말씀처럼 토기장이신 하나님이 발과 발가락으로 표현되는 종말에 하나의 발과 발가락이라고 하여 모양과 기능은 하나같이 보이지만 서로 섞일 수 없는 성질의 것을 만들어 놓으셨음을 말한다.

곧 종교적인 모양과 기능은 이슬람이라는 하나의 발과 발가락으로 형성되어 있어 보이지만 그 안에 내용은 진흙과 철이라는 아주 다른 질적인 차이를 갖는 그래서 도저히 섞일 수 없는 무엇인가가 있다는 것이다.

이것이 신묘막측하신 하나님이 토기장이로서 세상을 운용하고 섭리하시는 방법이다. 이것을 위하여 하나님은 장자의 축복을 받은 이스라엘의 열두 지파 곧 가나안 땅의 북이스라엘과 남유다를 앗수르와 바벨론에 포로가 되게 하시고, 원래 그곳에 살던 이스마엘과 에서의 후손들에게 혼인을 통하여 장자의 씨를 뿌림으로 피가 섞이게 하셨다. 그러므로 그 지역에는 장자의 씨를 뿌림 받은 진흙과 씨를 뿌림 받지 못한 철이 결합되어 살아가는 지역이 되었고, 마지막 종말에는 이 모양이 진흙과 철로 확연하게 드러날 것이다.

섞인 것이라는 말에서 '섞이다'라는 표현의 히브리어가 '아랍'(עָרַב)으로 오늘날 중동지역이 아랍으로 불리게 된 이유이다.

이스라엘이라는 장자의 씨가 심겨진 자들 곧 진흙과 그렇지 않은 자들 곧 철이라는 하나님의 섭리가 그 속에 운영되고 있음을 알려주는 계시다.

결국 하나님은 이스마엘과 에서의 자손들을 버리지 아니하시고 그들 속에 야곱의 아들들을 통하여 약속의 씨를 뿌리기 위하여 유브라데강 지역에 포로로 보내셨다는 하나님의 보이지 않는 섭리가 있다. 오늘날 그 씨가 뿌려져 그리스도 안으로 돌아오는 진흙과 같은 자들이 강력한 이슬람 세력이 지배하는 중동지역에 무수히 많다는 사실은 바로 종말에 이들을 부르시는 하나님의 뜻이 성취되는 것이다. 곧 뿌려진 씨를 예수 그리스도 안으로 거두고 수확하는 일이다.

그렇다면 이것을 통하여 동방에서 오는 왕들은 누구인가?

곧 이들은 개구리 같은 세 더러운 영에 의하여 아마겟돈이라는 곳에 모이라고 부름을 받은 땅의 왕들이다. 또한 "하나님 곧 전능하신이의 큰 날에 전쟁을 위하여 그들을 모으더라"(계 16:14)라는 말씀처럼 전쟁을 위한 왕들이다.

계시록 13장 1절에는 바다에서 올라오는 짐승에게 일곱 머리와 열 뿔이 있다고 했는데, 여기서 말하는 열 뿔이 곧 열 왕으로 계시록 17장 12절은 이것에 대하여 "네가 보던 열 뿔은 열 왕이니 아직 나라를 얻지 못하였으나 다만 짐승으로 더불어 임금처럼 권세를 일시 동안 받으리라"라고 말한다.

이 전쟁은 후 3년 반의 후반기에 일어날 전쟁으로 우리는 이것을 '아마겟돈 전쟁'이라 부른다.

바다에서 올라오는 짐승 곧 적그리스도가 후 3년 반의 마흔두 달 동안 세상을 통치하기 위하여 세계를 10개의 권역으로 나누고 각 지역을 다스릴 임금들 곧 왕들에게 일시적인 권세를 줄 것인데, 이 왕들을 모아 아마겟돈이라는 지역에서 전쟁을 일으킬 것을 말하는 것이다. 아마겟돈은 구약의 이스라엘의 지명으로 므깃도라고 하는 지역이며 북이스라엘의 이스르엘 평야에 있는 므깃도의 산이라고 불리던 곳이다.

그러나 아마겟돈 전쟁이라는 주제를 놓고 그동안 수많은 논쟁을 벌여 왔다. 또한 이 전쟁이 실제적인 전쟁이냐 아니면 영적인 전쟁이냐에 대한 서로 다른 주장을 하며 아직까지도 많은 기독교인들을 혼란하게 만드는 주제이기도 하다.

여기서 우리가 대접 재앙의 의미가 무엇인가를 이해하는 것이 중요하다. 이 재앙은 하나님을 대적하고 배반하며 또한 우상을 섬기던 자들에 대한 마지막 심판이다.

그러므로 이 재앙은 영적인 심판이 아닌 실제적인 재앙의 심판으로 이해해야 한다. 만약 여섯째 대접 재앙이 영적인 재앙이라고 생각한다면 첫째 대접으로부터 다섯째 대접 재앙 역시 영적인 재앙이 되어야 하기 때문이다.

하나님은 출애굽 때 이스라엘 백성들을 이끌어 내기 위해서 열 가지의 재앙을 내리시는데 그 재앙은 실제적인 재앙이었음을 성경이 말한다. 특히 대접 재앙은 계시록의 마지막 재앙으로 이것은 땅에 거하는 자들 곧 하나님을 버리고 배도하며 대적한 자들, 예수 그리스도를 믿지 아니하는 자들을 향한 하나님의 진노의 결과라는 점에서, 이 재앙은 실제적인 것으로 이해해야 한다.

아마겟돈이라고 불리는 므깃도는 히브리어로 그 의미가 '군대를 소집하는 곳 혹은 군대를 소집하는 장소'라는 뜻을 가진 단어로 많은 군중이 집합한다는 뜻을 갖는다. "곧 전능하신 이의 큰 날에 전쟁을 위하여 그들을 모으더라"(계 16:14)라는 말씀처럼 아마겟돈은 주님이 정하신 어느 한 날에 많은 군대가 모여 전쟁을 하는 장소이다.

스가랴서 12장은 이것에 대하여 우리에게 힌트를 준다. "보라 내가 예루살렘으로 그 사면 국민에게 혼취케 하는 잔이 되게 할 것이라 예루살렘이 에워싸일 때에 유다에까지 미치리라 그날에는 내가 예루살렘으로 모든 국민에게 무거운 돌이 되게 하리니 무릇 그것을 드는 자는 크게 상할 것이라 천하 만국이 그것을 치려고 모이리라" (슥 12:2-3).

역대상 35장은 하나님의 뜻으로 애굽 왕 느고가 유브라데 강가의 갈그미스를 치러 올라올 때 유다 왕 요시아가 하나님의 음성을 듣지 아니하고 애굽 왕 느고를 대적하는 장면을 기록하면서 "요시야가 몸을 돌이켜 떠나기를 싫어하고 변장하고 싸우고자 하여 하나님의 입에서 나온 느고의 말을 듣지 아니하고 므깃도 골짜기에 이르러 싸울 때에"(대하 35:22)라고 하며 요시아 왕의 죽음과 그의 죽음을 슬퍼하는 예루살렘의 모습을 전한다.

스가랴서 12장 11절도 "그날에 예루살렘에 큰 애통이 있으리니 므깃도 골짜기 하다드림몬에 있던 애통과 같을 것이라"는 표현으로 여섯 번째 대접 재앙의 결과 요시아 왕이 죽었을 때와 같은 애통이 있을 것을 말한다.

이 애통은 스가랴서 12장 10절에서 "내가 다윗의 집과 예루살렘 거민에게 은총과 간구하는 심령을 부어 주리니 그들이 그 찌른바 그를 바라보고 그를 위하여 애통하기를 독자를 위하여 애통하듯 하며 그를 위하여 통곡하기를 장자를 위하여 통곡하듯 하리로다"라는 말씀과 같이 그의 조상들이 죽인 예수 그리스도 곧 장자의 죽음을 발현하여, 요시아 왕이 죽었을 때처럼 가슴을 치며 애통하고 통곡한다는 것이다.

여기서 우리가 발견하는 것은 하나님이 이들에게 은총과 간구하는 심령을 부어 주신다는 것이다. 신명기 29장 4절에 모세에게 이스라엘 백성들의 미래에 대하여 예언하면서 "그러나 깨닫는 마음과 보는 눈과 듣는 귀는 오늘날까지 여호와께서 너희에게 주지 아니하셨느니라"라고 하였다. 종말에 아마겟돈의 전쟁을 통하여 드디어 은총과 간구하는 심령을 가지게 되어 예수 그리스도 메시아를 죽인 자들이 자신들이라는 사실을 발견하고 이스라엘의 남은 자들이 돌아올 것을 말한다.

곧 여섯 번째 대접 재앙을 통하여 유브라데강을 마르게 하고 왕들을 아마겟돈에 모아 전쟁을 일으키는 것은, 마지막까지 이스라엘의 마음과 눈과 귀가 막힘으로 예수 그리스도를 대적하며 믿지 아니하는 다윗의 집 사람들을 구원하기 위한 전쟁으로 이해해야 한다.

치열한 전쟁 속에서 주님은 이스라엘과 함께하여 "그날에 여호와가 예루살렘 거민을 보호하리니 그중에 약한 자가 그날에는 다윗 같겠고 다윗의 족속은 하나님 같고 무리 앞에 있는 여호와의 사자 같을 것이라 예루살렘을 치러 오는 열국을 그날에 내가 멸하기를 힘쓰리라"(슥 12:8-9)라고 선언하시므로 아마겟돈 전쟁의 승패는 이미 결정되었다.

결론은 이 전쟁을 통하여 얼마나 많은 사람들 곧 이스라엘이 주님 앞으로 돌아오느냐 하는 것인데, 스가랴서 13장 8-9절에서 알려준다. "여호와가 말하노라 이 온 땅에서 삼분지 이는 멸절하고 삼분지 일은 거기 남으리니 내가 그 삼분지 일을 불 가운데 던져 은같이 연단하며 금같이 시험할 것이라 그들이 내 이름을 부르리니 내가

들을 것이며 나는 말하기를 이는 내 백성이라 할 것이요 그들은 말하기를 여호와는 내 하나님이시라 하리라."

그러므로 아마겟돈 전쟁은 마지막으로 이스라엘을 구원하기 위한 하나님의 전쟁으로, 이 전쟁을 통하여 이스라엘의 남은 자들이 구원될 것을 말한다. 예레미야는 이 일어날 사건을 기록하면서 "슬프다 그날이여 비할 데 없이 크니 이는 야곱의 환난의 때가 됨이로다마는 그가 이에서 구하여냄을 얻으리로다"(렘 30:7)라고 하며 마지막 종말에 야곱의 자손들을 구원하기 위한 환난이라고 말하고 있다.

여호와 하나님은 야곱의 자손들을 향하여 마지막 자비와 긍휼을 베풀고 계신다. 이스라엘 백성들은 이것을 깨닫지 못하다가 아마겟돈 전쟁을 통하여 깨닫게 된다. 이것을 예레미야 30장 23-24절에서 "보라 여호와의 노가 발하여 폭풍과 회리바람처럼 악인의 머리를 칠 것이라 나 여호와의 진노는 내 마음의 뜻한 바를 행하여 이루기까지는 쉬지 아니하나니 너희가 말일에 그것을 깨달으리라"라고 말씀하고 있다.

여호와 하나님은 하나님을 배반하고 우상을 섬겼던 패역한 예전의 이스라엘이 아니고 새로운 이스라엘을 세울 것을 말씀하고 계신다. 예레미야 선지자는 이것에 대하여 "처녀 이스라엘아 내가 다시 너를 세우리니 네가 세움을 입을 것이요 네가 다시 소고로 너를 장식하고 즐거운 무리처럼 춤추며 나올 것이며 네가 다시 사마리아 산들에 포도원을 심되 심는 자가 심고 그 과실을 먹으리라"(렘 31:4-5)라고 한다.

이와 같이 새로운 이스라엘을 세우기 위한 하나님의 계획은 이스라엘의 남은 자를 통해서 이루어질 것이며, 이것에 대하여 예레미야 31장 7절은 "나 여호와가 이같이 말하노라 너희는 야곱을 위하여 기뻐 노래하며 만국의 머리 된 자를 위하여 외쳐 전파하며 찬양하며 이르기를 여호와여 주의 백성 이스라엘의 남은 자를 구원하소서 하라" 하고 소리칠 것을 말하고 있다.

사) 세 더러운 영과 귀신의 영

> **계 16:13** 또 내가 보매 개구리 같은 세 더러운 영이 용의 입과 짐승의 입과 거짓 선지자의 입에서 나오니
> **계 16:14** 저희는 귀신의 영이라 이적을 행하여 온 천하 임금들에게 가서 하나님 곧 전능하신 이의 큰 날에 전쟁을 위하여 그들을 모으더라

본 절은 아마겟돈에 왕들을 모으고 전쟁을 일으키는 악의 세력들이 누구인지를 자세히 언급한다. 곧 개구리 같은 세 더러운 영을 가진 자들, 귀신의 영을 가진 자들이라고 하여 "곧 전능하신 이의 큰 날에 전쟁을 위하여"(계 16:14) 동방에서 오는 왕들을 모으는 자들이라고 한다. 또한 이들을 "개구리 같은 세 더러운 영"(계 16:13)이라 하며 그 더러운 영이 용의 입과 짐승의 입 그리고 거짓 선지자의 입에서 나온다고 말한다.

용과 짐승과 거짓 선지자는 종말에 하나님과 예수 그리스도를 대적하는 거대한 세력으로 이들은 적그리스도의 영을 가진 자들이다. 이들의 마지막 목적은 정통 유대인들과 이방인 그리스도인들을 핍박하고 멸절시키는 것으로, 그러기 위하여 이들은 갖가지 방법을 구

사하고 모략을 짠다.

세상의 권세를 쥐고 있는 용 곧 사단과 그의 영을 받은 짐승과 거짓 선지자가 한 덩어리가 되어 마지막 주님의 재림을 위한 조건인 이스라엘의 남은 자들과 이방인 기독교인들 중에서 일곱 교회에게 명하신 이기는 자들이 나타나지 않게 하려고 다양하며 교묘하고 치밀한 수법을 동원한다.

이들이 가진 영은 개구리 같은 더러운 영과 귀신의 영 그리고 거짓의 영 또는 미혹의 영이라고 하여 하나님과 예수 그리스도를 대적하는 영이다.

한편 이들은 자신들을 '그리스도의 사도로, 광명의 천사로, 그리고 의의 일꾼으로 가장'(고후 11:13-15)하는 자들이기 때문에 이들을 분별하기가 쉽지 않다. 지금 우리가 살아가는 세상은 바로 이런 자들의 거짓에 완전하게 속고 있어 무엇이 진리인지 또는 무엇이 거짓인지를 알 수 없는 세상이다. 이들이 오히려 방송과 언론을 이용하여 백성들에게 거짓 소식들을 전하여 그것이 마치 진리인 것처럼 여겨지는 세상에서 모든 사람들이 우민화되어 살아가고 있다.

전 세계적으로 벌어지고 있는 코로나 팬데믹 상황은 그 전형적인 예다. 이 사건은 이미 1989년에 '록펠러 락 스텝'(Roffeler's Lock step)이란 제목으로 계획된 새로운 세계 질서(New World Order)를 꿈꾸는 세계 정부주의자들의 프렌데믹(Plandemic) 계획에 의하여 실행되고 있다. 이것은 자신들이 원하는 통제사회, 빅데이터 사회, AI 인공 지능 사회로 가는 발판을 만들기 위한 철저히 계획된 사건이라는 것이다.

이러한 사회는 로봇에 의하여 또한 로봇화 된 인간에 의하여 움직이는 고도화된 지능사회로 많은 사람을 필요로 하지 않기 때문에 결국 코로나 사태를 통한 백신의 투여로 세계 인구의 감축(Depopulation)을 위한 집단 학살 곧 제너사이드(Genocide)가 그 목적이다.

본 절에서는 더러운 영이 용의 입과 짐승의 입과 거짓 선지자의 입에서 나온다고 하는 것은 이들의 입을 통하여, 다시 말하면 거짓의 말로 모든 백성들을 미혹하게 할 것을 의미한다. 지금 모든 방송과 언론이 진실을 전함으로 백성들의 눈과 귀가 되어야 함에도 불구하고 오히려 저들 악의 세력들에 의하여 장악되어 앵무새처럼 저들이 만들어놓은 각본을 그대로 읽는 기계가 되었음을 깨달아야 한다.

그러므로 지금은 전 세계적으로 더러운 영이며 귀신의 영인 용과 짐승과 거짓 선지자에 의하여 새로운 세계질서 곧 적그리스도의 세상을 향해 가는 대변혁의 시기이며, 반면에 이러한 환경은 곧 예수 그리스도의 재림을 위한 마지막 시간임을 인식해야 한다.

여기서 우리는 용 곧 사단의 뜻에 의하여 이 땅에서 직접적인 일을 행하는 짐승과 거짓 선지자에 대하여 이해해야 할 필요가 있다.

짐승은 계시록 13장에서 바다에서 올라온 짐승을 말하는데 이 짐승에는 열 뿔과 일곱 머리가 있어 세상을 다스리고 통치하는 힘과 권세를 가지고 있다. 데살로니가후서 2장에서는 그를 "불법의 사람 곧 멸망의 아들"(살후 2:3), 또한 "대적하는 자라 범사에 일컫는 하나님이나 숭배함을 받는 자 위에 뛰어나 자존하여 하나님 성전에 앉아 자기를 보여 하나님이라 하느니라"(살후 2:4)라고 하며, 창세기의 니므롯처럼 하나님을 대적하는 자로 말한다. 그에게 주어진 마흔두 달 동안 온 세상이 자신에게 경배를 요구할 자로 정치, 경제, 군사,

보건, 문화 등 모든 분야를 지배하는 통치자다.

거짓 선지자는 짐승과 한 짝이 되어 그리고 짐승을 영적으로 보좌하는 자로 특별히 교회 안에 하나님의 백성들을 미혹하여 예수 그리스도의 진리의 길에서 멀어지고 떨어지게 하므로 영혼을 사냥하는 자들이다. 또한 교회와 성도들에게 광명의 천사로, 그리스도의 사도로, 의의 일꾼으로 가장하여 짐승 곧 우상에게 경배하게끔 만드는 악한 자들이다.

지금 우리는 주변에 이러한 거짓 선지자들이 가득하다는 사실을 인식하고 철저하게 영적 분별을 해야 한다. 잘못된 거짓 선지자 속에 있다면 "내 백성아, 거기서 나와 그의 죄에 참예하지 말고 그의 받을 재앙들을 받지 말라 그 죄는 하늘에 사무쳤으며 하나님은 그의 불의한 일을 기억하신지라"(계 18:4-5)라는 말씀을 경고로 삼아야 한다.

아) 일곱째 대접 재앙과 공기

> **계 16:17** 일곱째가 그 대접을 공기 가운데 쏟으매 큰 음성이 성전에서 보좌로부터 나서 가로되 되었다 하니

하나님의 마지막 심판인 일곱째 대접은 공기에 쏟았다고 한다. 이것으로 하나님의 심판이 끝나게 되므로 '되었다'라는 완성의 표현을 쓰고 있다.

여기서 '되었다'라는 말은 '기노마이'(γίνομαι)를 쓰'는데 '존재하게 되다, 발생하다, 출현하다, 창조되다, 태어나다'라는 의미로 사용되고

있어, 새로운 세상의 출현과 창조 그리고 태어남의 완성을 의미한다. 곧 하나님과 예수 그리스도를 대적하는 세력들의 완전한 파괴와 함께 새로운 세상의 출현을 알리는 신호라는 것이다.

예수님이 운명하실 때 요한복은 19장은 "다 이루었다 하시고 머리를 숙이시고 영혼이 돌아가시니라"(요 19:30)라고 하였다. 이처럼 주님이 십자가에서 돌아가신 것이 하나님이 그에게 맡기신 인류를 구할 대속의 사역을 마치셨으며, 동시에 이제는 예전의 죄악 된 세상이 아닌 죄로부터 해방된 세상의 출현 곧 탄생을 알리는 것과 같은 의미다.

일곱째 대접 재앙은 7년 환난의 마지막 시간 곧 적그리스도의 후 3년 반 통치 기간 중 최후에 일어날 사건이며, 이 사건 속에는 여러 가지의 재앙이 함께 올 것이다. 그 재앙이란 번개와 음성과 뇌성과 우박 그리고 지진이며 또한 큰 성 바벨론이 하나님의 맹렬한 진노의 포도주 잔을 받는다.

여기서 재앙의 형태가 크게 두 가지로 나뉘는 것을 볼 수 있다. 첫째는 번개와 음성과 뇌성과 우박과 지진이며, 둘째는 큰 성 바벨론이라는 우상의 집에 대한 재앙이다. 전자가 하나님을 대적하고 믿지 아니했던 자들 곧 땅에 거하면서 땅을 망하게 하는 자들을 향한 하나님의 진노의 표시라면, 후자는 하나님의 이름을 부르면서 거짓된 우상을 섬기며 경배했던 큰 성 곧 가톨릭과 우상의 교회들을 향한 재앙이다.

우리가 여기서 특별히 관심을 가져야 할 부분은 큰 성 바벨론에 대한 하나님의 진노다. 이 부분은 하나님의 이름을 부르고 섬긴다고 하면서 철저한 우상으로 귀신의 집이 된 가톨릭과, 그와 함께 뜻을 같이하며 우상의 잔치에 참여했던 WCC와 WEA에 가입된 개신교회들이 진노의 포도주잔을 받는다는 말이다.

본 절에서 "각 섬도 없어지고 산악도 간 데 없더라"(계 16:20)라는 말씀은 무슨 뜻일까?

섬은 바다 가운데 떠 있는 땅으로 이는 세상 가운데 있는 교회를 상징하는 표현이다. 본 절은 섬이 없어진다고 한다.

여기서 '없어진다'는 말은 '퓨고'(φεύγω)라고 하여 '내빼다, 도망가다, 탈출하다, 피하다, 달아나다'라는 뜻이다. 이것은 하나님의 진노가 내릴 때 이 세상에서 바다 가운데 섬처럼 외롭게 있던 교회들이 진노를 피해서 도망하고 탈출할 것을 의미한다.

반면에 '산악은 간데 없다'라는 말에서 산악은 하나님에게 예배드리고 경배해야 할 가톨릭과 이들과 함께한 개신교회들이다. 에발산에 우상의 단을 세우고 제사드렸던 구약의 이스라엘 백성들처럼 마지막 때도 우상의 산으로 연결된 집단 곧 가톨릭과 WCC와 WEA에 속한 기독교회들을 말한다.

이들은 "간데 없더라"는 표현을 하는데, 이는 '휴리스코'(εὑρίσκω)라 하여 '발견하다, 알아내다, 인식하다, 관찰하다, 깨닫다, 이해하다'라는 의미다. 결국 깨닫지 못하고 이해하지 못했으며 또한 인식하며 알아차리고 발견하지 못했음을 말하는 것이다. 다시 말하면 자신들이 하나님의 진노의 포도주 잔을 받는 것에 대하여 알지 못하고, 깨닫지 못하며, 인식하지 못했다는 것이다. 이는 이들이 사단의 영과 거짓 선지자들에 의하여 얼마나 철저하게 미혹되어 있는지를 알려주는 사례다. 이들은 오히려 재앙을 내리시는 하나님을 원망하며 불평하고 훼방하는 말을 서슴치 않는다.

이스라엘 백성들이 애굽에서 출애굽을 할 때 출애굽기 9장은 우박 재앙에 대하여 기록하고 있다. "바로의 신하 중에 여호와의 말씀을 두려워하는 자들은 그 종들과 생축을 집으로 피하여 들였으나 여호와의 말씀을 마음에 두지 아니하는 자는 그 종들과 생축을 들에 그대로 두었더라라"(출 9:20-21)라고 한다.

종말에도 여호와의 말씀을 마음에 두지 아니하는 우상의 교회들도 "중수가 한 달란트나 되는 큰 우박이 하늘로부터 사람들에게 내리매 사람들이 그 박재로 인하여 하나님을 훼방하니 그 재앙이 심히 큼이러라"(계 16:21)라는 말씀처럼 바로 하늘의 심판을 무시하고 하나님을 경멸하는 자들의 결국은 멸망이다.

"박재로 인하여"라는 표현에서 '박재'란 '습호드라'(σφόδρα)라고 하여 '지나치게, 격렬하게, 매우 많이, 크게'라는 뜻으로 우박 재앙이 크고 격렬하며 지나칠 정도로 내렸음을 뜻한다. 이것은 이 세상에 여호와 하나님을 믿지 아니하며 대적하는 모든 것들의 파괴를 의미한다. 반대로 출애굽기 9장 26절처럼 "이스라엘 자손이 거한 고센 땅에는 우박이 없었더라"는 말씀과 같이 하나님을 신뢰하고 믿음을 가진 하나님의 교회와 성도들은 고센 땅처럼 심각한 재앙 속에서도 보호하심을 받을 것을 말하고 있다.

한편 일곱째 대접 재앙은 공기에 쏟는다고 한다.

'공기'는 '아엘'(ἀήρ)이라고 하여 '숨을 쉬다, 바람이 불다, 대기, 바람, 공기'를 말한다. 이것은 공기로 숨을 쉬는 모든 피조물 곧 사람과 육축과 땅의 짐승과 그리고 땅에서 기는 것들에 대한 심판임을 말한다. 그리고 번개와 뇌성과 큰 지진은 땅을 심판하는 하나님의 도구이다.

일곱째 대접 재앙의 중심은 큰 성 바벨론이다. 계시록 17장과 18장은 바로 큰 성 바벨론의 심판을 중심으로 기록하고 있어 일곱째 대접을 가진 천사의 등장과 함께 재앙이 계속되고 있다.

성령론적 요한계시록

II

REVELATION

계17장

(Revelation 17)

계 17:1 또 일곱 대접을 가진 일곱 천사 중 하나가 와서 내게 말하여 가로되 이리 오라 많은 물 위에 앉은 큰 음녀의 받을 심판을 네게 보이리라

⬇

계 17:18 또 네가 본바 여자는 땅의 임금들을 다스리는 큰 성이라 하더라

1. 많은 물 위에 앉은 큰 음녀

계 17:1 또 일곱 대접을 가진 일곱 천사 중 하나가 와서 내게 말하여 가로되 이리 오라 많은 물 위에 앉은 큰 음녀의 받을 심판을 네게 보이리라

기독교 역사에서 그리스도인들에게 궁금하게 여기는 것 중에 하나가 음녀가 누구일까라는 것이다. 이러한 질문은 1517년 종교개혁 이후 개신교 안에서 계속된 질문으로, 그 대답은 가톨릭 교회와 교황으로 귀결되어 왔다.

그동안 기독교 역사에는 수많은 분쟁이 있어 왔다. 이 분쟁의 핵심에는 이단의 문제도 있었지만, 그것보다 더욱 큰 것이 성경의 말씀과 배치되는 교리의 문제 곧 성경의 정경과는 다른 사상과 이론에 근거한 교리의 삽입과 법률의 제정 문제다.

교회 안에 불순한 사상이 침투한 것은 교회가 출발하기 전부터 시작되어 오늘까지 지속되고 있다. 그 대표적인 것이 431년에 에베소 공의회를 통해 교회에 들어온 마리아 사상 곧 마리아를 '하나님의 어머니'라고 하는 교리다.

이뿐 아니라 죽은 자들을 성인이라 하여 형상을 숭배하는 것이나 연옥의 교리, 면죄부 판매와 교황의 믿음과 도덕성의 절대 무오류성 주장 등 수많은 교리가 만들어져 오늘날에 버젓이 교리가 되었다. 이런 교리들은 가톨릭의 우상화를 더욱 강화시키며 개신교의 타락에도 크게 일조했다.

1910년 영국의 에딘버러 선교대회를 시작으로 1948년 네덜란드 암스테르담의 제1차 WCC 대회는 우상화된 가톨릭이 개신교 교회 안으로 침투하는 길을 만들어 주었으며, 선교대회라는 명목을 갖고 오늘날은 가톨릭을 중심으로 하는 종교 통합 또는 종교 일치라는 세상의 모든 종교가 하나가 되는 과정을 향하여 나아가고 있다.

이것은 그럴듯한 구실을 내세워 하나님과 예수 그리스도를 대적하는 음행이며 가증한 음녀의 행태로, 심판을 받아야 마땅하다.

계시록 본문 17-18장은 바로 이러한 가증한 음녀 곧 큰 성 바벨론의 음녀에게 재앙을 내리는 심판의 모습을 전하고 있다. "많은 물 위에 앉은 큰 음녀"(계 17:1)는 그동안 기독교 역사의 중심에서 이 땅에 모든 교회들의 머리가 되어 지배하고 통치하던 자들로 ,외형적으로는 거룩한 하나님의 종들로 활동하며 존경과 신임을 받던 자다. 그러나 그 안에 있는 영의 세계는 더러운 우상의 영으로, 썩은 냄새가 나는 뼈들로 가득한 회칠한 무덤의 모습을 하고 있다.

본 절에서 큰 음녀는 많은 물 위에 앉아 있다고 한다. 여기서 많은 물이란 사람들이 먹고 마실 수 있는 영적인 물을 말하는 것으로 성경의 물을 비롯해서 이슬람교의 물과 불교의 물 그리고 힌두교의 물 등 갖가지 종교적인 물을 말한다.

이것은 큰 음녀의 영적인 사상과 배후에는 다양한 이교도적인 문화와 사상과 이론 등이 포함되어 있다는 뜻이다. 바벨론의 니므롯과 세미라미스와 담무스의 사상과 문화, 애굽의 호루스 문화, 헬라의 철학적 사상과 신화적 문화, 그리고 로마인들의 사상과 다신교의 문화적 배경이 바로 그것이다.

그렇다면 왜 이렇게 되었을까?

교회가 성립되는 시기는 로마가 이러한 지역을 통치하며 다스리던 시기였다. 그래서 이 지역의 모든 문화와 사상과 신적 요소들을 결합하여 교회의 이론과 교리들을 만들어야 많은 사람들이 교회 안으로 들어올 수 있다는 유화적인 판단을 했는데, 이것이 우상의 집이 되는 데 더 심각한 원인이 되었다.

그러나 그 후에 그러한 우상적 요소들을 제거할 시간은 충분이 있었지만 교회는 말씀으로의 복귀를 통한 개혁의 칼을 들지 않고 더욱 우상화의 길을 가면서 오히려 그 속에서 니골라 당의 교훈을 강화시켰다. 그러면서 교회가 세력화와 권력화의 변질된 우상의 집으로 변질되었다.

이러한 현상은 종교개혁 이후에도 계속되어 가톨릭으로부터 분리된 개신교 안에도 자신들이 만든 교리를 중심으로 여러 종파로 분리되면서 자유주의 신학이라는 현대신학이 등장하였다. 이제는 하늘의 하나님이 아닌 이 세상의 하나님으로 사람들의 이성 속에 갇힌 하나님의 존재로 신관이 변화되고 말았다.

본 절은 땅의 임금들도 그리고 땅에 거하는 자들도 그로 더불어 음행하고 음행의 포도주에 취하였다고 한다. 곧 큰 음녀의 신학적 노선과 교리를 좇아 함께 한 길을 걸어왔음을 말한다.

오늘날 개신교가 가톨릭이 이끄는 방향대로 WCC 안에서 한 목적과 뜻을 가지고 한 방향을 향하여 가고 있음을 말하는 것으로 주님은 이것을 영적인 음행이라고 하였다. 이 영적 음행에 동참하는 자들이 바로 땅의 임금들과 땅에 거하는 자들이다. 이들은 이 세상에서 주님의 교회를 책임지고 있는 종들 곧 땅의 임금들과 땅에 목적을 두고 살아가는 성도들을 가리킨다.

왜 주님은 이러한 용어를 사용하실까?

원래 주님의 종들은 하늘의 일을 맡은 자들이므로 땅의 임금들이 되어서는 안 되며 하늘에 속한 자들로 하늘의 임금 곧 왕 같은 제사장들이라고 불려야 한다. 그러나 우상과 음행을 하는 종들은 그 목적이 하늘에 있지 아니하고 땅에 있으며, 땅에서 하나님의 축복을 기대하면서 성도들도 그러한 길로 이끌었던 종들이다. 하나님의 이름을 망령되이 일컬으며 거룩한 하나님의 종으로 가장했던 자들이므로 이들을 땅의 임금이라 부르는 것이다.

이러한 종들로부터 가르침을 받은 성도들은 하늘이 아닌 이 땅에서 하나님의 축복을 누리는 것이 하나님의 백성의 일인 것으로 착각하면서 저들이 주는 음행의 포도주 곧 하나님의 뜻과는 무관한 우상의 독이 든 말씀을 생명의 말씀인 것처럼 받아 취하였다.

계시록에서 특별히 땅에 거하는 자들에 대한 언급이 많은 것은, 이제 하나님의 자녀들은 종말에 하늘에 거하는 자와 땅에 거하는 자로 분리되는 시대이기 때문이다.

그러므로 우리는 음녀와 결탁하여 땅에 거하는 자로 추락시키는 땅의 임금들 곧 음행의 종들을 분별하여 "내 백성아, 거기서 나와 그의 죄에 참예하지 말고 그의 받을 재앙들을 받지 말라 그 죄는 하늘에 사무쳤으며 하나님은 그의 불의한 일을 기억하신지라"(계 18:4-5)라는 하나님의 음성에 귀를 기울여 그곳으로부터 나와야 할 것이다.

가) 여자가 탄 붉은빛 짐승

> **계 17:3** 곧 성령으로 나를 데리고 광야로 가니라 내가 보니 여자가 붉은빛 짐승을 탔는데 그 짐승의 몸에 참람된 이름들이 가득하고 일곱 머리와 열 뿔이 있으며

바울은 에베소서 5장에서 남편과 아내의 관계에 대하여 말하면서, 이는 그리스도와 교회의 관계라고 말하며 이것을 '비밀'이라고 한다. 또한 호세아서에서는 음녀 고멜에 대하여 말하면서 간음하는 여인의 예를 기록하고 있다

성경의 이러한 기록들은 예수 그리스도의 신부가 될 교회 곧 여자에 대하여 말씀하는 것이다. 정결하고 순수하며 거룩해야 할 교

회가 온갖 이방 신과의 접촉을 통한 음행과 간음으로 더러워진 상태를 비유하는 것이다.

요한복음 4장에서 사마리아 여인이 예수 그리스도를 만나서 대화하는 장면이 나온다. 주님은 그 여인에게 "네 남편이 다섯이 있었고 지금 있는 남편도 네 남편이 아니라"고 하신다. 여기서 주님이 말씀하는 남편은 세상의 육신적인 남편을 말하는 것이 아니고 그 여인의 마음속에 찾고 두었던 영적인 남편 곧 신이다.

우리 사람은 하나님의 형상으로 만들어졌기 때문에 우리 마음 안에는 항상 하나님을 찾아가는 선한 심령이 존재한다. 이러한 마음은 하나님이 주신 것으로, 진리의 하나님을 만나게 되면 마음의 기쁨과 평안이 찾아오기 때문이다.

일반적으로 우리가 진리의 하나님을 만나기까지 많은 시행착오를 하게 되는데, 그 과정에서 우리의 마음은 고통과 슬픔과 외로움 그리고 불안과 초조 등의 정신적인 문제들이 있게 된다.

진정으로 우리를 사랑하고 믿고 의지할 남편을 만난 여인은 문제를 극복하고 마음의 기쁨과 행복, 삶의 평안을 얻지만, 사랑하지 않는 폭력적인 남편을 만난 여인은 항상 그 삶에 고통과 슬픔이 있는 것과 동일하다. 곧 우리를 사랑하기를 자신의 몸을 내어 주기까지 사랑하시는 남편 예수 그리스도를 만난다면 그 마음의 행복과 평안이 말할 수 없다. 그러나 사랑과는 아무 상관 없는 금, 은, 동, 나무의 상을 남편으로 만난다면 그 마음에 아픔과 고통 그리고 외로움과 고독함이 가득하게 되다. 곧 사마리아 여인과 같이 물을 길을 그릇도 없이 우물가에 나가는 허전함의 삶을 살아가게 된다는 것이다.

종말은 주님의 신부들이 준비되는 시간으로 사마리아 여인처럼 예수 그리스도 곧 우리의 진정한 구세주인 남편을 만나는 시간이다.

여자의 일생을 보면 어린 여자아이가 자라서 처녀가 되고 신부로 준비된 후 남편을 만나 결혼하여 아내라는 명칭을 갖는다. 바울이 자신의 성도들에게 고린도후서 11장 2절에서 "내가 하나님의 열심으로 너희를 위하여 열심 내노니 내가 너희를 정결한 처녀로 한 남편인 그리스도께 드리려고 중매함이로다"라고 말씀하듯 이 땅에서 사는 기간은 우리가 그리스도의 신부가 되기 위하여 준비하는 기간이다.

계시록 14장은 십사만 사천의 정절에 대하여 "이 사람들은 여자로 더불어 더럽히지 아니하고 정절이 있는 자라 어린양이 어디로 인도하든지 따라가는 자며"(계 14:4)라고 기록하고 있다. 우리는 여기서 '여자로 더불어 더럽히지 아니하다'라는 말씀이 무엇인가 생각해 보아야 한다. 이것은 이 세상에서 예수 그리스도의 신부가 되어야 할 여자 곧 교회와 더불어 더럽히지 않았다는 말이다.

곧 종말에 교회의 타락을 말하는 것으로, 교회가 하나님의 집이 아니라 더럽고 황폐한 우상의 집이 되어 있을 것을 기록하고 있다. 그러므로 영적으로 깨어 있는 십사만 사천이란 이러한 교회의 현실을 깨달아 요한복음 4장 23절에서 "참으로 예배하는 자들은 신령과 진정으로 예배할 때가 오나니 곧 이때라 아버지께서는 이렇게 자기에게 예배하는 자들을 찾으시느니라"는 말씀처럼 수많은 교회에서 드려지는 우상의 예배가 아닌 신령과 진정의 예배를 드린 자들이다.

하나님은 바로 이런 자들을 신부로 찾고 부르신다.

구약성경에는 벧엘과 벧아웬에 대한 기록이 있다.

우리가 알다시피 벧엘은 야곱이 라반의 삼촌 집으로 갈 때 돌베개를 베고 잠을 자던 곳이다. 야곱은 그곳에서 하나님을 만나고 하늘까지 뻗친 사다리 위에 천사가 오르락내리락하는 것을 보면서 '이곳은 하나님의 집'이라고 이름을 붙였다.

이스라엘 백성들이 여호수아의 인도로 가나안 땅을 정복할 때 아이 성에서 실패한 후 아이성이 어떤 성인가를 여호수아 7장 2절에서 설명한다. "여호수아가 여리고에서 사람을 벧엘 동편 벧아웬 곁에 있는 아이로 보내며 그들에게 일러 가로되 올라가서 그 땅을 정탐하라 하매." 여기서 벧아웬은 '아웬의 집, 사악의 집, 귀신의 집'이라는 의미로 더러운 귀신들이 악과 불법과 죄악을 만들어 내는 집이라는 뜻이다.

그런데 아이성이 바로 벧아웬 곁에 있다. 이것은 아이성은 벧아웬으로부터 영향을 크게 받고 있다는 것으로, 결국 아이성은 사악한 악과 더러운 귀신들의 영향으로 황폐하고 무너진 죄악의 성임을 말한다.

우리는 왜 여호수아가 정복 전쟁에서 첫 번째 아이성 정복에 실패하는지를 영적으로 발견해야 한다. 우리 자신도 내 안에 벧아웬과 아이성이 존재하는지를 모르기 때문이다.

하나님의 형상으로 지음 받은 사람들은 그 안에 벧엘이라는 하나님의 집도 있고 벧아웬과 아이성도 있다. 그래서 한쪽은 하나님을 향하여 찬송과 기도와 예배를 드리며 하나님께 나아가기를 원하지만, 다른 한쪽인 벧아웬은 악한 귀신의 집이라서 하나님이 아닌 세상적이고 육신적이며 더럽고 악한 일을 향하여 나아가려 한다.

인간의 범죄와 타락 이후에 우리 안에는 두 가지의 서로 다른 본성이 자리 잡고 있다는 것이다. 벧엘이 하나님을 찾아 나아가며 하나님에게 속하고 싶은 마음이라면, 다른 하나인 벧아웬은 세상에 속하고 육신에 거하며 사악한 우상을 향하여 나아가며 그곳에 거하고 싶어 하는 마음이다.

사단은 우리 속에 있는 이러한 실체를 알고 있기 때문에 벧아웬에 힘과 능력을 더하게 하여 우리 안에 있는 벧엘의 집이 활동하지 못하게 누르고 압박한다. 이러한 과정이 우리 안에서 일어나는 영적 싸움이며, 벧엘의 집이 강하냐 아니면 벧아웬의 세력이 강하냐에 따라서 우리의 영과 삶이 확연하게 달라지게 된다.

이스라엘 백성들이 아이성을 공격하면서 쉽게 생각하며 별로 대단하지 않은 성으로 여겼다는 것은, 그만큼 우리가 자신 속에 숨어서 우리의 영적 상태를 무너뜨리려는 악의 본질에 대하여 모르고 있음을 뜻한다.

영적 싸움에서 보통 우리는 여리고성만 무너지면 모든 것이 일사천리로 진행된다고 생각할 수 있다. 그런데 하나님이 우리에게 여호수아를 통하여 아이성의 공격에서 실패한 이스라엘의 모습을 보여주신다. 그것은 우리 속에서 우리를 하나님 앞으로 가지 못하게 하는 악의 영적인 실체를 깨닫게 하기 위함이다.

여기서 우리가 한 가지 특이한 것을 발견하게 된다. 벧아웬의 영향을 받은 아이성은 그 자체가 황폐한 성이라는 뜻이라는 것이다. 그리심산은 영원한 축복의 산이고, 에발산은 영원한 저주가 선포되는 산이라는 신명기 11장 29절의 말씀을 상고하여야 한다.

모세는 이스라엘 백성들에게 "네 하나님 여호와께서 네가 가서 얻을 땅으로 너를 인도하여 들이실 때에 너는 그리심산에서 축복을 선포하고 에발산에서 저주를 선포하라"(신 11:29)라고 명한다. 왜 에발산은 저주가 선포되는 산일까? '에발'이라는 단어가 아이에 바알이 서 있는 상태, 곧 결합된 상태이기 때문이다.

아이성이 벧아웬의 영향으로 더러운 귀신과 악의 상태가 커지면서 더욱더 영적으로 황폐해지면 곳에 바알이라는 우상의 신이 자리 잡게 된다. 그러므로 결국 아이성은 에발산 곧 저주의 산이 된다.

이것은 또한 우리 하나님의 자녀들의 모습을 보여 주는 영적인 본보기다. 나는 하나님을 섬기는데도 불구하고 왜 내 인생에서 불행과 고통과 환난이 계속될까? 이는 곧 내 안에 있는 아이성에 바알 신이 자리 잡고 있어서 저주가 선포되고 있기 때문이다.

본 절에서 여자가 붉은 빛 짐승을 탔다고 하며 그 짐승은 일곱 머리와 열 뿔을 갖고 있다고 한다. 이것은 여자 곧 교회가 붉은 빛 짐승과 결탁되어 있음을 말하며, 이 땅에서 짐승의 위에 앉아서 영적 세계를 지배하고 있음을 말한다.

이 짐승은 계시록 13장에 등장하는 바다에서 올라온 짐승으로 후 3년 반의 마흔두 달 동안 세상을 통치할 적그리스도를 가리킨다. 여자 곧 교회는 짐승과 한 몸체를 이루며 땅에서 올라온 짐승이 되어 이적과 미혹으로 땅에 거하는 자들에게 붉은 빛 짐승의 우상을 만들어 그 우상에게 경배하라고 강요하는 악랄한 교회와 종들이다.

이들 교회와 종들은 가톨릭과 교황을 중심으로 하여 이 세력이 만든 WCC와 WEA에 결탁한 개신교의 교회와 종들을 말한다. 이들의 모습은 "자줏빛과 붉은빛 옷을 입고 금과 보석과 진주로 꾸미고 손에 금잔을 가졌는데 가증한 물건과 그의 음행의 더러운 것들이 가득하더라”(계 17:4)라는 말씀처럼 그들이 누리는 부귀영화의 극치를 보여 준다.

이러한 현상은 누가복음 16장에서 부자와 거지 나사로의 모습과 너무 흡사하다. “한 부자가 있어 자색 옷과 고운 베옷을 입고 날마다 호화로이 연락”(눅 16:19)하고 있는 반면에 거지 나사로는 “헌데를 앓으며 그 부자의 대문에 누워 부자의 상에서 떨어지는 것으로 배불리려 하매 심지어 개들이 와서 그 헌데를 핥더라”(눅 16:20-21)라고 했다. 짐승과 결탁하여 부귀영화를 누리는 종들은 부자에 비유하고 있으며 오직 주님만을 바라보고 말씀에 의지하여 세상의 것과 타협하지 아니하여 가난과 궁핍 속에 있는 종들을 거지 나사로에 비유하고 있다는 생각이 든다.

기독교의 역사를 살펴보면, 교회가 정치와 결탁하여 황제와 같은 권력과 부를 누려 왔다는 것은 공공연한 사실이다. 교황권은 800년 이후 신성로마제국의 비호 아래 1806년 나폴레옹에 의하여 그 권세가 끝나기까지 1천 년 동안 막강한 권세의 칼을 휘둘러 왔다. 이와 더불어 종교개혁 이후의 개신교회도 교황권의 비밀 조직인 예수회를 통하여 진행되고 있는 수많은 프로그램들 속에 미혹되어 잘못된 선택과 함께 파멸의 길을 걸어가고 있음을, 현재 우리가 보며 느끼고 있다.

우상의 종교로 타락해 버린 교황권의 최후 목표가 개신교의 파괴 곧 기독교 근본주의의 파괴다. 이것은 이미 프란치스코 교황의 입을 통해서 선언되었다. 더군다나 교황권은 예수회를 앞세워 1776년 5월 일루미나티라는 비밀 조직을 탄생시킨 후 세계의 단일 정부를 꿈꾸는 세력들 곧, 프리메이슨과 일루미나티와 하나가 되어 그들의 아젠다(Agenda)를 실현해 오고 있다. 이것은 시대와 때를 알며 관심이 있는 사람이라면 누구나 알고 있는 사실이다.

지금 붉은 빛 짐승에 존재하는 일곱 머리와 열 뿔은 바로 이들 비밀 세력에 의하여 만들어진 기구들로 적그리스도를 위한 세계 단일 정부의 완성을 위한 통치 조직이다.

이 짐승 위에 여자 곧 교회가 타고 있다고 본 절이 기록하고 있다. 곧 정치적 적그리스도 조직인 일곱 머리와 열 뿔 그리고 그 저변에서 비밀리 조직을 만들고 있는 프리메이슨과 일루미나티와 예수회 같은 사단의 조직체들 위에 앉아 자줏빛과 붉은빛 옷을 입고 각종 보석으로 꾸몄으며 음행의 더러운 금잔을 들고 있는 음녀, 그가 바로 교회며 교황이다.

여기서 불행한 것은, 이 큰 음녀와 뜻을 함께하며 짐승의 몸에 함께 올라 탄 자들이 있다는 것이다. 그들이 바로 마틴 루터의 종교개혁의 정신을 송두리째 버리고 음녀와 함께 더러운 음행의 놀음을 하고 있는 개신교회의 배도자들이다.

데살로니가후서 2장 3절은 종말에 일어날 현상에 대하여 "누가 아무렇게 하여도 너희가 미혹하지 말라 먼저 배도하는 일이 있고 저 불법의 사람 곧 멸망의 아들이 나타나기 전에는 이르지 아니하리니"라고 하여 배도하는 일이 먼저 있을 것을 말하고 있다. 이는 적그리스도 곧 멸망의 아들이 나타나기 전에 먼저 교회의 배도가 있다는 것이며, 지금 우리 눈에 더욱 확연하게 드러나고 있다.

나) 큰 바벨론과 가증한 것들의 어미

계 17:5 그 이마에 이름이 기록되었으니 비밀이라, 큰 바벨론이라, 땅의 음녀들과 가증한 것들의 어미라 하였더라

성경에서 선지서의 대부분은 바벨론에 포로로 붙잡혀 갔던 유다와 바벨론의 포로에서 풀려나 예루살렘으로 돌아와 성전을 건축하는 사건에 대한 기록이다. 바벨론과 유다와는 무엇인가 특별한 관계가 있는 것 같다는 생각이 든다. 그래서인지 본 절에서도 이것을 비밀이라고 하며 큰 바벨론이라고 부르고 있다.

바벨론의 등장은 창세기 10장으로부터 시작하여 11장의 바벨탑 사건으로 바벨이라는 이름이 등장한다. 원래 바벨이라는 이름은 '신의 문'이라는 뜻과 함께 '혼란과 혼돈'을 상징하는 단어이다.

아브라함의 고향인 시날 땅에 있는 바벨은 유프라데스강과 티그리스강 사이에 위치한 비옥한 땅으로 메소포타미아 문명이 시작된 곳이다. 당대의 영웅이었던 니므롯의 나라가 시작한 곳도 바로 이곳으로 창세기 10장 10절에서 "그의 나라는 시날 땅의 바벨과 에렉과 악갓과 갈레에서 시작되었으며"라고 하였다. 시날 땅의 바벨은 니므롯의 나라에서 그 중심에 있던 수도와 같은 곳이다.

니므롯은 바벨이 갖는 신의 문이라는 뜻에 합당한 탑을 지어 하늘에까지 닿으려고 했다. 이것은 곧 인간 생각의 무지함을 나타내는 것으로, 이사야 14장에서 사단이 하나님의 보좌에까지 자신의 자리를 높이려고 했던 반역과 어리석음의 극치와 동일한 현상으로 이해할 수 있다.

바벨탑의 사건은 최초로 사람의 이성이 나타난 시대의 사건이다. 창세기 11장 3절에서 "서로 말하되 자, 벽돌을 만들어 견고히 굽자 하고 이에 벽돌로 돌을 대신하며 역청으로 진흙을 대신하고"라고 하여 자연의 돌과 진흙 대신에 벽돌과 역청이라는 가공된 제품이 등장하므로, 사람의 이성으로부터 새로운 것들 곧 우상들의 출현이 시작되었다.

이것은 우리가 알아야 할 아주 중요한 것이다. 왜냐하면 하나님이 가장 싫어하며 가증스럽게 여기는 우상들은 결국 사람의 이성으로부터 만들어진 것이기 때문이다.

곧 하나님의 방법이 아닌 사람이 좋다고 여기는 것, 눈에 보이지 않는 하나님의 신 대신에 사람의 눈에 좋아 보이는 것들, 그럴듯한 그것이 바로 우상이기 때문이다.

그러므로 바벨 탑 사건은 최초 사람이 돌 대신에 벽돌로, 진흙 대신에 역청으로 만든 집으로 우상이 무엇인가에 대하여 우리에게 그 기본적인 사고가 시작된 사건이다.

본 절은 "큰 바벨론이라, 땅의 음녀들과 가증한 것들의 어미"(계 17:5)라고 한다.

헬라의 문화는 '신의 문화'라고 할 정도로 수많은 종류의 신이 존재한다. 성경 안에도 그런 영향이 있어 니므롯의 아내 달의 여신 세미라미스를 비롯해서 아세라, 아프로디테, 이세벨 그리고 가톨릭에서 숭배하는 마리아 등의 여신이 등장한다.

현존하는 모든 신의 발생을 보면 니므롯과 그의 아내인 세미라미스 그리고 아들 담무스로부터 출현한다고 해도 과언이 아니다.

이들은 바벨론의 신들로 남신을 상징하는 태양신과 여신을 상징하는 달신이 있다. 그리고 그의 아들 담무스는 니므롯의 환생 곧 태양신의 환생으로 다가올 구세주로 표현하고 있다. 이것을 보면 우상의 형태가 하나님을 모방하고 있음을 알 수 있다. 결국 바벨론은 모든 가증한 우상들의 뿌리이며 어미로서 역할을 해왔으며, 지금도 세상에 존재하는 모든 우상들의 근본이다.

그런데 교회의 시작 곧 가톨릭은 이와 같은 바벨론의 모든 우상들을 한곳에 모아 하나님과 예수 그리스도와 성령 심지어는 예수 그리스도의 육체의 어머니인 마리아, 죽은 자들의 성상까지 믿음이라는 이름 아래 머리를 숙이게 하고 우상에게 경배하게 한다. 즉 우상의 집 곧 바벨론 음녀의 집이 된 것이다.

그러므로 가톨릭은 교회라기보다는 바벨론과 이집트와 시리아 그리고 헬라와 로마에 이르기까지 모든 우상들이 모여 있는 거대한 집이며, 본 절은 이것을 큰 바벨론이라 칭하며 가증한 것들의 어미라 부르고 있다.

이것을 영적으로 해석하면, 교회는 예수 그리스도만을 남편으로 섬겨야 함에도 불구하고 온갖 우상들을 남편으로 섬기고 있다는 뜻이다. 개신교의 교회들도 가톨릭의 이러한 우상의 잔치에 함께 참여하고 음행을 함으로 땅의 음녀들로 추락하고 타락하고 말았다. WCC와 WEA는 이러한 우상의 잔치를 위하여 가톨릭이 만든 세계적이며 거대한 종교 기구로서, 모든 종교를 가톨릭의 우상의 집으로 모이게 함으로 종말에 가증한 것들의 어미로서의 역할을 한다.

주님은 이러한 바벨론의 음녀와 그와 함께하는 음녀의 집단들을 종말에 심판할 것인데, 바로 후 3년 반의 후반인 일곱째 대접 기간에 하나님의 맹렬한 진노의 포도주 잔을 받게 될 것으로 말씀한다.

2. 성도들의 피와 예수 증인들의 피에 취한 여자

> **계 17:6** 또 내가 보매 이 여자가 성도들의 피와 예수의 증인들의 피에 취한지라 내가 그 여자를 보고 기이히 여기고 크게 기이히 여기니

가톨릭 역사의 시간표를 보면, 무시무시한 종교재판을 통해 성경과 진리를 찾는 성도들을 갖은 형틀과 화형 등을 통해서 순교의 피를 흘리게 했다.

역사 기록에 의하면 1209년에는 베지에라는 도시에서 6,000명이 칼로 학살을 당했고, 1211년에는 라보르에서 성경대로 믿는 그리스도인들 10만 명이 학살을 당했다. 또한 메렝돌 대학살에는 500명의 여인들이 창고에 갇힌 채 불에 타 죽었으며 1562년 오렌지 대학살에서는 교황 비오 4세가 이탈리아 군대를 보내어 남녀노소를 불문하고 잔혹하게 죽였다.

교황권은 하나님을 대신하여 이단을 징치한다는 명목으로 많은 의로운 성도들을 고문하거나 죽였다. 1572년에는 프랑스 파리에서 만 명의 위그노 교도들을 학살했으며, 그 외에도 알비젠스와 왈덴스인들을 박멸한다며 90만 명의 신실한 그리스도인들을 학살하므로 프랑스와 네덜란드, 벨기에, 스페인 등지에서 수천만 명이 학살을 당했다는 기록이 엄연히 남아 있다.

결론적으로 나폴레옹에 의하여 교황권의 세력이 약화되기 전의 1천 년 동안의 교회는 성실하고 순수하며 깨끗한 그리스도인들의

피를 흘리는 순교의 시대라고 해야 마땅할 것이다.

바로 이러한 순교의 피가 종말에 성도들과 예수 증인들에게도 나타날 것이다. "그 여자를 보고 기이히 여기고 크게 기이히 여기니"(계 17:6)라고 놀라움의 표현을 하고 있는데 우리가 하나님의 일을 한다고 생각했던 교회 곧 가톨릭과 그와 합세한 개신교가 진리의 길을 가고자 하는 하나님의 백성들의 피를 흘리는 데 취해 있기 때문이다. 이것은 참으로 아이러니한 일로 도저히 믿어지지 않는 사실이다.

계시록 6장에서 다섯째 인은 죽임을 당한 영혼들이 하늘에서 신원하는 모습을 보여 주고 있다. 하나님은 그들에게 "아직 잠시 동안 쉬되 저희 동무 종들과 형제들도 자기처럼 죽임을 받아 그 수가 차기까지 하라"(계 6:11)라는 말씀으로 위로하며 종말에 성도들과 증인들의 피의 양이 차야 할 것을 말씀하신다. 이것은 하나님의 공의의 심판은 악인들을 통해서 순교한 의로운 피의 양이 차야만 심판한다는 하나님의 정하심 때문이다.

문제는 이 피 흘림의 사건이 다른 악의 세력도 아닌 여자 곧 음녀의 교회에 의하여 발생한다는 것이다. 그러므로 "기이히 여기고 크게 기이히 여기니"(계 17:6)에서 '다우마'(θαῦμα)라고 하여 놀라움과 경이, 이적, 놀랄 만한 일로 벼락에 맞은 것같이 깜짝 놀란다는 뜻의 단어를 쓰고 있다.

이것은 교회라는 한 울타리 안에 있는 자들이 성도들과 증인들의 피에 취했다는 것으로, 결국 교회의 배도자들 곧 음녀 교회로 변질된 집단과 기구들로부터 순교의 피를 흘리게 됨으로 이에 깜짝 놀라게 된 것을 말한다.

교회 안에 음녀와 함께 된 자들에 대하여 유다서는 "저희는 기탄 없이 너희와 함께 먹으니 너의 애찬의 암초요 자기 몸만 기르는 목자요 바람에 불려가는 물 없는 구름이요 죽고 또 죽어 뿌리까지 뽑힌 열매 없는 가을 나무요 자기의 수치의 거품을 뿜는 바다의 거친 물결이요 영원히 예비된 캄캄한 흑암에 돌아갈 유리하는 별들이라"(유 1:12-13)라고 표현하고 있다. 또한 유다서 1장 17-19절에서 "너희는 우리 주 예수 그리스도의 사도들의 미리 한 말을 기억하라 그들이 너희에게 말하기를 마지막 때에 자기의 경건치 않은 정욕대로 행하며 기롱하는 자들이 있으리라 하였나니 이 사람들은 당을 짓는 자며 육에 속한 자며 성령은 없는 자니라"는 말씀처럼 거짓 목자로 가장한 자들이 교회 안에서 성도들을 기롱할 것이다.

2세기에 교회를 노아의 방주라고 했던 키프리안은 기독교 안에만 구원이 있다라는 키프리안 신조를 강화하여, 1215년 라테란 공의회에서는 교회 밖에는 구원이 전혀 없다라고 하였다. 1442년 플로렌스 공의회에서는 가톨릭 교회의 울타리 안에 머물러 있지 않으면 결코 구원이 없다는 배타적 입장을 취함으로 마틴 루터를 통해서 발생한 진리의 모든 개신교회를 이단으로 몰고 갔다.

물론 1965년 제2차 바티칸 공의회에서는 칼 라너의 '익명의 그리스도인' 이론을 근거로 그리스도 밖에는 구원이 없다라는 '그리스도 중심적 포괄주의'로 구원의 개념이 바뀌어 지금까지 개신교회를 가톨릭 안으로 포용하려는 다원주의적 시도도 하고 있다.

여기서 우리가 발견하는 것은, 가톨릭의 구원관은 예수 그리스도의 피 뿌림에 의한 것이 아니라 외형적인 교회의 틀 안에서 판단한다는 것이다. 구원의 기준을 가톨릭 안에 있는가, 아니면 가톨릭 밖에 있는가라는 점에 중점을 두고 있다는 것으로 매우 우려스럽다. 신앙의 실체가 영적인 하나님의 말씀이 아니고 가톨릭 교회라는 울타리 안이라는 장소적 의미가 강한 것은 성경이 말하는 바와 너무나 다르다. 따라서 겉치레의 신앙인을 만들 수밖에 없는 허점이 있다.

이처럼 가톨릭의 신앙관이 현재 개신교 안으로 깊숙이 파고 들어와 말씀과 성령에 의해서 세워진 영적 신앙이 아니라 그냥 교회의 참석에 목적을 두고 "내가 교회를 다닌다"라는 것이 구원이 되는 것처럼 이해되고 있으니 참으로 심각하다고 하겠다.

우리는 왜 여자가 성도들의 피와 예수 증인들의 피에 취했는가를 생각해 보아야 한다. 그것은 여자 곧 가톨릭과 그와 이념과 사상을 함께한 개신교가 갖고 있는 신앙관과 다른 마틴 루터의 종교개혁적인 신앙관과의 차이 때문이다. 이것은 예수 그리스도의 말씀 위에 세워진 진리의 교회를 핍박하고 이단 취급을 하므로 종말에 이들을 단죄하는 것이 하나님의 뜻이라고 하는 가톨릭의 악랄한 폭거에 의한 것이다.

중세시대와 종교개혁 후 19세기 이전까지만 해도 수천만 명의 개신교 신자들을 이단이라는 명목으로 학살하고 화형에 처했다. 이처럼 후 3년 반의 환난기에는 이들 거대한 종교 세력들 곧 음녀인 여자에 의하여 많은 성도들과 예수 증인들이 피를 흘리며 순교할 것이다.

우리가 사는 지금의 교회 안에는 두 종류의 서로 다른 성도가 존재하는데 그 첫째는 오직 진리의 말씀에 의지하여 성령과 함께 주님의 재림을 기다리는 성도고, 둘째는 우상과 함께 세상과 육적 욕망을 취하기 위하여 성령이 없으면서도 하나님의 성도로 가장하며 예수 그리스도의 재림을 기롱하는 자들이다.

이 두 부류의 서로 다른 세력은 환난이 오기 전에는 교회 안에서 서로 공존하며 평화로운 상태를 유지하는 듯하지만 환난의 시간에 들어서면 그 본색을 드러내어 가면을 벗고 자신들 속에 있는 악의 실체를 폭로할 것이다.

3. 일곱 머리와 열 뿔 가진 짐승의 비밀

계 17:7 천사가 가로되 왜 기이히 여기느냐 내가 여자와 그의 탄바 일곱 머리와 열 뿔 가진 짐승의 비밀을 네게 이르리라

여자는 일곱 머리와 열 뿔 가진 짐승을 타고 있다고 한다. 그리고 그 짐승에게는 비밀이 있다고 한다. 이 짐승은 계시록 13장 1절에 등장하는 짐승으로 바다에서 올라온다고 이미 기록하고 있다.

바다는 세상을 의미하는 장소다. 바다에서는 항상 바람이 불고 풍랑이 일면서 심할 때는 태풍과 폭풍이 몰려온다.

주님은 제자들과 함께 바다를 건널 때 제자들이 노를 저으며 고통하며 힘들어하는 모습 그리고 물이 배에 들어와 침몰 직전까지 가는 장면을 보이신다. 제자들이 타고 노를 젓는 배는 바로 이 세상에 있는 교회다. 교회가 이 세상의 험한 풍파를 헤치며 갈 때, 제자들 곧 주님의 종들은 주님만을 믿고 의지하며 가야 하는데도 불구하고 자신들의 힘과 지혜와 노력을 의지하며 간다. 그럴 때 풍랑을 만나 고통 받을 것을 예언하는 말씀이다.

종말에는 바다에서 올라온 짐승 곧 후 3년 반의 환난의 시간 속

에 등장할 일곱 머리와 열 뿔 달린 짐승으로 인하여 또 그 짐승에 탄 여자 곧 가톨릭과 그와 함께 배도한 개신교회로 인하여 고통 받을 것을 말한다. 성경은 주님만이 이 고통 속에 빠진 교회를 구할 수 있으며, 또한 그분이 오셔서 참된 진리의 교회를 구할 것을 말씀하고 있다.

그런데 본 절은 여자가 탄 짐승에게 비밀이 있다고 한다.

첫째는 이 짐승은 "전에 있었다가 시방 없으나 장차 무저갱으로부터 올라와 멸망으로 들어갈 자"(계 17:8)다. 다니엘서 7장은 이 짐승을 넷째 짐승이라고 하여 앞으로 일어날 넷째 나라며 그 머리에는 열 뿔이 있는데 그 열 뿔은 그 나라에서 일어날 열 왕이라고 한다. 곧 종말에 일어날 하나의 세계 정부 곧 단일 정부를 말한다.

지금까지 있었던 어떤 나라들보다 세계를 하나로 통일시킨 강력한 세력을 바탕으로 다니엘서 7장 25절과 같이 "그가 장차 말로 지극히 높으신 자를 대적하며 또 지극히 높으신 자의 성도를 괴롭게 할 것이며 그가 또 때와 법을 변개코자 할 것이며 성도는 그의 손에 붙인바 되어 한 때와 두 때와 반 때를 지내리라"라며 교회에 폭정을 행할 것이다.

역사는 크게 네 개의 나라로 구분하는데 다니엘서 2장의 느부갓네살의 꿈처럼 바벨론과 메대·바사 그리고 헬라와 로마이다. 이 나라들은 역사 속에 실제로 존재했던 나라들로 마지막 넷째 나라인 로마는 476년에 서로마제국의 멸망으로 끝이 난 것 같지만 사실은 신성로마제국이라는 이름으로 나폴레옹이 등장한 1798년까지 존재해 왔다.

그리고 신성로마제국은 나폴레옹과 더불어 멸망된 것 같지만 사실 세계 정부의 모체가 되는 유럽공동체는 신성로마제국의 새로운 부활과 탄생이며 로마제국의 연결선상에 있다.

지금 우리 눈에 보이는 모든 세계의 정치 체제는 로마제국과 신성로마제국으로 이어지는 새로운 로마제국의 탄생을 향하여 가고 있다. 곧 새로 탄생할 로마제국의 이름이 단일 세계 정부이고, 이 나라가 넷째 나라이며 그 속에는 열 뿔 곧 열 왕이 일어날 것이다.

교회의 의식 속에는 로마제국이라는 이름이 먼 옛날의 기억처럼 역사에나 존재하는 이야기로 들리지만 실상은 로마제국은 지금도 우리의 삶 속에 그리고 교회 안에 알게 모르게 그 영향력을 넓혀 가고 있음을 깨달아야 한다.

그러므로 지금도 유럽 공동체의 빌딩의 이름이 신성로마제국의 황제였던 샤를 마뉴 빌딩이라는 것과 유럽공동체가 1년에 한 번씩 유럽을 위하여 공로를 가진 사람에게 주어지는 상을 샤를 마뉴 상이라고 하여 기념하고 있다는 것, 그리고 유럽의 정치인들에게만 주어지는 샤를 마뉴 잡지를 만들어 공급하고 있다는 것 등을 보며, 왜 그들이 샤를 마뉴에 대한 회상과 집착에 빠져 있는지를 생각해야 한다.

이는 샤를 마뉴 시대에는 그리고 신성로마제국에서는 가톨릭의 교황권이 황제 위에 앉아서 그 최고의 권세를 누렸기 때문이다. 계시록은 이것을 음녀가 붉은 빛 짐승을 탔다고 말한다.

바로 지금 세계 정부 곧 세계 단일 정부를 꿈꾸는 자들은 신성로마제국의 화려했던 시절을 그리워하며 다시금 가톨릭의 교황권과 정치 세력이 하나로 결탁되어 세계를 통치하는, 곧 이 세상의 신정 통치를 원하고 있다. 이들이 원하는 신정 통치는 곧 사단과 이 땅의 짐승을 경배하므로 하나님과 교회를 대적하는 체제가 될 것이다.

그러나 이 체제는 반드시 멸망으로 들어갈 것이다. 그들에게 주어진 시간이 한 때 두 때 반 때라는 마흔두 달로 정해져 있기 때문이다. 또한 이 시간은 성도와 교회들은 그에게 붙인바 된 시간으로 고통과 환난의 때이다.

특별히 본 절은 창세 이후로 생명책에 녹명되지 못한 자들 곧 땅에 거하는 자들이 장차 나올 짐승을 보고 기이히 여긴다고 한다. 하늘에 거하는 자들이 아닌 땅에다 소망과 꿈을 두고 살아가는 자들 곧 세상의 욕망에 취해 살아가는 자들은 장차 나올 짐승, 다시 말하면 새로운 세계 단일 정부가 출현하는 것을 보면 '다우마조'(θαυμάζω)라 하여 '존경하고 찬양하며 칭송할 것'이다. 세계 단일 정부의 출현을 찬양하며 좋아하는 자들이 있다는 것으로, 이들은 땅에 속한 자들이며 생명책에 녹명되지 못한 자들이다.

여기서 말하는 짐승의 비밀은 바로 로마제국의 새로운 등장 곧 신성로마제국의 뒤를 잇는 새로운 로마 정부의 등장을 말한다. 이것을 우리는 세계 단일 정부(One World Order) 또는 새로운 세계 정부(New World Order)라 부르는 것이다. 이러한 세계 정부의 기구 안에는 이를 구성하는 일곱 머리와 열 뿔의 통치를 위한 조직과 기구가 필요한데 바로 이것이 일곱 머리와 열 뿔로, 지금 이들 기구는 모두 완성되어 있다.

가) 일곱 왕과 여덟째 왕

계 17:9 지혜 있는 뜻이 여기 있으니 그 일곱 머리는 여자가 앉은 일

곱 산이요

계 17:10 또 일곱 왕이라 다섯은 망하였고 하나는 있고 다른 이는 아직 이르지 아니하였으나 이르면 반드시 잠깐 동안 계속하리라

계 17:11 전에 있었다가 시방 없어진 짐승은 여덟째 왕이니 일곱 중에 속한 자라 저가 멸망으로 들어가리라

"지혜 있는 뜻이 여기 있으니 그 일곱 머리는 여자가 앉은 일곱 산이요 또 일곱 왕이라"(계 17:9-10)라고 한다. 여기서 우리는 먼저 여자가 앉은 일곱 산이 무엇인가를 알아야 한다.

'앉았다'라는 말은 '카데마이'(κάθημαι)라 하여 '앉다, 평안하다, 정착해 있다, 주저앉다'라는 의미로 여자 곧 음녀의 교회가 평안히 정착해 있고 앉아 있는 장소를 말한다.

원래 교황청이 있는 바타칸은 7개의 언덕 곧 산 위에 세워진 도시다. 그렇다고 교회 곧 음녀를 대표한다는 가톨릭의 교황청이 앉아 있는 장소가 외형적인 일곱 산 위에 있다는 것이 아니다. 가톨릭 교회인 교황청과 교황이 영적으로 일곱 개의 우상의 산 위에 앉아 있다는 의미다.

이는 역사 속에 있었던 왕들 곧 일곱 왕과도 비교되는데, 바로 애굽, 앗수르, 바벨론, 메대·바사, 헬라(그리스), 로마와 1299년부터 1922년까지 존재했던 오스만 제국 곧 이슬람 제국을 말한다.

이들 일곱 왕들은 인류의 역사에서 거대 제국을 형성했던 왕들로 본 절에서는 "다섯은 망하였고 하나는 있고 다른이는 아직 이르지 아니하였으나 이르면 반드시 잠깐 동안 계속하리라"(계 17:10)라고 한다.

여기서 우리는 먼저 망한 다섯 나라의 왕들을 살펴보자. 그것은 애굽, 앗수르, 바벨론, 메대·바사, 헬라로 이미 이들 왕들은 역사에서 자취를 감춘지 오래되었다. 그렇다면 이들 다섯 나라를 빼고 남은 두 나라는 지금까지 실제적으로 존재하는 나라여야 하는데, 바로 로마제국의 뒤를 이은 신성로마제국과 이슬람 제국이다.

476년 서로마제국이 멸망하고 기독교를 기치로 내세운 프랑크족이 서유럽을 점령하면서 800년 샤를 마뉴를 통한 교황과의 결탁으로 새롭게 탄생한 나라가 곧 나폴레옹의 등장인 1798년까지 존재했던 신성로마제국이다. 그러므로 로마제국의 뒤를 이은 신성로마제국은 1천 년의 시간 동안 그 위풍과 권세를 지켜 온 것이다. 신성로마제국이 크게 역사에서 부각되고 있지 않은 이유는 이 당시의 제국의 모양이 로마시대와는 다른, 정치적 분리와 독립의 시대였기 때문이며, 이들 나라가 교회 곧 가톨릭이라는 교황권에 의한 서유럽의 통합이라는 특징 때문이다.

다시 말하면 각 나라 곧 프랑스, 독일, 이탈리아, 스페인, 포르투갈, 영국, 네덜란드 등의 서유럽 나라들이 정치적인 독립을 유지하면서 교황의 종교적인 신권에 의해서만 통일된 단일화의 모습을 보였기 때문이다.

그러나 이와 같은 신성로마제국의 형태도 나폴레옹의 등장 이후 그 맥이 끊기면서 그 형체가 사라졌고, 19세기와 20세기 동안 우리의 머릿속에는 신성로마제국이라는 의식 또한 기억 속에 멀어졌다.

그러나 교황청과 서유럽 지도자들의 머릿속에는 신성로마제국에서 가졌던 정치적·종교적 강력함과 권세를 잃어버린 적이 없다. 그들은 다시금 강력했던 로마제국의 부활로 인식되는 신성로마제국의 재탄생을 바라면서 비밀리에 일을 진행해 왔으며, 이 결과로 태어난 것이 1967년 7월에 탄생한 유럽공동체다.

외형적으로는 경제 통합이라는 목적을 갖고 출발하지만 실상은 신성로마제국의 부활을 위한 통합이라는 점에 주목해야 한다. 현재 가입국은 27개국으로 서유럽과 동유럽의 대부분이 유럽공동체에 속해 있으며, 단일 화폐를 통한 단일 경제 공동체로 그리고 국경이 없는 하나의 나라 곧 제국의 모습을 갖추고 있다. 그러므로 이들이 추구하는 것이 무엇인가를 깨달아야 한다.

본 절에서 "전에 있었다가 시방 없어진 짐승은 여덟째 왕이니 일곱 중에 속한 자"(계 17:11)라고 하는데, 바로 일곱 왕 중에서 없어진 로마제국에 속한 자로 바로 마지막 종말에 태어날 신성로마제국, 곧 여덟째 왕이라는 것을 말한다. 앞으로 탄생할 신성로마제국은 로마제국에 그 뿌리를 두고 있는 나라로 유럽공동체를 발판으로 세워질 것이며, 이곳에서 나타날 왕이 곧 우리가 말하는 적그리스도이며 바다에서 올라오는 짐승이고 신성로마제국의 황제가 되는 것이다.

주님이 "저가 멸망으로 들어가리라"(계 17:11)라고 말씀한다는 것은 그가 곧 후 3년 반 곧 마흔두 달 동안 권세를 잡은 후 멸망으로 들어간다는 뜻으로 이해해야 할 것이다.

또한 우리가 여기서 알아야 할 것은 '일곱 왕 중에서 하나는 있고'라는 부분이다. 곧 "다섯은 망하였고 하나는 있고 다른이는 아직 이르지 아니하였으나"(계 17:10)라는 말씀인데 무엇이 하나는 있다는 것인가?

이는 오스만 제국을 뿌리로 하여 지금까지 현존하는 이슬람 제국을 말한다. 물론 이슬람 제국은 정치적인 제국은 아니지만 북아프리카와 중동 그리고 중앙아시아에 이르기까지 하나의 종교로 탄탄하게 엮인 종교적인 제국이며, 그들이 갖고 있는 힘과 권세는 어떤 정치적 세력보다도 강력하다.

그러나 이슬람 제국은 앞으로 유럽공동체를 근본으로 나타날 신성로마제국 곧 적그리스도의 나라가 세워지게 하기 위한 간접적인 역할을 감당할 뿐이다. 그들의 역할은 적그리스도의 나라가 탄생되는 것을 반대하는 전통 유대인들과 예수 그리스도를 믿고 따르는 신실한 그리스도인들을 이 땅에서 제거하는 것이다.

본 절에서는 이를 여덟째 왕이라고 하여, 아직 나타나지 않았지만 지금 세상은 이 종말에 나타날 여덟째 왕 곧 적그리스도를 세우기 위해 모든 정치, 경제, 군사, 문화, 보건의료, 농업과 과학 등이 하나가 되어 움직이고 있음을 보고 깨달아야 할 것이다.

나) 열 왕의 권세와 짐승

계 17:12 네가 보던 열 뿔은 열 왕이니 아직 나라를 얻지 못하였으나 다만 짐승으로 더불어 임금처럼 권세를 일시 동안 받으리라
계 17:13 저희가 한 뜻을 가지고 자기의 능력과 권세를 짐승에게 주더라
계 17:14 저희가 어린양으로 더불어 싸우려니와 어린양은 만주의 주시요 만왕의 왕이시므로 저희를 이기실 터이요 또 그와 함께 있는 자들 곧 부르심을 입고 빼내심을 얻고 진실한 자들은 이기리로다

열 왕은 계시록 13장에 등장하는 바다에서 올라오는 일곱 머리와 열 뿔로 된 짐승의 몸통이다.

그중에서 열 뿔은 열 왕의 권세를 말하는 것으로, 이는 짐승이 세상을 자기의 뜻대로 다스리며 통치하기 위한 열 명의 분권 왕이라고 할 수 있다.

로마 시대인 293년에 디오클레티아누스 황제는 로마를 통치하기 위한 4분 통치를 시작하였다. 디오클레티아누스는 갈레리우스를, 막시미아누스는 콘스탄티우스를 택하여 정황제와 부황제의 제도를 두고 통치하였다. 그리스의 알렉산더 대왕도 큰 나라를 통치하기 위하여 4명의 부왕을 두어 통치를 했던 역사가 있다.

마지막 종말에도 전 세계를 다스리기 위한 짐승 곧 적그리스도는 각 지역을 10개의 구획으로 나누어 각각의 구획을 다스리며 통치할 열 명의 왕을 둘 것이다.

그 구획은 아래와 같이 이미 나누어져 열 명의 왕이 나타나길 기다리고 있다.

첫째, 미국, 캐나다, 멕시코(North America)

둘째, 유럽의 나토 회원국(Europe)

셋째, 일본(Japan)

넷째, 오스트레일리아, 뉴질랜드, 남아프리카(Australia, New Zealand, South Africa)

다섯째, 러시아, 슬라브 계열의 나라들(Russia, Slavic Nations)

여섯째, 중남미 국가(South & Central America)

일곱째, 북아프리카, 중동의 이슬람계(North Africa, Middle East)

여덟째, 중앙아프리카(Central Africa)

아홉째, 동남아시아, 인도(South East Asia, India)
열 번째, 중국, 북한 포함 한국(China, Korea)

본 절에서 "네가 보던 열 뿔은 열 왕이니 아직 나라를 얻지 못하였으나"(계 17:12)라고 하듯 모든 계획은 수립되어 있고 현재도 진행되고 있지만, 아직 10개의 지역을 다스릴 통치자 곧 왕들이 나타나지 않았다. 먼저 이들 왕이 나타나기 위해서는 첫째로 이 지역의 경제적 통합이 이루어져야 하는데 이것을 위하여 화폐의 통합과 국경 폐쇄라는 문제가 해결되어야 한다.

또한 이것을 기반으로 정치 체제의 단일화라는 문제가 이루어져야 한다. UN을 비롯한 국제기구들은 현재 이러한 문제를 해결하기 위하여 비밀리에 그들의 아젠다(Agenda)를 실현하기 위해 최선을 다하고 있다.

코로나19 사건은 바로 이러한 이들의 아젠다를 이루기 위하여 세계를 하나의 문제 곧 코로나19를 통하여 거리 두기, 마스크 쓰기, 학교와 교회와 직장 등의 비대면 상태 유지하기, 그리고 세계적인 백신의 강제 접종과 백신 여권 등을 실행하며 전체주의 및 사회주의 국가로의 실행이라는 세계 정부 곧 적그리스도의 명령을 위한 발판을 놓고 있다.

이것은 세계인을 전체주의 체제 안에서 길들이기로 이해해야 하며, 결국 코로나 자체의 문제가 아니라 다가올 세계 정부가 지향하는 정치 체제의 실현에 그 목적이 있다고 판단해야 한다.

그러므로 열 왕과 짐승 곧 적그리스도는 공생의 관계로 짐승이 통치하는 마흔두 달 동안 짐승으로부터 권세를 받아 열 개의 지역을 통치 관할하게 되며, 이들 열 명의 왕들은 그들 전체의 단일한 뜻을 가지고 짐승인 적그리스도에게 능력과 권세를 바치며 충성할 것이다.

여기에 종교적 세력을 장악하고 있는 로마 교황청의 가톨릭은 평화를 미끼로 종교 통합이라는 명목을 가지고 이들 열 왕과 협조하며, 짐승의 우상을 만들어 세우며 이 우상에게 경배하게 한다. 곧 하나님과 예수 그리스도가 아닌 사단이며 용이고 짐승이며 뱀인 적그리스도에게 경배하도록 강요할 것이다. 이것을 계시록 13장이 우리에게 말하는 바다.

4. 어린양의 싸움에 부르심을 입고 빼내심을 얻은 자들

계 17:14 저희가 어린양으로 더불어 싸우려니와 어린양은 만주의 주시요 만왕의 왕이시므로 저희를 이기실 터이요 또 그와 함께 있는 자들 곧 부르심을 입고 빼내심을 얻고 진실한 자들은 이기리로다

짐승인 적그리스도의 군대와 어린양이신 예수 그리스도의 이 땅에서의 싸움은 대리전이다. 이미 계시록 12장 7-10절에서 하늘에서의 영의 싸움에서는 용이며 옛 뱀이고 마귀이며 사단인 그의 군대는 미가엘과 그의 사자들에게 패하여 땅으로 내어쫓기었음을 말한다.

이제 사단과 마귀의 영을 가진 악한 영의 군대는 사람들 속에 들어가 정치와 경제와 군사와 과학과 종교 등의 모든 분야에 침투하여 어린양이신 예수 그리스도와의 싸움을 준비해 왔다. 곧 이 땅에서의 싸움이 후 3년 반의 환난 시기 후반에 일어날 것인데 만주의

주시요 만왕의 왕이신 예수 그리스도를 대항한 전쟁이 될 것이다.

본 절은 어린양과 "함께 있는 자들 곧 부르심을 입고 빼내심을 얻고 진실한 자들은 이기리로다"(계 17:14)라고 한다.

이제 이 땅에서의 싸움은 용으로부터 권세를 받은 짐승의 세력 곧 일곱 머리와 열 뿔의 세력과 또한 이들 세력과 결탁된 땅으로부터 올라온 타락된 종교적 세력과 어린양이신 예수 그리스도의 사람으로 부르심을 입고 빼내심을 얻은 신실한 자들과의 싸움이 남아 있다.

이 싸움은 예수 그리스도를 대항하는 악의 세력과 예수 그리스도의 편에 있는 선한 세력과의 싸움으로, 기독교 역사에서 선과 악의 마지막 싸움이라고 하겠다.

우리는 여기서 이들이 사용하는 싸움의 도구를 알아야 한다. 먼저 악의 세력인 적그리스도는 자신들이 그동안 250년 이상 세워온 과학과 의학을 이용한 미혹의 싸움을 시도할 것이다. 그중 대표적인 것이 바로 건강을 미끼로 그리고 장수라는 새로운 시대의 의학적 접근을 통하여 사람의 몸에 나노 칩을 이식하려는 행위와 백신을 통해 사람의 몸 안에 자기들만이 아는 물질의 투입으로 외부에서 사람을 통제하려는 행위, 또한 유전자 과학의 발달로 우리 몸 안에 있는 신경과 정신 그리고 마음을 조절하는 유전자를 통제의 목적을 가지고 밖에서 조절함으로 인간 로봇과 같은 체계로 바꾸려고 한다는 것이다. 바로 이들의 시도하는 싸움의 도구들이다.

결국은 이들 싸움의 핵심과 시도는 하나님의 형상으로 만들어진 사람의 체계를 유전자라는 과학을 통하여 변화 또는 변질시킴으로 사단 곧 짐승과 같은 체계로 바꾸어 다시는 하나님을 찾아가지 못하고 부르지 못하며 영원히 하나님과 분리된, 사람이 아닌 짐승과 같은 존재로 살게 하려는 데 그 목적이 있다.

이러한 사단의 싸움은 외형적인 전쟁 곧 총이나 폭탄 그리고 강력한 무기를 가지고 사람의 생명을 빼앗는 예전의 싸움이 아니다. 사람들 스스로가 의학적 그리고 건강이라는 유혹의 말에 속아서 자신이 원해서 자발적으로 이들이 행하는 방법을 선택하게 한다.

계시록 13장에 짐승의 표를 받는 장면이 등장하는데, 이 표를 받는 사람들은 자신들이 원해서 그리고 미혹에 속아서 자발적으로 받게 된다. 다시 말하면 하나님의 말씀의 경고를 믿지 아니하고 세상의 삶에 빠져 살아가는 땅에 거하는 자들은 결국 이들의 미혹의 말에 속는다는 것이다. 지금도 백신 접종이 같은 문제다. 코로나19에 대한 정확한 실체도 알아보지 않고, 또한 백신 안에 어떤 물질이 들어 있는지 생각지도 않고 정부와 방송에서 하는 소리만을 믿고 무조건 자발적으로 백신을 맞는 사람들이 바로 그런 사람들이다.

사단의 영을 가진 짐승과 그의 세력들은 어떻게 하면 많은 사람들 특히 하나님과 예수 그리스도 안에 있는 자들을 미혹하여 속일까를 연구하는 자들이며, 그들의 가장 중요한 미혹의 도구가 바로 방송과 언론 매체이다. 하나님의 말씀을 신뢰하지 않고 믿음이 부족한 자들은 말씀보다는 사단이 운영하는 세상의 방송을 통하여 나오는 뉴스와 소식을 더욱 신뢰하여 눈과 귀와 마음이 닫혀 자발적으로 미끼를 물고 저들이 원하는 방법대로 따라가게 된다.

주님은 "세상 끝에는 무슨 징조가 있사오리까"라는 제자들의 질문에 마태복음 24장 4절에서 왜 "너희가 사람의 미혹을 받지 않도록 주의하라"라고 하셨을까? 이 말씀을 기억한다면 믿음의 사람들은 반드시 깨어 있어 사단이 거짓 종들과 선지자들을 통하여 행하는 미혹의 실체를 영적으로 분별할 수 있어야 한다.

그렇다면 선한 하나님과 어린양의 싸움의 도구는 무엇인가?

본 절은 "그와 함께 있는 자들 곧 부르심을 입고 빼내심을 얻고 진실한 자들은 이기리로다"(계 17:14)라고 한다. 선과 악의 싸움에서는 어린양이신 예수 그리스도께서 이기신다고 이미 결과를 선포하셨다. 그러나 이 싸움은 예수 그리스도가 직접 싸우는 것이 아니고 부르심을 입고 빼내심을 얻은 신실한 자들과의 싸움이다.

이들은 곧 계시록 14장 3-5절에 등장하는 사람들로 "저희가 보좌와 네 생물과 장로들 앞에서 새 노래를 부르니 땅에서 구속함을 얻은 십사만 사천 인밖에는 능히 이 노래를 배울 자가 없더라 이 사람들은 여자로 더불어 더럽히지 아니하고 정절이 있는 자라 어린양이 어디로 인도하든지 따라가는 자며 사람 가운데서 구속을 받아 처음 익은 열매로 하나님과 어린양에게 속한 자들이니 그 입에 거짓말이 없고 흠이 없는 자들이더라"라는 신실한 자들이다.

이들은 또한 계시록 12장 17절에도 등장하는데 "용이 여자에게 분노하여 돌아가서 그 여자의 남은 자손 곧 하나님의 계명을 지키며 예수의 증거를 가진 자들로 더불어 싸우려고 바다 모래 위에 섰더라"라는 말씀이다. 바로 이들이 부르심을 입고 빼내심을 얻은 자들이며, 마지막 종말에 하나님의 군사들로 적그리스도의 세력들과 싸울 이 땅의 용사들이다.

이들의 무기는 오직 신실하신 하나님의 말씀과 예수 그리스도의 증거로, 바로 사도 요한 스스로도 계시록 1장 2절과 9절에서 자신이 하나님의 말씀과 예수 그리스도의 증거를 갖고 있다고 증언하였다.

또한 에베소서 6장에서는 악한 날에 악과 대적하기 위하여 전신갑주를 입어야 한다고 말씀한다. "우리의 씨름은 혈과 육에 대한 것이 아니요 정사와 권세와 이 어두움의 세상 주관자들과 하늘에 있는 악의 영들에게 대함이라"(엡 6:12)라는 말씀처럼 전신갑주 곧 진리의 허리 띠, 의의 흉배, 복음의 신, 믿음의 방패, 구원의 투구, 성령의 검 곧 하나님의 말씀으로 무장하라는 것이다.

하나님의 말씀은 권세와 능력과 힘이 있어서 말씀으로 무장된 자들 곧 전신갑주를 입은 자들이 입으로 선포하는 명령에 전지전능하신 하나님의 권능이 함께하고 있기 때문이다.

말씀으로 세상을 창조하신 하나님은 지금도 말씀으로 세계를 통치하고 섭리하며 운영하신다. 이 사실을 깨닫는다면 이러한 하나님의 말씀과 예수 그리스도의 증거를 가진 하나님의 종들의 선포는 모든 악의 세력을 물리칠 강력한 무기이며 권능이 된다.

가) 음녀의 앉은 물과 땅의 임금들을 다스리는 큰 성

계 17:15 또 천사가 내게 말하되 네가 본바 음녀의 앉은 물은 백성과 무리와 열국과 방언들이니라

계 17:16 네가 본바 이 열 뿔과 짐승이 음녀를 미워하여 망하게 하고 벌거벗게 하고 그 살을 먹고 불로 아주 사르리라

계 17:17 하나님이 자기 뜻대로 할 마음을 저희에게 주사 한뜻을 이루게 하시고 저희 나라를 그 짐승에게 주게 하시되 하나님 말씀이 응하기까지 하심이니라

계 17:18 또 네가 본바 여자는 땅의 임금들을 다스리는 큰 성이라 하더라

계시록 17장 1절은 "많은 물 위에 앉은 큰 음녀의 받을 심판을 네게 보이리라"라고 한다. 하나님과 예수 그리스도 앞에 경배하며 신실한 신부로서 믿음을 지켜야 할 여인이 음녀가 되어 우상에게 경배하며 음행을 저지르는 자 곧 가톨릭을 비롯한 그와 함께한 개신교의 교회들을 말한다.

바로 본 절은 "음녀의 앉은 물은 백성과 무리와 열국과 방언들이니라"(계 17:15)라고 하며 모든 이방 세계 위에 그 터전을 잡고 있다.

여기서 우리는 음녀가 앉은 물에 대하여 먼저 이해를 해야 하는데 그 물이 과연 무슨 물일까?

먼저 물은 우리가 마실 수 있는 그리고 우리에게 생명을 주는 물질이다. 그런데 이방 세계는 각 백성과 무리와 열국과 방언에 따라 그리고 그 나라의 역사와 전통에 따라 그들이 마시면 생명이 될 것이라고 여기는 많은 종교들이 있다.

모세로부터 하나님의 율법을 받은 이스라엘의 유대인들을 제외한 세계의 모든 나라들은 각자 자신들을 구원과 생명으로 인도할 수많은 종교를 가지고 있으며 그 대표적인 것이 불교와 이슬람교 그리고 힌두교와 무속 종교 등이다. 그 외에도 각 지역과 방언마다 섬기는 신들의 모양은 이루 헤아릴 수 없을 정도로 많다.

그런데 왜 하필이면 음녀가 물 위에 앉아 있는가?

곧 이것은 음녀가 된 가톨릭의 교회를 중심으로 한 종교 통합을 의미하는 것이다. 세상의 모든 종교들 위에 앉은 음녀는 바로 이방

세계가 믿어 왔던 갖가지의 우상들 위에 앉은 큰 음녀로서 세상의 우상들의 어미가 될 것을 말한다.

이는 곧 가증스런 교회의 모습으로, 겉으로는 하나님을 주인으로 섬기는 것 같은 모양을 갖추고 있으면서 실제로는 우상들의 머리가 되고 주인이 되어 "귀신의 처소와 각종 더러운 영의 모이는 곳과 각종 더럽고 가증한 새의 모이는 곳이 되었도다"(계 18:2)라는 말씀처럼 세상의 모든 우상들과 하나가 되어 있다. 큰 음녀의 실체는 혼합 종교이자 종교 통합의 실체이다.

로마 교황청의 가톨릭 교회를 중심으로 1948년 제1차 암스테르담 WCC 세계선교대회로부터 모든 우상의 종교를 하나로 통합하고자 하는 의도를 수면 아래 숨긴 채 외형적으로는 가톨릭과 개신교의 화합과 단일이라는 목표를 내세워 출발했다.

그러나 WCC의 세계 선교의 방향은 예수 그리스도가 없어도 세계의 모든 종교가 하나의 목표 지점을 향하여 가고 있다는 1965년 제1차 바티칸 공의회의 포괄주의 선언에 맞추어, 한스 킹의 구원의 일반적 방법과 특수한 방법이라는 포괄주의와 가톨릭 신학자인 파니카의 종교간 대화를 중심으로 하는 다원주의, 그리고 칼 라너의 '익명의 그리스도인들'이라는 용어까지 등장하면서 급속도로 가톨릭과 기독교 그리고 세계의 모든 종교가 하나로 혼합되었다. 심지어는 유엔 산하에 세계종교통합위원회라는 분과를 설치함으로 종교를 하나로 만드는 일에 박차를 가해 왔다는 사실에 주목해야 한다.

그러나 이러한 종교 통합을 통한 가증스런 음녀의 수고는 하나님의 진노를 받게 될 것이다. "열 뿔과 짐승이 음녀를 미워하여 망하게 하고 벌거벗게 하고 그 살을 먹고 불로 아주 사르리라"(계 17:16)라고 하기 때문이다.

이것은 정치적인 세력인 열 뿔과 그 우두머리인 짐승 곧 적그리스도가 음녀인 교회의 세력 곧 가톨릭을 비롯한 WCC를 통하여 이에 합세한 개신교를 진멸할 것을 말하는 것이다. 이들의 목적은 성도들과 하나님의 교회들을 미혹하여 예수 그리스도로부터 멀어지게 하며 오히려 이들이 짐승을 경배하고 섬기도록 만드는 것이다. 후 3년 반의 환난의 기간 속에서 큰 음녀로서의 역할을 완수하지 못했다는 정치적 짐승의 판단 때문이라는 생각이다.

이러한 경우를 우리는 자중지란이라고 하여 이는 하나님이 행하시는 심판의 한 종류로 볼 수 있다.

역대하 20장은 유다의 왕 여호사밧을 치러 온 모압 자손과 암몬 자손 그리고 몇 마온 사람들에 대하여 기록하고 있다. 여호사밧은 하나님 앞에 기도하기를 "우리를 치러 오는 이 큰 무리를 우리가 대적할 능력이 없고 어떻게 할 줄도 알지 못하옵고 오직 주만 바라보나이다"(대하 20:12)라며, 유다와 예루살렘 거민들에게 말하되 "너희는 너희 하나님 여호와를 신뢰하라 그리하면 견고히 서리라 그 선지자를 신뢰하라 그리하면 형통하리라"(대하 20:20)라고 하며 백성으로 하나님을 찬송하며 나아갔다. 그때 "암몬과 모압 자손이 일어나 세일 산 거민을 쳐서 진멸하고 세일 거민을 멸한 후에는 저희가 피차 살육을 하였더라"(대하 20:23)라는 말씀처럼 여호사밧의 유다를 침공한 동맹군들이 자신들끼리 쳐서 살육을 함으로 여호사밧에게 승리를 가져다 주었음을 성경은 기록하고 있다.

마찬가지로 한 목적을 이루기 위하여 처음에는 정치적 세력과 종교적 세력이 결탁하였지만 후에는 자신들끼리 쳐서 한쪽을 멸망시킨다. "하나님이 자기 뜻대로 할 마음을 저희에게 주사 한뜻을 이루게 하시고"(계 17:17)라고 하듯 종말에도 음녀에 대한 하나님의 심판을 저희에게 맡기신다.

본 절의 사건은 일곱 대접 심판의 후반부에 일어나므로 종교적 싸움에서 곧 영적 싸움에서 짐승이 패배하였음을 증명하는 사건이다.

하나님은 이제 이 땅에서 성도들과 하나님의 교회들을 미혹하던 음녀의 세력을 멸하시므로 남은 정치적 세력과 대치하게 된다. "저희 나라를 그 짐승에게 주게 하시되 하나님 말씀이 응하기까지 하심이니라"(계 17:17)라는 말씀과 같이 적그리스도의 권세까지도 하나님 말씀이 응하기까지라는 전지전능하신 하나님의 섭리하에 있음을 말하는 것이다.

마지막으로 "여자는 땅의 임금들을 다스리는 큰 성이라 하더라"(계 17:18)라고 한다. 여기서 땅의 임금들은 누구일까?

첫째로 우리는 보통 땅의 임금이라고 하면 세상의 임금 곧 세상을 통치하고 다스리며 권력을 잡고 있는 왕들을 생각한다. 음녀로 등장하는 여자 곧 가톨릭의 교황은 정신적으로 또한 영적으로 세상의 임금들을 다스리는 자로서 역할을 해왔다.

"땅의 임금들도 그로 더불어 음행하였고"(계 17:2)라는 말씀의 해석을 보면, 세상의 임금들이 음행을 했다는 것이 아니라 영적으로 땅의 임금들로 세워진 자들 곧 하나님의 종들이 음녀와 더불어 음행하였다고 한다. 이것은 기독교 역사에서 자칭 교회의 역할을 해왔던 가톨릭과 교황 그리고 WCC를 통하여 그들과 연합하며 함께 음행에 동참했던 개신교회의 종들을 말하며, 이들을 땅의 임금들이라고 하는 것이다.

이들은 하나님의 종들이라는 신분을 이용하여 세상에서 임금과 같은 권세를 누려왔으며, 발람과 같이 물질에 눈이 어두워 부귀와 영화를 좇으며 하나님의 백성들을 우롱하는 자들이다. 디도서 1장의 고백처럼 "더럽고 믿지 아니하는 자들에게는 아무것도 깨끗한 것이 없고 오직 저희 마음과 양심이 더러운지라 저희가 하나님을 시인하나 행위로는 부인하니 가증한 자요 복종치 아니하는 자요 모든 선한 일을 버리는 자니라"(딛 1:15-16)라는 악한 자들이다.

양의 옷을 입고 하나님의 백성들을 노략질하는 이리 같은 자들 곧 땅의 임금으로 행세하는 자들에게 곧 음녀가 받을 엄중한 심판이 있을 것임을 명심해야 한다.

성령론적 요한계시록

Ⅱ

REVELATION

제18장

(Revelation 18)

계 18:1 이 일 후에 다른 천사가 하늘에서 내려오는 것을 보니 큰 권세를 가졌는데 그의 영광으로 땅이 환하여지더라

⬇

계 18:24 선지자들과 성도들과 및 땅 위에서 죽임을 당한 모든 자의 피가 이 성중에서 보였느니라 하더라

1. 큰 성 바벨론의 멸망

계 18:1 이 일 후에 다른 천사가 하늘에서 내려오는 것을 보니 큰 권세를 가졌는데 그의 영광으로 땅이 환하여지더라

계 18:2 힘센 음성으로 외쳐 가로되 무너졌도다 무너졌도다 큰 성 바벨론이여 귀신의 처소와 각종 더러운 영의 모이는 곳과 각종 더럽고 가증한 새의 모이는 곳이 되었도다

이 땅에서 큰 성 바벨론은 하나님께서 최고로 가증하게 여기는 우상의 성이다.

출애굽기 20장에서는 하나님이 이스라엘 백성들에게 “너는 나 외

에는 다른 신들을 네게 있게 말지니라"(출 20:3)라고 하시며 또한 "너를 위하여 새긴 우상을 만들지 말고"(출 20:4)라고 하신다.

성경은 하나님의 계명 중에서도 가장 하나님을 제외한 다른 신들 곧 우상을 섬기는 것에 대하여 강력한 경고를 하고 있다. 그리고 하나님은 우상을 만드는 이유에 대하여 "너를 위하여"라고 한다. 바로 그것이다. 사람이 우상을 만드는 것은 자신을 위한 것으로, 곧 자신이 바라고 소망하는 것들을 이루고자 하는 마음 때문이다.

이 땅에 태어난 모든 사람은 성공과 부귀영화를 원하며 그것을 취하기 위하여 모든 정력과 돈을 쏟아붓는다. 곧 영적인 삶보다는 눈에 보이는 화려한 외형적인 삶의 유혹에 빠지기 쉬운 존재들이다. 그러므로 불확실한 자신의 미래를 도우며 힘이 될 수 있는 무엇인가를 의지하려는 마음이 있음은 당연하다.

그런 사람의 마음을 아시는 하나님은 성경을 통하여 하나님을 바라고 의지하며 말씀과 규례를 지키고 행하라고 하며 그것이 복의 근원이라고 하신다. 여호수아 1장 7-8절은 "오직 너는 마음을 강하게 하고 극히 담대히 하여 나의 종 모세가 네게 명한 율법을 다 지켜 행하고 좌로나 우로나 치우치지 말라 그리하면 어디로 가든지 형통하리니 이 율법책을 네 입에서 떠나지 말게 하며 주야로 그것을 묵상하여 그 가운데 기록한 대로 다 지켜 행하라 그리하면 네 길이 평탄하게 될 것이라 네가 형통하리라"라고 말씀한다.

하나님은 사람이 형통하게 되는 길은 '율법을 지키고 행하며 좌로나 우로나 치우치니 아니하며 율법을 묵상하는 것이다'라고 말씀하신다. 이에 신명기 28장 1-6절은 “네가 네 하나님 여호와의 말씀을 삼가 듣고 내가 오늘날 네게 명하는 그 모든 명령을 지켜 행하면 네 하나님 여호와께서 너를 세계 모든 민족 위에 뛰어나게 하실 것이라 네가 네 하나님 여호와의 말씀을 순종하면 이 모든 복이 네게 임하며 네게 미치리니 성읍에서도 복을 받고 들에서도 복을 받을 것이며 네 몸의 소생과 네 토지의 소생과 네 짐승의 새끼와 우양의 새끼가 복을 받을 것이며 네 광주리와 떡 반죽 그릇이 복을 받을 것이며 네가 들어와도 복을 받고 나가도 복을 받을 것이니라”라고 말씀하는 것이다.

곧 사람을 창조하신 하나님은 이 땅에 살아가는 사람들에게 복을 받으려면 어떻게 해야 하는지 복의 길을 제시하셨는데, 그것은 바로 여호와의 말씀을 순종하며 지키고 행하는 것이라고 가르치신다.

그러나 사람들은 하나님의 방법을 택하지 않는다. 타락으로 인하여 죄악된 사람들은 사단이 가르쳐 준 방법을 택하고 취하며 복을 갈구해 왔으며 그것이 곧 우상이다.

여기서 우리가 분별해야 할 것은, 여호와 하나님이 형체가 없으신 분이라면 우상은 아름답고 그럴듯한 형체를 갖고 있다는 것이다.

사단은 창세기 3장에서 뱀이 하와를 미혹하며 속일 때 사용하던 방법을 사용하여 사람들로 하여금 “여자가 그 나무를 본즉 먹음직도 하고 보암직도 하고 지혜롭게 할 만큼 탐스럽기도 한 나무인지라”(창 3:6)라는 말씀과 같이 그것을 보는 이로 하여금 보고 느끼며 감각하게 만든다.

곧 우상 속에는 사람들을 속이며 미혹할 수 있는 뱀의 간교함이 숨어 있다는 것이다. 이 간교함의 극치가 바로 뱀과 용 그리고 사단의 본체라고 해석해야 한다.

히브리어의 '간교'라는 말은 '아룸'(עָרוּם)이며, 이 말은 '지각과 감각이 지각할 수 없을 정도로 민감하고 치밀하며 미묘한 느낌을 주며 신비스러워 포착하고 형언하기 어려운 불가사의한 매력이 있으며 구별하기 어렵고 마음을 놓을 수 없는 교활함과 음흉함이 들어 있다'고 해석한다. 이러한 속성이 숨겨져 있는 것이 바로 우상이다.

그러므로 하나님을 대적하는 영체인 사단은 세상 사람들에게 하나님 대신 눈에 보이는 이와 같이 매혹적이고 신비스러우며 구별하기 어려운 보이는 실체 곧 우상을 만들어 여호와 하나님 대신 섬기도록 한다. 이것은 사단 자신이 세상에 세운 우상의 존재를 통해서 사람들로부터 경배와 섬김을 받으려는 기가 막힌 미혹이며 속임수다.

사단의 목적은 하나님처럼 세상으로부터 그리고 하나님이 창조한 사람들로부터 경배와 섬김을 받는 것이다. 그래서 마태복음 4장에서는 예수님을 광야에서 시험하면서 "천하 만국과 그 영광을 보여 가로되 만일 내게 엎드려 경배하면 이 모든 것을 네게 주리라"(마 4:8-9)라며 경배할 것을 요구한다. 그러나 마태복음 4장 10절에서 "사단아 물러가라 기록되었으되 주 너의 하나님께 경배하고 다만 그를 섬기라 하였느니라"는 말씀으로 예수님으로부터 사단의 경배 요구가 거절당하였다.

그러면서 이제 사단은 예수 그리스도를 믿는 백성들에게 향하여 교묘하며 가증스러운 미혹의 방법을 사용하여, 보이는 실체와 보이지 않는 영의 온갖 방법을 동원하여 자신 곧 사단에게 경배를 하도록 2천 년의 기독교 역사 속에서 행해 왔다. 바로 이러한 사단의 생각을 받아 하나님의 백성들에게 경배를 받아내기 위해서 만들어진 비밀스런 큰 성이 바로 바벨론 우상의 성이다.

구약에서 바벨론의 우상은 창세기의 니므롯 시대부터 시작되었고, 유다의 바벨론 포로 시대를 거쳐 유대 신비주의라는 정신으로까지 발전했으며, 신약에 와서는 바벨론의 정신이 권위주의적인 교회 안으로 들어와 발람의 교훈과 니골라당의 교훈으로 자리 잡으면서 오늘날까지 당연하며 자연스러운 큰 성 바벨론으로 세워졌다.

큰 성 바벨론은 결국 예수 그리스도가 이 땅에 세우신 교회와 교회 안의 하나님의 백성들을 미혹의 방법으로 굴복시키고 여호와 하나님이 아닌 사단에게 경배를 드리도록 하나님의 성을 가장하여 세운 우상의 큰 성이다.

어거스틴이《하나님의 도성》에서 말하듯 이 세상에는 하나님의 도성과 세상의 도성이 존재한다. 하나님의 도성은 하나님의 말씀이 통치의 근본이 되는 성으로 교회와 하나님의 백성들이 하나님의 도성에 살고 있는 자들이다. 그러나 세상의 도성은 세상의 법과 윤리와 도덕이 통치의 이념으로 자리 잡아 살아가는 세상이다. 하나님의 도성이 말씀과 성령의 인도를 받는 성이라면, 세상의 도성은 사단과 귀신의 영의 지배와 인도 하에 있는 성이다.

물론 이 성들은 이 세상에서 함께 공존하며 살아가도록 하나님은 디자인하셨고, 어느 성에 속하여 살아갈 것인가는 하나님이 우리에게 주신 자유의지에 의하여 결정하도록 하셨다.

여기서 우리는 큰 성 바벨론 속에 들어 있는 본질을 생각해야 한다. 바벨론은 하나님의 도성과 세상의 도성이 혼합된 성질을 갖는 성이라는 것이다.

창세기 11장의 바벨탑 사건에서 '바벨'(בָּבֶל)은 '혼합'이라는 뜻의 말이듯이 큰 성 바벨론은 혼합된 성이라는 의미며, 이 혼합은 하나님의 것과 세상 곧 사단의 것이 혼합되었다는 것으로 해석해야 한다.

열왕기상 18장에서 엘리야가 이스라엘 백성들 앞에서 "너희가 어느 때까지 두 사이에서 머뭇머뭇하려느냐 여호와가 만일 하나님이면 그를 좇고 바알이 만일 하나님이면 그를 좇을지니라"(왕상 18:21)라고 말씀했다. 바알의 신이 하나님의 신처럼 위장하여 하나님의 백성들 앞에 있는 것처럼 큰 성 바벨론도 하나님의 성으로 위장하여 바알처럼 백성들 앞에 서 있다는 사실에 정신을 차려야 한다는 것이다.

하나님은 계시록 18장 4-5절을 통하여 큰 성 바벨론의 실체를 모르고 그곳에 남아 있는 백성들을 향하여 "내 백성아, 거기서 나와 그의 죄에 참예하지 말고 그의 받을 재앙들을 받지 말라 그 죄는 하늘에 사무쳤으며 하나님은 그의 불의한 일을 기억하신지라"라고 경고하신다.

이것은 큰 성 바벨론을 앞세워 교회와 하나님의 백성들로부터 경배와 섬김을 받으려는 뱀 또는 용 곧 사단의 철저하고 교묘한 술책이라는 것이다

이것을 이루기 위하여 종말의 환난의 때는 계시록 13장에서와 같이 짐승의 표를 사용하여 강제적으로 사단의 영을 가진 짐승 곧 적그리스도의 우상을 만들게 하고 이에게 경배하게 하는 일을 한다.

하나님은 이러한 큰 성 바벨론의 목적과 의도를 정확하게 알고 계시므로 본 절 곧 일곱째 대접 재앙인 후 3년 반의 후반부에 큰 성

바벨론의 멸망을 예고하셨다. 또한 그곳을 일컬어 "귀신의 처소와 각종 더러운 영의 모이는 곳과 각종 더럽고 가증한 새의 모이는 곳"(계 18:2)이라고 말씀하고 계신다.

큰 성 바벨론이 주는 "그 음행의 진노의 포도주를 인하여 만국이 무너졌으며 또 땅의 왕들이 그로 더불어 음행하였으며 땅의 상고들도 그 사치의 세력을 인하여 치부하였도다"(계 18:3)라며 한탄하고 계신다.

가) 음행에 가담한 땅의 왕들

> **계 18:3** 그 음행의 진노의 포도주를 인하여 만국이 무너졌으며 또 땅의 왕들이 그로 더불어 음행하였으며 땅의 상고들도 그 사치의 세력을 인하여 치부하였도다 하더라

땅의 왕들이 큰 성 바벨론과 음행에 가담했다고 한다.

여기서 땅의 왕들은 세상의 왕들을 말하는 것이 아니라 하나님이 이 땅의 백성들을 다스리고 통치하여 하나님의 나라로 인도하라고 세운 영적인 왕들이다. 이 왕들을 우리는 목사와 교회의 지도자들로, 가톨릭의 교황을 비롯하여 추기경과 주교와 사제들 그리고 개신교의 목사들이다.

하나님은 이들을 세상의 정치적인 왕들과 구별하여 교회를 지도하는 영적인 땅의 왕들로 세우셨다. 만약 이들이 세상의 정치를 다스리는 땅의 왕들이라면 큰 성 바벨론과 음행을 하든 그렇지 않든 상관하지 않을 것이다. 그러나 하나님의 백성들을 다스리라고 세운 교회의 종들이라면 당연히 말씀을 따라 신실한 믿음의 길을 걸어야 한다.

본 절에서 말하듯 "땅의 왕들이 그로 더불어 음행하였으며"(계 18:3)라고 하는 것은 우상에게 무릎을 꿇어서는 안 될 자들이 큰 성 바벨론과 함께 우상에게 절하며 그를 섬겼다는 것으로 해석해야 한다. 이것은 땅의 왕들이 세상의 정치와 금전과 권력과 명예와 결탁하여 하나님보다는 세상을 선택했다는 것으로, 곧 영적 타락의 길을 갔음을 의미한다.

예수 그리스도 이후 세상에는 교회가 세워지고 구약 시대에 이스라엘 백성들을 악으로 이끌며 하나님의 율법을 배반하게 했던 바벨론의 문화와 사상, 그리고 바알 신과 같은 어두운 우상의 영들이 교회라는 이름 안에서 자리 곧 보좌를 틀기 시작했다는 것이다. 다시 말하면, 뱀이 교회 안에 똬리를 틀고 앉아 하나님을 대신하는 간교함이 2천 년의 교회사 속에 진행되어 왔으며, 이 세력이 바로 보이지 않는 큰 성 바벨론이다.

계시록 2장에는 두아디라 교회의 사자에게 편지를 하면서 주님은 "네게 책망할 일이 있노라 자칭 선지자라 하는 여자 이세벨을 네가 용납함이니 그가 내 종들을 가르쳐 꾀어 행음하게 하고 우상의 제물을 먹게 하는도다"(계 2:20)라고 하며 교회 안에 들어온 바벨론의 음녀에 대하여 이미 경고하고 있다. 음녀인 큰 성 바벨론과의 음행은 이미 예견되었다. 내 종들을 가르쳐 꾀어 행음하게 했다고 하듯 주님의 종들로 세워진 땅의 임금들은 음녀의 잘못된 가르침을 통해서 벌써 오랜 시간 음행을 해왔다.

이 큰 성 바벨론은 보이지 않는 우상의 성으로 하나님의 말씀 안에 곧 진리의 말씀이 아닌 세상과 짝하는 말씀과 세상의 철학을 중심으로 한 도덕과 윤리 그리고 인간의 양심이라는 그럴듯한 미혹의 주제들로 교회를 안팎으로 포장하여 외형적으로 그럴듯하며 아름다워 보이게 하고 또한 그 안에 생명이 있는 것같이 백성들의 마음과 눈을 속이며 종들에게는 이러한 비진리들을 가르침으로 백성들을 잘못된 길로 인도하도록 해왔다.

그러므로 누가복음 8장 16-17절에서는 "누구든지 등불을 켜서 그릇으로 덮거나 평상 아래 두지 아니하고 등경 위에 두나니 이는 들어가는 자들로 그 빛을 보게 하려 함이라 숨은 것이 장차 드러나지 아니할 것이 없고 감추인 것이 장차 알려지고 나타나지 않을 것이 없느니라"라고 한다. 음녀인 큰 성 바벨론은 진리의 등불을 그릇으로 덮고 평상 아래 둠으로 보지 못하게 할 것을 주님은 이미 예언하고 있다.

또한 종말에는 교회 안에서 이 모든 일을 해온 음녀 곧 큰 성 바벨론의 실체가 들어날 것이며 폭로될 것이다.

나) 사치의 세력에 치부한 땅의 상고들

> **계 18:3** 그 음행의 진노의 포도주를 인하여 만국이 무너졌으며 또 땅의 왕들이 그로 더불어 음행하였으며 땅의 상고들도 그 사치의 세력을 인하여 치부하였도다 하더라

땅의 상고들은 큰 성 바벨론과 함께 사치의 세력에 치부했다고 한다.

여기서 땅의 상고들은 누구인가? 계시록 18장 23절에서는 "너의 상고들은 땅의 왕족들이라"라고 하며 세상에서 부귀와 영화를 누리

며 권력을 갖고 백성들을 통치하던 자들이라고 한다. 땅의 상고들은 정치적·경제적인 세력을 가진 자들이라는 것이다.

구약 시대에는 땅의 상고들이라는 왕족들과 박사나 술객 또는 박수나 점장이와 같은 종교적 세력들과는 신분의 차이가 워낙 커서 서로 상대하거나 비교할 수 있는 관계가 아니었다. 그러나 신약 시대에 와서는 종교적 세력 곧 교회의 세력이 정치적 세력과 동등하거나 그보다 컸던 경우가 많았다.

그러므로 세상을 다스리는 정치적 왕권을 가진 자를 왕 또는 황제라 부르듯 교회도 교황 곧 교회의 황제라는 이름으로 지금도 불리고 있다. 특히 신약 시대 중에서도 476년 서로마제국의 멸망 후 새로 등장한 유럽의 정치 세력들은 교회와의 관계를 더욱 돈독히 할 필요를 느끼고 1천 년이라는 긴 시간 동안 신성로마제국이라는 이름의 정치 세력과 종교 세력이 하나로 결탁된 밀월의 관계를 유지해 왔다. 곧 이것은 땅의 상고들이라는, 왕족들과 큰 성 바벨론이라는 종교적 세력의 밀월 관계를 말하는 것이다. 본 절에서는 이 관계를 사치의 세력을 인하여 치부하였다고 말하고 있다.

여기서 '사치'라는 말은 '스테레노스'(στρῆνος)라 하여 '굳은, 단단한, 강한'에서 유래한 말로 '강한 자존심, 거만한 사치, 교만, 호사, 향락, 음탕, 호색'을 뜻한다.

이것은 강하고 곧은 자존심과 사치스러운 향락과 음탕한 호색과 함께 치부 곧 부유해졌다는 뜻이다. 일반적으로는 향락과 호색에 빠지면 부유해질 수 없는데 이들은 오히려 더 부유해졌다. 이는 곧 이러한 음탕과 호색과 향락과 관계된 사업을 통해서 부유해졌다는 뜻이다.

그러므로 땅의 상고들이라는 왕족들은 이 세상의 모든 음탕과 호사스러운 향락 사업 곧 매춘 사업, 마약 사업, 영화와 포르노 사업, 소아성애 사업, 그리고 제약 사업 등의 모든 인간의 정신을 파괴하며 병들게 하는, 더럽고 악한 사업을 통해서 치부하였다는 뜻으로 해석해야 한다.

계시록 18장 23절에서 땅의 왕족들에게 "네 복술을 인하여 만국이 미혹되었도다"라는 말을 하는데 과연 이 말은 무엇을 의미하는가?

여기서 말하는 복술은 운명을 점치거나 복을 구하는 술사 등의 술법을 뜻하는 것이 아니라 '활마케이아'(φαρμακεία)라고 하여 '약을 복용시키다'라는 말에서 유래된 '약의 조제, 요술과 마술, 마법'을 가리키는 말이다. 다시 말하면 약을 복용시킴으로 아팠던 통증과 고통이 마술과 마법처럼 감쪽같이 사라졌다라는 뜻이다.

이것은 결국 땅의 상고들 곧 땅의 왕족들이 사람들에게 약을 조제하고 복용시킴으로 사람들이 갖고 있는 고통과 질병의 문제를 고쳐 준다며 거짓되며 헛된 말로 만국 곧 세계를 미혹하는 것이다.

이러한 복술의 미혹에 속아 온 세상이 지금 당하고 있는 문제가 코로나19 현상이다. 이것은 온 인류를 자신들이 원하는 인간으로 만들어 통제하려고 하는 땅의 상고들의 사악한 수법이다. 사람을 속이고 미혹하는 가장 큰 무기가 바로 건강이라는 것을 아는 땅의 상고들은, 그것을 약점으로 삼아 수많은 종류의 약물들을 통하여 거대한 부를 치부하였으며 사람들을 지속적으로 미혹하고 있다.

종교 세력을 대신하는 큰 성 바벨론은 기독교의 역사 이래 정치적인 힘으로부터 보호를 받고자 했으며, 이것은 1798년까지 지속된 신성로마제국의 기간 동안 로마 가톨릭을 강력하며 권세 있는 자리로 올려 놓았다.

그로부터 200여 년이 지난 지금도 로마 가톨릭은 유럽공동체와 함께 다시금 신성로마제국의 화려했던 시절로 돌아가고자 하는 노력을 계속해 왔는데, 그것이 바로 뉴 월드 오더(New World Order)의 탄생이다.

곧 자유민주주의라는 체제가 아니고 상고들이라는 정치 세력과 큰 성 바벨론의 가톨릭 그리고 그와 함께하는 땅의 임금들이 자신들이 원하는 대로 다스리며 통치하는 전체주의 군주 체제 곧 사회주의 또는 공산주의 체제로의 변화를 추구해 왔다는 것이다.

우리는 지금 이들이 목표를 가지고 원하며 추구해 왔던 세계의 질서 안에 살고 있다. 이 세계는 하나님과 예수 그리스도를 대적하는 세계로, 계시록 18장은 하나님이 이들의 계획을 무너뜨리고 하나님의 진노의 포도주로 철퇴를 가함으로 하나님의 이름을 망령되게 그리고 가증스럽게 부르며 백성들을 속이며 미혹했던 큰 성 바벨론 곧 로마 가톨릭과 그와 결탁한 개신교의 기관과 종들을 심판할 것을 말한다.

다) 땅의 상고들의 상품과 미혹의 복술

계 18:23 등불 빛이 결코 다시 네 가운데서 비취지 아니하고 신랑과 신부의 음성이 결코 다시 네 가운데서 들리지 아니하리로다 너의 상고들은 땅의 왕족들이라 네 복술을 인하여 만국이 미혹되었도다 땅의 상고들은 세상을 통치하는 왕족들이고 막강한 정치 세력들이다.

이들은 정치, 경제, 군사, 외교 등의 세상을 통치하기 위해 모든 조직과 기관을 가지고 움직이는 거대하며 막강한 힘을 가진 생명체다.

현재 이들의 힘은 UN이라는 막강한 세계 기구를 통하여 또한 그 산하 기관들을 통하여 움직이고 있다. 이들이 표면적으로 내세우는 아젠다(Agenda)라는 세계의 평화와 안전(Peace and Safety)을 구호로 내세워 세계인들로 하여금 자신들의 비밀하고 숨겨진 목적을 알지 못하며 깨닫지 못하게 한다.

이들은 항상 세계인들을 사랑하는 것처럼 자선단체와 구호단체의 명함과 훌륭한 구호들을 가지고 나간다. 하지만 실상은 모두가 표면적인 것이며 자신들의 무섭고 악마 같은 목적을 숨기기 위한 포장으로 이들 단체를 사용하는 것이다.

특별히 세계인들 그리고 어린이들의 건강을 위해서 백신 주사를 놓는다는 빌게이츠 멜린다 재단은 수천 수만 명의 사람들을 실험하여 사람들을 죽이고 소아마비 등 수많은 질병으로 고통 받게 했다. 가톨릭의 성녀로 추앙 받으며 노벨 평화상까지 받은 테레사 수녀는 어린아이들을 로마 교황청에 성 상품으로 납품하는 소아성애 인신매매의 일을 해왔다는 사실이 뒤늦게 밝혀지는 등, 인간으로서는 감히 상상도 할 수 없는 일들을 그럴듯한 포장을 내세워 그 안에서 행해왔다. 이런 것들로 미루어 보아 이들은 원하는 아젠다를 이루기 위해서는 어떤 일도 할 수 있는 악마와 귀신의 영을 가졌음을 알 수 있다.

지금도 자신들을 엘리트 그룹이라고 하는 딥스(딥 스테이트)들은 어린아이들의 피를 뽑아 만든 아드레노 크롬이라는 약물을 투여 받음으로 자신들의 건강을 지키고 장수하며, 사람으로서는 상상할 수 없는 일들을 행하고 있음이 이미 드러났다.

결국 땅의 상고들 곧 땅의 왕족들은 세상의 모든 권력과 부를 소유하면서 이러한 권력과 부를 오랫동안 지키기 위하여 사람으로서는 할 수 없는 악한 일들을 행하고 있다. 또한 세상의 모든 부를 자신들의 손아귀에 넣기 위하여 만들어진 세계적 글로벌 기업들을 세계화라는 명목으로 세워 모든 돈을 긁어모으기에 혈안이 되어 있음을 우리는 지금 보고 있다.

본 절 12-13절에서는 이들이 거래하는 상품들이 나열되어 있는데 "그 상품은 금과 은과 보석과 진주와 세마포와 자주 옷감과 비단과 붉은 옷감이요 각종 향목과 각종 상아 기명이요 값진 나무와 진유와 철과 옥석으로 만든 각종 기명이요 계피와 향료와 향과 향유와 유향과 포도주와 감람유와 고운 밀가루와 밀과 소와 양과 말과 수레와 종들과 사람의 영혼들이라"라고 열거하고 있다.

이러한 상품들은 사람이 세상에 살아가는 데 필요한 모든 것들로 이 모든 상권이 땅의 상고들의 손에 있음을 말한다.

한국에도 지금 수많은 글로벌 기업들이 사업을 하고 있다. 대표적으로 맥도날드, 버거킹, 코스트코, 스타벅스, 벤앤제리 등을 비롯해서 구글과 페이스북과 아마존 등 그 외에도 헤아릴 수 없 수많은 기업들이 활동하므로 저들의 부를 채우고 있다.

거래되는 상품들 속에서 특히 우리가 주목해야 하는 것이 있는데 그것이 바로 '종들과 사람의 영혼들'이다.

여기서 종들과 사람의 영혼들을 어떻게 상품으로 거래할까 하는 의문이 든다.

먼저 '종'이라는 말은 '소마'(σῶμα)라 하여 '몸, 신체, 시체, 주검, 육체'를 뜻하는 말로 사람의 몸과 신체 또는 죽은 육체를 상품으로 사고판다는 것이다.

이러한 일은 벌써 장기 이식을 위하여 사용되어 왔으며, 어린아이들의 피를 뽑아 만든 아드레노 크롬을 값비싸게 팔기 위하여 수많은 아이들을 납치하고 인신매매하는 일들이 세계 도처에서 행해지고 있다. 이러한 일을 행하는 자들이 바로 땅의 상고들 곧 땅의 왕족들이며, 또한 이들을 오늘날은 엘리트 그룹이며 딥스들이라고 부르고 있다.

한편 사람의 영혼도 상품이 되어 매매되고 있다. 여기서 말하는 '영혼'은 '프쉬케'(ψυχή)라고 하여 '생명의 본질로서 생명, 호흡, 영, 영혼, 마음' 등을 의미한다. 곧 하나님의 형상으로 만들어진 사람의 생명의 본질을 무엇인가 새로운 다른 것으로 바꾼다는 것으로, 상고들은 이것을 통해서 부를 축적한다.

이러한 일을 위하여 그동안 과학자들에 의하여 연구되어 온 것이 사람의 뇌 속에 숨겨진 하나님과의 연결고리며, 곧 하나님을 찾고 교회에 가고 싶고 예배와 찬양을 드리고 싶다는 생명의 본질을 찾아내 이것을 제거하는 일에 몰두해 왔다. 이것은 Vmat2 유전자인데 뇌의 시상하부에 있는 송과체에 존재한다. 과학자들은 이 유전자의 수가 많으면 신 곧 하나님을 찾으려는 마음이 많아지고 반대로 그 수가 적으면 신에 대한 관심이 없고 세상과 물질에 관심을 갖는다는 사실을 발견하였다. 따라서 사람의 몸에서 이 Vmat2 유전자를 제거한다면, 곧 하나님이 사람의 몸속에 남겨 두신 생명의 본질을 제거한다면 자신들이 원하는 인간으로 바꿀 수 있다는 결론을 얻었다는 것이다.

이것은 인간이 발견한 과학적 업적 중에서 사람 속에 있는 하나님의 형상을 지워 버리므로 사단이 원하는 짐승과 같은 인간으로 만들려는 것이므로, 최고의 극악한 행위이자 하나님을 대항한 대적 행위임에 틀림없다.

오늘날 딥 스테이트로 알려진 이들 땅의 상고들은 모더나와 화이자 같은 제약회사와의 계약을 통해서 백신 속에 이들 물질을 투입시켜 사람 속에 있는 생명의 본질을 제거하려는 일을 추진하고 있다. 이것을 행하기 위하여 코로나19라는 실체가 없는 바이러스 질환을 만들어 사람들로 하여금 공포심을 자극하고, 이것으로부터 보호를 받으려면 반드시 백신 주사를 맞아야 한다는 엉뚱한 논리로 사람들을 미혹하고 있다.

종말에는 이러한 이들의 의도가 강력하게 시행될 것이다. 대부분의 사람들은 이들의 선전에 미혹되어 서로 먼저 백신을 맞으려는 한심한 광경을 목도하게 될 텐데, 이것을 잘 나타내고 있는 말씀이 계시록 18장 23절의 "너의 상고들은 땅의 왕족들이라 네 복술을 인하여 만국이 미혹되었도다"라는 말씀이다.

그러므로 하나님의 백성들은 깨어서 이들 악의 세력들이 하는 일들을 자세히 살펴야 한다. 특별히 종말에는 복술을 통하여 만국을 미혹하는 것이 이들의 수법이라는 사실을 깨닫고 약물, 특히 백신에 대한 주의와 경계를 소홀히 해서는 안 된다.

2. 큰 성 바벨론에 행한 하나님의 신원의 심판

> **계 18:20** 하늘과 성도들과 사도들과 선지자들아 그를 인하여 즐거워하라 하나님이 너희를 신원하시는 심판을 그에게 하셨음이라 하더라

계시록 6장 다섯째 인을 뗄 때에 하나님의 말씀과 저희가 가진 증거로 인하여 죽임을 당한 영혼들이 하나님 앞에 땅에 거하는 자들을 심판해 달라는 신원의 장면이 나온다.

'신원'이란 억울한 죽음에 대한 복수를 말한다. 헬라어로는 '크리마'(κρίμα)라고 하여 '심판, 판결, 벌, 정죄' 등을 의미하는 말인데, 이 말은 '크리노'(κρίνω)라는 단어에서 유래된 말로 '나누다, ~사이를 구별하다, 판결하다, 심판하다, 복수하다, 결정하다'라는 뜻이다. 이는 곧 부당한 죽음에 대한 옳고 그름을 구별해서 판결해 달라는 요청이다. 계시록 17장 6절 "이 여자가 성도들의 피와 예수의 증인들의 피에 취한지라"처럼 많은 하나님의 백성들이 여자로부터 억울한 죽음을 당했기 때문이다.

이 여자가 바로 음녀의 성인 큰 성 바벨론이며 이 여자와 함께한 세력들이 땅의 임금들과 땅의 상고들이다.

본 절은 바로 이들 하나님을 대적하며 참된 교회와 진실한 하나님의 백성들을 죽이며 괴롭혔던 가증한 음녀, 곧 교회라는 거룩한 이름으로 포장하였으며 땅의 임금들인 하나님의 종들을 꾀어 음행하게 하였고 세상의 권력을 가진 땅의 상고들인 왕족들과 결탁되어 온갖 부귀영화를 누리며 치부하였던 큰 성 바벨론을 심판하고 있다.

하나님이 계시록 18장 5절에서 "그 죄는 하늘에 사무쳤으며 하나님은 그의 불의한 일을 기억하신지라"라고 하며 이 땅에서 저지른 죄가 하늘에 사무쳤다고 한다.

여기서 '사무쳤다'라고 하는 말은 '콜라오'(κολλάω)라고 하여 '아교나 접착제로 붙이다, 용접하다, 달라붙다, 집착하다'라는 뜻을 가진다. 이들이 저지른 죄가 떼려야 뗄 수 없는 강력한 죄임을 표현하는 말이다.

우리는 큰 성 바벨론이라 하면 로마 교황청의 가톨릭 세력만을 생각하는데, 여기서 말하는 큰 성 바벨론은 하나님을 대적하는 외적이며 영적인 모든 세력들의 집합체를 말하는 것으로 종교적 세력뿐만 아니라 이들과 합세한 정치적 세력들까지를 전부 포함한다.

계시록 19장에서 어린양의 아내가 될 혼인잔치가 준비되었기 때문에 그 전까지는 이 땅의 모든 악의 세력들이 심판되어야만 한다. "선지자들과 성도들과 및 땅 위에서 죽임을 당한 모든 자의 피가 이 성중에서 보였느니라"(계 18:24)라고 하듯 큰 성 바벨론에는 수많은 사람들의 죽음의 피가 흐르고 있으며, 이 피를 흘리는 데 참여한 모든 자들 곧 교황청과 가톨릭 그리고 WCC와 WEA를 통해 저들과 하나가 된 개신교들 또한 땅의 상고들로 살아온 왕족들과 정치가들 모두가 심판의 대상이 될 것이다.

성령론적 요한계시록

II

REVELATION

제19장

(Revelation 19)

계 19:1 이 일 후에 내가 들으니 하늘에 허다한 무리의 큰 음성 같은 것이 있어 가로되 할렐루야 구원과 영광과 능력이 우리 하나님께 있도다

⬇

계 19:21 그 나머지는 말 탄 자의 입으로 나오는 검에 죽으매 모든 새가 그 고기로 배불리우더라

1. 큰 음녀를 향한 참되고 의로운 신원의 심판

계 19:2 그의 심판은 참되고 의로운지라 음행으로 땅을 더럽게 한 큰 음녀를 심판하사 자기 종들의 피를 그의 손에 갚으셨도다 하고

하나님은 성경을 통하여 이 땅에 의를 심고 오직 하나님만이 경배의 대상임을 선포하신다. 그러나 사단은 하나님을 대적하기 위하여 음행으로 땅을 더럽게 할 음녀를 세움으로 하나님의 뜻을 거역하며 망치려고 한다.

인류에게 내려진 가장 큰 하나님의 계명인 십계명에서 여호와 하나님은 첫째로부터 세 번째까지 “나 외에는 다른 신들을 네게 있게 말지니라”고 명령하고 있으며 “너를 위하여 새긴 우상을 만들지 말고 너의 하나님 여호와의 이름을 망령되이 일컫지 말라”고 명령하신다. 그러나 사단은 음녀를 통하여 이러한 하나님의 명령을 교묘히 간교하게 속임으로 이 땅의 수많은 사람들로 하여금 미혹으로 사망의 길을 가게 했다.

특별히 본 장은 이러한 사단의 미혹을 위하여 사용되었던 바벨론의 큰 음녀를 심판하심으로 그동안 이들 악의 세력들과 싸우다 피를 흘린 거룩한 의인들 곧 하나님의 의로운 종들의 피를 신원하는 말씀의 기록이다.

계시록 6장에서 하나님의 말씀과 저희의 가진 증거를 인하여 죽임을 당한 영혼들이 제단 아래서 “큰 소리로 불러 가로되 거룩하고 참되신 대주재여 땅에 거하는 자들을 심판하여 우리 피를 신원하여 주지 아니하시기를 어느 때까지 하시려나이까”(계 6:10)라는 질문을 할 때 본 절은 “그의 심판은 참되고 의로운지라 음행으로 땅을 더럽게 한 큰 음녀를 심판하사 자기 종들의 피를 그의 손에 갚으셨도다”(계 19:2)라며 신원의 문제가 해결되었음을 선포하고 있다.

바로 이 신원의 심판으로 하늘에서는 “할렐루야 구원과 영광과 능력이 우리 하나님께 있도다”(계 19:1)라며 찬송이 울려퍼지며 이십사 장로와 네 생물도 엎드려 보좌에 앉으신 하나님께 경배하며 아멘 할렐루야로 영광을 돌린다. 이제 하늘은 땅에 거하는 자들 곧 큰 음녀의 심판을 통하여 허다한 무리들이 기뻐하며 잔치를 벌이고 있다.

에스더 9장에서 모르드개가 아달월 14일과 15일을 부림절로 정하여 모든 유다인들에게 선포하며 "이날에 유다인이 대적에게서 벗어나서 평안함을 얻어 슬픔이 변하여 기쁨이 되고 애통이 변하여 길한 날이 되었으니 이 두 날을 지켜 잔치를 베풀고 즐기며 서로 예물을 주며 가난한 자를 구제하라"(에 9:22)라고 한 것처럼 이 땅에서 하만과 같은 자들이 하나님의 심판으로 척결됨으로 이제 온 세상은 기쁨과 평안과 즐거움의 잔치가 벌어질 것을 보여 주고 있다.

2. 하나님께 찬송하는 종들

계 19:4 또 이십사 장로와 네 생물이 엎드려 보좌에 앉으신 하나님께 경배하여 가로되 아멘 할렐루야 하니
계 19:5 보좌에서 음성이 나서 가로되 하나님의 종들 곧 그를 경외하는 너희들아 무론대소하고 다 우리 하나님께 찬송하라 하더라

계시록은 종말의 종들을 위한 예언이며 계시다. 주님은 천사들을 사도 요한에게 보내어 "반드시 속히 될 일을 그 종들에게 보이시려고"(계 1:1) 계시의 말씀을 지시하라고 하셨다.

여기서 말하는 종말의 종들은 반드시 하나님의 말씀과 예수 그리스도의 증거를 가진 종들로 계시록 12장 17절에서 "용이 여자에게 분노하여 돌아가서 그 여자의 남은 자손 곧 하나님의 계명을 지키며 예수의 증거를 가진 자들로 더불어 싸우려고 바다 모래 위에 섰더라"는 바로 여자의 남은 자손이다. 이들은 마지막 종말에 이 땅에서 사단 곧 용이 세운 종들과 싸울 하나님의 군대들이며, 사단에게 빼

앗겼던 하나님의 백성들 곧 탈취물을 찾아올 종들이다.

히브리서 11장에 있는 믿음의 선진들에 대한 기록에서 믿음의 조상들은 "하나님이 우리를 위하여 더 좋은 것을 예비하셨은즉 우리가 아니면 저희로 온전함을 이루지 못하게 하려 하심이니라"(히 11:40)라고 했다. 그동안 믿음의 조상들의 수고와 땀과 희생이 결실을 얻으려면 곧 온전함을 얻게 하기 위하여 종말에 '우리'라는 이름으로 불리는 하나님의 종들을 예비하셨다는 의미이다.

그러므로 이 싸움에서 이기기 위하여 그리고 사단에게 빼앗긴 하나님의 백성들인 탈취물을 찾아오기 위하여서는 반드시 종들이 하나님의 말씀과 예수 그리스도의 증거를 소유해야 한다. 왜냐하면 하나님의 종들의 싸움의 무기는 곧 하나님의 말씀과 예수 그리스도의 증거로, 에베소서 6장에서 말씀하는 전신갑주로 무장해야 하기 때문이다.

창세기 14장에서 믿음의 조상 아브라함이 빼앗겼던 조카 롯의 가족과 재물과 부녀와 인민을 다 찾아온 것에 대하여 히브리서 7장 4절은 '조상 아브라함의 노략물'이라고 말한다.

여기서 '노략물'이라는 것은 '아크로디니온'(ἀκροθίνιον)이라 하여 '더미 중 가장 좋은 것 또는 전리품 중 가장 좋은 물품'을 말하며 '첫열매, 전리품, 노략물'이라는 뜻을 갖는다. 이는 믿음의 조상 아브라함이 노략물 중에서 최고의 것으로 10분의 1을 멜기세덱에게 드렸다는 것으로, 가장 좋은 노략물은 더미 중에 마지막 더미로 멜기세덱 대제사장인 예수 그리스도께 드려질 종말의 종들을 말한다.

이것에 대하여 계시록 14장 4절은 "이 사람들은 여자로 더불어 더럽히지 아니하고 정절이 있는 자라 어린양이 어디로 인도하든지 따라가는 자며 사람 가운데서 구속을 받아 처음 익은 열매로 하나님과 어린양에게 속한 자들이니"라고 하여 바로 이들을 첫 열매라고 말한다.

아브라함의 노획물 중에서 가장 좋은 것으로 멜기세덱에게 드릴 십일조가 첫 열매인 마지막 종말의 종들이라면, 사무엘상 30장에서 다윗이 아말렉으로부터 탈취한 탈취물은 바로 예수 그리스도의 복음으로 세상 가운데 곧 사단의 소유로부터 하나님의 종들이 빼앗아 온 주님의 백성들이다.

본 장에서는 "하나님의 종들 곧 그를 경외하는 너희들아 무론대소하고 다 우리 하나님께 찬송하라 하더라"(계 19:5)라는 하늘의 보좌로부터 음성이 선포된다. 이 땅의 마지막 종들에게 주어진 사명이 완성되었음을 알리는 말씀으로, 약속대로 "할렐루야 주 우리 하나님 곧 전능하신 이가 통치하시도다"(계 19:6)라는 말씀처럼 왕이신 우리 주 예수 그리스도께서 통치하시는 새로운 세계가 열릴 것을 말한다.

이제 종들은 그동안 큰 음녀와 대항한 싸움에서 승리하고 하나님의 백성들을 그의 손아귀에서 탈취하였고, 그러므로 하나님의 마음을 시원케 하였다.

이스라엘 백성들이 광야에서 아말렉을 만나 싸울 때에, 모세와 아론과 훌이 산꼭대기에 올라 모세의 팔이 올라가면 이스라엘이 이기고 모세의 팔이 내려가면 이스라엘이 졌다. 이 싸움은 이 땅의 여호수아와 이스라엘의 군대가 싸움을 잘해서 이기고 잘못해서 지는 것이 아니었다. 오직 모세의 팔이 올라갔느냐 아니면 내려갔느냐에 따라 승리가 결정되는 싸움이었다.

곧 승리를 위해서는 모세의 팔이 올라가야 하고, 그러기 위해서는 아론과 훌이 하나는 이쪽에서 하나는 저쪽에서 모세의 팔을 받쳐야 한다. 바로 이것이 영적 싸움의 비밀이다. 이 땅에 살아가는 하나님의 백성들은 모세와 같은 역할 곧 이 땅의 백성들을 위하여 기도하는 예수 그리스도와 한 짝이 되어서, 예수 그리스도의 양 팔을 받쳐 들어올리는 역할을 하는 아론과 훌 곧 주님의 종과 선지자의 역할이 필요하다.

하나님께 찬송하는 종들은 바로 아론과 훌의 역할을 감당했던 종들로 주님과 함께 백성들의 승리를 위하여 산꼭대기에 올라 주님의 팔을 잡았던 종들이다.

이 종들은 계시록 7장과 14장에 등장하는 십사만 사천의 종들이며, 하나님의 말씀과 예수 그리스도의 증거를 갖고 마지막 종말에 사단의 군사들인 거짓 선지자들 곧 바벨론의 큰 음녀와 싸울 하나님의 군사들이다.

가) 어린양의 혼인기약과 예비된 아내

계 19:6 또 내가 들으니 허다한 무리의 음성도 같고 많은 물소리도 같고 큰 뇌성도 같아서 가로되 할렐루야 주 우리 하나님 곧 전능하신 이가 통치하시도다

계 19:7 우리가 즐거워하고 크게 기뻐하여 그에게 영광을 돌리세 어린양의 혼인 기약이 이르렀고 그 아내가 예비하였으니

성경의 클라이맥스는 신랑이신 예수 그리스도와 신부로 혼인잔치에 들어가는 것으로, 이 잔치는 실제적이며 우주적인 행사로 알파와 오메가이신 하나님께서 세상을 창조하실 때부터 기획되고 예정되었다.

창세기 2장 24절 "이러므로 남자가 부모를 떠나 그 아내와 연합하여 둘이 한 몸을 이룰지로다"는 말씀처럼 이미 하나님은 그 아들 예수 그리스도를 사람의 몸을 입혀 신랑으로 이 세상에 보내시고 하나님의 형상대로 지음 받은 사람들 중에서 신부를 택하여 아내를 삼아 한 몸을 이루게 하시려는 계획을 갖고 계셨다.

그러므로 처음부터 성경은 하나님의 아들인 예수 그리스도의 신부를 찾기 위한 비밀의 말씀이며, 이 은밀하게 감추어진 비밀을 풀어가게 하기 위하여 아브라함을 택하고 그 후손에서 약속의 자녀인 이스라엘을 선택하여 자기의 백성이라 부르셨다. 또한 여호와 하나님을 남편으로 이스라엘을 아내로 부르며 하나님의 계획을 이스라엘의 역사로 기록하였다.

신약은 이러한 신랑과 신부의 만남을 주님과 교회의 관계로 설명하면서 에베소서 5장 23절은 특별히 "남편이 아내의 머리 됨이 그리스도께서 교회의 머리 됨과 같음이니 그가 친히 몸의 구주시니라"라고 하여 그리스도와 교회의 관계를 남편과 아내로 비유하고 있다.

또한 에베소서는 창세기 2장 24절의 말씀을 인용하여 "이러므로 사람이 부모를 떠나 그 아내와 합하여 그 둘이 한 육체가 될지니 이 비밀이 크도다 내가 그리스도와 교회에 대하여 말하노라"(엡 5:31-32)라고 하며, 남편과 아내의 결합을 그리스도와 교회의 결합으로 말하면서 또한 이것을 비밀이라 전한다.

그러므로 성경은 그리스도와 교회 곧 신랑과 신부의 만남을 위한 비밀의 계시다. 이것을 본 장에서는 "어린양의 혼인 기약이 이르렀고 그 아내가 예비하였으니"(계 19:7)라며 성경의 클라이맥스인 혼인잔치를 선언하고 있다.

그렇다면 여기서 어린양의 혼인잔치에 참여하는 자들은 누구인가?

"천사가 내게 말하기를 기록하라 어린양의 혼인 잔치에 청함을 입은 자들이 복이 있도다"(계 19:9)라며 청함을 입은 자들에 대하여 말하고 있다.

여기서 '청하다'라는 말은 '칼레오'(καλέω)라고 하여 '~에게 명하다, 부르다, 일컫다, 이름을 부르다, 초청하다, 소집하다, 소환하다'라는 뜻이다. 신부로 이름을 불러 소집하고 초청하며 소환을 명했다는 것이다.

이는 신부가 되는 것은 우연이 아니며 또한 자신이 원해서 되는 것도 아니라는 뜻이다. 로마서 8장 29-30절의 "하나님이 미리 아신 자들로 또한 그 아들의 형상을 본받게 하기 위하여 미리 정하셨으니 이는 그로 많은 형제 중에서 맏아들이 되게 하려 하심이니라 또 미리 정하신 그들을 또한 부르시고 부르신 그들을 또한 의롭다 하시고 의롭다 하신 그들을 또한 영화롭게 하셨느니라"는 말씀처럼 아들 예수 그리스도의 형상을 본받게 할 미리 정하신 자들 곧 하나님의 아들들이 신부들이다.

그러므로 온 피조물들은 로마서 8장 19절에서처럼 "피조물의 고대하는 바는 하나님의 아들들의 나타나는 것이니"라고 하여 그리스도의 신부들이 나타나기를 기다린다고 한다.

원래 구약의 하나님은 이스라엘을 택하시고 이들을 하나님의 아들들로 그리고 그리스도의 신부로 부르실 것을 말씀하고 있다. 예레미야 31장 32절에서 "나 여호와가 말하노라 이 언약은 내가 그들의 열조의 손을 잡고 애굽 땅에서 인도하여 내던 날에 세운 것과 같지 아니할 것은 내가 그들의 남편이 되었어도 그들이 내 언약을 파하였음이니라"라고 말하고 있기 때문이다.

여호와 하나님은 이스라엘의 남편이었지만 타락한 이스라엘은 남편을 버리고 음녀가 되어 음란한 자식들을 출생하였으며, 이것을 호세아서의 고멜에 비유하고 있다. 마태복음 22장은 천국의 비유로 설명한다. 혼인잔치를 베푼 어떤 임금의 비유로 "그 종들을 보내어 그 청한 사람들을 혼인 잔치에 오라 하였더니 오기를 싫어하거늘 다시 다른 종들을 보내며 가로되 청한 사람들에게 이르기를 내가 오찬을 준비하되 나의 소와 살진 짐승을 잡고 모든 것을 갖추었으니 혼인 잔치에 오소서 하라"(마 22:3-4)라고 하였더니 저희가 일치하게 사양하였다.

주님은 혼인잔치의 초청을 거부하며 사양하는 자들을 향하여 "내가 너희에게 말하노니 전에 청하였던 그 사람은 하나도 내 잔치를 맛보지 못하리라 하였다"(눅 14:24)라고 전하고 있다.

여호와의 혼인잔치는 하나님의 창조 이래 우주에서 펼쳐지는 최고의 기쁨과 영광의 잔치이며 영원한 생명의 나라로 들어가는 환희 그 자체이다.

그러므로 "어린양의 혼인 잔치에 청함을 입은 자들이 복이 있도다"(계 19:9)라고 한다.

그러나 맏아들로 택함을 받은 이스라엘 그리고 혼인잔치에 청함을 입은 이스라엘은 하나님의 밭인 포도원에 들어가 일하기를 거부했으며, 또한 포도원의 소출을 받으러 상속자인 아들 예수 그리스도를 보냈더니 "그 아들을 보고 서로 말하되 이는 상속자니 자 죽이고 그의 유업을 차지하자 하고 이에 잡아 포도원 밖에 내어 쫓아 죽였느니라"(마 21:38-39)라고 한다.

주님은 이러한 이스라엘을 향하여 "하나님의 나라를 너희는 빼앗기고 그 나라의 열매 맺는 백성이 받으리라"(마 21:43)라고 하며, 또한 "청함을 받은 자는 많되 택함을 입은 자는 적으니라"(마 22:14)라고 말씀하신다.

주님은 마태복음 11장 12절에서 "세례 요한의 때부터 지금까지 천국은 침노를 당하나니 침노하는 자는 빼앗느니라"라고 하여, 이제 주님의 신부의 자리는 이스라엘이 아니라 복음으로 침노하는 자가 그 자리를 빼앗는 법으로 바뀌었음을 말하고 있다. 곧 이스라엘을 청한 하나님은 그들이 원치 아니하므로 복음으로 침노하는 모든 자에게 기회를 주시겠다는 것이다.

이사야서 66장에서 "그들이 너희 모든 형제를 열방에서 나의 성산 예루살렘으로 말과 수레와 교자와 노새와 약대에 태워다가 여호와께 예물로 드릴 것이요 나는 그중에서 택하여 제사장과 레위인을 삼으리라"(사 66:20-21)라고 말씀했다. 또한 여호와께 연합한 이방인에 대해 이사야 선지자는 "또 나 여호와에게 연합하여 섬기며 나 여호와의 이름을 사랑하며 나의 종이 되며 안식일을 지켜 더럽히지 아니하며 나의 언약을 굳게 지키는 이방인마다 내가 그를 나의 성산으로 인도하여 기도하는 내 집에서 그들을 기쁘게 할 것이며 그들의 번제와 희생은 나의 단에서 기꺼이 받게 되리니"(사 56:6-7)라고 하여, 제사장과 레위인을 삼는다는 말과 언약을 지키는 이방인에 대한 특별한 약속을 하고 있음을 말씀한다.

이러한 구약의 약속들은 이방인에게도 멜기세덱의 제사장과 레위인이 될 수 있는 기회가 있음을 말하는 것이다. 곧 이들은 복음으로 침노한 자들이며 교회에게 약속했던 이기는 자에게 주시는 상급을 받은 자들이다.

그러므로 이제 유대인에게 주어졌던 모든 축복들이 이방인에게도 주어진 것으로 하나님 앞에서는 예수 그리스도를 통하여 유대인이나 이방인의 구별이 없다. 이것에 대하여 로마서 2장 28-29절은 "대저 표면적 유대인이 유대인이 아니요 표면적 육신의 할례가 할례가 아니라 오직 이면적 유대인이 유대인이며 할례는 마음에 할지니 신령에 있고 의문에 있지 아니한 것이라 그 칭찬이 사람에게서가 아니요 다만 하나님에게서니라"라고 말씀하고 있다.

음녀 바벨론의 심판이 끝나고 이제 본 절에서는 어린양의 혼인 기약이 이르렀으며 아내가 준비되었다고 한다. 이 상황은 후 3년 반의 환난의 시간이 끝나가는 시점으로, 유대인이나 이방인이나 예수 그리스도의 복음으로 이겨 승리한 자들이며 침노함으로 신부의 자리에 오른 슬기로운 다섯 처녀와 같은 자들이다.

이제 그들은 신부의 위치에서 아내의 위치에 오른 자들로 남편인 예수 그리스도와 영원히 함께할 것이며, 신분적으로는 왕 같은 제사장들로 그리고 하나님의 아들들로 또한 후사로 불리게 된다.

여자가 한 남자의 아내가 되기 위하여는 오랜 시간이 경과해야 하며 많은 준비가 필요하다. 이처럼 우주의 왕이신 예수 그리스도의 아내가 되기 위한 준비와 과정이 바로 우리에게 주신 하나님의 말씀 안에 기록되어 있다. 그러므로 성경의 말씀만이 여자가 신부로 또한 신부에서 아내로 성숙해 가며 정결해 가는 준비서다.

나) 빛나고 깨끗한 세마포

> **계 19:8** 그에게 허락하사 빛나고 깨끗한 세마포를 입게 하셨은즉 이 세마포는 성도들의 옳은 행실이로다 하더라

혼인잔치에 참여할 준비된 아내들에게 빛나고 깨끗한 세마포를 입게 한다고 한다.

여기서 말하는 세마포는 과연 무엇이며 어떤 옷인가? 본 절에서는 이 세마포를 "성도들의 옳은 행실이로다"(계 19:8)라고 한다.

'옳은 행실'이라는 말은 '디카이오마'(δικαίωμα)라고 하여 '법령, 의로운 행위, 공평한 행위, 공정, 계명, 율법, 가치 있는 행실, 의로운 상태' 등을 가리키며 '의롭게 하다, 의로움을 보이다, 의롭다고 선언하다, 의를 행하다'라는 뜻의 '디카이오오'(δικαιόω)라는 말에서 유래된 단어이다. 이는 성도들에게 율법과 계명을 지키고 행하는 의로움을 보임으로 의롭다고 선언한 상태를 말한다.

곧 세미포를 입는 아내 스스로의 의로움을 말하는 것이 아니고 성도들에 의하여 의롭다고 인정된 상태를 의미하는 것이다.

예를 들어 어느 대학의 교수가 유명하고 훌륭한 교수로 인정받는 것은, 교수 자신이 자신의 훌륭함을 나타내는 것이 아니라 그로부터

공부를 배우는 학생들에 의하여 훌륭하다는 평가 때문이라는 것과 같은 의미이다.

예수 그리스도의 신부에서 아내가 됨으로 입혀지는 밝고 깨끗한 세마포 옷은 결국 성도들 곧 백성들을 진리의 길로 인도한 의의 옷이라는 뜻으로 이 세마포 옷은 성도들에 의하여 입혀진다는 것이다

다니엘서 12장 3절은 이것에 대하여 "지혜 있는 자는 궁창의 빛과 같이 빛날 것이요 많은 사람을 옳은 데로 돌아오게 한 자는 별과 같이 영원토록 비취리라"는 말씀처럼 빛나는 옷 곧 세마포 옷을 입게 될 것을 말한다.

출애굽기 28장에서는 제사장 아론과 그의 아들들의 위임식 옷을 짓는 것에 대하여 모세에게 말씀하면서 "거룩한 옷을 지어서 영화롭고 아름답게 할지니"(출 28:2)라고 한다. 그 옷을 짓는 자들을 "무릇 마음에 지혜 있는 자 곧 내가 지혜로운 영으로 채운 자들에게 말하여 아론의 옷을 지어 그를 거룩하게 하여 내게 제사장 직분을 행하게 하라"(출 28:3)라고 말씀함으로 제사장의 옷을 지을 자들이 특별히 하나님께서 지혜로운 영으로 채운 자들임을 알 수 있다.

이것은 곧 멜기세덱의 제사장이 될 예수 그리스도의 영화로운 옷을 만들 자들로서 하나님의 지혜로운 영으로 채운 자들이어야 함을 말하는 것이다. 이들이 성도들로부터 빛나고 깨끗한 세마포 옷을 입은 신부 곧 아내들이다.

세상에서도 큰 행사에 나갈 사람은 스스로 옷을 만들어 입지 않고 훌륭한 재단사에게 맡겨 옷을 만들어 입듯이, 하나님 나라에서도 예수님의 영화로운 옷을 만들 자들이 있고 제사장의 옷을 만들 자들이 있으며 또한 어린양의 신부 곧 아내 될 자들을 위한 세마포

옷을 만들 자들이 있다. 본 절에서 말하는 빛나고 깨끗한 세마포 옷은 성도들이 만든다는 것을 말하는 것이다.

우리가 하나님 나라의 일에 대하여 한 가지 알아야 할 것이 있는데, 우리 자신들 스스로가 영광을 취하지 못한다는 것이다. 다시 말하면 예수 그리스도의 십자가와 부활의 사건을 통한 영광은 제자들의 증거를 통해서 얻어지는 것이다. 사도행전 1장은 제자들에게 "오직 성령이 너희에게 임하시면 너희가 권능을 받고 예루살렘과 온 유대와 사마리아와 땅끝까지 이르러 내 증인이 되리라"(행 1:8)라고 말씀하신 것이다.

만약 제자들의 증거가 없었다면 예수님의 사역은 물거품이 되었을 것이고 하나님으로부터 영광과 존귀도 받지 못했을 것이다.

그러므로 지금도 예수님을 영화롭게 하는 일에 충성하는 주님의 종들은 바로 예수 그리스도의 사역을 증거하는 자들로 이들을 곧 진리의 복음을 증거하는 자들이라고 하며 또한 하나님의 종들이라고 하는 것이다.

예비된 아내들은 이제 빛나고 깨끗한 세미포를 입는다고 하는데, 그 빛나고 깨끗하다는 것이 '빛나고 찬란하며 선명한 빛을 발한다'는 '람프로스'(λαμπρός)라는 말과 '깨끗하고 순결하며 더럽혀지지 않고 정결한'이라는 뜻의 '카다로스'(καθαρός)라는 말을 의미한다.

곧 예수 그리스도의 아내로 예비된 자들은 빛나고 깨끗한 자들로 계시록 14장 4-5절은 이러한 자들에 대하여 "이 사람들은 여자로 더불어 더럽히지 아니하고 정절이 있는 자라 어린양이 어디로 인도하든지 따라가는 자며 사람 가운데서 구속을 받아 처음 익은 열매로 하나님과 어린양에게 속한 자들이니 그 입에 거짓말이 없고 흠이 없는 자들이니라"라고 말하며 아내로 예비 된 자들이 누구이며 어떤 자들인지를 언급하고 있다.

바로 십사만 사천에 대하여 말하고 있는 것으로 바로 이들이 예수 그리스도의 아내로 예비 된 자들이다.

예수님은 무덤에서 부활하시면서 요한복음 20장 6-7절에 "시몬 베드로도 따라와서 무덤에 들어가 보니 세마포가 놓였고 또 머리를 쌌던 수건은 세마포와 함께 놓이지 않고 딴 곳에 개켜 있더라"라고 한다. 왜 주님은 사역 기간 동안 입었던 세마포를 벗고 부활하셨으며, 또한 수건과 따로 개켜 있었던 의미가 무엇인가?

주님이 3년 반의 사역 기간 동안 입었던 세마포 옷은 구약의 종들과 선지자들에 의하여 입혀진 세마포 옷이며, 또한 요단강에서 세례 요한에 의하여 세례를 받으심으로 그 옷에 권세와 능력이 입혀진 옷이다. 그러므로 주님이 이 땅의 사역을 마치시고 가실 때는 구약으로부터 받은 곧 율법으로부터 온 세마포 옷을 벗고 가셔야 하는 것은 당연하다.

이제 주님은 첫 사역을 끝내시고 하늘보좌 우편에 앉아 계시면서 히브리서 1장 6절에서 "또 맏아들을 이끌어 세상에 다시 들어오게 하실 때에 하나님의 모든 천사가 저에게 경배할지어다"라는 말씀같이 이 땅에 다시 오심을 준비하고 계신 것이다.

곧 주님의 다시 오심을 준비하기 위하여 이 땅에 있는 종들 곧 지혜로운 영으로 채운 자들이 제사장 아론의 세마포 옷을 준비했듯이 다시 오실 주님의 영화롭고 아름다운 세마포 옷을 준비해야 한다. 바로 주님이 입으실 거룩하고 아름답고 영화로운 세마포 옷을 준비하는 자들이 종말의 종들로, 곧 혼인기약에 이르러 예비 된 아내들이며 또한 십사만 사천이다.

이것은 비밀의 말씀으로, 이러한 하나님의 비밀에 대하여 에베소서 1장 8-10절에서 "이는 그가 모든 지혜와 총명으로 우리에게 넘치게 하사 그 뜻의 비밀을 우리에게 알리셨으니 곧 그 기쁘심을 따라 그리스도 안에서 때가 찬 경륜을 위하여 예정하신 것이니 하늘에 있는 것이나 땅에 있는 것이 다 그리스도 안에서 통일되게 하려 하심이라"라고 말씀하고 있다.

그러므로 종말은 하늘에 주님의 손과 이 땅에 주의 종들의 손 곧 아내 된 자들의 손이 맞잡고 있는 형상으로 하늘과 땅이 하나 되는 시간임을 이해해야 한다.

다) 예수의 증거는 대언의 영

> **계 19:10** 내가 그 발 앞에 엎드려 경배하려 하니 그가 나더러 말하기를 나는 너와 및 예수의 증거를 받은 네 형제들과 같이 된 종이니 삼가 그리하지 말고 오직 하나님께 경배하라 예수의 증거는 대언의 영이라 하더라

사도 요한이 천사의 발 앞에 경배하려고 하니 "나는 너와 및 예수의 증거를 받은 네 형제들과 같이 된 종이니"(계 19:10)라며 사도 요한과 같은 종임을 말하고 있다.

사실 계시록에 등장하는 천사들은 주님의 증거를 받은 종들로 예수 그리스도의 증거를 가진 자들이다. 또한 이들은 대언의 영을

가진 자들로 이 땅에서 성령의 소리를 대언하는 자들이다. 사도행전 1장에서 주님은 승천하시기 전에 제자들을 향하여 "예루살렘과 온 유대와 사마리아와 땅 끝까지 이르러 내 증인이 되리라"(행 1:8)라는 말씀을 남기시어 제자들은 주님을 증거하는 자들이 되었다.

이 증거의 일은 사도시대로부터 지금까지 계속되고 있으며, 주님은 이 일을 맡은 자들을 종이라고 한다. 사도 요한도 계시록 1장 2절에서 "요한은 하나님의 말씀과 예수 그리스도의 증거 곧 자기의 본 것을 다 증거하였느니라"라고 하며 스스로를 예수를 증거함으로 대언의 영으로 사용되었음을 말한다.

여기서 '대언'이라는 말은 '프롭헤테이아'(προφητεία)라고 하여 '예견, 예언'의 뜻이며 '영감으로 말하다, 예언하다, 장차 일을 미리 말하다, 통찰하다'라는 의미를 갖는 '프롭헤튜오'(προφητεύω)로부터 유래된 단어이다. 하나님은 에스겔 37장에서 뼈들을 향하여 에스겔에게 대언하라 할 때 '대언'은 히브리어로 '나바'(נָבָא)라 하여 '하나님의 영으로 장차 올 일에 대하여 예언하는 일과 거짓 선지자의 예언'이라는 두 가지의 뜻을 갖는다. 곧 하나님의 영에 의하여 예언할 수도 있고 하나님의 영이 없는 거짓 영에 의하여 예언할 수도 있다는 것이다.

그러므로 주님은 종말의 종들에게 그리스도의 증거를 가진 자들에게만 대언의 영을 허락하셨음을 말한다.

특별히 계시록의 말씀은 장차 일어날 일에 대한 예언으로 하나님의 말씀과 예수 그리스도의 증거를 가진 사도 요한과 같은 종을 들어서 사용했듯이, 종말에도 하나님의 말씀과 예수 그리스도의 증거를 가진 하나님의 종들에게 대언의 영을 주신다는 뜻으로 이해해야 한다. 왜냐하면 주님이 감람산에서 "주의 오심과 세상 끝에는 무슨 징조가 있사오리까"(마 24:3)라는 제자들의 질문에 대하여 주님은 "너희가 사람의 미혹을 받지 않도록 주의하라 많은 사람이 내 이름으로 와서 이르되 나는 그리스도라 하여 많은 사람을 미혹게 하리라"(마 24:4-5)라고 하셨기 때문이다.

곧 하나님의 부르심도 없고 들은 것도 없는 거짓 선지자들 곧 자칭 하나님의 종들이 나타나 많은 백성들을 미혹할 것을 주님이 아시고, 오직 하나님의 말씀과 예수 그리스도의 증거를 가진 자만이 종말의 증거자로 그리고 대언의 영을 가진 종들로 세우실 것을 말한다.

예레미야 23장 30-32절에서도 하나님의 경고가 거짓 선지자들에게 내리고 있는데 "나 여호와가 말하노라 그러므로 보라 서로 내 말을 도적질하는 선지자들을 내가 치리라 나 여호와가 말하노라 보라 그들이 혀를 놀려 그가 말씀하셨다 하는 선지자들을 내가 치리라 나 여호와가 말하노라 보라 거짓 몽사를 예언하여 이르며 거짓과 헛된 자만으로 내 백성을 미혹하게 하는 자를 내가 치리라 내가 그들을 보내지 아니하였으며 명하지 아니하였나니 그들이 이 백성에게 아무 유익이 없느니라 여호와의 말이니라"라고 말씀한다.

우리는 왜 성경 전체를 통하여 계시록에서만 유난히 하나님의 말씀과 예수 그리스도의 증거를 가진 종들에 대하여 기록하고 있는가를 알아야 한다. 그것은 하나님의 진실하고 참된 대언의 영으로 사용될 종들이 나타나야 하는 때이며, 또한 그러한 종들을 통하여 장차 될 계시를 하나님의 영으로 해석하고 예언해야 하기 때문이다.

3. 백마와 탄 자 그리고 하늘에 있는 군대들

계 19:11 또 내가 하늘이 열린 것을 보니 보라 백마와 탄 자가 있으니 그 이름은 충신과 진실이라 그가 공의로 심판하며 싸우더라
계 19:12 그 눈이 불꽃 같고 그 머리에 많은 면류관이 있고 또 이름 쓴 것이 하나가 있으니 자기밖에 아는 자가 없고
계 19:13 또 그가 피 뿌린 옷을 입었는데 그 이름은 하나님의 말씀이라 칭하더라
계 19:14 하늘에 있는 군대들이 희고 깨끗한 세마포를 입고 백마를 타고 그를 따르더라

사도 요한은 하늘이 열리고 그 안에서 이름이 충신과 진실인 백마와 탄 자를 본다. 그는 공의로 심판하며 싸우는 자이며 그 눈은 불꽃같고 그 머리에 많은 면류관이 있다고 한다. 곧 만왕의 왕이며 만주의 주이신 주 예수 그리스도를 본 것이다.

본 절은 두 증인의 사역이 끝난 1,260일 후의 하늘의 현상으로 계시록 11장 11-12절의 "삼일 반 후에 하나님께로부터 생기가 저희 속에 들어가매 저희가 발로 일어서니 구경하는 자들이 크게 두려워하더라 하늘로부터 큰 음성이 있어 이리로 올라오라 함을 저희가 듣고 구름을 타고 하늘로 올라가니 저희 원수들도 구경하더라"는 말씀과 연결된다. 이렇게 하늘로 올라간 자들은 계시록 19장의 어린양의 혼인잔치에 청함을 입은 자들로 곧 그리스도의 아내로 예비된 자들이다.

미국에서 상영한 크리스천 영화 중에 〈레프트 비하인드 2〉(Left

Behind 2)를 보면 예루살렘의 통곡의 벽에 서있는 두 증인을 두 명의 사람으로 표현하고 있다. 그런데 이것은 계시의 말씀을 잘못 이해함으로 표현된 것으로 성도들에게 미혹을 줄 수 있다는 의혹을 제기하지 않을 수 없다.

왜냐하면 계시록 11장에 등장하는 두 증인은 두 사람을 말하는 것이 아니라 "이 땅의 주 앞에 섰는 두 감람나무와 두 촛대"(계 11:4)로, 이는 구약의 두 감람나무와 신약의 두 촛대를 말하는 것이기 때문이다.

여기서 감람나무는 촛대에 기름을 공급하는 감람유를 내는 나무다. 종말에 남은 두 교회의 양 옆에는 스가랴서 4장 11-14절에서 말하는 "등대 좌우의 두 감람나무는 무슨 뜻이니이까 하고 다시 그에게 물어 가로되 금기름을 흘려내는 두 금관 옆에 있는 이 감람나무 두 가지는 무슨 뜻이니이까 그가 내게 대답하여 가로되 네가 이것이 무엇인지 알지 못하느냐 대답하되 내 주여 알지 못하나이다 가로되 이는 기름 발리운 자 둘이니 온 세상의 주 앞에 모셔 섰는 자니라 하더라"라고 말한다.

두 감람나무는 기름 발리운 자, 온 세상의 주 앞에 모셔 섰는 자라는 것으로, 이는 마태복음 17장의 변화산에서 예수 그리스도 앞에 섰는 두 사람 곧 모세와 엘리야다. 시내산에서 하나님의 율법을 받은 모세와 이 율법을 통하여 이스라엘 백성들에게 예언하며 말씀을 전한 선지자 엘리야를 말하며, 바로 이들로부터 나오는 것이 금기름으로 이 기름으로 교회의 불을 밝히게 됨을 의미한다.

종말의 두 교회, 곧 주님을 증거하는 대언의 영을 가진 교회는 반드시 모세로부터 온 율법과 엘리야로부터 오는 선지자의 글을 통하여 기름을 흘려 받아 등불을 밝혀야 한다. 이렇게 등불을 밝히고 있는 종들을 두 증인이라고 한다.

계시록에서는 특별히 이러한 종들 곧 두 증인의 종들을 하나님의 말씀과 예수 그리스도의 증거를 가진 종들이라고 하는 것이며 사도 요한을 비롯한 계시록 19장 10절에서 "나는 너와 및 예수의 증거를 받은 네 형제들과 같이 된 종이니"라고 말하는 천사와도 같은 두 증인의 종들이다.

이 두 증인은 1,260일의 사역을 마치고 3일 반 후에 하나님의 생기를 받고 부활하여 구름을 타고 하늘에 오르게 되며, 이렇게 하늘에 오른 자들이 곧 어린양의 혼인기약에 예비된 아내들이다.

바벨론의 음녀를 심판한 후에 있을 하늘의 혼인잔치에 비로소 부활한 두 증인의 종들이 예비된 아내로 참석하는 것이며, 이들은 혼인잔치 후에 계시록 19장 14절과 같이 "하늘에 있는 군대들이 희고 깨끗한 세마포를 입고 백마를 타고 그를 따르더라"는 말씀처럼 공의로 심판하는 백마를 탄 예수 그리스도를 따르게 될 것이다.

예수님의 재림과 함께 종말을 기다리는 자들은 휴거에 대하여 많은 관심을 갖고 있으며 휴거가 언제 있을 것인가에 대하여서도 관심이 많다. 세대주의 종말론자들은 휴거가 환난 전에 있을 것이라 하여 환난 전 휴거를 주장하는데, 이는 교회를 혼돈시키는 무지한 이론이다.

보통 교회는 휴거에 대하여 데살로니가전서 4장 16-17절을 절대적으로 신뢰한다. "주께서 호령과 천사장의 소리와 하나님의 나팔로 친히 하늘로 좇아 강림하시리니 그리스도 안에서 죽은 자들이 먼저 일어나고 그 후에 우리 살아남은 자도 저희와 함께 구름 속으로 끌어올려 공중에서 주를 영접하게 하시리니 그리하여 우리가 항상 주와 함께 있으리라"는 말씀이다.

데살로니가전서 4장의 휴거와 계시록 11장의 증인들의 휴거 사건은 다른 것으로 해석하며 가르치는 자들도 있다.

그러나 우리가 알아야 할 것은, 하늘로의 휴거는 단회적인 사건으로 단 한번 일어나는 것이며, 데살로니가전서 4장에서 말하는 "죽은 자들이 먼저 일어나고"에 등장하는 사람들은 계시록 11장에서 증인의 사명을 마치고 순교한 증인들로 바로 이들은 그리스도의 아내로 예비된 자들이라는 것이다.

또한 "우리 살아남은 자도 저희와 함께 구름 속으로 끌어올려"라고 할 때 바로 이들은 계시록 20장 4절에서 말하는 "그의 우상에게 경배하지도 아니하고 이마와 손에 그의 표를 받지도 아니한 자들이 살아서"라는 말씀처럼 적그리스도의 환난의 시대를 통과하며 자신의 믿음을 지킨 자들로 죽음에서 부활한 증인들과 함께 휴거되는 백성들이며, 바로 이들은 하늘의 혼인잔치에서 아내가 된 증인들을 찬양하며 축복하는 들러리이다.

이스라엘의 결혼예식에는 반드시 신부를 둘러싸고 있는 들러리가 있어 신부를 빛나게 한다. 신부의 들러리가 있는 자들은 혼인예식이 기쁨과 환희로 축복의 장이 될 것이다. 반대로 들러리가 없는 신부라면 혼인식장이 쓸쓸하고 외로울 것이다.

하늘의 혼인 예식에서도 마찬가지로 신부를 축복해 주는 들러리가 있어야 하는데 바로 그들이 살아서 휴거되는 주님의 백성들이다.

그러므로 휴거는 두 증인들의 후 3년 반, 1,260일의 사역이 끝난 후에 이루어질 것이며, 이때 함께 환난을 통과한 주님의 백성들이 증인들과 같이 휴거될 것을 말한다.

단지 휴거의 순서가 죽었다가 부활한 증인들의 휴거가 먼저 있고 그 다음에 살아 있는 주님의 백성들이 휴거가 있을 것이라는 순서를 말하는 것이다.

고린도전서 15장 51-52절에서도 "보라 내가 너희에게 비밀을 말하노니 우리가 다 잠잘 것이 아니요 마지막 나팔에 순식간에 홀연히 다 변화하리니 나팔 소리가 나매 죽은 자들이 썩지 아니할 것으로 다시 살고 우리도 변화하리라"라고 하여 죽은 자의 부활과 살아 있는 자의 변화에 대하여 말하고 있다.

여기서 '변화한다'는 말은 '알랏소'(ἀλλάσσω)라고 하여 '다르게 만들다, 바꾸다, 변경하다, 변화하다'라는 뜻으로 새로운 질적 변화를 의미하며 이는 곧 죽음에서 부활한 부활체와 동일함을 말한다. "썩을 것이 불가불 썩지 아니할 것을 입겠고 이 죽을 것이 죽지 아니함을 입으리로다"(고전 15:53)라고 하신 말씀이 성취되는 것이다.

곧 죽은 자들이 다시 살고 또한 죽어야 할 사람들이 죽지 않고 변화되는, 그래서 더 이상 사망의 세력이 역사할 수 없는 하나님의 말씀이 응하는 시간이 된 것이다. 이것은 "세세토록 살아 있어 사망과 음부의 열쇠를 가졌노니"(계 1:18)라고 하는 주님의 손에 사망과 음부의 권세가 있기 때문이다.

이제 부활된 증인들은 희고 깨끗한 세마포를 입고 백마를 탄 주님의 뒤를 따르는 하늘의 군대들이 되어 이 땅의 짐승과 땅의 임금들과 그 군대들과 한판 거대한 마지막 전쟁을 하게 될 것이다.

바로 주님은 하나님의 말씀이라고 이름 하는 피 뿌린 옷을 입었다고 하는데 이것은 "육체의 생명은 피에 있음이라"(레 17:11)라고 하는 말씀처럼 예수 그리스도이신 우리의 주님은 우리와 같은 살아 있는 생명의 피를 가지신 분으로 그 자신이 하나님의 말씀인 것을 의미한다.

이는 또한 주님을 따르는 하늘의 군대들도 역시 그 속이 영적으로 주님으로부터 받은 피 뿌린 옷을 입고 있어 이들도 주님과 같이 하나님의 말씀으로 무장된 자들로 이해해야 한다.

그러므로 주님을 중심으로 한 하늘의 군대들은 하나님의 말씀으로 무장되어 땅의 짐승과 임금들과 군대들과 마지막 전쟁에서 "그의 입에서 이한 검이 나오니"(계 19:15)라는 말씀처럼 하나님의 말씀이 무기가 되어 싸워 이기고 승리할 것이다.

가) 마지막 전쟁과 하나님의 큰 잔치

> **계 19:17** 또 내가 보니 한 천사가 해에 서서 공중에 나는 모든 새를 향하여 큰 음성으로 외쳐 가로되 와서 하나님의 큰 잔치에 모여
> **계 19:18** 왕들의 고기와 장군들의 고기와 장사들의 고기와 말들과 그 탄 자들의 고기와 자유한 자들이나 종들이나 무론대소하고 모든 자의 고기를 먹으라 하더라

히브리서 1장 6절은 "또 맏아들을 이끌어 세상에 다시 들어오게 하실 때에 하나님의 모든 천사가 저에게 경배할지어다"라고 하며 주님은 다시 이 세상으로 돌아오신다고 약속하고 있다. 곧 주님의 재

림을 말하며, 이제 그 하나님의 약속이 성취될 시간이 가까이 올 때 마지막으로 세상을 자신들의 뜻대로 망하게 하려고 했던 짐승과 거짓 선지자 그리고 그들을 도와서 함께 일했던 땅의 임금들과 장군들과 장사들을 진멸하기 위한 전쟁이 일어날 것을 보여 준다.

하나님은 백마를 탄 하나님의 군대들과 땅의 군대들의 전쟁을 하나님의 큰 잔치라고 하여 하늘의 새들에게 그 고기를 먹으라고 하신다. 왜 하나님은 하늘의 새들을 부르신 것일까? 그것도 계시록 19장 18절과 같이 "왕들의 고기와 장군들의 고기와 장사들의 고기와 말들과 그 탄 자들의 고기와 자유한 자들이나 종들이나 무론대소하고 모든 자의 고기를 먹으라"라고 한다.

여기서 말하는 '새'는 '올네온'(ὄρνεον)이라 하여 '새, 날짐승'을 말하는 것이며 고기는 '사륵스'(σάρξ)라고 하여 '동물의 고기, 살, 육체'를 의미한다.

세상과 땅에 속한 자들이 싸워야 할 대상은 만왕의 왕이며 만주의 주이신 예수 그리스도이며 또한 그를 따르는 백마를 탄 하늘의 군대로 이들의 무기는 입에서 나오는 검 곧 하나님의 말씀으로 하나님과 어린양을 대적했던 악한 자들을 향하여 "전능하신 이의 맹렬한 진노의 포도주 틀을 밟겠고"(계 19:15)라고 하듯 저들에게 무서운 하나님의 진노가 포도주 틀을 밟는 것처럼 내려지며, 또한 그로 인해 죽은 죽음의 시체들로 새들이 배를 불리울 것이다.

새는 원래 하늘을 나는 짐승으로 땅에 있는 먹이를 낚아채어 먹듯이 항상 자기에게 먹이가 될 만한 것들을 찾는 것이 그들의 특징이며 본성이다.

이러한 새의 특징은 곧 영적으로 마귀의 생리와 같다. 마귀는 이 땅의 영혼들 중에 하나님을 모르고 대적하며 또한 진리의 길이 아닌 잘못된 길로 가고 있는 자들과 마음이 굳고 딱딱하여 생명의 길을 알지 못하는 영적으로 연약한 자들을 먹이로 택하기 때문이다.

마태복음 13장 31-32절은 천국의 비유를 하면서 "천국은 마치 사람이 자기 밭에 갖다 심은 겨자씨 한 알 같으니 이는 모든 씨보다 작은 것이로되 자란 후에는 나물보다 커서 나무가 되매 공중의 새들이 와서 그 가지에 깃들이느니라"라고 하여 천국을 작은 겨자씨가 자라 큰 나무가 된 것에 비유하고 있는데, 문제는 이 나뭇가지에 새들이 와서 깃든다고 하는 사실이다.

바로 이 말씀에서 천국은 이 땅에 교회를 말하는 것으로 처음에는 겨자씨만큼 작으며 힘이 없고 연약한 교회로 출발했지만 나중에는 큰 나무처럼 크게 성장할 것을 말하는 것이다.

그러나 크게 성장한 교회의 나무에는 아름다운 가지에 열매를 맺어야 함에도 그 가지들에는 공중의 새들이 깃들게 되는 곧 공중권세 잡은 마귀들이 거하므로 타락과 변질의 교회로 변할 것을 예언하고 있다. 이 말씀은 다니엘서 4장에서도 "땅의 중앙에 한 나무가 있는데 고가 높더니 그 나무가 자라서 견고하여지고 그 고는 하늘에 닿았으니 땅 끝에서도 보이겠고 그 잎사귀는 아름답고 그 열매는 많아서 만민의 식물이 될 만하고 들짐승이 그 그늘에 있으며 공중에 나는 새는 그 가지에 깃들이고 무릇 혈기 있는 자가 거기서 식물을 얻더라"(단 4:10-12)라는 예언의 말씀과 같은 의미이다.

이것은 사단의 계략으로 교회 가운데 들짐승과 공중의 새 같은 악한 것들과 마귀의 영들을 보내어 그곳에서 영적으로 연약한 자들과 불의한 자들 그리고 거짓된 자들을 자신들의 식물로 삼아 거룩한 교회를 더럽히며 파괴하고 가증스런 음녀의 먹이로 만들 것에 관한 예언이다.

공중의 새들을 불러 땅을 망하게 하던 자들의 고기를 먹으라고 하는 것은, 바로 그것이 사단과 마귀가 받을 희생제물이기 때문이다. 로마서 12장에서 "너희 몸을 하나님이 기뻐하시는 거룩한 산 제사로 드리라 이는 너희의 드릴 영적 예배니라"(롬 12:1)라고 말씀하듯 하나님은 의로운 자들을 제물로 받으신다.

레위기 27장 29절에도 "아주 바친 그 사람은 다시 속하지 못하나니 반드시 죽일지니라"라고 하는데, 여기서 '바친다'라는 말은 '헤렘'(חֵרֶם)이라고 하여 '봉헌되다, 봉납하다, 헌신적으로 바쳐진'이라는 뜻이다. 이는 하나님에게 온전하게 바쳐진 사람 곧 봉헌된 사람을 받으신다는 의미로 이것은 결국 죽음을 의미한다.

예수 그리스도의 죽음 곧 하나님에게 봉헌된 주님을 하나님이 받으시고 영광스럽게 하셨듯이 하나님은 지금도 봉헌된 의로운 자들을 찾으시고 부르신다.

그런데 사단 마귀도 마찬가지로 악의 자녀들을 제물로 곧 봉헌물로 받기를 원한다. 본 절은 공중의 새들로 표현되는 악의 영들에게 그동안 충성했던 왕들과 장군들과 장사들 그리고 그 탄 자들의 고기를 제물로 받고 있다는 뜻이다.

공의로우신 하나님의 심판은 의로운 피의 양이 채워졌을 때 그 의로운 피를 흘리게 한 악을 심판할 수 있다. 그래서 본 절에서 일어나는 전쟁은 하나님의 창조 이래 악으로부터 죽음을 당한 의로운 피 곧 "의인 아벨의 피로부터 성전과 제단 사이에서 너희가 죽인 바라갸의 아들 사가랴의 피까지 땅 위에서 흘린 의로운 피가 다 너희에게 돌아가리라"(마 23:35)라는 말씀을 이루기 위한 전쟁이며, 바로 이 악한 자들의 죽음의 피를 마셔야 할 자가 사단 마귀로 이를 상징하는 것이 공중의 새다.

이와 같이 이 땅에서 악을 심판하므로 악하고 냄새나는 더러운 피와 고기를 공중의 새들에게 배불리 먹으라고 하는 장면을 하나님의 큰 잔치라고 한다. 이것을 베푸신 분이 하나님이시며 결국 이 땅에서 악이 소멸됨을 말한다.

나) 산 채로 유황 불붙는 못에 던져진 짐승과 거짓 선지자

> **계 19:20** 짐승이 잡히고 그 앞에서 이적을 행하던 거짓 선지자도 함께 잡혔으니 이는 짐승의 표를 받고 그의 우상에게 경배하던 자들을 이적으로 미혹하던 자라 이 둘이 산 채로 유황 불붙는 못에 던지우고

계시록 16장 13-14절에는 "개구리 같은 세 더러운 영이 용의 입과 짐승의 입과 거짓 선지자의 입에서 나오니 저희는 귀신의 영이라 이적을 행하여 온 천하 임금들에게 가서 하나님 곧 전능하신 이의 큰 날에 전쟁을 위하여 그들을 모으더라"라고 한다. 귀신의 영으로 이적을 행하여 천하 임금들을 전쟁을 위하여 모은다는 것이다. 이 귀신의 영은 거짓의 영이며 미혹의 영이고 광명의 천사로 위장하는 영으로 가증스런 영이다.

바로 이러한 귀신의 영을 갖고 종말에 이 땅을 혼돈케 하는 자들이 있다. 용과 짐승과 거짓 선지자인데 이들은 입을 통하여 곧 말로 거짓을 말한다고 한다. 요한복음 8장 44절은 이것에 대하여 "너희는 너희 아비 마귀에게서 났으니 너희 아비의 욕심을 너희도 행하고자 하느니라 저는 처음부터 살인한 자요 진리가 그 속에 없으므로 진리에 서지 못하고 거짓을 말할 때마다 제것으로 말하나니 이는 저가 거짓말쟁이요 거짓의 아비가 되었음이니라"라고 말하고 있다.

이것은 결국 더러운 영이며 귀신의 영을 가진 자들의 입에서는 항상 거짓말을 한다는 것으로, 이들은 이것이 아무렇지 않으며 양심의 가책도 없이 당연하게 생각하고 있다.

종말에 주님의 재림을 방해하고 이 세상을 통치하고자 하는 짐승과 거짓 선지자들의 입에서는 항상 거짓을 당당하게 말한다는 것인데, 이 거짓을 방송과 언론을 통하여 계속적이고 반복적으로 듣는다면 사람들은 진실로 받아들이게 된다는 정신과학적이며 세뇌적인 이론 때문이다.

계시록 13장에 등장하는 바다에서 올라오는 짐승과 땅에서 올라온 짐승은 바로 용 곧 사단의 권세를 받고 이 땅에서 사단 마귀의 계획을 행하던 자들로 종말 특히 후 3년 반의 시간은 이들의 세력이 최고조인 때이므로 땅에 거하는 자들을 미혹하여 짐승의 표를 받게 하고 또한 그 우상에게 경배하도록 한 거짓 선지자의 행위야말로 유황 불붙는 못에 산 채로 던져지는 심판을 받는 것은 당연하다.

성경은 용과 짐승과 거짓 선지자를 통하여 2천 년의 교회 역사에서 하나님의 나라를 파괴하고 이 땅에 세운 교회를 무너뜨려 자신들이 원하는 세상을 만들려는 목적을 갖고 하나님이 창조하신 세상에 악의 씨들을 심고 퍼뜨려 왔다. 사단의 사상과 이론 그리고 권세를 갖고 교회에 악의 씨 곧 가라지를 뿌리고 거짓과 미혹으로 연약한 하나님의 백성들을 사망과 저주의 길로 인도한 거짓 선지자들을 향한 하나님의 분노가 하늘을 치솟고 있음을 본 절은 보여주고 있다.

예레미야 25장 34-36절은 사단에게 이용 당한 거짓 목자들이 되어 하나님의 교회와 백성들을 악의 구렁텅이로 끌고 간 자들을 향하여 "너희 목자들아 외쳐 애곡하라 너희 양떼의 인도자들아 재에 굴라 이는 너희 도륙을 당할 날과 흩음을 당할 기한이 찼음인즉 너희가 귀한 그릇의 떨어짐같이 될 것이라 목자들은 도망할 수 없겠고 양떼의 인도자들은 도피할 수 없으리로다 목자들의 부르짖음과 양떼의 인도자들의 애곡하는 소리여 나 여호와가 그들의 초장으로 황폐케 함이로다"라며 그들이 받을 재앙을 선포하고 있다.

짐승은 용의 권세를 받아 정치적인 목적을 갖고 악행을 행하는 자라면, 거짓 선지자는 하나님의 종이라는 신분을 갖고 짐승과 한 뜻을 가지고 교회와 백성들을 미혹하는 가증한 자들로 쓰임을 받고 있다. 이 사실을 생각할 때 하나님의 사람들은 이들의 거짓에 속임을 당했다는 것에 분통이 터질 수밖에 없는 것이며, 하나님은 이들을 산 채로 유황 불붙는 못에 던져 심판함으로 그 억울함의 신원을 하신다.

성령론적 요한계시록

Ⅱ

REVELATION

제20장

(Revelation 20)

계 20:1 또 내가 보매 천사가 무저갱 열쇠와 큰 쇠사슬을 그 손에 가지고 하늘로서 내려와서

⬇

계 20:15 누구든지 생명책에 기록되지 못한 자는 불못에 던지우더라

1. 일천 년 동안 무저갱에 결박된 사단

계 20:2 용을 잡으니 곧 옛 뱀이요 마귀요 사단이라 잡아 일천년 동안 결박하여

계시록 19장의 하늘의 백마를 탄 하나님의 군대와 땅에 속한 짐승의 군대들 곧 사단의 군대와의 전쟁에서 짐승과 거짓 선지자가 먼저 잡히고 그들이 산 채로 불못에 들어가는 것을 보았다. 이 땅은 그동안 용과 짐승과 거짓 선지자가 한 짝을 이루어 하나님과 어린양이신 예수 그리스도를 대적하고 자신들이 원하는 세상을 만들어가려고 했음을 성경은 우리에게 말하고 있다.

뱀이며 용이고 마귀라고 불리는 사단에게 6천 년이라는 기나긴 인류의 역사를 맡겨 통치하게 했던 것은, 예레미야 29장 11-13절에서처럼 “나 여호와가 말하노라 너희를 향한 나의 생각은 내가 아나니 재앙이 아니라 평안이요 소망을 주려 하는 생각이라 너희는 내게 부르짖으며 와서 내게 기도하면 내가 너희를 들을 것이요 너희가 진심으로 나를 찾고 찾으면 나를 만나리라”라고 하신 말씀처럼 여호와를 찾으며 부르짖어 기도하는 자에게 평안과 소망을 주시려는 목적에서였다.

이 땅에서 6천 년의 시간은 어둠의 세력이 활동하는 시간이고 그 가운데서 하나님은 작은 이스라엘을 하나님의 백성으로 택하시고 이들에게 율법을 주시며 어둠 속에서 빛의 역할을 하도록 하셨다. 그러나 이스라엘은 하나님의 뜻을 깨닫지 못하고 오히려 어둠의 세력과 짝이 되어 우상을 하나님으로 섬기는 배반과 반역을 행함으로 그들을 지으신 여호와 하나님을 슬프게 하였으며, 결국은 진노의 잔을 받을 수밖에 없는 지경이 되었다.

이러한 이스라엘의 배도와 반역의 일들은 예수 그리스도 이후 탄생할 영적인 이스라엘 곧 교회의 배도와 반역을 예표하는 것으로, 그동안 용의 입과 짐승의 입과 거짓 선지자의 입을 통하여 교회는 철저하게 유린되었으며 미혹과 거짓의 영인 사단 마귀의 영에 의하여 여호와 하나님이 아닌 것을 하나님이라고 부르게 만들어 왔다.

거룩한 교회를 이러한 방향으로 이끌어 간 자들이 있는데 그것은 구약의 제사장들과 선지자들이 그랬듯이 신약의 교회 시대에는 거짓 종들 곧 양의 탈을 쓴 거짓 목자들과 선지자들에 의하여 배도와 타락의 길을 가게 했다는 것이다.

그동안 교회의 역사는 사단 마귀가 교회라는 벧엘의 집을 우상의 집으로 만들기 위하여 거짓 목자와 선지자들을 사용해 왔으며, 그 결과 데살로니가후서 2장 3절은 사도 바울을 통하여 경고하고 있다. "누가 아무렇게 하여도 너희가 미혹하지 말라 먼저 배도하는 일이 있고 저 불법의 사람 곧 멸망의 아들이 나타나기 전에는 이르지 아니하리니"라며 교회의 배도가 먼저 나타난다는 것이다.

본 계시록 20장은 6천 년의 역사를 다스리며 통치해 왔던 용 또는 뱀 곧 사단 마귀가 무저갱에 결박됨으로 그의 통치가 끝이 나는 인류 역사의 최고의 전환이 이루어지는 말씀이다.

창세기 3장에서 하와를 속이므로 하나님이 창조한 사람 속에서 권세를 잡고 사람의 생각과 감정과 자유의지까지도 철저하게 속여 왔던 영이 이제는 천년 동안 무저갱에 잡혀 결박됨으로 더 이상 활동할 수 없게 된 것이다.

또한 이 땅에서 사단 마귀의 손발로 사용해 왔던 짐승과 거짓 선지자가 먼저 산 채로 불못에 들어감으로 수족이 잘린 용은 더 이상 아무것도 할 수 없는 허수아비의 영으로 전락된 것이다.

본 절은 "천사가 무저갱의 열쇠와 큰 쇠사슬을 그 손에 가지고 하늘로서 내려와서 용을 잡으니 곧 옛 뱀이요 마귀요 사단이라 잡아 일천 년 동안 결박하여"(계 20:1-2)라고 기록한다.

이제 무저갱의 열쇠를 가지신 분은 우리 죄를 위하여 십자가에서 자신의 몸을 드리신 예수 그리스도로 계시록 1장 18절에서처럼 "곧 산 자라 내가 전에 죽었었노라 볼지어다 이제 세세토록 살아 있어 사망과 음부의 열쇠를 가졌노니"라고 한다.

모든 하나님의 피조물들을 사망 가운데로 인도했던 사단의 권세가 이제는 끝이 나고, 새로운 천년왕국 곧 우리의 구주이신 예수 그리스도께서 통치하시는 안식과 평화의 시간이 된 것이다.

이것은 하나님의 창조의 시간표로 6일의 시간이 끝나고 창세기 2장 1-3절의 "천지와 만물이 다 이루니라 하나님의 지으시던 일이 일곱째 날이 이를 때에 마치니 그 지으시던 일이 다하므로 일곱째 날에 안식하니라 하나님이 일곱째 날을 복 주사 거룩하게 하셨으니 이는 하나님이 그 창조하시며 만드시던 모든 일을 마치시고 이날에 안식하셨음이더라"는 말씀처럼 바로 일곱째 날의 시작이기 때문이다.

더 이상 세상을 혼돈 시키며 미혹하고 어지럽히던 용 곧 사단 마귀의 세력은 자신들에게 주어졌던 6일 동안의 시간을 끝으로 영원한 멸망으로 들어가며, 이제 이 땅에서의 7일째 곧 천년의 기간은 우리 주님이 왕이 되시며 멜기세덱의 대제사장이 되시어 다스리며 통치하시는 안식과 평화의 왕국이 되는 것이다.

히브리서 4장 9절은 "그런즉 안식할 때가 하나님의 백성에게 남아 있도다"라고 한다. 곧 7일째의 안식을 말하는 것으로 "그러므로 우리가 저 안식에 들어가기를 힘쓸지니 이는 누구든지 저 순종치 아니하는 본에 빠지지 않게 하려 함이라"(히 4:11)라고 말씀함으로 구약의 이스라엘은 하나님의 안식에 들어가지 못했음을 말하고 있다

그 이유에 대하여 히브리서 4장 4-6절에서 "제칠 일에 관하여는 어디 이렇게 일렀으되 하나님은 제칠 일에 그의 모든 일을 쉬셨다 하였으며 또 다시 거기 저희가 내 안식에 들어오지 못하리라 하였으니 그러면 거기 들어갈 자들이 남아 있거니와 복음 전함을 먼저 받

은 자들은 순종치 아니함을 인하여 들어가지 못하였으므로"라고 하여, 이스라엘이 안식에 들어가지 못한 것은 예수 그리스도를 믿는 믿음 안에서 순종치 못하였기 때문이라고 한다.

그러나 "이미 믿는 우리들은 저 안식에 들어가는도다"(히 4:3)라고 말씀하여 그리스도 안에서 믿는 우리들은 이미 7일째의 안식에 들어간 자들로 선포하고 있다.

2. 심판하는 권세를 받은 보좌에 앉은 자들

> **계 20:4** 또 내가 보좌들을 보니 거기 앉은 자들이 있어 심판하는 권세를 받았더라 또 내가 보니 예수의 증거와 하나님의 말씀을 인하여 목 베임을 받은 자의 영혼들과 또 짐승과 그의 우상에게 경배하지도 아니하고 이마와 손에 그의 표를 받지도 아니한 자들이 살아서 그리스도로 더불어 천년 동안 왕 노릇 하니

주님은 형제들에게 심판하는 권세를 나누어 주신다. 그들이 하나에서 난 자들이기 때문이다.

히브리서 2장 10-12절은 이것에 대하여 "만물이 인하고 만물이 말미암은 자에게는 많은 아들을 이끌어 영광에 들어가게 하시는 일에 저희 구원의 주를 고난으로 말미암아 온전케 하심이 마땅하도다 거룩하게 하시는 자와 거룩하게 함을 입은 자들이 다 하나에서 난지라 그러므로 형제라 부르시기를 부끄러워 아니하시고 이르시되 내가 주의 이름을 내 형제들에게 선포하고 내가 주를 교회 중에서 찬송하리라 하셨으며"라고 한다.

로마서 8장에서는 이 형제들을 하나님의 아들들이라고 하며 "피조물이 고대하는 바는 하나님의 아들들의 나타나는 것이니"(롬 8:19)라고 한다. 로마서 8장 29-30절은 이 하나님의 아들들 곧 예수 그리스도의 형제들에 대하여 "하나님이 미리 아신 자들로 또한 그 아들의 형상을 본받게 하기 위하여 미리 정하셨으니 이는 그로 많은 형제 중에서 맏아들이 되게 하려 하심이니라 또 미리 정하신 그들을 또한 부르시고 부르신 그들을 또한 의롭다 하시고 의롭다 하신 그들을 또한 영화롭게 하셨느니라"라고 말씀한다.

요한복음 15장에서도 주님은 자신을 포도나무에 비유하며 아버지는 농부라 하신다. 주님은 포도나무에 붙어 있는 가지에 대하여 말씀하시며 "무릇 내게 있어 과실을 맺지 아니하는 가지는 아버지께서 이를 제해 버리시고 무릇 과실을 맺는 가지는 더 과실을 맺게 하려 하여 이를 깨끗게 하시느니라"(요 15:2)라고 말씀하시는데, 바로 여기 포도나무에 붙은 가지가 형제들이고 하나님의 아들들이다.

포도나무이신 예수 그리스도에게 붙어 있는 가지는 절로 과실을 맺지만 그리스도에게 붙어 있지 아니한 가지는 말라지고 밖에 버려져 불에 던져 사른다고 한다.

신약의 복음이 세상에 들어온 후 포도나무의 가지들 곧 하나님의 아들들은 침노하는 자가 빼앗도록 하나님이 그 방법을 변형시키셨다. 구약의 하나님의 아들들로 택함 받은 이스라엘이 아들이 되는 것을 거절했기 때문이다. 마태복음 11장 12절은 이것에 대하여 "세례 요한의 때부터 지금까지 천국은 침노를 당하나니 침노하는 자는 빼앗느니라"라고 하여 이제 누구든 하나님의 아들들이 될 수 있는 길을 열어 놓으셨다고 한다. 그 길은 예수 그리스도를 믿는 믿음의 길이며, 이스라엘은 "그 들은바 말씀이 저희에게 유익되지 못한 것은 듣는 자가 믿음을 화합지 아니함이라"(히 4:2)라는 말씀처럼 그들은 믿음의 길을 가지 않았다.

이제 하나님의 아들들 곧 그리스도의 형제 또한 하나님의 후사가 되는 길은 로마서 4장 16절에서 "그러므로 후사가 되는 이것이 은혜에 속하기 위하여 믿음으로 되나니 이는 그 약속을 그 모든 후손에게 굳게 하려 하심이라 율법에 속한 자에게뿐 아니라 아브라함의 믿음에 속한 자에게도니 아브라함은 하나님 앞에서 우리 모든 사람의 조상이라"라고 말씀하고 있다. 또한 로마서 4장 14절은 "만일 율법에 속한 자들이 후사이면 믿음은 헛것이 되고 약속은 폐하여졌느니라"라고 선언한다.

이처럼 하나님의 후사가 되는 길은 오직 믿음의 길로만 가능하며, 이것은 유대인이나 이방인에게 동일하게 적용되는 것으로 차별이 없다.

본 절은 보좌들에 앉아 심판하는 권세를 받은 자들이 과연 누구일까라는 것으로, 이들은 곧 하나님의 아들들이며 예수 그리스도의 형제들이고 또한 하나님의 후사들로 계시록에서는 이들을 하나님의 말씀과 예수 그리스도의 증거를 가진 증인들이며 십사만 사천으로 예수 그리스도의 아내들이다.

이들은 천년 동안 우리의 구주이신 예수 그리스도와 함께 왕 같은 멜기세덱의 제사장이 되며, 또한 새 예루살렘성으로서 새 하늘과 새 땅의 주인공들이 될 것이다.

"피조물이 고대하는 바는 하나님의 아들들의 나타나는 것이니"

(롬 8:19)라는 말씀처럼 심판하는 권세를 받고 보좌에 앉은 자들은 예수 그리스도의 형제들이다. 하나님은 이에 대하여 누가복음 15장에 탕자의 비유와 같이 집을 떠났던 둘째 아들이 다시 아버지 품으로 돌아오는 말씀을 통하여 우리에게 알려 주셨다. "아버지는 종들에게 이르되 제일 좋은 옷을 내어다가 입히고 손에 가락지를 끼우고 발에 신을 신기라 그리고 살진 송아지를 끌어다가 잡으라 우리가 먹고 즐기자 이 내 아들은 죽었다가 다시 살아났으며 내가 잃었다가 다시 얻었노라 하니 저희가 즐거워하더라"(눅 15:22-24)에서 집을 나갔던 둘째 아들이며 그리스도의 형제들이다.

요한복음 5장 22절에서 "아버지께서 아무도 심판하지 아니하시고 심판을 다 아들에게 맡기셨으니"라고 말씀하였다. 이제는 아버지께서 주신 심판의 권세를 아들인 예수 그리스도께서 형제들인 하나님의 아들들과 함께 보좌에 앉아 행하시는 것이다.

계시록의 일곱 교회 중 두아디라 교회의 사자에게 주님은 "이기는 자와 끝까지 내 일을 지키는 그에게 만국을 다스리는 권세를 주리니 그가 철장을 가지고 저희를 다스려 질그릇 깨뜨리는 것과 같이 하리라"(계 2:26-27)라고 말씀하고 라오디게아 교회의 사자에게는 "이기는 그에게 내가 내 보좌에 함께 앉게 하여 주기를 내가 이기고 아버지 보좌에 함께 앉은 것과 같이 하리라"(계 3:21)라고 말씀하시는 것은, 이긴 자들에 대한 승리의 결과이며 축복으로 해석해야 한다.

가) 첫째 부활과 천년 동안 왕 노릇 하는 자들

계 20:6 이 첫째 부활에 참예하는 자들은 복이 있고 거룩하도다 둘째 사망이 그들을 다스리는 권세가 없고 도리어 그들이 하나님과

그리스도의 제사장이 되어 천년 동안 그리스도로 더불어 왕 노릇 하리라

"첫째 부활에 참예하는 자들은 복이 있고 거룩하도다"(계 20:6)라고 한다. 기독교는 부활의 종교이고 주님은 첫 부활을 우리에게 보여 주셨다. 그리고 모든 사람은 죽음에서 부활한다는 사실을 꿈처럼 여긴다.

고린도전서 15장은 우리에게 부활에 대하여 상세하게 설명한다. 곧 "육의 몸으로 심고 신령한 몸으로 다시 사나니 육의 몸이 있은즉 또 신령한 몸이 있느니라"(고전 15:44)라고 한다. 또한 "우리가 흙에 속한 자의 형상을 입은 것같이 또한 하늘에 속한 자의 형상을 입으리라"(고전 15:49)라고 말씀한다.

고린도전서 15장 16-21절에서 "만일 죽은 자가 다시 사는 것이 없으면 그리스도도 다시 사신 것이 없었을 터이요 그리스도께서 다시 사신 것이 없으면 너희의 믿음도 헛되고 여전히 죄 가운데 있을 것이요 또한 그리스도 안에서 잠자는 자도 망하였으리니 만일 그리스도 안에서 우리의 바라는 것이 다만 이생뿐이면 모든 사람 가운데서 우리가 더욱 불쌍한 자니라 그러나 이제 그리스도께서 죽은 자 가운데서 다시 살아 잠자는 자들의 첫 열매가 되셨도다 사망이 사람으로 말미암았으니 죽은 자의 부활도 사람으로 말미암는도다"라고 하여 기독교의 부활신앙에 대하여 정의하고 있다.

그러나 이 부활도 모두에게 일시적으로 일어나는 것이 아니고 순서대로 될 것이다. 고린도전서 15장 22-24절은 "아담 안에서 모든

사람이 죽은 것같이 그리스도 안에서 모든 사람이 삶을 얻으리라 그러나 각각 자기 차례대로 되리니 먼저는 첫 열매인 그리스도요, 다음에는 그리스도 강림하실 때에 그에게 붙은 자요, 그 후에는 나중이니, 저가 모든 정사와 모든 권세와 능력을 멸하시고 나라를 아버지 하나님께 바칠 때라"라고 말함으로 부활의 순서를 언급하고 있다.

본 절에서 말하는 첫째 부활은, '그리스도 강림하실 때에 그에게 붙은 자요'라는 말씀처럼 주님의 강림 시에 함께 하늘로부터 지상에 내려올 자들이다. 곧 계시록 19장 14절에서 말하는 "하늘에 있는 군대들이 희고 깨끗한 세마포 옷을 입고 백마를 타고 그를 따르더라" 라고 말하는 하늘의 군대들이다.

계시록 20장부터는 이 세상의 심판이 끝나고 새로운 세상 곧 예수 그리스도께서 재림하신 후 이 세상을 통치하는 7일째의 안식의 시간이며, 아직 천년왕국이라는 도래하지 않은 미래의 시간에 대한 기록이다. 우리 사람으로서는 한 번도 경험해 보지 않은 세상에 대한 말씀들이므로 그 이해가 그냥 상상에 불과할 수 있다는 사실에 염두를 두어야 한다.

그래서 필자는 사람의 추측이나 상상이 아닌 구약과 신약의 성경 말씀 속에서 기술된 하나님의 말씀 안에서 도래할 세상에 대한 이해를 성령의 도우심을 통하여 기술하고자 한다.

원래 주님은 이 세상에 왕으로, 제사장으로, 그리고 선지자라는 세 가지 사명을 가지고 오셨다. 그러나 주님이 이 땅에 오시어 이루신 일은 선지자의 사명이다. 앞으로 올 천년왕국이라는 일천 년의 기간은 우리의 구주이신 예수 그리스도께서 왕으로, 그리고 제사장으로서의 사명을 성취하는 시간이다.

구약에 나오는 이스라엘에 왕과 제사장과 선지자라는 직분은 신약에 오실 주님의 사역에 대한 예표적인 직분이다. 주님은 초림에 오시어 선지자로서 곧 하나님의 뜻을 백성에게 전하는 사역을 통하여 죄를 용서하시고 "그날 후로는 저희와 세울 언약이 이것이라 하시고 내 법을 저희 마음에 두고 저희 생각에 기록하리라 하신 후에 또 저희 죄와 저희 불법을 내가 다시 기억지 아니하리라 하셨으니 이것을 사하셨은즉 다시 죄를 위하여 제사 드릴 것이 없느니라"(히 10:16-18)라는 말씀을 이루시고 성취하셨음을 성경이 증거하고 있다.

이제는 주님이 이 땅에서 이루지 못한 사역 곧 왕과 제사장의 사역을 이루시기 위하여 다시 한번 이 세상에 오실 것을 성경은 말씀하고 있다. 히브리서 9장 27-28절은 이것에 대하여 "한번 죽는 것은 사람에게 정하신 것이요 그 후에는 심판이 있으리니 이와 같이 그리스도도 많은 사람의 죄를 담당하시려고 단번에 드리신바 되셨고 구원에 이르게 하기 위하여 죄와 상관없이 자기를 바라는 자들에게 두 번째 나타나시리라"라고 기록한다.

곧 천년왕국의 시간은 주님이 왕과 제사장의 사역을 완성하기 위하여 오셔서 구원을 이루기 위함이라고 한다. 다시 말하면, 예수님은 미완성된 구원을 완성하시기 위하여 오시며, 자기를 바라는 자들에게 오신다.

이 말씀은 결국 주님의 재림을 바라지 않는 자들이 있다는 것이기도 하다. 천년왕국의 시간은 재림을 바라고 기다리며 준비해 온 자들 그리고 그들의 구원을 완성하기 위한 시간이다.

천년왕국의 시간은 만물이 그리스도에게 복종하는 시간으로, 그 동안 사단에 의하여 온 피조물이 고통 속에 있다가 드디어 자유와 해방을 맡는 시간이다.

로마서 8장 20-22절은 "피조물이 허무한데 굴복하는 것은 자기 뜻이 아니요 오직 굴복게 하시는 이로 말미암음이라 그 바라는 것은 피조물도 썩어짐의 종노릇한 데서 해방되어 하나님의 자녀들의 영광의 자유에 이르는 것이라 피조물이 다 이제까지 함께 탄식하며 함께 고통하는 것을 우리가 아나니"라며 하나님의 피조물 곧 온 만물이 하나님의 아들들과 함께 영광과 기쁨의 자유를 누리는 시간으로 변할 것을 말한다.

물론 아직도 우리는 만물이 그리스도 앞에 복종한 것을 보지 못하였다. 그러나 하나님은 이미 히브리서 2장 8절을 통하여 "만물을 그 발아래 복종케 하셨느니라 하였으니 만물로 저에게 복종케 하셨은즉 복종치 않은 것이 하나도 없으니 지금 우리가 만물이 아직 저에게 복종한 것을 보지 못하고"라며 현재는 아니지만 만물을 그리스도에게 복종케 하셨다는 미래 완료형의 시재를 통하여 만물이 복종케 될 천년왕국의 시간을 우리에게 말씀해 주셨다.

주님은 만물의 회복과 함께 부활에 대하여 요한복음 6장을 통하여 말씀하신다. "나를 보내신 이의 뜻은 내게 주신 자 중에 내가 하나도 잃어버리지 아니하고 마지막 날에 다시 살리는 이것이니라"(요 6:39)라고 하며, 또한 "내 살을 먹고 내 피를 마시는 자는 영생을 가졌고 마지막 날에 내가 그를 다시 살리리라"(요 6:54)라고 하여 마지막

날 곧 종말에 부활에 대하여 약속하신다.

종말은 모든 것이 끝나는 시간이 아니라 새로 시작하는 시간으로, 지금까지 악이 다스리고 통치하던 세상이 끝이 나고 새 하늘과 새 땅으로 질적인 변화가 이루어지는 세상임을 말하는 것이다.

만물이라는 하나님께서 창조한 사람과 자연이 다시금 원래의 상태로 회복된다는 말이다. 첫째 부활에 참예하는 자인 그리스도의 신부이며 형제들은 새 하늘과 새 땅에서 왕 같은 제사장 곧 멜기세덱의 대제사장인 예수 그리스도와 더불어 제사장 직분과 함께 왕으로서 철장의 권세를 갖게 될 것을 말한다.

이사야 65장 17절에도 "보라 내가 새 하늘과 새 땅을 창조하나니 이전 것은 기억되거나 마음에 생각나지 아니할 것이라"라고 한다. 이는 곧 처음 창조인 옛 창조가 끝이 나고 새로운 창조가 있다는 의미다.

처음 창조 곧 옛 창조가 흙 먼지와 같은 부실한 소재를 가지고 만든 창조로 타락하고 범죄할 수밖에 없었다면, 새 창조는 주님의 거룩한 생명의 말씀으로 완전한 질적이며 영적인 변화를 통해서 만들어진 창조다. "하나님이 미리 아신 자들로 또한 그 아들의 형상을 본받게 하기 위하여 미리 정하셨으니"(롬 8:29)라는 말씀처럼 그 아들의 형상 곧 예수 그리스도의 형상으로 새로운 창조를 입은 것을 말한다.

또 새 하늘과 새 땅은 하늘과 땅이 새롭게 바뀐 것을 말하는 것이 아니고, 사람의 영과 육이 곧 예수 그리스도의 영과 부활의 육을 입은 것을 말한다. 이것은 고린도전서 15장 49절에서 "우리가 흙에 속한 자의 형상을 입은 것같이 또한 하늘에 속한 자의 형상을 입으리라"라고 하신 말씀과 고린도전서 15장 53절의 "이 썩을 것이 불가불 썩지 아니할 것을 입겠고 이 죽을 것이 죽지 아니할 것을 입으리로다"라는 말씀이 성취되었음을 의미하는 것이다.

그러므로 첫째 부활과 천년 동안 왕 노릇 하는 자들은 하늘의 형상인 예수 그리스도의 형상을 입은 자들이며, 썩을 것이 썩지 아니하고 죽을 것이 죽지 아니하는 부활의 육체를 입은 자들이라 하겠다.

계시록은 이들에 대하여 "예수의 증거와 하나님의 말씀을 인하여 목 베임을 받은 자의 영혼들과 또 짐승과 그의 우상에게 경배하지도 아니하고 이마와 손에 그의 표를 받지도 아니한 자들이 살아서 그리스도로 더불어 천년 동안 왕 노릇 하니"(계 20:4)라고 하여 이들이 환난기에 증인의 사역과 함께 짐승으로부터 믿음을 지키고 이겨 승리한 자들임을 밝히고 있다.

나) 하나님과 그리스도의 제사장

계 20:6 이 첫째 부활에 참예하는 자들은 복이 있고 거룩하도다 둘째 사망이 그들을 다스리는 권세가 없고 도리어 그들이 하나님과 그리스도의 제사장이 되어 천년 동안 그리스도로 더불어 왕 노릇 하리라

하나님 나라의 제사장은 특별한 신분이다.

구약에서 이스라엘의 제사장은 오직 레위 지파 중에서도 아론의 후손에서만 제사장 직분을 행하도록 정하셨다.

출애굽 당시 하나님은 광야에서 모세를 지도자로 세우시고 이스라엘의 열두 지파 중에서 그가 속한 지파인 레위 지파를 택하시고 하나님의 성막에서 봉사하며 섬기는 직책을 주셨다.

그리고 레위 지파 안에서도 모세의 형인 아론을 세워 제사장의 직책을 주시고 성소의 일을 맡기시며 하나님과 대면하게 하셨다.

이러한 구약의 성막과 성소를 위한 선택은 예표적인 일들로 예수 그리스도의 제사장 직분을 위한 모형이다.

모세가 속한 지파인 레위 지파에게 성막의 일을 맡기듯이 예수 그리스도의 복음으로 말미암아 믿음으로 그리스도에게 속한 자들이 레위인들처럼 성막의 일을 맡을 것을 말하는 것이다. 그중에서도 모세의 형제인 아론에게 제사장의 직분을 준 것은 곧 예수 그리스도의 형제가 되는 자들에게 제사장의 직분을 줄 것이라는 암시로 이해해야 한다. “저희가 섬기는 것은 하늘에 있는 것의 모형과 그림자라”(히 8:5)라고 하기 때문이다.

그것은 이 땅에 세워진 성막뿐 아니라 성막에서 봉사하는 자들에 대한 예도 마찬가지다.

구약의 레위인은 이스라엘 백성들의 장자를 대신한 수만큼으로 민수기 8장 17-18절은 이것에 대하여 “이스라엘 자손 중에 처음 난 것은 사람이든지 짐승이든지 다 내게 속하였음은 내가 애굽 땅에서 그 모든 처음 난 자를 치던 날에 내가 그들을 내게 구별하였음이라 이러므로 내가 이스라엘 자손 중에 모든 처음 난 자의 대신으로 레위인을 취하였느니라”라고 말씀한다.

제사장은 레위인이면서 동시에 제사장의 직분을 맡은 자들로 이는 “여호와의 택하신 자는 거룩하게 되리라”(민 16:7)라는 말씀처럼 제사장은 하나님의 택하심이 있어야 한다.

민수기 16장의 레위 자손들 중에 고라의 반역 사건은 하나님이 "너희가 오히려 제사장의 직분을 구하느냐"(민 16:10)라는 말로 원망과 함께 하나님을 거스르는 자에 대한 징계를 보여 준다. 이처럼 레위인이라 할지라도 제사장의 직분은 아론과 같이 오직 하나님의 선택하심에 있다.

하나님은 아론을 제사장으로 위임하면서 출애굽기 28장 2-3절과 같이 "네 형 아론을 위하여 거룩한 옷을 지어서 영화롭고 아름답게 할지니 너는 무릇 마음에 지혜 있는 자 곧 내가 지혜로운 영으로 채운 자들에게 말하여 아론의 옷을 지어 그를 거룩하게 하여 네게 제사장 직분을 행하게 하라"는 말씀으로 제사장 아론을 거룩하게 하며 영화롭고 아름답게 하라고 명령하셨다.

곧 제사장은 하나님과 대면하는 자로 거룩한 옷을 입어야 하는 신분이기 때문에 하나님의 특별한 선택이 있다는 것이다.

하늘의 모형인 성막에서 하나님을 섬기는 제사장의 직분도 거룩하게 하며 영화롭고 아름답게 하는 것이 하나님의 뜻이라면 우리의 영원한 제사장인 예수 그리스도 곧 멜기세덱의 제사장이 될 주님은 얼마나 영화롭고 아름다워야 할 것인가를 생각해야 할 것이다.

본 절은 하나님과 그리스도의 제사장 곧 멜기세덱의 제사장에 대한 약속으로 "천년 동안 그리스도로 더불어 왕 노릇 하리라"(계 20:6)라고 한다. 히브리서 6장 19-20절에서 우리의 소망이 되신 주님은 "우리가 이 소망이 있는 것은 영혼의 닻 같아서 튼튼하고 견고하여 휘장 안에 들어가나니 그리로 앞서가신 예수께서 멜기세덱의 반차를 좇아 영원히 대제사장이 되어 우리를 위하여 들어가셨느니라"라고 한다.

예수 그리스도께서 우리를 위하여 먼저 멜기세덱의 반차를 좇아 들어가셨다고 하는데 어디를 들어갔다는 것일까?

히브리서는 주님은 휘장 안으로 들어가셨다고 하는데 바로 그 휘장 안은 하늘의 지성소다. 그리고 히브리서 10장 19-20절에서 "그러므로 형제들아 우리가 예수의 피를 힘입어 성소에 들어갈 담력을 얻었나니 그 길은 우리를 위하여 휘장 가운데로 열어놓으신 새롭고 산 길이요 휘장은 곧 저의 육체니라"는 말씀처럼 예수님은 휘장이신 자신의 육체를 찢어 새롭고 산 길을 열어 놓으시고 이제는 우리로 하여금 담력을 갖고 그 길을 따라 들어오게 하셨다.

이는 곧 멜기세덱의 반차를 좇아 대제사장이신 예수 그리스도께서 먼저 들어가시고, 그 뒤를 좇아 멜기세덱의 제사장이 될 하나님의 아들들 곧 예수 그리스도의 형제들로 들어오게 하심으로 하늘의 성소에 들어가는 길을 열어 놓으셨다는 것이다.

구약에서도 성소에는 오직 아론과 그의 아들들만이 들어갈 수 있었던 것처럼, 천년왕국에서 하늘로부터 땅으로 내려올 새 예루살렘성에는 오직 멜기세덱의 대제사장인 예수 그리스도를 따르는 제사장들 곧 멜기세덱의 반차를 따르는 제사장들만이 들어갈 수 있다.

본 절에서 멜기세덱의 반차를 좇아 성소로 들어가는 제사장들은 "천년 동안 그리스도로 더불어 왕 노릇 하리라"(계 20:6)라고 하는데, 이들은 바로 계시록 21장 24절에서처럼 "만국이 그 빛 가운데로 다니고 땅의 왕들이 자기 영광을 가지고 그리로 들어오리라"는 말씀과 또한 계시록 5장 10절의 "저희로 우리 하나님 앞에서 나라와 제사장을 삼으셨으니 저희가 땅에서 왕 노릇 하리로다"라는 말씀같이 바로 땅에서 왕 노릇 할 땅의 왕들이다.

구약의 제사장처럼 "아론의 반차를 좇지 않고 멜기세덱의 반차를 좇는 별다른 한 제사장을"(히 7:11) 세움으로 "제사 직분이 변역한즉 율법도 반드시 변역하리니"(히 7:12)라는 말씀처럼 제사장과 레위인을 세우는 법을 변역시키셨다.

이사야 66장 20-21절에서 "나 여호와가 말하노라 이스라엘 자손이 예물을 깨끗한 그릇에 담아 여호와의 집에 드림같이 그들이 너희 모든 형제를 열방에서 나의 성산 예루살렘으로 말과 수레와 교자와 노새와 약대에 태워다가 여호와께 예물로 드릴 것이요 나는 그 중에서 택하여 제사장과 레위인을 삼으리라 여호와의 말이니라"라고 했다. 이제는 율법에 의해서가 아니고 하나님께 예물로 드려진 자들 중에서 택하여 제사장과 레위인을 삼으신다는 말씀이다.

그러므로 본 절의 하나님과 그리스도의 제사장으로 그리스도로 더불어 왕 노릇 할 자들은 율법에 의한 자들이 아니라 예수 그리스도의 복음으로 침노한 자들이며, 종말에 예수 그리스도의 증거와 하나님의 말씀으로 이긴 자들이며, 하나님께 드려진 십일조의 예물이다.

3. 곡과 마곡 그리고 땅의 사방 백성

계 20:8 나와서 땅의 사방 백성 곧 곡과 마곡을 미혹하고 모아 싸움을 붙이리니 그 수가 바다 모래 같으리라

본 사건은 천년의 시간이 지난 후에 있을 일로, 사단이 땅의 사방 백성 곧 곡과 마곡을 미혹하여 하나님의 성과 진을 둘러 싸움을 함으로 하늘에서 불이 내려와 저들을 소멸한다는 이야기다.

무저갱에 결박되어 있던 용 곧 옛 뱀이요 마귀요 사단은 "천 년이 차도록 다시는 만국을 미혹하지 못하게 하였다가 그 후에는 반드시 잠깐 놓이리라"(계 20:3)라는 말씀처럼, 본 절은 바로 하나님이 약속한 천 년의 시간 후에 있을 이 땅에서의 거대한 반역의 사건에 관한 기록이다.

여기서 우리의 관심은 과연 천년 후에 사단에 의하여 미혹을 당하는 땅의 사방 백성 곧 곡과 마곡은 누구인가라는 것이다.

창세기 10장은 노아의 아들들 곧 셈과 함과 야벳의 후손들이 등장하며 하나님은 그들의 후손들에 대한 족보를 예언한다. 그중에서도 창세기 10장 2절은 "야벳의 아들은 고멜과 마곡과 마대와 야완과 두발과 메섹과 디라스요"라고 하여 마곡이 등장한다.

본 절에 등장하는 곡과 마곡은 사실 마곡 땅에 거하는 곡이라는 의미다. 에스겔서 38장 2절은 이것에 대하여 "인자야 너는 마곡 땅에 있는 곡 곧 로스와 메섹과 두발 왕에게로 얼굴을 향하고 그를 쳐서 예언하여"라고 한다. 여기서 마곡은 '하나님의 땅, 신의 땅'이라는 의미이고 곡은 '산'을 상징하는 말이다. 또한 곡 안에는 메섹

과 두발이 있어 이들의 우두머리[이것을 로스(רֹאשׁ)라 한다], 곧 왕이 곡이라는 뜻이다.

그러므로 이 문장의 뜻을 해석하면 '마곡 땅에 있는 곡'이며 '하나님의 땅에 있는 산'이라는 뜻으로 이것은 '하나님의 땅에 서있는 우상의 전'을 말한다.

항상 구약의 우상의 집은 산에 세워져 있어 이를 산당이라 하였다. 사단이 항상 하나님의 임재가 있는 산 곧 시내산과 예루살렘산 그리고 시온산을 모방하여 사단도 자신을 섬기는 곳으로 산을 지정하여 하나님의 백성들로 하여금 어느 산이 정말로 하나님의 임재가 있는 산 인지를 혼돈하게끔 하였기 때문이다.

그러므로 곡은 마곡이라는 하나님의 땅에 거하는 우상의 전을 가리키는 것으로 곡은 우상의 머리 곧 로스이며, 그 안에는 메섹과 두발이라는 두 왕이 존재한다는 것을 말한다.

그런데 이것은 실제적인 것을 말하는 것이 아니고 영적인 비밀의 기록이다. 우상의 전인 곡 안에 있는 메섹과 두발이라는 두 가지의 속성과 본질을 말하며 '메섹'은 '길고 오래 동안 이어져 내려오고 있는 상태'를 의미하며, '두발'은 '지금까지 키우며 데리고 올 것'을 말한다. 곧 하나님의 땅이라는 마곡 안에 거하면서 곡이라는 우상의 머리를 지속적으로 키우며 계속적으로 이어져 내려올 것이라는 말이다. 이는 역사 속에서 이루어질 사단의 음모 곧 하나님 땅 안에 숨어 있는 사단의 세력을 가리킨다.

야벳은 노아의 아들 중 셋째 아들로 창세기 9장 27절 "하나님은 야벳을 창대케 하사 셈의 장막에 거하게 하시고 가나안은 그의 종이 되게 하시기를 원하노라 하였더라"는 말씀처럼 하나님은 야벳을 창대케 하시므로 인류의 역사는 야벳의 족속에 의하여 이끌어져 왔다. 또한 야벳 족속의 후손인 로마제국을 통한 그리스도의 복음이 전 세계에 전파되고, 그들이 거하는 땅은 마곡의 땅으로 곧 하나님의 땅이 되었다.

바로 그런 야벳을 셈의 장막에 거하게 하시겠다는 것은 곧 셈의 후손으로 이 세상에 오실 예수 그리스도의 장막에 거하게 하시겠다는 것으로 이는 예수 그리스도 이후 야벳의 후손들이 하나님의 성전 곧 복음 안에 있을 것을 의미한다.

이와 같은 이유로 야벳 족속의 유럽이 세상에서 복음의 땅으로 그리고 전 세계에 그리스도의 복음을 전파하는 족속이 된 것은 우연이 아니고 하나님의 예언의 성취이다.

그러나 이러한 야벳에게는 곡이라는 우상의 전이 자리 잡고 있으며 또 그 안에는 메섹과 두발이라는 악의 속성이 지속적으로 뿌리를 박고 오랫동안 지속된다는 사단의 숨겨진 비밀이 있다.

구약에 하나님의 율법을 받은 이스라엘이라는 하나님의 백성들 속에 악의 세력이 숨어 있어 결국은 이스라엘을 파괴하고 외국에 포로로 끌려가게 하는 말씀이 기록되어 있는 것처럼, 사단의 악의 속성은 자신들 편 속에서 역사하는 것이 아니고 하나님의 백성과 교회를 무너뜨리기 위해서 그 속에 조용히 숨어 들어가 기회와 틈을 엿보고 있다는 말이다.

그러므로 마곡 땅에 있는 곡은 바로 이러한 일을 위하여 하나님의 교회와 백성들 속에 숨어 있던 악의 세력으로 이것을 이미 에스겔 선지자를 통하여 우리에게 보여 주고 있는 것이다.

계시록을 해석하는 많은 학자들은 곡과 마곡에 대하여 실제적으로 존재하는 나라들로 인식하여 야벳 족속들이 살던 땅을 중심으로 해석하는 경향이 있다. 지금의 러시아를 비롯한 "각기 방언과 종족과 나라대로 바닷가의 땅에 머물렀더라"(창 10:5)라는 말씀대로 터키와 흑해 연안의 나라들과 지중해 국가들로 해석한다.

그러나 이것은 하나님의 뜻을 이해하지 못하는 무지의 소치다. 우리는 이사야 55장에 있는 "내 생각은 너희 생각과 다르며 내 길은 너희 길과 달라서 하늘이 땅보다 높음같이 내 길은 너희 길보다 높으며 내 생각은 너희 생각보다 높으니라"(사 55:8-9)라는 말씀이 무엇을 의미하는지 이해해야 할 것이다.

영이신 하나님은 우리에게 영의 소리로 말씀하심으로 오직 성령의 도우심이 없으면 이러한 문제를 해석할 수 없음을 알아야 한다.

본 절에서 사단은 천년 후에 옥에서 나와 땅의 사방 백성 곧 곡과 마곡을 미혹한다고 한다. 곡과 마곡이라는 의미는 지금까지 설명한 것처럼 하나님의 땅에 있는 우상의 머리 곧 왕을 의미한다. 이것을 좀 더 이해하기 쉽게 설명하면, 외형적으로는 야벳 족속이 예수 그리스도라는 복음 가운데 오랜 시간 동안 크리스천이라는 이름으로 살아 왔지만, 결국 이들이 살고 있는 땅인 유럽 안에는 곡이라는 메섹과 두발의 악의 본질이 지금까지 그 안에서 우상의 똬리를 틀고 있다는 것이다. 결론적으로 이들은 예수 그리스도의 교회와 백성들 그리고 복음의 세계를 파괴할 기회를 엿보고 있었던 것이다.

결국 "하나님이 야벳을 창대케 하사 셈의 장막에 거하게 하시고"(창 9:27)라는 말씀의 의미는, 야벳에게 부를 주시고 세상을 정복하는 힘과 권세를 주신 것은 온 세상에 이들을 통하여 예수 그리스도가 전파되기 위함이었다는 것이다. 반면에 이 야벳 족속 안에는 사단의 실체인 머리 곧 곡이라는 왕이 메섹과 두발이라는 이름으로 숨겨져 있어 마지막 종말까지 예수 그리스도의 세계를 무너뜨리는 데 사용되고 있다.

그러므로 본 절에서 말하는 땅의 사방 백성인 곡과 마곡은 주님을 알지 못하는 또한 믿지 않았던 자들을 말하는 것이 아니다. 이들은 하나님을 아는 자들 그리고 믿었던 자들로 이것을 에스겔서는 "마곡 땅에 있는 곡"(겔 38:2), 다시 말하면 하나님의 땅에 있는 곡이라고 표현하여 예수 그리스도의 복음의 땅에 있는 우상의 머리를 의미한다.

야벳 족속인 유럽으로부터 시작된 복음은 야벳을 창대케 하신다는 말씀대로, 이들을 부강하게 하시고 이것을 통하여 세계를 정복하게 하시며 또한 세계 곳곳에 예수 그리스도의 복음이 전파되게 하셨다는 것은 이미 역사가 증명하고 있으며 하나님의 말씀대로 이루어졌다.

반면에 곡이라는 우상의 머리는 하나님이 거하는 땅 이것을 예수 그리스도의 복음이 있는 땅으로 곧 마곡이라 하는 땅에 거하게 함으로 이곳에서 뿌리를 내리고 키워졌으며 지속적으로 오랫동안 이어져 내려오고 있다.

이것은 곧 하나님의 땅 마곡 안에서 곡이라는 우상의 머리가 자라고 있었음을 말한다. 이러한 숨겨진 비밀의 말씀대로 현재의 유럽은 복음으로 하나가 된 대륙 곧 마곡이지만, 이곳에서 뿌리를 내리고 자란 곡이라는 예수 그리스도를 대적하는 우상의 머리가 세워진다. 이런 세력이 지금 온 세상을 장악하고 오히려 교회를 파괴하고 하나님의 백성들을 짓밟으며 마지막 예수 그리스도를 대적하여 전쟁을 일으키는 세력이다.

교회 안에 터를 잡고 하나님의 백성들을 미혹하며 진리와 생명의 길로 인도하지 않고 양의 탈을 쓴 이리가 되어 백성들을 사망의 길로 인도하는 거짓 목자와 선지자들이 숨겨진 곡이다. 이들은 교회 안에 뿌리를 박고 우상의 머리가 되어 여호와가 하나님인지 아니면 바알이 하나님인지 백성들에게 혼돈케 함으로 갈 길을 몰라 방황하게 하는 미혹의 실체로 존재하고 있다.

그러므로 마지막 종말의 교회는 이러한 교회 안에 숨어 있는 곡의 실체로 인하여 라오디게아 교회의 사자에게 편지하듯 계시록 3장 17절에서처럼 "네가 말하기를 나는 부자라 부요하여 부족한 것이 없다 하나 네 곤고한 것과 가련한 것과 가난한 것과 눈먼 것과 벌거벗은 것을 알지 못하도다"라고 하며 그 우상의 머리인 곡으로 인한 실체를 적나라하게 드러내고 있다.

이러한 곡의 숨겨진 실체는 우리 안에 영적인 교회를 파괴하기 위하여 지금도 강력하게 역사하고 있다. 고린도전서 3장 16-17절에서 "너희가 하나님의 성전인 것과 하나님의 성령이 너희 안에 거하시는 것을 알지 못하느뇨 누구든지 하나님의 성전을 더럽히면 하나님이 그 사람을 멸하시리라 하나님의 성전은 거룩하니 너희도 그러하니라"라며 우리 자신을 성전 삼으신 하나님의 집을 더럽히지 말 것을 명하고 계신다.

땅의 사방 백성으로 기록된 자들 곧 곡과 마곡인 자들은 바로 자신의 성전을 더럽힌 스스로 하나님의 백성이라고 했던 자들로 곡이라는 세력이 우상의 머리가 되어 또한 그 우상의 머리 곧 왕을 하나님이라고 부르던 자들이며 말씀대로 이러한 자들은 "하나님의 성전을 더럽히면 하나님이 그 사람을 멸하시리라"(고전 3:17)라는 말씀대로 진멸의 대상이 된 자들이다.

기독교 역사는 사단의 영이 곡이라는 우상의 머리가 되어 교회 안으로 그리고 하나님의 백성들 속으로 들어와 하나님이 아닌 우상의 머리가 된 곡을 섬기게 하였던 역사이고, 이것에 쓰임을 받은 자들이 곧 미혹의 영을 소유한 거짓 목자들과 선지자들이다.

그러므로 곡과 마곡이 세상에 속하고 땅에 속한 믿음이 없는 자들이라고 생각하는 착각에서 깨어나야 한다. 이들은 하나님 안에 그리고 교회 안에 또한 자신이 하나님의 백성이라고 스스로 인정하던 자들이다.

이들 안의 성전에는 곡이라는 우상의 머리가 하나님으로 대신 그 자리에 앉아 있으며, 이들이 하나님을 믿었던 것은 땅에 있는 것들 곧 성공과 명예와 부 등을 소유하기 위하여 하나님의 이름을 망령되이 일컫는 불법을 행한 자들이다.

"악한 자는 아무도 깨닫지 못하되 오직 지혜 있는 자는 깨달으리라"(단 12:10)라고 한 말씀대로 계시의 말씀을 깨닫는 것은 하나님의 영이 깨닫게 해야만 한다는 사실을 명심해야 할 것이다.

가) 성도들의 진과 사랑하시는 성

계 20:9 저희가 지면에 널리 퍼져 성도들의 진과 사랑하시는 성을 두

르매 하늘에서 불이 내려와 저희를 소멸하고

주님이 왕이 되시어 통치하시는 천년왕국에는 두 종류의 세상이 존재한다. 하나님의 성과 진으로 구별된 지역과 곡과 마곡인 땅의 사방 백성들이 살아가는 지역이다.

구약에서 하나님의 백성인 이스라엘이 광야를 행진할 때 성막을 중심으로 레위 지파와 제사장들은 중앙에 있는 성막을 중심으로 거했으며, 나머지 지파는 그 주변에 동서남북으로 진을 치고 거하며 행진을 했다.

천년왕국에서도 하나님 곧 예수 그리스도가 계신 곳이 성소가 되어 중앙에 있게 되며 그곳에는 멜기세덱의 제사장들과 레위 지파로 선택받은 이사야 66장 21절에서 "나는 그중에서 택하여 제사장과 레위인을 삼으리라 여호와의 말이니라"는 말씀대로 멜기세덱의 지파로 선택받은 하나님의 종들이 성소를 중심으로 거하게 된다. 그리고 동서남북 사방에는 각각 세 지파씩 하나님의 백성들이 진을 치고 거하게 될 것이다.

이것은 이스라엘이 가나안 땅에 들어가서도 중앙에 있는 예루살렘 성을 중심으로 각 지파들이 지분을 분배받은 것과 같은 이치로 항상 하나님의 백성들이 살아가는 땅에는 그중앙에 하나님의 임재가 있는 성전이 있으므로 모든 삶이 성전 중심으로 이루어짐을 말한다.

구약의 이스라엘을 향한 말씀들은 예수 그리스도의 통치를 대비한 모형의 말씀으로 이것은 이 땅에서 천년의 통치기간에 적용될 하나의 샘플이다.

한편 이스라엘은 광야에서도 또한 가나안 땅에서도 그 주변에 항상 악의 세력들이 존재하여 틈만 나면 이스라엘을 공격하는 세력들로 사용되었듯이 주님이 통치하는 천년 동안은 이들 주변에 있는 악의 세력들이 미혹의 영인 사단이 무저갱에 결박되어 갇혀 있으므로 활동할 수 없어 조용한 시간을 지내지만 천년이 찬 후 사단이 무저갱에서 잠시 놓인 후에는 미혹의 영이 다시 역사함으로 곡과 마곡의 사방 백성들을 미혹하여 사랑하시는 성과 진을 둘러 싸움을 하게 하는 사건을 기록하고 있다.

그렇다면 왜 하나님은 천년왕국에 하나님의 성과 진 외에 곡과 마곡의 사방 백성들이 살아가는 지역을 두시고 그들과 함께하는 것일까?

하나님을 신뢰하지 않고 우상의 머리인 곡을 그들의 심령 가운데 세워 성전을 더럽힌 자들로 하여금 천년 동안 하나님의 성과 진을 직접 눈으로 보게 하므로, 살아 계신 하나님과 기록된 말씀이 진실이었으며 이 땅에서 성경에 약속한 주님의 재림과 천년왕국이 실제적인 것이었음을 확인시켜 주는 것이다.

또한 그들 자신이 스스로는 하나님을 믿었다고 하는 자들이므로, 자신들의 눈앞에서 펼쳐지는 주님의 재림과 동시에 천년왕국이라는 하나님 나라의 실재를 보고 마태복음 24장 48-51절에서와 같이 "만일 그 악한 종이 마음에 생각하기를 주인이 더디 오리라 하여 동무들을 때리며 술친구들로 더불어 먹고 마시게 되면 생각지 않은 날 알지 못하는 시간에 그 종의 주인이 이르러 엄히 때리고 외식하는 자의 받는 율에 처하리니 거기서 슬피 울며 이를 갊이 있으리라"는 말씀처럼 하나님의 성전을 더럽힌 그들에게 징벌을 내리며 마음의 고통을 주는 시간이다.

그러므로 천년왕국에서의 두 종류의 세상은 완전히 다른 세상이다 먼저는 "주 하나님 곧 전능하신 이와 및 어린양이 그 성전"(계 21:22)인 성과 진의 세상은 이미 새 하늘과 새 땅이 된 세상으로 하늘로부터 새 예루살렘성이 내려오고 그 안에서는 이사야 65장 23-25절 "그들의 수고가 헛되지 않겠고 그들의 생산한 것이 재난에 걸리지 아니하리니 그들은 여호와의 복된 자의 자손이요 그 소생도 그들과 함께 될 것임이라 그들이 부르기 전에 내가 응답하겠고 그들이 말을 마치기 전에 내가 들을 것이며 이리와 어린양이 함께 먹을 것이며 사자가 소처럼 짚을 먹을 것이며 뱀은 흙으로 식물을 삼을 것이니 나의 성산에서는 해함도 없겠고 상함도 없으리라 여호와의 말이니라"는 말씀처럼 모든 피조물이 평화와 안식을 누리는 나라가 될 것이다.

반면에 다른 나라 곧 곡과 마곡의 사방 백성들이 사는 세상은 눈물과 슬픔 그리고 아픔과 탄식과 고통의 나라이다. 이들의 육적 삶은 주님의 재림 전에 교회와 하나님의 백성들을 대항한 핍박과 반역 그리고 우상 숭배로 가득했다. 데살로니가후서 2장 9-12절 "악한 자의 임함은 사단의 역사를 따라 모든 능력과 표적과 거짓 기적과 불의의 모든 속임으로 멸망하는 자들에게 임하리니 이는 저희가 진리의 사랑을 받지 아니하여 구원함을 얻지 못함이니라 이러므로 하나님이 유혹을 저희 가운데 역사하게 하사 거짓 것을 믿게 하심은 진리를 믿지 않고 불의를 좋아하는 모든 자로 심판을 받게 하려 하심이니라"는 말씀과 같이 진리를 믿지 않고 사단의 거짓 능력과 표적과 기적을 따르던 멸망의 존재들이기 때문이다.

우리는 주님이 통치하시는 천년왕국 안에 곡과 마곡이라는 사방 백성들이 산다는 것에 대하여 과연 이들은 누구일까 궁금할 수밖에 없는데 많은 사람들은 이들이 예전에 세상에 속하여 믿음이 없던 자들이라고 생각할 수 있다.

그러나 사실 이들은 마곡이라는 하나님의 땅에 살면서 곡이라는 우상의 머리를 왕으로 섬기며 살던 자들로 이는 곧 외형적으로는 자칭 하나님의 종과 백성이라는 이름을 가진 자들로 자신들의 곤고함과 가련함과 가난한 것 그리고 눈먼 것과 벌거벗은 것을 알지 못하는 자들이다.

이들의 본질은 베드로후서 3장 3-4절에 기록한 "먼저 이것을 알지니 말세에 기롱하는 자들이 와서 자기의 정욕을 좇아 행하며 기롱하여 가로되 주의 강림하신다는 약속이 어디 있느뇨 조상들이 잔 후로부터 만물이 처음 창조할 때와 같이 그냥 있다 하니"라며 주님의 강림을 부정하던 자들이다.

외형적으로는 하나님을 믿는 자로 크리스천의 모양을 꾸미고 있지만 영적으로는 곡이라는 우상 곧 사단의 영을 갖고 따르는 자들이며 "마지막 때에 자기의 경건치 않은 정욕대로 행하며 기롱하는 자들이 있으리라 하였나니 이 사람들은 당을 짓는 자며 육에 속한 자며 성령은 없는 자니라"(유 1:18-19)라는 악한 자들로 불법을 행하는 자들이고 하나님의 이름을 망령되이 일컫는 자들이다.

여기서 우리가 또 알아야 할 것이 있다. 하나님의 성과 진에 속한 멜기세덱의 제사장과 레위인들 또한 어린양의 피로 씻겨진 하나님의 백성들은 이미 죽음으로부터 부활했거나 살아서 변화 받았으므로 부활 된 몸을 갖고 있는데 반해서 곡과 마곡의 사방 백성들은 부활되지 않은 육체라는 사실이다.

이것은 주님이 부활하신 후에도 승천하시기 전까지 40일을 많은 제자들과 함께 있으며 생활했던 것처럼 이 땅에는 부활체와 부활되지 않은 육체가 함께 거했음을 기억해야 한다.

바로 천년왕국의 시간에도 부활체인 성과 진에 속한 하나님의 자녀들과 부활되지 않은 곡과 마곡이 함께 이 땅에 살아가고 있다는 사실은 아주 중요한 사건으로 이해해야 하며 이들은 천년 후에 "하늘에서 불이 내려와 저희를 소멸하고"(계 20:9)라는 말씀처럼 비로소 죽음을 통한 사망의 부활로 백보좌의 심판대에 서게 된다.

그러므로 천년왕국에 성과 진에 있는 하나님의 자녀들은 이미 부활을 경험하고 통과한 자들이며 이들을 향하여 "이는 첫째 부활이라 이 첫째 부활에 참예한 자들은 복이 있고 거룩하도다"(계 20:5-6)라고 말씀한다.

나) 불과 유황 못에 던져진 사단 마귀

계 20:10 또 저희를 미혹하는 마귀가 불과 유황 못에 던지우니 거기는 그 짐승과 거짓 선지자도 있어 세세토록 밤낮 괴로움을 받으리라

이제 6천 년 동안 세상을 미혹하며 모든 피조물들을 범죄와 타락과 파괴와 사망으로 이끌던 사단 마귀의 종국이 왔다. 천년왕국의 시간이 끝나 이제는 이 땅에서의 창조의 약속된 7일 곧 안식과 평화의 시간이 끝나가므로 더 이상 이 세상은 존재하지 않으며, 또한 세상을 미혹하던 사단 마귀도 그 영원한 종국을 맞이하게 된 것이다.

이 세상에 피조물을 위하여 약속된 시간은 7일 곧 7천 년으로 이 시간이 끝나면 더 이상 이 세상은 존재하지 않으며 이제는 8일의 시간으로 넘어가게 되는데 7일과 8일의 시간 사이에 사단과 마귀는 불과 유황으로 타는 영원한 불못에 들어가게 되는 것이다.

이 불과 유황으로 타는 영원한 불못을 둘째 사망이라고 하며 이곳에는 백보좌 심판으로 사망의 부활을 입은 자들과 짐승과 거짓 선지자 그리고 사단 마귀가 떨어져 영원한 시간 동안 고통받는 장소다.

예수 그리스도 이후 그동안 이 세상을 망하게 했던 자들은 용 곧 사단 마귀와 짐승과 거짓 선지자로, 이 셋이 하나가 되어 사람들을 미혹함으로 수많은 영혼들을 불과 유황으로 타는 못에 떨어지게 했다. 이제는 미혹의 왕인 사단 마귀 자신도 그 불과 유황의 못에 떨어짐으로 영원한 사망의 심판을 받을 차례다.

물론 사단 마귀는 짐승과 거짓 선지자보다 천년이 지난 후에 심판을 받는다는 차이가 있지만, 하나님의 형상으로 지음 받은 사람임에도 불구하고 이 땅에서 미혹의 영인 사단 마귀의 종이 되어 많은 사람들을 미혹하고 불과 유황 못에 떨어지게 했던 짐승 곧 적그리스도와 그와 함께한 세력들 그리고 교회 안에서 양의 옷을 입은 이리로 활동하며 성도들을 미혹하여 넓은 길로 또한 사망의 길로 인도했던 거짓 선지자의 말로는 비참하다. 계시록 19장 20절 “짐승이 잡히고 그 앞에서 이적을 행하던 거짓 선지자도 함께 잡혔으니 이는 짐승의 표를 받고 그의 우상에게 경배하던 자들을 이적으로 미혹하던 자라 이 둘이 산 채로 유황 불 붙는 못에 던지우고”라는 말씀처럼심판을 통해 비참한 끝을 맞이한다.

마지막으로 사단 마귀의 심판이 끝을 맺음과 동시에 하나님이 창조한 이 우주는 더 이상 악의 세력들과 미혹의 세력이 존재하지 않는 평온의 우주가 된다. 하나님은 그 우주의 통치권을 아들인 예수 그리스도에게 맡기며 이제는 그 모든 권세를 하나님의 아들들 곧 형제들과 함께 유업으로 나눌 것이다.

4. 보좌 앞에 책들과 생명책

계 20:11 또 내가 크고 흰 보좌와 그 위에 앉으신 자를 보니 땅과 하늘이 그 앞에서 피하여 간 데 없더라

계 20:12 또 내가 보니 죽은 자들이 무론대소하고 그 보좌 앞에 섰는데 책들이 펴 있고 또 다른 책이 펴졌으니 곧 생명책이라 죽은 자들이 자기 행위를 따라 책들에 기록된 대로 심판을 받으니

이 상황은 천년왕국의 시간이 끝나고 하늘과 땅과 바다가 그동안 죽은 자들을 내어 주는 인류 최후의 심판인 백보좌 심판 앞에서의 모습을 그리고 있다. 이 심판을 위하여 이제 이 세상에 살았던 모든 자들의 육체적 부활이 먼저 있고, 그 후에 심판 곧 생명의 부활과 사망의 부활로 나누어지는 인류 최후의 거대한 심판이 있을 것이다.

먼저 우리는 생명의 부활과 사망의 부활에 대하여 이해할 필요가 있다. 부활과 함께 육체의 사망이 아닌 영의 사망인 둘째 사망으로 들어가는 심판이기 때문이다.

첫째, 생명의 부활을 받은 자들은 예수 그리스도를 영접하고 주님의 나라를 소망하며 살았던 믿음의 성도들로 이들은 그동안 육체의 죽음을 통하여 육체는 음부에 있었지만 영혼은 낙원에서 하나님의 품 안에 있던 자들로 천년 동안을 생명의 부활을 기다려 왔던 자들이다.

고린도전서 15장 23-24절에서처럼 부활은 "각각 자기 차례대로 되리니 먼저는 첫 열매인 그리스도요 다음에는 그리스도 강림하실 때에 그에게 붙은 자요 그 후에는 나중이니 저가 모든 정사와 모든 권세와 능력을 멸하시고 나라를 아버지 하나님께 바칠 때라"라고 했다. 백보좌 심판 시의 생명의 부활은 이 우주에 사단 마귀의 모든 정사와 권세와 능력이 멸절되고 나라가 아버지 하나님께 바쳐질 때로, 천년왕국 이후의 일이다.

하나님의 자녀들의 생명의 부활은 계시록 20장 5-6절에 말씀하는 첫째 부활에 참예하는 자들이 있는데 이들을 고린도전서 15장 23절에서는 "그리스도 강림하실 때에 그에게 붙은 자요"라고 한다. 나머지 하나님의 성도들은 "그 후에는 나중이니"라는 말씀처럼 천년이 지난 후에 백보좌 심판에서 생명의 부활을 받게 되며 이것을 둘째 부활이라 할 수 있다.

하나님의 성도들은 이처럼 첫째 부활에 참예하는 자와 백보좌 심판 때의 둘째 부활에 참예하는 자로 나뉜다. 계시록 20장 6절에서 "이 첫째 부활에 참예하는 자들은 복이 있고 거룩하도다"라며 첫째 부활에 참예하는 자들이 축복의 자녀들임을 말하고 있으며 이들에게는 "둘째 사망이 그들을 다스리는 권세가 없고"라고 하여 곧 백보좌 심판의 권세가 그들에게 미치지 못함을 말하고 있다.

둘째로, 사망의 부활을 받은 자들은 영원히 불과 유황으로 타는 못에 들어가게 되며 결국 백보좌 심판은 이들을 위한 심판이라고 할 것이다. 요한복음 3장 18절에서 "저를 믿는 자는 심판을 받지 아니하는 것이요 믿지 아니하는 자는 하나님의 독생자의 이름을 믿지 아니하므로 벌써 심판을 받은 것이니라"는 말씀 때문이다.

성경은 하나님의 자녀들에게는 곧 하나님의 아들인 예수 그리스도의 이름을 믿는 자들에게는 심판이 없다는 것을 말씀하고 있으며 그것이 곧 본 절에 있는 "다른 책이 펴졌으니 곧 생명책이라"(계 20:12)라는 것으로 이미 어린양의 생명책에 기록된 자들이기 때문이다.

그러나 예수 그리스도의 이름을 믿지 아니하는 자들에게는 보좌 앞에 펴놓인 책들이 있어 이것에 의해 "죽은 자들이 자기 행위를 따라 책들에 기록된 대로 심판을 받으니"(계 20:12)라고 하여 심판을 위한 많은 책들이 있음을 말한다.

여기서 우리가 알아야 할 것은 심판을 위한 책들(Scrolls)은 복수로 기록되어 있는 반면 생명책(The Scroll of Life)은 단수로 기록되어 생명을 얻는 자가 많지 않음을 보여 주고 있다. 이것은 마태복음 7장 14절에서 "생명으로 인도하는 문은 좁고 길이 협착하여 찾는 이가 적음이니라"는 말씀과 일치되며, 반대로 "멸망으로 인도하는 문은 크고 그 길이 넓어 그리로 들어가는 자가 많고"(마 7:13)라는 말씀처럼 백보좌 심판에 많은 책들은 곧 멸망으로 들어가는 큰 문과 넓은 길로 들어간 자들이 많기 때문이다.

그러므로 멸망으로 들어가는 자들은 신구약을 통해서 오직 한번 백보좌 심판을 통해서만 심판의 부활 곧 사망의 부활을 입게 되며, 이들의 심판결과는 불과 유황으로 타는 못에 들어가 영원한 고통을 받게 된다.

계시록 13장 8절의 “죽임을 당한 어린양의 생명책에 창세 이후로 녹명되지 못하고 이 땅에 사는 자들은 다 짐승에게 경배하리라”는 말씀같이 복음에 의하여 그리스도의 생명책에 녹명되지 못한 자는 누구든 짐승에게 경배하게 되며 후에는 백보좌 심판을 통하여 불과 유황으로 타는 못에 영원히 떨어지는 저주를 받게 됨을 말한다.

가) 자기 행위를 따라 받는 심판

> **계 20:12** 또 내가 보니 죽은 자들이 무론대소하고 그 보좌 앞에 섰는데 책들이 펴 있고 또 다른 책이 펴졌으니 곧 생명책이라 죽은 자들이 자기 행위를 따라 책들에 기록된 대로 심판을 받으니

백보좌 심판은 책들에 기록된 자기의 행위를 따라 심판을 받는다고 한다. 이 심판은 멸망으로 들어갈 자들 곧 예수 그리스도의 이름을 믿지 아니함으로 이미 심판받은 자들을 최종적으로 백보좌 심판에서 책들에 기록된 죄악과 불의 그리고 불법의 행위들을 비교하며 들춰내므로, 공의의 하나님의 심판에 하자가 없음을 증명하고자 하는 것이다.

성경은 우리에게 사망에 이르는 죄와 사망에 이르지 아니하는 죄가 있음을 말한다. 죄의 결과 모든 이들이 사망에 이른다고 생각하는 우리에게 요한일서 5장 16-17절은 “누구든지 형제가 사망에 이르지 아니한 죄 범하는 것을 보거든 구하라 그러면 사망에 이르지 아니하는 범죄자들을 위하여 저에게 생명을 주시리라 사망에 이르는 죄가 있으니 이에 대하여 나는 구하라 하지 않노라 모든 불의가 죄

로되 사망에 이르지 아니하는 죄도 있도다"라고 한다.

마태복음 12장 32절은 "또 누구든지 말로 인자를 거역하면 사하심을 얻되 누구든지 말로 성령을 거역하면 이 세상과 오는 세상에도 사하심을 얻지 못하리라"라고 말하여 용서받지 못하는 죄가 있음을 선포하신다.

또한 히브리서 6장 4-6절은 "한 번 비췸을 얻고 하늘의 은사를 맛보고 성령에 참예한바 되고 하나님의 선한 말씀과 내세의 능력을 맛보고 타락한 자들은 다시 새롭게 하여 회개케 할 수 없나니 이는 자기가 하나님의 아들을 다시 십자가에 못 박아 현저히 욕을 보임이라"라고 말씀한다.

위에 속한 자들은 그 죄를 용서받을 수 없고 회개할 수 없는 치명적인 사망에 이르는 죄로 불과 유황이 타는 못에 떨어지는 심판을 면할 길이 없는 자들이다.

그러나 로마서 4장 6-8절 "일한 것이 없이 하나님께 의로 여기심을 받는 사람의 행복에 대하여 다윗이 말한 바 그 불법을 사하심을 받고 그 죄를 가리우심을 받는 자는 복이 있고 주께서 그 죄를 인정치 아니하실 사람은 복이 있도다 함과 같으니라"라는 말씀처럼, 분명히 불법과 죄를 지었음에도 그것은 사망에 이르지 아니하는 죄가 되어 주님이 그 죄를 인정치 아니하는 자들이 있다고 하며 그런 자들은 복 받은 자들이라고 한다.

그렇다면 자기 행위를 따라 심판을 받는다고 하는데 과연 어떤 행위가 사망에 이르는 죄가 되는가?

여기서 '행위'는 '엘곤'(ἔργον)이라 하여 '일을 하다'에서 유래된 말로 '일, 행동, 행위, 업무, 사업, 작업'이란 뜻으로 사망에 이르는 죄가 되어 심판을 받게 되는 일이나 행동과 작업을 의미한다.

첫째는 그리스도를 배도하는 일을 행한 자이다.

그리스도의 십자가 사건과 부활, 그리고 속죄와 구원에 대한 모든 복음을 마음으로 거부하고 이를 행동으로 옮긴 자들이다.

둘째는 하나님의 성전을 더럽힌 자들이다.

고린도전서 3장 17절에서 "누구든지 하나님의 성전을 더럽히면 하나님이 그 사람을 멸하시리라"는 말씀처럼 하나님의 성전을 우상의 집으로 만들어 더럽힌 자들이다.

셋째는 성령을 훼방한 자들이다.

마가복음 3장 29절은 "누구든지 성령을 훼방하는 자는 사하심을 영원히 얻지 못하고 영원한 죄에 처하느니라"는 말씀처럼 성령의 일을 부인하고 방해하며 거짓이라고 기롱하는 자들이다.

로마서 10장 10절은 "사람이 마음으로 믿어 의에 이르고 입으로 시인하여 구원에 이르느니라"라고 한다. 그리스도인의 믿음은 마음으로부터 시작하며 하나님은 우리의 중심을 보신다. 그러나 백보좌 심판에서 자기 행위를 따라 심판받는 자들은 우상의 미혹을 좇아 머리로 자기의 지식과 철학과 이론으로 그리고 세상의 관습과 전례를 따라 믿었던 자들이다.

또한 로마서 9장 32절은 "어찌 그러하뇨 이는 저희가 믿음에 의지하지 않고 행위에 의지함이라 부딪힐 돌에 부딪혔느니라"라고 하듯 믿음이 아닌 행위에 의지한 자들이다.

그러므로 특별히 종말에 성도들은 히브리서 4장 7절의 말씀같이 "오늘날 너희가 그의 음성을 듣거든 너희 마음을 강퍅게 말라"는 경고를 마음에 새기고 굳건한 믿음의 길을 가야만 한다.

나) 둘째 사망

> **계 20:14** 사망과 음부도 불못에 던지우니 이것은 둘째 사망 곧 불못이라

성경은 사람에게 두 종류의 사망이 있음을 말한다.

첫째 사망은 육체의 사망이고, 둘째 사망은 영혼의 사망이다. 히브리서 9장 27절에서는 "한 번 죽는 것은 사람에게 정하신 것이요 그 후에는 심판이 있으리니"라고 한다.

사람에게 육체의 사망은 하나님의 정하신 것이라 누구든지 한 번은 육체의 사망을 입는다. 그러나 그 후에는 심판이 있으리라고 하여 그리스도의 이름을 믿음으로 받지 아니한 자들에게 사망의 부활과 함께 심판을 통하여 두 번째 사망 곧 불과 유황으로 타는 못에 영원히 떨어지는 사망을 입는다.

아담 이후 사단 마귀가 가졌던 모든 사망과 음부의 권세를 계시록 1장 18절에서는 "곧 산 자라 내가 전에 죽었었노라 볼지어다 이제 세세토록 살아 있어 사망과 음부의 열쇠를 가졌노니"라며 주님의 손에 그 권세가 쥐어졌으므로 이제는 그리스도의 이름을 믿지 아니하는 자들을 심판을 통하여 영원한 형벌 가운데 가두게 된 것이다.

이제 주님의 손에는 죽일 자를 죽이고 살릴 자를 살리는 모든 생

명과 사망의 권세가 있어 백보좌 심판은 바로 영원한 형벌에 떨어질 자들에 대한 마지막 심판이다.

그러므로 어린양의 생명책에 녹명된 하나님의 자녀들은 심판을 받지 아니하는 것이며 생명의 부활로 이들은 천년왕국 이후에 하나님이 준비한 영원한 나라에 들어가게 된다는 사실로 이해해야 한다.

여기서 우리가 발견하는 것 중에 하나는 고린도전서 15장 51-52절에서는 죽음을 보지 않고 살아서 변화를 받는 자들에 대한 기록이 있다는 것이다.

곧 "보라 내가 너희에게 비밀을 말하노니 우리가 다 잠잘 것이 아니요 마지막 나팔에 순식간에 홀연히 다 변화하리니 나팔 소리가 나매 죽은 자들이 썩지 아니할 것으로 다시 살고 우리도 변화하리니"라는 말씀이다.

죽은 자의 부활에 대하여 말씀하시며 분명히 순식간에 홀연히 변화를 받는 자들이 있다는 것으로 이들은 '우리가 다 잠잘 것이 아니요'라는 말씀처럼 종말에는 죽음을 맛보지 않고 살아 있는 상태로 변화 곧 부활체와 같이 변화되는 자들이 있음을 말하고 있다는 것이다.

이것에 대하여 고린도전서 15장 53절에서도 "이 썩을 것이 불가불 썩지 아니할 것을 입겠고 이 죽을 것이 죽지 아니함을 입으리로다"라는 말씀처럼 죽은 자의 부활과 산 자의 부활 곧 변화에 대하여 말하고 있음이다.

종말에 하나님의 자녀들 중에는 부활을 입는 자와 변화를 입는 자가 동시에 있는데, 바로 이들은 천년왕국에 왕 같은 제사장들로 그리고 레위 지파와 같은 멜기세덱 지파가 되는 자들이다.

계시록 20장 4절은 이들에 대하여 확증하고 있는데 "예수의 증거와 하나님의 말씀을 인하여 목 베임을 받은 자의 영혼들과 또 그 짐승과 그의 우상에게 경배하지도 아니하고 이마와 손에 그의 표를 받지도 아니한 자들이 살아서 그리스도로 더불어 천년 동안 왕 노릇 하니"라는 말씀이다.

곧 목 베임을 받은 자의 영혼들이 있고 또 우상에게 경배하지 아니하고 그 표를 받지 아니한 자들이라는 환난의 시간을 승리한 자들에 대하여 언급하고 있는데 한쪽은 부활을 입은 영혼들로 다른 한쪽은 살아 있는 자들로 변화를 받은 자들임을 말하고 있다.

결국 백보좌 심판은 주님을 배반하고 부인하며 기롱하여 대적했던 자들에 대한 심판으로 육체적 죽음 이후에 받을 영혼의 심판이며 이 심판의 결과 영원한 불과 유황으로 타는 못에 던져지게 되는 것으로 둘째 사망이다.

바로 불과 유황으로 타는 못에는 이미 백보좌 심판 이전에 뱀이며 용이라고 하는 사단 마귀와 이 세상을 미혹했던 짐승과 거짓 선지자도 있어 둘째 사망을 당한 자들과 함께 영원한 징벌 속에 고통받게 된다.

성령론적 요한계시록

II

REVELATION

제21장

(Revelation 21)

계 21:1 또 내가 새 하늘과 새 땅을 보니 처음 하늘과 처음 땅이 없어졌고 바다도 다시 있지 않더라

⬇

계 21:27 무엇이든지 속된 것이나 가증한 일 또는 거짓말하는 자는 결코 그리로 들어오지 못하되 오직 어린양의 생명책에 기록된 자들뿐이라

1. 새 하늘과 새 땅

계 21:1 또 내가 새 하늘과 새 땅을 보니 처음 하늘과 처음 땅이 없어졌고 바다도 다시 있지 않더라

사도 요한은 자신이 처음 하늘과 처음 땅이 없어지고 새 하늘과 새 땅을 보고 있다고 한다. 이것은 하나님이 창조했던 처음 것들이 사라지고 이제는 새로운 것들로 바뀌었음을 말한다.

계시록 21장은 천년왕국에 펼쳐진 새로운 창조에 대하여 기록하고 있는 말씀으로 외형적인 변화보다는 내적이며 질적인 주님의 신

부된 자들의 영적 변화에 대하여 말씀하고 있다.

새 하늘과 새 땅이라는 것은 성전과 육체의 질적 변화를 말하는 것으로, 주님과 결혼된 우리 안의 성전을 하늘이라 한다면 땅은 우리의 부활된 육체라고 할 수 있다. 다시 말하면 호세아서 2장 19-22절에 "내가 네게 장가들어 영원히 살되 의와 공변됨과 은총과 긍휼히 여김으로 네게 장가들며 진실함으로 네게 장가들리니 네가 여호와를 알리라 여호와께서 가라사대 그날에 내가 응하리라 나는 하늘에 응하고 하늘은 땅에 응하고 땅은 곡식과 포도주와 기름에 응하고 또 이것들은 이스르엘에 응하리라"는 말씀이다.

천년왕국은 주님과 결혼한 신부들이 들어가는 곳이고, 그들의 심령 안에 있는 성전은 신랑이신 주님이 장가들어 임재하는 장소로 영적으로 새 하늘이라 한다. 또한 주님과 신랑 신부로서 결합되기 위하여 새로운 육체 곧 부활을 입은 자들을 새 땅이라고 한다.

부활체로 오실 주님과 신랑과 신부로 결혼하려면 신부인 하나님의 자녀들은 당연히 고린도전서 15장에서와 같이 부활의 몸을 입어야 한다.

그러므로 본 절에서 말하는 새 하늘과 새 땅은 주님의 신부된 자들의 거듭난 영과 부활된 육이다. 이사야 65장 17절의 말씀도 곧 천년왕국으로 들어간 신부들의 변화된 모습을 설명하고 있는데 "보라 내가 새 하늘과 새 땅을 창조하나니 이전 것은 기억되거나 마음에 생각나지 아니할 것이라"라고 하여 천년왕국 이전의 세계와 이후의 세계가 있음을 말한다. 하나님은 이것을 새로운 창조라 하며 이와 같이 새 하늘과 새 땅으로 창조를 입은 자는 이전의 세계에 대한 기억이 없으며 마음에 생각나지도 않는다고 말하는 것이다.

예수 그리스도의 복음은 바로 새로운 창조를 입기 위한 근본이며 생명으로 이 복음을 통하지 않고는 우리의 영과 육이 새 하늘과 새 땅으로 변화를 입을 수 없다는 사실을 알아야 한다. 곧 우리 부모로부터 입은 처음 하늘과 처음 땅 곧 육체의 본질이 없어지고 예수 그리스도의 복음에 의하여 거듭난 영과 부활된 육의 새 창조를 통하여 주님의 신부가 되는 것이다.

그러므로 본 절은 실제적인 천지개벽과 같은 하늘과 땅의 변화가 아닌 영적인 계시의 말씀으로, 주님의 신부가 된 자들의 영과 육의 변화를 말한다. 이와 같은 신부들은 새 창조를 입은 자들이고 새 하늘과 새 땅이 된 자들이라고 한다.

성경에서 종말은 새 하늘과 새 땅을 창조하기 위한 하나님 최고의 역사적 클라이맥스로, 이들이 예수 그리스도의 신부로 하나님의 아들들이며 하나님께로부터 하늘에서 내려오는 거룩한 성 새 예루살렘으로 불리는 자들이다.

이들은 하나님의 창조의 6일째를 지나 7일째 곧 안식과 평화의 시간으로 들어간 자들이다. 히브리서 4장 9-11절은 "그런즉 안식할 때가 하나님의 백성에게 남아 있도다 이미 그의 안식에 들어간 자는 하나님이 자기 일을 쉬심과 같이 자기 일을 쉬느니라 그러므로 우리가 저 안식에 들어가기를 힘쓸지니"라고 한다. 곧 하나님의 안식의 시간인 7일에 들어간 자들 그러므로 영과 육의 변화를 입은 자들을 새 하늘과 새 땅이라고 한다.

가) 거룩한 성 새 예루살렘과 어린양의 아내

> **계 21:2** 또 내가 보매 거룩한 성 새 예루살렘이 하나님께로부터 하늘에서 내려오니 그 예비한 것이 신부가 남편을 위하여 단장한 것 같더라

거룩한 성 새 예루살렘은 하나님께로부터 하늘에서 내려온다고 하며 이것은 신부가 남편을 위하여 단장한 것 같다고 한다. 또한 "내가 신부 곧 어린양의 아내를 네게 보이리라"고 하며 "성령으로 나를 데리고 크고 높은 산으로 올라가 하나님께로부터 하늘에서 내려오는 거룩한 성 예루살렘을 보이니"(계 21:10)라고 한다.

곧 거룩한 성 예루살렘이 신부이며 곧 남편을 위하여 단장한 어린양의 아내라는 것이다.

성경은 우리에게 신앙의 골인 지점 곧 목표 지점에 대하여 말하고 있는데 바로 새 예루살렘성이다. 이것에 대하여 마태복음 27장 52-53절에는 "무덤들이 열리며 자던 성도의 몸이 많이 일어나되 예수의 부활 후에 저희가 무덤에서 나와서 거룩한 성에 들어가 많은 사람에게 보이리라"라고 말씀한다.

예수의 부활 후에 무덤에서 나와서 거룩한 성에 들어간다는 말씀이 바로 그것으로 예수의 부활의 믿음으로 육체의 무덤으로부터 나온 자 곧 그 영이 거듭난 자는 거룩한 성인 새 예루살렘성으로 들어간다.

다시 말하면 거룩한 성 새 예루살렘은 어린양의 신부들이 들어가는 성으로 그곳에 들어간 신부들에 의하여 단장된 성이라는 의미

이다. 신부가 신랑을 위하여 몸을 단장하고 아름다운 신부의 옷으로 입고 꾸미듯이 바로 그렇게 아름답고 화려하게 단장된 신부들을 거룩한 성 새 예루살렘이라 하는 것으로 그곳에는 신부인 많은 사람들이 들어가 서로를 보인다고 말하는 것이다.

예루살렘은 '평화의 성 또는 도시'라는 뜻으로 이스라엘 땅에 있는 지금의 예루살렘은 본 절에 등장하는 거룩한 성 새 예루살렘 곧 천년왕국에서의 어린양의 신부인 거룩한 성 새 예루살렘의 모형이다.

이는 곧 예루살렘의 주인인 어린양이신 예수 그리스도로 그가 임재할 때만이 평화와 안식이 있는 것인데, 현재의 예루살렘은 예수 그리스도의 임재가 없고 이름만 있기 때문에 그곳에는 투쟁과 공포와 좌절만이 가득하다. 진정한 평화와 안식은 오직 천년왕국에서 예수 그리스도의 임재와 함께 어린양의 신부로 채워질 때 가능해진다.

그렇다면 어떻게 어린양의 신부인 새 예루살렘성이 하늘로부터 내려오는 것일까? 과연 "내가 신부 곧 어린양의 아내를 네게 보이리라"(계 21:9)라고 하는 이 아내는 누구인가? 우리가 이러한 궁금증을 해결하기 위해서는 먼저 어린양이신 예수 그리스도와 하늘에서 혼인잔치에 대하여 이해해야 한다.

먼저 계시록 19장 7절에는 어린양의 아내가 준비되었다는 기록이 있다. 곧 "우리가 즐거워하고 크게 기뻐하여 그에게 영광을 돌리세 어린양의 혼인기 약이 이르렀고 그 아내가 예비하였으니"라는 말씀이 있다.

혼인 기약에 예비된 아내들이 누구인가를 알아야 하는데 이는 후 3년 반의 1,260일 동안 예언을 하는 증인이 있는데 이들이 증거를 마칠 때 곧 "저희가 그 증거를 마칠 때에 무저갱으로부터 올라오는 짐승이 저희로 더불어 전쟁을 일으켜 저희를 이기고 저희를 죽일 터인즉"(계 11:7)이라는 말씀이 있다.

여기서 죽은 증인들은 "삼일 반 후에 하나님께로부터 생기가 저희 속에 들어가매 저희가 발로 일어서니 구경하는 자들이 크게 두려워하더라 하늘로부터 큰 음성이 있어 이리로 올라오라 함을 저희가 듣고 구름을 타고 하늘로 올라가니 저희 원수들도 구경하더라"(계 11:11-12)라는 증인들의 휴거사건을 기록하고 있다.

바로 이 증인들의 휴거는 하나님의 부르심과 함께 어린양의 혼인잔치에 아내로 선택된 자들로 계시록 14장 1절은 이들에 대하여 "또 내가 보니 보라 어린양이 시온 산에 섰고 그와 함께 십사만 사천이 섰는데 그 이마에 어린양의 이름과 그 아버지의 이름을 쓴 것이 있도다"라며 어린양과 시온산에 함께 서있는 십사만 사천을 말씀하고 있는데 바로 이들이 어린양의 아내이다.

이들 십사만 사천의 어린양의 아내가 될 자들의 영적 상태에 대하여 계시록 14장 3-5절은 "저희가 보좌와 네 생물과 장로들 앞에서 새 노래를 부르니 땅에서 구속함을 얻은 십사만 사천 인밖에는 이 노래를 배울 자가 없더라. 이 사람들은 여자로 더불어 더럽히지 아니하고 정절이 있는 자라 어린양이 어디로 인도하든지 따라가는 자며 사람 가운데 구속을 받아 처음 익은 열매로 하나님과 어린양에게 속한 자들이니 그 입에 거짓말이 없고 흠이 없는 자들이더라"는 말씀같이 하나님과 어린양이 인정한 자들이라는 것이다.

이렇게 땅에서 구속함을 받은 첫 열매 십사만 사천은 땅에서는 마지막 종말의 증인으로서 그리고 하늘에서는 어린양의 아내로 그리고 거룩한 성 새 예루살렘이 된다.

이들 증인들의 휴거 시에 함께 휴거를 받는 자들이 있는데 계시록 19장 9절은 이들에 대하여 "천사가 내게 말하기를 기록하라 어린양의 혼인잔치에 청함을 입은 자들이 복이 있도다 하고 또 내게 말하되 이것은 하나님의 참되신 말씀이라"는 기록이 있다. 곧 어린양의 혼인잔치에 청함을 입은 자들이 복이 있다고 하는데 바로 이들이 혼인잔치를 빛내기 위하여 청함을 받은 들러리다.

혼인잔치에는 신랑과 신부가 있지만 그보다도 많은 신부의 들러리들이 있어 신랑과 신부의 혼인을 축복하며 빛내듯이 성경은 하늘의 혼인잔치에도 수많은 신부의 들러리들이 청함을 받게 되며 이들이 함께 휴거될 것을 말한다.

휴거는 증인의 사역이 끝나는 후 3년 반 곧 1,260일 후에 있을 것이며, 여기서 휴거될 자들은 어린양의 아내가 될 십사만 사천의 증인들과 혼인잔치에 청함을 받은 수많은 들러리들 곧 하나님의 택하신 성도들이 될 것이다. 그러므로 세대주의를 말하는 자들처럼 환난 전 휴거는 거짓으로 교회와 성도들을 미혹하는 이론임을 알아야 한다.

휴거는 마태복음 24장 29-31절 말씀 "그날 환난 후에 즉시 해가 어두워지며 달이 빛을 내지 아니하며 별들이 하늘에서 떨어지며 하늘의 권능들이 흔들리리라 그때에 인자의 징조가 하늘에서 보이겠고 그때에 땅의 모든 족속들이 통곡하며 그들이 인자가 구름을 타고 능력과 큰 영광으로 오는 것을 보리라 저가 큰 나팔 소리와 함께 천사들을 보내리니 저희가 그 택하신 자들을 하늘 이 끝에서 저 끝까지 사방에서 모으리라"는 약속이 성취될 것이다.

또한 휴거된 자들은 하늘의 혼인잔치 후에 이 땅으로 강림하여 하나님의 창조의 7일째인 천년왕국으로 들어가는 것으로 계시록은 이것을 하늘로부터 내려오는 거룩한 성 새 예루살렘이라 부르는 것이며 이들은 천년 동안 어린양이 성전이 되신 빛 가운데서 성과 진을 이루어 살게 됨을 말하는 것으로 이해해야 한다.

나) 만물을 새롭게 하노라

> **계 21:5** 보좌에 앉으신 이가 가라사대 보라 내가 만물을 새롭게 하노라 하시고 또 가라사대 이 말은 신실하고 참되니 기록하라 하시고

전도서 1장 8절은 "만물의 피곤함을 사람이 말로 다 할 수 없나니 눈은 보아도 족함이 없고 귀는 들어도 차지 아니하는도다"라는 말씀이 있다.

하나님이 창조한 세계가 뱀 곧 사단 마귀에게 미혹 당하여 범죄하고 타락한 후 이 세상의 모든 피조물들은 탄식하며 고통 속에 처해 있었다.

창세기 1장 26절에서 하나님은 6일째 하나님의 형상으로 지음 받은 사람에게 "하나님이 가라사대 우리의 형상을 따라 우리의 모양대로 우리가 사람을 만들고 그로 바다의 고기와 공중의 새와 육축과 온 땅과 땅에 기는 모든 것을 다스리게 하자"라며 사람에게 온 땅과 피조물을 다스리는 권세를 주셨다.

그러나 타락 이후에 사람은 하나님이 만드신 피조물과의 관계가 깨어짐으로 모든 피조물이 탄식하며 허무한데 굴복하는 지경이 되었다. 이것에 대하여 로마서 8장 20-22절은 "피조물이 허무한데 굴복하는 것은 자기 뜻이 아니요 오직 굴복케 하시는 이로 말미암음이라 그 바라는 것은 피조물도 썩어짐의 종노릇한 데서 해방되어 하나님의 자녀들의 영광의 자유에 이르는 것이니라 피조물이 다 이제까지 함께 탄식하며 함께 고통하는 것을 우리가 아나니"라며 피조물도 하나님의 자녀들의 영광의 자유에 이르기를 원한다고 한다.

피조물이 말하는 하나님의 자녀들은 곧 로마서 8장 19절에서 "피조물이 고대하는 바는 하나님의 아들들이 나타나는 것이니"라는 말씀과 같이 곧 하나님의 아들들을 말한다.

결국 사람은 범죄 후에 피조물을 다스리라는 명령을 상실하고 오히려 피조물을 다스리는 권한을 뱀 곧 사단 마귀에게 빼앗겼으며 사람과 피조물과의 관계는 깨졌다. 이제 하나님이 창조한 모든 피조물을 다스리던 사단 마귀의 통치기간 곧 6천 년의 시간이 지나고 영원한 심판으로 불과 유황으로 타는 못에 떨어져 그 권세를 잃어버린 사단은 더 이상 만물 곧 하나님의 피조물 위에 군림할 수 없게 되었다.

하나님은 사단으로부터 그 권세를 찾아와야 할 자로 하나님의 아들들을 세우셨으며 그 아들들이 나타나면 모든 피조물의 탄식과 굴복과 고통이 끝이 난다. 그러므로 모든 만물은 사단이 다스리던 통치로부터 하나님 곧 어린양이신 예수 그리스도가 다스리는 통치로 들어가게 되며, 이제는 더 이상 아픔과 눈물과 고통이 없는 새로운 창조로 들어가게 된다.

여기서 말씀하는 하나님의 아들들이 곧 어린양의 신부 곧 아내들이며, 거룩한 성 새 예루살렘으로 이들이 나타남으로 그동안 깨어졌던 사람과 하나님이 창조한 피조물의 관계가 회복되며 다시금 원래 하나님의 창조 곧 창세기 1장으로 돌아가게 된다.

만물을 새롭게 한다고 할 때 '새롭게'라는 말은 '카이노스'(καινός)라고 하여 '새로운, 새로 만든, 새롭게 된, 신선한'이란 뜻으로, 창조의 의미가 아니라 첫 창조에 있던 것을 다시 신선하고 새롭게 만든다는 의미로 이해해야 한다.

결국 만물이 새롭게 되는 것은 창조의 7일째 주님이 통치하는 시간이 되어야 하며, 그러기 위하여는 먼저 하나님의 아들들이 나타나야 하고, 이들이 어린양의 신부 곧 아내가 되어 이 땅에서 천년왕국이 열리는 시간이 되어야 한다.

다) 이기는 자가 얻는 유업

> **계 21:7** 이기는 자는 이것들을 유업으로 얻으리라 나는 저의 하나님이 되고 그는 내 아들이 되리라

계시록은 일곱 교회에게 이기는 자가 받을 상급에 대하여 말한다.

특별히 종말의 종들은 수많은 사단의 공격과 함께 어려운 환경과 거짓 종들의 미혹으로 성도들이 우왕좌왕하며 갈피를 잡지 못하는 상황을 만나게 되므로, 이러한 어둠의 역사로부터 성도들을 지키며 끝까지 인내함으로 믿음을 지키게 하는 것이 중요하다.

히브리서 6장 12절은 "게으르지 아니하고 믿음과 오래 참음으로

말미암아 약속들을 기업으로 받는 자들을 본받는 자 되게 하려는 것이니라"라는 말씀에서 보듯, 결국 믿음과 오래 참음은 하나님이 약속한 것들을 기업으로 받기 위함이다.

여기서 약속한 기업은 곧 유업으로 이 유업을 받을 자들은 아들의 신분이어야 한다. 갈라디아서 4장 6-7절은 "너희가 아들인 고로 하나님이 그 아들의 영을 우리 마음 가운데 보내사 아바 아버지라 부르게 하셨느니라 그러므로 네가 이후로는 종이 아니요 아들이니 아들이면 하나님으로 말미암아 유업을 이을 자니라"라고 말하고 있기 때문이다.

우리가 종에서 아들의 신분이 될 수 있는 것은 오직 예수 그리스도로 인한 것이며, 또한 과연 예수 그리스도를 통한 하나님의 약속을 얼마나 신뢰하는가? 이것이 중요하다.

창세기 15장은 여호와 하나님이 후사가 없는 아브람에게 "그 사람은 너의 후사가 아니라 네 몸에서 날 자가 네 후사가 되리라 하시고 그를 이끌고 밖으로 나가 가라사대 하늘을 우러러 뭇별을 셀 수 있나 보라 또 그에게 이르시되 네 자손이 이와 같으리라 아브람이 여호와를 믿으니 여호와께서 이를 그의 의로 여기시고"(창 15:4-6)라는 말씀을 한다.

나이 많아 경수가 끊어진 아내 사라를 통해서 후사가 날 것을 말씀하시는 여호와 하나님의 약속을 의심치 않고 믿음으로 믿음의 조상 또한 의의 조상이 되었으며, 그 약속은 지금 우리가 보는바 뭇별을 셀 수 있나보라는 하나님의 말씀대로 이루어졌음을 역사가 보여주고 있다.

이것은 아브라함이 할례를 받은 이스라엘의 조상이 되었을 뿐 아니라 할례를 받지 않는 무할례자 곧 이방인의 조상도 되었음을 말하는 것으로 "아브라함은 하나님 앞에서 우리 모든 사람의 조상이라"(롬 4:16)라고 말하고 있기 때문이다.

그러나 사실 아브라함의 자손 곧 후사가 되는 것은 할례자든 무할례자든 관계가 없다. 로마서 4장 13절 "아브라함이나 그 후손에게 세상의 후사가 되리라고 하신 언약은 율법으로 말미암은 것이 아니요 오직 믿음의 의로 말미암은 것이니라"는 말씀과 함께 "그러므로 후사가 되는 이것이 은혜에 속하기 위하여 믿음으로 되나니 이는 그 약속을 그 모든 후손에게 굳게 하려 하심이라 율법에 속한 자에게뿐 아니라 아브라함의 믿음에 속한 자에게도니"(롬 4:16)라고 말씀하고 있기 때문이다.

마태복음 1장 1절에서 "아브라함과 다윗의 자손 예수 그리스도의 세계라"라고 하듯 하나님의 유업을 받을 후사가 되는 것은 아브라함의 믿음으로부터 출발하여 다윗을 통하여 예수 그리스도로 완성된다는 의미로 해석할 수 있는데 바로 여기에 가장 중요한 것이 믿음으로 이는 예수 그리스도 안으로 들어가는 것을 의미한다.

그러므로 요한복음 15장에서의 포도나무 비유처럼 하나님의 후사로 유업을 받기 위하여는 포도나무이신 예수 그리스도에 가지로 붙어 있어 농부이신 하나님이 주시는 물과 영양분을 받아먹는 자가 되어야 한다.

바로 이 포도나무에 붙어 있는 가지들은 예수 그리스도의 형제로 하나님의 아들들이 되는 것이며 본 절에서는 이들을 '이긴 자'라고 한다.

종말은 포도나무에 붙어 있는 가지들이 정사와 권세와 어둠의 세상 주관자들을 통하여 바람으로 흔들고 때리며 영양분을 받아먹지 못하게 훼방하고 방해함으로 결국 포도나무에 붙어 있지 못하고 많은 가지들이 떨어져 말라지고 버려지는 환난의 시간이다.

이러한 환경을 이기고 승리하기 위하여는 끝까지 인내함으로 말씀을 붙잡고 기도하며 강력한 성령의 인도함을 의지해야 할 것이며 하나님은 이렇게 이긴 자들을 향하여 "나는 저의 하나님이 되고 그는 내 아들이 되리라"(계 21:7)라고 약속하심을 기억해야 할 것이다.

2. 이루었도다

계 21:6 또 내게 말씀하시되 이루었도다 나는 알파와 오메가요 처음과 나중이라 내가 생명수 샘물로 목 마른 자에게 값 없이 주리니

계시록 21장부터는 하나님의 창조의 역사가 완성되고 성취되는 말씀이다.

처음 하늘과 처음 땅이 없어지고 새 하늘과 새 땅이 나타났으며 예루살렘성이 사라지고 거룩한 성 새 예루살렘으로 탄생되므로 하나님이 만물을 새롭게 하는 말씀이다.

성경은 하나님의 원하시고 계획하시는 세상을 이루어 가시는 거대한 서사시며 스펙타클한 창조의 장르를 기록한 말씀이다. 우리는 하나님이 세상을 창조하시며 또한 사람을 하나님의 형상과 모양으로 만드신 이유를 알아야 한다.

창세기 1-2장은 6일 동안 세상과 피조물들을 창조하시며 또한 그

모든 피조물들에게 이름을 주시며 하나님의 동산에 살아가는 평화롭고 아름다운 모습을 그리고 있다. 그 가운데서 하나님은 남자의 갈비뼈를 취하여 여자를 만드시고 남자와 여자가 한 몸을 이루어 살며 번성하고 충만할 것을 명하셨다.

에덴동산은 바로 하나님이 자신의 형상으로 만들어진 사람과 함께 살기 위하여 만들어진 동산이다. '에덴'(עֵדֶן)이란 말은 '즐거움, 기쁨, 쾌락'을 상징하는 단어고 '동산'은 히브리어로 '간'(גַּן)이라 하여 '정원, 울타리, 포위'라는 의미를 갖는 말이다.

여기서 우리는 하나님이 에덴동산을 만드신 이유를 발견하게 된다. 곧 즐거움과 기쁨과 쾌락이 있는 정원으로 그리고 그 정원은 울타리로 포위되어 있고 그래서 아무나 들어올 수 없는 특별한 구역이라는 의미를 갖는다.

창세기 3장에서 에덴동산의 중앙에는 생명나무와 선악을 알게 하는 나무를 두었고 하나님은 선악을 알게 하는 나무의 실과는 먹지 말라고 특별히 명하셨다. 그러나 사람은 간교한 뱀 곧 사단 마귀의 미혹에 넘어가 열매를 먹는 범죄를 통하여 창세기 3장 24절 "이같이 하나님이 그 사람을 쫓아내시고 에덴동산 동편에 그룹들과 두루 도는 화염검을 두어 생명나무의 길을 지키게 하시니라"는 말씀처럼 사람이 에덴동산에서 추방되었다.

그 후 하나님은 에덴동산에 그룹들과 두루 도는 화염검을 두어 생명나무의 길을 지키게 하셨다는데, 사실 이 말씀은 '생명나무의 길을 막았다 또는 들어가지 못하게 했다'라는 의미가 아니다. 생명나무의 길을 유지하고 보호하기 위하여 그 방법을 바꾸고 변화시켰다는 뜻으로 해석해야 한다.

하나님은 아담 곧 사람을 미혹했던 사단 마귀가 더 이상 생명나무의 길을 알지 못하도록 그 방법을 변화시킴으로 생명을 도적질하지 못하게 했다는 뜻이다. 그리고 결국은 생명나무이신 예수 그리스도 곧 하나님이시며 그 아들의 신분인 예수를 육체로 이 땅에 보내어 십자가에서 죽게 하시어 사단 마귀가 전혀 상상할 수 없고 예측할 수 없는 방법으로 생명나무의 길을 지키게 하신 것이다.

사단 마귀조차도 하나님이신 그가 직접 이 땅에 아들의 신분으로 육체를 입고 오신다는 것에 대하여는 전혀 생각지 못했을 것이다. 더군다나 그의 육체가 죽음을 맞으면 오히려 사단 마귀 귀신의 역사가 끝이 난다는 사실을 깨닫지 못했다는 것을 통해 우리는 왜 하나님이 그 방법을 바꾸셨는지 이해해야 한다.

물론 사단은 하나님의 아들이신 예수가 유다 지파의 가문으로 이 땅에 오실 것을 예상하고 구약을 통하여 계속해서 유다 가문의 핏줄을 끊는 일을 해왔다는 사실을 성경은 말하고 있다.

그러나 그러한 사단의 방해 속에서도 예수는 이방 여인들의 몸을 통해서 이 땅에 오셨고, 3년 반의 사역 후에 십자가에서 죽음을 당하셨다. 만약 사단이 예수가 이 땅에 죽으러 오셨다는 사실을 알았다면 결코 그를 죽게끔 하지 않았을 것이라는 사실이다.

당시 사망의 권세를 쥔 사단 마귀가 예수를 죽이면 모든 것이 끝나고 자신이 승리할 줄을 알았다. 바로 이것이 생명나무의 길을 지키기 위하여 하나님이 방법을 바꾸신 것이며, 부활이라는 것을 생각지 못했던 사단 마귀는 여기에 깜박 속았던 것이다.

그러므로 그룹들과 두루 도는 화염검의 의미는, 사단 마귀가 생명나무의 열매를 따먹고 영생하지 못하도록 그리고 오히려 생명나무이신 예수 그리스도를 죽음으로 내모는 전혀 예상치 못한 방법의 변화를 성취하기 위하여 성경 속에서 천사들과 불갈은 하나님의 말씀을 통해서 이 길을 보호하고 지키며 이겨내게 하셨다는 것으로 해석할 수 있다.

여기서 또 한 가지 사단 마귀가 깨닫지 못한 허점이 하나 있다. 자신은 사망과 음부의 권세를 가지고 모든 사람을 죽음으로 몰고 갈 수는 있지만 반대로 하나님만이 죽은 자를 생명으로 살리는 부활의 권세를 갖고 있다는 사실에 대하여는 미처 깨닫지 못했다는 것이다.

성경은 바로 이러한 하나님의 계획을 천사들 곧 하나님의 종들과 선지자들을 통하여 비밀의 말씀으로 기록하게 하신 것이다. 하나님이 에덴동산을 만드시고 그곳에서 사람과 함께 살고자 하셨던 창조의 설계와 계획을 6천 년이 지난 마지막 종말에 곧 7천년의 시작과 함께 완성했으며 이루었다고 선언하고 있는 것으로 하나님은 이제 "하나님의 장막이 사람들과 함께 있으매 하나님이 저희와 함께 거하시리니"(계 21:3)라며 완성과 성취를 온 우주에 그리고 피조물들에게 발표하고 있다.

곧 영이신 하나님이 사람을 자기의 형상과 모양을 본따서 만드신 것은 결국 아버지와 아들의 관계로 기쁨과 즐거움과 쾌락이 있는 에덴동산에서 함께 거하며 살고자 하셨다는 사실이다.

하나님의 계획이 성취된 이 땅에서의 천년왕국은 바로 계시록 22장 1-5절에서의 말씀처럼 "또 수정같이 맑은 생명수의 강을 내게 보이니 하나님과 및 어린양의 보좌로부터 나서 길 가운데로 흐르더라 강 좌우에 생명나무가 있어 열두 가지 실과를 맺히되 달마다 그 실과를 맺히고 그 나무 잎사귀들은 만국을 소성하기 위하여 있더라 다시 저주가 없으며 하나님과 그 어린양의 보좌가 그 가운데 있으리니 그의 종들이 그를 섬기며 그의 얼굴을 볼 터이요 그의 이름도 저희 이마에 있으리라 다시 밤이 없겠고 등불과 햇빛이 쓸데없으니 이는 주 하나님이 저희에게 비취심이라 저희가 세세토록 왕 노릇 하리로다"와 같이 하나님과 어린양이 그 종들과 함께 얼굴을 보면서 살아가는 회복된 에덴동산이 될 것임을 말한다.

가) 열두 진주문과 이스라엘 열두 지파

> **계 21:11** 하나님의 영광이 있으매 그 성의 빛이 지극히 귀한 보석 같고 벽옥과 수정같이 맑더라
>
> **계 21:12** 크고 높은 성곽이 있고 열두 문이 있는데 문에 열두 천사가 있고 그 문들 위에 이름을 썼으니 이스라엘 자손 열두 지파의 이름들이라

하나님으로부터 하늘에서 내려오는 거룩한 성 예루살렘에는 "하나님의 영광이 있으매 그 성의 빛이 지극히 귀한 보석 같고 벽옥과 수정같이 맑더라"(계 21:11)라고 한다. 어린양의 아내인 거룩한 성 예루살렘에 하나님의 영광이 있다는 것이다.

여기서 '영광은 '독사'(δόξα)라 하여 '합당한 생각, 명예, 신용, 명성, 찬양'의 뜻을 갖는다. 아내인 거룩한 성 예루살렘에 대한 하나님의 인정하는 신용과 명성이 합당하다는 의미이다. 성의 빛이 지극히 귀한 보석 같고 벽옥과 수정같이 맑더라는 말은 어린양의 아내가 된

자들의 본질을 보여 주는 것으로 하나님이 보시기에 영적으로 깨끗하고 순수하며 정결한 신부였음을 말하는 것이다.

계시록 14장 4절은 이들 신부들에 대하여 "이 사람들은 여자로 더불어 더럽히지 아니하고 정절이 있는 자라 어린양이 어디로 인도하든지 따라가는 자며 사람 가운데서 구속을 받아 처음 익은 열매로 하나님과 어린양에게 속한 자들이니"라고 한다.

결국 이 거룩한 성 예루살렘은 신부 곧 아내의 몸으로 이곳에는 열두 진주문과 열두 기초석을 근본으로 한 성곽으로 구성되어 있다는 것으로, 이 안에 "주 하나님 곧 전능하신 이와 및 어린양이 그 성전이심이라"(계 21:22)라는 말씀과 같이 어린양의 성전과 성곽으로 구성된 아내의 몸이 함께 결합되어 한 몸을 이루고 있음을 보여 준다.

그런데 이 성에 들어가는 문이 이스라엘 열두 지파의 이름이 새겨진 열두 진주문이라고 한다. 계시록 21장 24-26절은 이 문을 통해 들어오는 사람들에 대하여 "만국이 그 빛 가운데로 다니고 땅의 왕들이 자기 영광을 가지고 그리로 들어오리라 성문들을 낮에 도무지 닫지 아니하리니 거기는 밤이 없음이라 사람들이 만국의 영광과 존귀를 가지고 그리로 들어오겠고"라고 한다.

여기서 '만국'은 '에드노스'(ἔθνος)라 하여 민족들, 유대인이 아닌 이방인들을 가리키는 말로 구약의 율법은 이방인들은 성소에 들어갈 수 없었지만 이제 천년왕국에서는 하나님의 성소에 들어가는 특권을 갖게 됨을 말하고 있다.

이사야 56장 4-7절은 성에 들어가는 이방인에 대하여 "여호와께서 이같이 말씀하시기를 나의 안식일을 지키며 나의 기뻐하는 일을 선택하며 나의 언약을 굳게 잡는 고자들에게는 내가 내 집에서, 내 성안에서 자녀보다 나은 기념물과 이름을 주며 영영한 이름을 주어 끊치지 않게 할 것이며 또 나 여호와에게 연합하며 섬기며 나 여호와의 이름을 사랑하며 나의 종이 되며 안식일을 지켜 더럽히지 아니하며 나의 언약을 굳게 지키는 이방인마다 내가 그를 나의 성산으로 인도하여 기도하는 내 집에서 그들을 기쁘게 할 것이며 그들의 번제와 희생은 나의 단에서 기꺼이 받게 되리니 이는 내 집은 만민의 기도하는 집이라 일컬음이 될 것임이라"라고 약속하고 있다.

또한 "땅의 왕들이 자기 영광을 가지고 그리로 들어오리라"(계 21:24)라고 말씀하고 있는데, 여기서 땅의 왕들은 계시록 20장에서 말하는 보좌에 앉아 심판하는 권세를 받은 자들이고 또한 천년 동안 왕 노릇 할 자들로 계시록 5장 10절에서 말하는 "저희로 우리 하나님 앞에서 나라와 제사장을 삼으셨으니 저희가 땅에서 왕 노릇 하리로다"라고 하는 자들이다.

곧 땅의 왕들과 만국이 성문으로 다니며 또한 들어가게 되는데 이 성문은 열두 진주문으로 이스라엘 열두 지파의 이름이 새겨져 있다.

그런데 왜 진주문일까? 또 왜 이스라엘 열두 지파의 이름이 새겨져 있을까? 주님은 양의 문으로 "내가 문이니 누구든지 나로 말미암아 들어가면 구원을 얻고 또는 들어가며 나오며 꼴을 얻으리라"(요 10:9)라고 말씀하고 있으며, 마태복음 13장 45-46절은 "또 천국은 마치 좋은 진주를 구하는 장사와 같으니 극히 값진 진주 하나를 만나매 가서 자기의 소유를 다 팔아 그 진주를 샀느니라"라고 말씀하고 있다.

곧 영원한 하나님의 성에 들어가기 위하여는 값진 보석이며 극히 귀한 진주인 예수 그리스도를 만난 자 그리고 그의 가진 것을 다 팔아 그 진주를 산 자만이 들어갈 수 있음을 말하는 것으로 이는 주님이 '내가 양의 문이라'고 하는 바로 그 문이 진주문이다.

한편 그 진주문 위에는 이스라엘 자손 열두 지파의 이름이 새겨져 있다고 한다.

여기서 '이름'은 '오노마'(ὄνομα)라고 하여 '이름, 권위, 대의명분, 평판'을 상징하는 말로 성으로 들어가는 문에 이들 열두 아들의 이름이 새겨진 것은 이 문으로 들어갈 자들이 이스라엘 열두 지파의 이름의 권위와 대의명분을 갖고 들어가는 자들이라는 것이다.

계시록 7장 3-4절에서 "가로되 우리가 우리 하나님의 종들의 이마에 인 치기까지 땅이나 바다나 나무나 해하지 말라 하더라 내가 인 맞은 자의 수를 들으니 이스라엘 자손의 각 지파 중에서 인 맞은 자들이 십사만 사천이니"라고 하며 십사만 사천의 인 맞은 하나님의 종들을 이스라엘 열두 지파의 이름의 권위와 대의명분으로 부르게 하였다.

이것은 이방인이라 할지라도 예수 그리스도로 인하여 복음으로 침노한 하나님의 종들 곧 예수 그리스도에게 접붙여진 이방인 가지들은, 장자가 될 수 없는 야곱이 에서의 장자권을 빼앗듯이 이스라엘의 열두 지파의 이름을 취하게 되는 것이며 거룩한 성에 진주문을 통하여 들어가게 됨을 말한다.

나) 성곽의 열두 기초석과 어린양의 열두 사도의 이름

계 21:12 크고 높은 성곽이 있고 열두 문이 있는데 문에 열두 천사

가 있고 그 문들 위에 이름을 썼으니 이스라엘 자손 열두 지파의 이름들이라

성곽은 성을 둘러싸고 있는 벽으로 그 안에는 성전이 위치하고 있다. 구약의 성막 안에 성소가 위치하고 있는 것과 같은 모습이라 할 것이다.

본 절에서 성곽은 열두 기초석으로 되어 있고 또한 그 기초석에는 열두 사도의 이름이 기록되어 있다고 한다. 이는 성곽은 열두 사도와 같은 종들 곧 증거의 사역을 맡은 종들로 구성되고 있음을 말한다.

계시록 1장 2절에서 요한은 "하나님의 말씀과 예수의 증거 곧 자기의 본 것을 다 증거하였느니라"라고 말하며, 자신은 증거자로 증인의 사역을 감당했다고 한다. 또한 계시록 6장에서 다섯째 인을 뗄 때에 등장하는 신원하는 자들도 하나님의 말씀과 저희의 가진 증거 때문에 목 베임을 받았다고 하면서 자신들도 증거자임을 말하고 있다. 한편 계시록 19장 10절에도 천사가 요한에게 말하면서 "나는 너와 및 예수의 증거를 받은 네 형제들과 같이 된 종이니"라며 예수의 증거를 받은 종임을 밝히고 있다.

예수님과 신약의 복음서에서 함께했던 열두 사도들은 예수 그리스도의 복음을 전하고 증거하기 위하여 사도행전 1장 8절에서처럼 "오직 성령이 너희에게 임하시면 너희가 권능을 받고 예루살렘과 온 유대와 사마리아와 땅 끝까지 이르러 내 증인이 되리라"라고 하신 말씀대로 증거자로 세우셨음을 성경은 말한다.

바로 이와 같이 종말에 예수 그리스도의 복음을 증거할 증인들

로 세우심을 입은 자들이 계시록 11장에서 말하는 두 증인이며 이들은 곧 계시록 7장에서 말하는 인 맞은 하나님의 종들 십사만 사천이다.

그러므로 성곽은 예수 그리스도의 복음의 증거자들 곧 증인들로 만들어지며 이것에 기초석으로 열두 사도의 이름이 새겨짐을 말하고 있다.

여기서 우리는 하나님이 인정하는 증인들이 되는 조건을 이해해야 하는데 바로 그것은 하나님의 말씀과 예수 그리그도의 증거를 소유한 자들이어야 한다는 것이다. 예수 그리스도 이후 이름을 헤아릴 수 없을 정도로 수많은 복음의 증거자들이 있었다. 그러나 종말의 책인 계시록에서 말씀하는 증인의 조건은 하나님의 말씀과 예수 그리스도의 증거를 가진 자라야 함을 말하고 있다.

계시록 11장은 두 증인을 두 감람나무와 두 촛대라고 말하고 있는데, 이것은 증인이 갖고 있어야 할 조건을 말하는 것으로 두 감람나무는 스가랴서 4장에서 말씀하는 등대 곁에 서있는 두 감람나무로서 이 감람나무에서는 금기름을 흘려 등대의 불을 밝히는 역할을 하는데 바로 이 두 감람나무가 온 세상의 주 앞에 섰는 자 곧 모세와 엘리야로 이것은 모세를 통해서 온 율법과 엘리야 선지자를 통해서 준 선지자의 글을 의미한다.

결국 두 감람나무는 모세의 율법과 선지자의 글로 이것을 계시록에서는 증인들이 소유해야 할 하나님의 말씀으로 기록하고 있다.

바울 자신도 말씀을 증거하면서 사도행전 28장 23절에서 "저희가 일자를 정하고 그의 우거하는 집에 많이 오니 바울이 아침부터 저녁까지 강론하여 하나님의 나라를 증거하고 모세의 율법과 선지자의 말을 가지고 예수의 일로 권하더라"라고 한다.

이것은 바로 교회의 등불 곧 예수 그리스도를 증거하기 위한 등불은 구약의 모세의 율법과 선지자의 글인 두 감람나무로부터 금기름이 공급될 때만이 가능하다는 것을 말하며, 만약에 두 감람나무로부터 금기름을 공급받지 못하면 교회의 등불 곧 증거의 등불은 꺼지게 되는데 종말의 교회는 일곱 촛대 중 오직 두 촛대만이 기름을 공급받음으로 증인의 사역을 감당한다고 하는 말씀이다.

결론적으로 성곽은 예수 그리스도 이후 하나님의 말씀과 예수 그리스도의 증거를 가지고 복음을 증거한 증인들로 세워지게 되며, 바로 그 기초가 그리스도의 열두 사도다. 성곽을 구성하는 증인의 종들은 예수 그리스도의 열두 사도 이후 종말까지의 신약의 종들이라는 것을 알 수 있다.

다) 일만 이천 스다디온의 성

계 21:16 그 성은 네모가 반듯하여 장광이 같은지라 그 갈대로 그 성을 척량하니 일만이천 스다디온이요 장과 광과 고가 같더라

12,000스다디온은 거룩한 성 예루살렘을 척량한 크기를 말한다.

그 성은 장과 광과 고가 같다고 한다. 곧 가로와 세로와 높이가 똑같다는 말이다. 만약 이 성이 하늘로부터 이 땅에 실제적으로 내려온다면 가히 짐작도 가지 않는 크기며 상상을 초월하는 성이 될 것이다.

왜냐하면 12,000스다디온의 정사면체 성은 가로가 2,400킬로미터 세로가 2,400킬로미터 그리고 높이가 2,400킬로미터이기 때문이다. 곧 이만한 크기의 성은 창조 이래 이 세상에 존재하지 않았으며 인간의 역사를 통해서 한번도 건설된 바 없다는 사실이다.

우리는 이런 크기의 성이 과연 실제적으로 존재할 수 있는가 의구심을 가질 수 있으며 한편 이런 거대한 성이 이 땅 어디에 세워질 것인가에 대하여 궁금증을 가질 수밖에 없다. 그러니 이 성은 실제적인가 아니면 영적인가에 대하여 그 답을 얻어야 할 것이다.

천년왕국은 하나님과 어린양이 성전이 되어 통치하는 창조의 7일째인 안식과 평안의 시간이므로 이런 크기의 성도 온 우주 만물을 창조하신 전지전능하신 하나님은 만드실 수 있다고 확신한다. 그러나 지금 이 성의 크기에 대하여 그리고 이 성이 정말로 실제적인 성인가에 대하여 본 저자는 말씀에 맡기기로 하고 결론을 미루기로 한다. 왜냐하면 그 성이 실제적인 성이면 말씀대로 이루어질 것이라고 믿기 때문이다.

라) 일백사십사 규빗의 성곽

> **계 21:17** 그 성곽을 척량하매 일백사십사 규빗이니 사람의 척량 곧 천사의 척량이라

성곽은 성을 둘러싸고 있는 벽으로 그 두께가 144규빗이라고 하였다. 1규빗을 50센티미터라 할 때 72미터의 두께를 갖는 성곽이라 할 수 있다.

왜 하필이면 144규빗인가? 세상으로 말하면 성곽은 적의 침투를

막기 위해 세워진 튼튼한 방어벽이다.

하나님의 나라 곧 천년왕국에서의 성곽은 열두 사도를 기초석으로 하여 사도들의 형제며 증인들 다시 말하면 하나님의 아들들이며 그리스도의 신부인 아내들로 구성되어 있다.

그런데 "성곽을 척량하매 일백사십사 규빗이니 사람의 척량 곧 천사의 척량이라"(계 21:17)라고 한다.

여기서 우리는 성곽의 두께가 일백사십사 규빗으로 척량되었다는 것에 대하여 이해를 해야 하는데, 먼저 사람의 척량 곧 천사의 척량이라는 의미가 무엇을 뜻하는가이다.

이것은 하나님의 생각과 사람의 생각이 일치한다는 의미로 하늘과 땅의 일치되었음을 말한다. 원래 이사야 55장에서는 "내 생각은 너희 생각과 다르며 내 길은 너희 길과 달라서 하늘이 땅보다 높음같이 내 길은 너희 길보다 높으며 내 생각은 너희 생각보다 높으니라"(사 55:8-9)라는 것이 하나님과 사람의 차이였는데 이제 성곽을 구성하는 자들의 생각과 뜻이 하나님과 일치되었음을 말한다.

또한 성곽을 척량하니 일백사십사 규빗이라 하는 것은 성곽에 참예하는 자들이 이스라엘의 열두 지파의 아들들을 기초로 한 구약의 종들과 신약의 열두 사도를 기초로 한 주님의 종 곧 증인들이 하나로 연결되고 섞여 짜여져 있음을 말하며 이것은 영적으로는 구약의 율법과 선지자의 글 그리고 신약의 복음이 하나의 성곽으로 짜깁기 되어 있는 벽 곧 말씀의 방어벽이다.

이것은 결국 성곽을 통하여 하늘과 땅이 하나 되었음을 말하는 것으로 에베소서 1장 9-10절은 "그 뜻의 비밀을 우리에게 알리셨으니 곧 그 기쁘심을 따라 그리스도 안에서 때가 찬 경륜을 위하여 예정하신 것이니 하늘에 있는 것이나 땅에 있는 것이 다 그리스도 안에서 통일되게 하려 하심이라"는 말씀과 일치한다.

그러므로 본 절은 이러한 하나님의 경륜을 위하여 예정하신 것들이 성곽 곧 성벽이라는 각종 보석으로 꾸며져 하나로 나타난 결실이라고 해야 한다.

또한 성곽은 그리스도의 몸과 같은 것으로 구약의 성막 안에 있는 휘장이라 하겠다. 히브리서 10장 20절은 그것에 대하여 "그 길은 우리를 위하여 휘장 가운데로 열어 놓으신 새롭고 산 길이요 휘장은 곧 저의 육체니라"라고 하듯 성곽은 예수 그리스도의 육체이며 신부의 몸이다.

우리는 여기서 구약의 성막을 지을 때 왜 출애굽기 36장 35절에서 "청색, 자색, 홍색실과 가늘게 꼰 베실로 장을 짜고 그 위에 그룹들을 공교히 수놓고"라고 했는지를 이해해야 하는데, 바로 그리스도의 육체며 신부의 몸인 성곽이 이와 같은 네 종류의 실로 짜여질 것을 의미하는 것이다.

이들 네 종류의 색상의 실은 예수 그리스도의 본질과 특성을 상징하는 색상과 실로 이것은 또한 교회를 상징하여 이 세상에서 예수 그리스도의 몸으로 그리고 신부로 예표되는 교회의 본질을 가리키는 색상의 실들로 이해해야 한다.

이와 같이 성곽은 네 종류로 된 색상으로 짜여진 휘장처럼 성곽을 이루는 신부들 곧 아내들은 각 색상의 실과 같이 청색, 자색, 홍색실과 가늘게 꼰 베실인 예수 그리스도의 본질과 특성을 갖고 참여하게 되며 이들의 결합되어 아름다운 색상을 이루는 성곽을 만들게 된다.

이러한 결합을 로마서 8장 28절에서는 "우리가 알거니와 하나님을 사랑하는 자 곧 그 뜻대로 부르심을 입은 자들에게는 모든 것이 합력하여 선을 이루느니라"는 말로 네 종류의 색상의 실이 결합되어 이루는 아름다운 성곽을 합력하여 선을 이룬다고 표현하고 있다.

마) 각색 보석으로 꾸민 열두 성곽의 기초석

계 21:19 그 성의 성곽의 기초석은 각색 보석으로 꾸몄는데 첫째 기초석은 벽옥이요 둘째는 남보석이요 세째는 옥수요 넷째는 녹보석이요

계 21:20 다섯째는 홍마노요 여섯째는 홍보석이요 일곱째는 황옥이요 여덟째는 녹옥이요 아홉째는 담황옥이요 열째는 비취옥이요 열한째는 청옥이요 열두째는 자정이라

계시록 21장 18절은 "그 성곽은 벽옥으로 싸였고 그 성은 정금인데 맑은 유리 같더라"라고 하며, "그 성의 성곽의 기초석은 각색 보석으로 꾸몄는데"(계 21:19)라고 한다.

성곽의 기초석은 열두 사도의 이름이 기록되어 있다고 하여 성곽의 근본을 이룬다. 그러므로 성곽은 열두 기초석 위에 쌓이게 되며 이 기초석들은 각종 보석으로 되어 있음이 본 절의 말씀이다.

여기서 한 가지 우리가 중요한 점을 발견하게 되는데, 각종 보석으로 꾸며진 열두 기초석에 이스라엘 열두 지파의 이름이 새겨진 진주문이 있다는 점이다. 곧 성으로 들어가는 문은 모두 열두 개로 한

쪽 면에 세 개씩의 문이 동서남북으로 사면에 열두 문이 있게 됨을 말하며 바로 이 문들이 열두 사도의 기초석 위에 있다. 이는 예수 그리스도의 열두 사도 이름으로 된 기초석 위에 이스라엘 열두 지파의 아들의 이름이 새겨진 열두 진주문이 있어 이것은 하나의 기초석에 하나의 문이 있다는 말로 그 형태를 설명할 수 있다.

다시 말해 한 기초석 위에 하나의 문이 있는 형태라면, 이것의 영적인 의미는 예수 그리스도의 열두 사도들을 통해 전해진 기초석 곧 증인들의 복음 증거를 통해서만이 이스라엘 열두 지파의 성으로 들어가는 문이 열린다는 것이다.

곧 성에 들어가기 위한 자격과 조건을 말하는 것으로, 성에 들어가는 문이 복음을 증거한 예수 그리스도의 제자들 곧 기초석 위에 뚫려 있으므로 이는 영적으로 복음 속에 문이 들어 있다는 것으로 다시 말하면 예수 그리스도 안에 성으로 들어가는 문이 있다는 것이다.

주님이 요한복음 10장 7절에서 "내가 진실로 진실로 너희에게 말하노니 나는 양의 문이라"라 하실 때 바로 양의 문이라는 의미가 자신의 양이었던 열두 사도를 두고 하는 말로 곧 "열두 사도의 문"으로 해석할 수 있다.

그러므로 기초석을 근본으로 쌓여진 성곽은 열두 사도와 같은 복음을 증거한 종들로 쌓여지게 되고 또한 이들은 아내들이며 하나님의 아들들로 바로 주님이 말씀하시는 양이다.

요한복음 21장에서 주님은 교회의 반석이신 베드로에게 세 번씩 "내 어린양을 먹이라, 내 양을 치라, 내 양을 먹이라"는 말로 당부하시는데, 바로 이 장면이 그리스도의 열두 사도들과 같은 증인의 사명을 가진 양들을 먹이고 치라는 교회에게 내리는 명령이다.

또한 십이 기초석과 그 위에 있는 열두 문은 오직 야곱의 자손들의 이름으로 기록되어 있어 이스라엘 열두 지파의 피를 받은 자손들이다.

복음의 시작 곧 전도와 증거는 예수 그리스도의 열두 명의 제자들과 같이 유대인이라고 하는 이스라엘의 열두 지파의 후손들을 통해서 증거되었다. 이처럼 성곽의 기초석과 문이 오직 유대인이라고 하는 이스라엘 열두 지파의 자손들의 이름이 기록된 것은 요한복음 4장 22절에서 말하는 "너희는 알지 못하는 것을 예배하고 우리는 아는 것을 예배하노니 이는 구원이 유대인에게서 남이니라"는 말씀과 같이 이는 이스라엘 아들들의 이름 곧 유대인의 이름이 기록된 기초석과 성문을 통해서 구원의 길로 들어가기 때문이라는 해석이 가능하다.

그런데 성문은 열두 지파에 동일한 진주문으로 되어 있는데 반해서 열두 사도의 기초석은 각종 열두 가지의 보석으로 꾸며져 있는 이유는 무엇일까?

이는 구약의 율법과 신약의 복음의 차이 때문으로 먼저 구약의 율법은 요한복음 5장 46절에서처럼 "모세를 믿었더면 또 나를 믿었으리니 이는 그가 내게 대하여 기록하였음이라"는 말씀과 같이 모세를 통하여 이스라엘 백성에게 준 율법이 진주이신 예수 그리스도 한 분에 대한 기록이기 때문으로 이해하면 된다. 또한 요한복음 5장 39절에서도 "너희가 성경에서 영생을 얻는 줄 생각하고 성경을 상고하거니와 이 성경이 곧 내게 대하여 증거하는 것이로다"라는 말씀에서 성경은 구약 성경을 의미하는 것으로 오직 구약의 말씀은 예수 그리스도 한 분에 대한 기록이기 때문이다.

반대로 신약의 복음에는 열두 사도 각각에게 예수 그리스도에게 있는 성품과 특성들 그리고 서로 다른 은혜들을 나누어 주심으로 다양한 보석의 색상이 결합되어 아름다운 그리스도의 몸을 이루게 하심과 같은 의미로 해석해야 할 것이다.

바로 로마서에서 "하나님을 사랑하는 자 곧 그 뜻대로 부르심을 입은 자들에게는 모든 것이 합력하여 선을 이루느니라"(롬 8:28)라는 말씀처럼 각 종류의 보석의 색들이 모여져 아름다움을 발산하는 것이라고 이해해야 할 것이다.

가을 단풍의 색깔이 다양하지만 그 모든 단풍의 색들이 조화되었을 때 아름다움의 극치에 이르는 것과 같이 구원받은 하나님 자녀들의 색들도 이와 같이 서로 다른 색을 띠지만 그 다른 색들이 모여 아름다운 예수 그리스도의 몸을 이루게 된다는 사실과 같은 이치로 보아야 한다.

3. 성전이신 전능자 하나님과 어린양

계 21:22 성안에 성전을 내가 보지 못하였으니 이는 주 하나님 곧 전능하신 이와 및 어린양이 그 성전이심이라

하나님은 성전이신 자신이 이 땅에 사람들과 함께 거하길 원하셨다. 창세기의 에덴동산은 성전과 사람이 함께 거하던 인류 최초의 동산으로 바로 7일째 안식과 평화의 시간에 드디어 하나님의 계획이

다시금 이 땅에 새로운 에덴동산으로 실현된 것이다. 곧 "보라 내가 만물을 새롭게 하노라"(계 21:5)라는 하나님의 계획이 완성된 것을 말한다.

이제는 "하나님의 장막이 사람들과 함께 있으매 하나님이 저희와 함께 거하시리니"(계 21:3)라고 하여 성전이신 하나님이 사람과 함께 거하게 된 것을 말한다.

사도 요한의 눈에 계시록 21장 22절 "성 안에 성전을 내가 보지 못하였으니 이는 주 하나님 곧 전능하신 이와 및 어린양이 그 성전이심이라"라는 말씀처럼 그동안 우리가 보아왔던 그리고 생각했던 성전이 아니고 전능하신 하나님과 어린양 자신이 성전이라는 것이다.

에스겔 47장에서는 성전으로부터 흘러나오는 물 곧 생명수 강물이 흘러 "강물이 이르는 곳마다 번성하는 모든 생물이 살고 또 고기가 심히 많으리니 이 물이 흘러들어 가므로 바닷물이 소성함을 얻겠고 이 강이 이르는 각처에 모든 것이 살 것이며"(겔 47:9)라고 한다. 곧 성전이신 하나님과 어린양으로부터 흘러나오는 생명수 강물은 모든 것에 생명의 기운을 다시 넣어주며 만물을 새롭게 한다는 말씀이다.

이는 오직 성전만이 온 우주에 생명을 공급하는 근원임을 말하는 것으로 바로 이 성전이 성을 둘러싸고 있는 성곽 안에 곧 그리스도의 아내인 거룩한 성 예루살렘 안에 있어 하나님과 및 어린양과 영원히 함께함을 보여 준다.

계시록 22장 1절은 그것에 대하여 "또 저가 수정같이 맑은 생명수의 강을 내게 보이니 하나님과 및 어린양의 보좌로부터 나서"라고 하며 에스겔 47장 12절에서처럼 생명수 강이 흐르는 곳에 모든 것이 다시 살고 생명나무의 실과가 열릴 것에 대하여 "강좌우 가에는 각종 먹을 실과 나무가 자라서 그 잎이 시들지 아니하며 실과가 끊치지 아니하고 달마다 새 실과를 맺으리니 그 물이 성소로 말미암아 나옴이라 그 실과는 먹을 만하고 그 잎사귀는 약 재료가 되리라"라고 하여 성소로부터 나오는 생명수 강물에 의한 풍성한 축복의 땅을 보여 준다.

히브리서 8장 5절은 "저희가 섬기는 것은 하늘에 있는 것의 모형과 그림자라 모세가 장막을 지으려 할 때에 지시하심을 얻음과 같으니 가라사대 삼가 모든 것을 산에서 네게 보이던 본을 좇아 지으라 하셨느니라"라고 말씀한다.

곧 모세가 지었던 장막은 하늘의 모형을 좇아 지은 것으로 하늘에 있는 것이 진실이라면 땅에 지은 것은 모형이다.

출애굽기 25장 8-9절의 "내가 그들 중에 거할 성소를 그들을 시켜 나를 위하여 짓되 무릇 내게 네게 보이는 대로 장막의 식양과 그 기구의 식양을 따라 지을지니라"는 말씀처럼 여호와 하나님이 거할 성소를 하나님이 보여 주시는 대로 식양을 따라 이 땅에 지으라는 것이다.

이처럼 하나님은 자신이 거할 성소를 이 땅에 지어 사람과 함께 거하고자 하셨음을 성경은 우리에게 말한다.

바로 이 구약의 성소가 신약에서는 성령이 임재한 교회로 그리고 본 절의 천년왕국에서는 하나님과 어린양이 성전으로 직접 이 땅에 사람들과 함께 거하게 된 것이다.

가) 자기 영광을 가지고 들어오는 땅의 왕들

계 21:24 만국이 그 빛 가운데로 다니고 땅의 왕들이 자기 영광을 가지고 그리로 들어오리라

성문을 통해서 성에 들어오는 자들은 땅의 왕들과 어린양의 생명책에 기록된 사람들이라고 한다.

먼저 계시록 21장 24절은 "만국이 그 빛 가운데로 다니고 땅의 왕들이 자기 영광을 가지고 그리로 들어오리라"라고 하듯 땅의 왕들은 자기의 영광을 가지고 들어온다고 하는데, 그들이 가지고 오는 영광은 무엇을 의미하는가?

여기서 땅의 왕들이 가지고 온 '영광'은 헬라어로는 '독사'(δόξα)라 하여 '찬미, 예배, 찬양, 명성, 합당한 생각, 영광'을 말하며, 히브리어로는 '카보드'(כָּבוֹד)라 하여 '영광, 영화, 존경, 평판, 짐, 풍부'와 같은 뜻을 갖는다. 곧 땅의 왕들이 가지고 온 영광은 외형적으로는 찬양과 명성과 존경의 의미를 가진 영광이지만 그러한 영광의 이름을 얻기 위하여 내적으로는 합당한 생각과 함께 무거운 짐을 지었음을 말하는 것이다.

여기서 무거운 짐은 예수 그리스도가 영광을 받기 위하여 온 백성의 죄를 지고 십자가를 지신 것과 같이 땅의 왕들도 자신에게 맡겨진 양 떼들의 무거운 짐을 대신 지었음을 뜻한다.

그러므로 땅의 왕들에게 자기 영광을 가지고 들어온다는 뜻은 땅의 왕들 각자에게 맡겨진 책임, 곧 성도에게 그리스도의 복음 증거를 통하여 그들을 천국으로 인도해야 하는 주님이 주신 사명을 말한다.

여기서 영광의 진정한 의미는 주님이 맡긴 사명을 잘 완수했다는 충성스런 종에 대한 하나님의 평판과 인정으로 이해해야 한다.

일반적으로 하나님의 의로운 일에 대한 성취의 결과를 영광이라 할 수 있는데 반해서 출애굽기 14장 17-18절에서는 악에 대한 심판의 결과에 대하여 영광의 표현을 하고 있다는 점인데 곧 "내가 애굽 사람들의 마음을 강퍅게 할 것인즉 그들이 그 뒤를 따라 들어갈 것이라 내가 바로와 그 모든 군대와 그 병거와 마병을 인하여 영광을 얻으리니 내가 바로와 그 병거와 마병으로 인하여 영광을 얻을 때에야 애굽 사람들이 나를 여호와인 줄 알리라 하시더니"라는 말씀이다.

이 말씀은 하나님은 악을 행하는 자를 통해서도 영광을 나타내시겠다는 말로 곧 악행의 결과를 통해서 하나님의 의로움을 드러내시는 표현으로 로마서에서는 이것에 대하여 "죄가 더한 곳에 은혜가 더욱 넘쳤나니"(롬 5:20)라고 하여 바로와 그를 따르는 마병대의 악행을 통하여 하나님의 위대하심과 의로우심이 더욱 빛을 발하게 되었다는 것으로 해석해야 할 것이다.

이러한 하나님의 의로우심은 바로 여호수아 2장에서 라합이 정탐꾼들에게 한 고백 속에 나타나는데 "여호와께서 이 땅을 너희에게 주신 줄을 내가 아노라 우리가 너희를 심히 두려워하고 이 땅 백성이 다 너희 앞에 간담이 녹나니 이는 너희가 애굽에서 나올 때에 여호와께서 너희 앞에서 홍해 물을 마르게 하신 일"(수 2:9-10)에 대하여 증거하고 있기 때문이다.

하나님의 백성인 이스라엘에게 홍해를 마른 땅으로 건너게 하신 일과 바로와 그 마병대를 홍해 물에 수장시키는 심판을 통하여 온 천하 이방 민족들에게 하나님의 살아 계심과 전능하심을 듣게 하시어 영광을 나타내셨다. 이것은 하나님은 선한 일을 통해서 또한 악의 심판을 통해서도 영광을 받으시는 분이라는 의미로 해석할 수 있다.

본 절에서 땅의 왕들이 된 하나님의 아들들 곧 그리스도의 아내들은 하나님이 기뻐하시는 선한 의로운 일을 통하여 영광을 얻은 자들로 자기의 영광을 가지고 성문으로 들어오게 된다.

나) 만국의 영광과 존귀를 가지고 들어오는 사람들

계 21:26 사람들이 만국의 영광과 존귀를 가지고 그리로 들어오겠고

위에서는 자기의 영광을 가지고 성문으로 들어오는 땅의 왕들에 대하여 기록하였다. 본 절에서는 성문으로 들어오는 또 다른 무리들이 있는데 그들은 바로 만국의 영광과 존귀를 가지고 들어오는 사람들이라고 한다.

'만국'이라는 말은 '에드노스'(ἔθνος)라 하여 떼, 무리, 종족, 민족, 국가, 그리고 유대인이 아닌 이방 민족을 말할 때 사용한다. 구약에서는 이방인들은 성소에 가까이 할 수 없었고 유대인이 아니면 성전에 들어가는 것은 큰 범죄였음을 우리는 알고 있다. 그러나 본 절은 만국의 영광과 존귀를 가진 사람들이 성문으로 들어간다고 한다. 곧 성전에 들어가는 법이 변개가 되어 이방인이 예수 그리스도의 이름으로 성전에 들어가는 길이 열린 것이다.

이것에 대하여 이사야 56장 6-7절은 "나 여호와에게 연합하여 섬기며 나 여호와의 이름을 사랑하며 나의 종이 되며 안식일을 지켜 더럽히지 아니하며 나의 언약을 굳게 지키는 이방인마다 내가 그를 나의 성산으로 인도하여 기도하는 내 집에서 그들을 기쁘게 할 것이며 그들의 번제와 희생은 나의 단에서 기꺼이 받게 되리니 이는 내 집은 만민의 기도하는 집이라 일컬음이 될 것임이라"라고 말하고 있기 때문이다.

이방인이 성전에 들어갈 수 없는 법은 율법에 의하여 정해진 것이지만 히브리서 7장 12절은 "제사 직분이 변역한 즉 율법도 반드시 변역하리니"라며 율법이 바뀔 것을 말하고 있다.

곧 오직 율법은 레위 지파의 사람들만이 제단과 성전의 일을 맡았지만 예수 그리스도 이후 변역된 하나님의 법은 유대 지파와 또는 레위 지파와는 아무 상관도 없는 멜기세덱의 반차를 따르는 사람들로 성전의 일을 맡게 했다.

바로 율법에 의하여 레위 지파의 반차를 따르는 것이 아니고 이제 거룩한 성 예루살렘에서는 멜기세덱의 반차를 따르는 자들 곧 이방인들이 레위 지파의 일을 대신한다.

또한 구약은 레위 지파 안에도 아론과 그의 자손들 같은 제사장들이 있고 한편 레위인을 두어 제사장들 앞에서 봉사케 하였는데, 민수기 8장 11절은 "아론이 이스라엘 자손을 위하여 레위인을 요제로 여호와 앞에 드릴지니 이는 그들로 여호와를 봉사케 하기 위함이라"라고 하며, "레위인을 취하여 그들을 아론과 그 아들들에게 선물로 주어서 그들로 회막에서 이스라엘 자손을 대신하여 봉사케 하며"(민 8:19)라고 하였다.

거룩한 성 새 예루살렘에도 성전에서 주님을 섬기며 봉사하는 자들이 있는데 이들을 멜기세덱의 반차를 좇는 제사장들이라고 하며 이 멜기세덱의 제사장들을 위해 봉사하는 레위인과 같은 역할을 하는 사람들이 있게 된다. 여기서 제사장들이 땅의 왕들로 자기 영광을 가지고 들어오는 자들이라면, 레위인들과 같은 역할을 위한 자들을 만국의 영광과 존귀를 가지고 들어오는 사람들이며 어린양의 생명책에 기록된 자들이다.

이들은 예수 그리스도의 이름을 가지고 승리한 성도들로 계시록 14장 12절에서 말하는 "성도들의 인내가 여기 있으니 저희는 하나님의 계명과 예수의 믿음을 지키는 자니라"는 말씀처럼 끝까지 인내로 하나님의 계명과 예수의 믿음을 지킨 승리자들이다.

결론적으로 성문을 통하여 들어가는 자들은 첫째는 자기 영광을 가지고 들어가는 땅의 왕들이고, 둘째는 만국의 영광을 가지고 들어가는 사람들인데, 이들은 어린양의 생명책에 기록된 성도들로 땅의 왕들은 멜기세덱의 반차를 좇는 왕 같은 제사장들이라면 만국의 영광을 가지고 들어가는 사람들은 이방인들로 레위인과 같은 성전의 봉사를 위한 자들이다.

이것은 말라기 1장 11절에서 "만군의 여호와가 이르노라 해 뜨는 곳에서부터 해 지는 곳까지의 이방 민족 중에서 내 이름이 크게 될 것이라 각 처에서 내 이름을 위하여 분향하며 깨끗한 제물을 드리리니 이는 내 이름이 이방 민족 중에서 크게 될 것임이니라"라고 말씀하시는 하나님의 선언하심대로, 새 하늘과 새 땅은 거룩한 성 새 예루살렘과 함께 어린양의 생명책에 기록된 자들로 채워질 것이다.

성령론적 요한계시록

Ⅱ

REVELATION

제22장

(Revelation 22)

계 22:1 또 저가 수정같이 맑은 생명수의 강을 내게 보이니 하나님과 및 어린양의 보좌로부터 나서

⬇

계 22:21 주 예수의 은혜가 모든 자들에게 있을지어다 아멘

1. 수정같이 맑은 생명수의 강

계 22:1 또 저가 수정같이 맑은 생명수의 강을 내게 보이니 하나님과 및 어린양의 보좌로부터 나서

생명수의 강은 하나님과 및 어린양의 보좌로부터 흐른다고 한다.

에스겔 47장에서 성전 문지방 밑에서 흘러 강을 이루며 가는 곳마다 모든 생물이 살아나고 강이 흘러가는 좌우에 각종 실과나무가 있어 달마다 실과를 맺히게 하는 바로 그 생명수 강이다.

이 세상이 새 하늘과 새 땅으로 바뀌고 하늘로부터 거룩한 성 예루살렘이 이 땅으로 내려와 이제는 하나님의 장막이 사람들과 함께 거하는 세상에서는 생명의 주인이신 하나님과 어린양으로부터 모든

피조물에게 생명의 물이 공급되고 있다.

그동안 사단 마귀의 미혹에 범죄와 타락으로 떨어져 더러워진 세상에 거친 강처럼 흘렀던 사망의 물은 더 이상 마실 수 없고 볼 수 없다. 이제는 깊은 안개가 걷히고 모든 사물이 깨끗하고 명확하게 보이는 고린도후서 3장 18절의 말씀처럼 "우리가 다 수건을 벗은 얼굴로 거울을 보는 것같이 주의 영광을 보매 저와 같은 형상으로 화하여 영광으로 영광에 이르니 곧 주의 영으로 말미암음이니라"라고 말하는 사람이 하나님과 및 어린양을 대면하여 보는 세상이 열린 것이다.

요한복음 7장 38절에서는 주님이 직접 "나를 믿는 자는 성경에 이름과 같이 그 배에서 생수의 강이 흘러나리라"라고 말씀한다. 그리고 그 생수의 강은 "그를 믿는 자의 받을 성령을 가리켜 말씀하신 것이라"(요 7:39)라고 한다.

여기서 말하는 생수의 강이 우리가 생각하는 그런 살아 있는 물이 아니라 바로 성령으로 성령의 강이라는 의미이다. 또한 성령은 하나님의 살아 있는 영으로 하나님과 어린양의 보좌로부터 물처럼 바람처럼 흘러나와 모든 피조물들에게 생명을 공급한다는 뜻이다.

육체를 가진 우리는 지금 공기라고 하는 산소를 마시며 육체에 생명을 불어넣어 주지만 거룩한 성 예루살렘에서는 생수의 강 곧 성령을 마시며 살게 된다. 성령의 호흡이 모든 피조물에게 생명을 주게 되며 영생을 가져오는 것으로 이해해야 한다.

이와 같이 생수의 강인 성령을 호흡할 수 있는 사람은 반드시 부활을 통하여 질적으로 변화된 몸을 가져야 한다. 예수 그리스도의 부활 당시도 그리스도의 몸을 볼 수 있는 사람들은 성령을 받은 사람들로 제한되어 있었다. 요한복음 20장 22절은 그리스도께서 부활 후 제자들에게 나타나사 "저희를 향하여 숨을 내쉬며 가라사대 성령을 받으라"라고 말씀하시는데, 이는 오순절 성령세례 이전에 있었던 제자들에게만 허락된 성령세례로 부활의 주님과 교제를 위하여 필요했을 것이라는 해석이 가능하다.

왜냐하면 요한복음 10장 35절에서는 "성경은 폐하지 못하나니 하나님의 말씀을 받은 사람들을 신이라 하셨거든"이라 하여 이미 제자들은 하나님의 말씀을 받은 자들로 이 땅에서는 신과 같은 존재들이라고 했기 때문이다.

여기서 우리는 말씀과 성령의 관계를 살펴보아야 하는데 요한복음 1장 1절에서는 "태초에 말씀이 계시니라 이 말씀이 하나님과 함께 계셨으니 이 말씀은 곧 하나님이시니라"라고 말하여 말씀이 하나님이라고 한다.

우리는 하나님을 하늘의 어떤 곳에 계신 보이지 않는 신이라고 생각할 수 있는데 그것은 아주 잘못된 생각이다. 우상의 신들은 형상으로 만들어져 있고 또한 짐승이나 자연의 피조물을 들어 신이라고 하는 엉뚱한 종교들로 세상에는 가득 차 있다. 그러나 하나님의 신은 온 우주에 편만하며 우리가 호흡하는 공기 속에도 하나님의 신은 육체의 생명을 불어넣어 주는 일을 하시며 세상의 생명을 섭리하신다.

그러한 하나님은 우리에게 아주 가까운 곳에 계시는데 바로 유일하게 성경이라는 하나님의 말씀 속에 계신다.

가끔 사람들 중에는 말씀이 그냥 글이지 무슨 하나님이냐고 질문하며 의아해 하는 사람들이 있다. 심지어는 하나님을 믿는 사람 중에도 확신을 갖지 못한 자들이 많다는 것을 느낀다. 이는 말씀의 힘과 권능과 예언을 경험해 보지 못했기 때문이라 생각한다.

베드로는 베드로전서 1장 23-25절에서 "너희가 거듭난 것이 썩어질 씨로 된 것이 아니요 썩지 아니할 씨로 된 것이니 하나님의 살아있고 항상 있는 말씀으로 되었느니라 그러므로 모든 육체는 풀과 같고 그 모든 영광이 풀의 꽃과 같으니 풀은 마르고 꽃은 떨어지되 오직 주의 말씀은 세세토록 있도다 하였으니 너희에게 전한 복음이 곧 이 말씀이니라"라고 한다.

또한 히브리서 4장 12절은 "하나님의 말씀은 살았고 운동력이 있어 좌우에 날 선 어떤 검보다도 예리하여 혼과 영과 및 관절과 골수를 찔러 쪼개기까지 하며 또 마음의 생각과 뜻을 감찰하나니"라고 하여 말씀이 사람 안에서 실제적으로 어떤 일을 하는지 구체적으로 기록하고 있다.

이는 세세토록 있는 주의 말씀과 그 말씀이 하는 일 곧 능력을 말하는 것으로, 여기서 말씀이 하는 능력을 성령의 일이라고 말하는 것이다. 곧 성령은 하나님의 영으로 사람의 눈에 보이지는 않지만 우리 안에 들어와 혼과 영과 관절과 및 골수를 쪼개기까지 하는 엄청난 능력을 행한다는 사실로 이런 일들을 신령한 일이라고 성경은 말한다.

"신령한 일은 신령한 것으로 분별하느니라"(고전 2:13)라고 하여 "이런 일은 영적으로라야 분변함이니라"(고전 2:14)라는 말씀처럼 영적인 사람이라야 이런 신령한 일을 이해하고 깨달을 수 있는 반면 육신에 속한 자는 어린아이와 같아서 깨달을 수 없다.

고린도전서 2장 12절 "우리가 세상의 영을 받지 아니하고 오직 하나님께로 온 영을 받았으니 이는 우리로 하여금 하나님께서 우리에게 은혜로 주신 것들을 알게 하려 하심이라"는 말씀처럼 사람이 하나님의 일을 깨달아 알 수 있는 것도 오직 하나님의 영 곧 성령을 받아야만 가능하다.

그러나 우리가 육신에 사는 동안은 하나님의 영 곧 성령을 받아 하나님의 신령한 일을 알 수 있다고 해도 이는 희미한 그림자에 불과한 것으로 고린도전서 13장 12절은 이것에 대하여 "우리가 이제는 거울로 보는 것같이 희미하나 그때에는 얼굴과 얼굴을 대하여 볼 것이요 이제는 내가 부분적으로 아나 그때에는 주께서 나를 아신 것 같이 내가 온전히 알리라"는 말씀과 같이 이제와 그때의 상황이 완전히 달라질 것을 말하고 있다.

바로 지금이 알게 되는 시간으로 희미했던 성령이 생수의 강으로 흘러넘치는 것을 사도 요한은 직접 눈으로 목도하고 있다는 것을 말한다.

성령은 하나님의 영이면서 생명의 영이고 부활의 영이다. 곧 죽은 것을 다시 살리는 영으로 에스겔서는 이것을 '생기'라 한다. 에스겔서 37장 9절에 "또 내게 이르시되 인자야 너는 생기를 향하여 대언하라 생기에게 대언하여 이르기를 주 여호와의 말씀에 생기야 사방에서부터 와서 이 사망을 당한 자에게 불어서 살게 하라"라고 말씀한다.

그러므로 거룩한 성 예루살렘에는 수정같이 맑은 생명수 강 곧 충만한 성령으로 인하여 모든 피조물들이 생명을 얻는다. 에스겔 47장 9절은 이와 같은 생명의 회복에 대하여 "이 강물이 이르는 곳마다 번성하는 모든 생물이 살고 또 고기가 심히 많으리니 이 물이 흘러들어 가므로 바닷물이 소성함을 얻겠고 이 강이 이르는 각처에 모든 것이 살 것이며"라고 한다.

이제 이곳에는 이사야 65장 17-20절에서처럼 "보라 내가 새 하늘과 새 땅을 창조하나니 이전 것은 기억되거나 마음에 생각나지 아니할 것이라 너희는 나의 창조하는 것을 인하여 영원히 기뻐하며 즐거워할지니라 보라 내가 예루살렘으로 즐거움을 창조하며 그 백성으로 기쁨을 삼고 내가 예루살렘을 즐거워하며 나의 백성을 기뻐하리니 우는 소리와 부르짖는 소리가 그 가운데서 다시는 들리지 아니할 것이며 거기는 날 수가 많지 못하여 죽는 유아와 수한이 차지 못한 노인이 다시는 없을 것이라 곧 백세에 죽는 자가 아이겠고 백세 못되어 죽는 자는 저주 받은 것이라"는 말씀과 같이 생수의 강이 흘러 천년의 시간을 살게 될 것이다.

가) 생명나무의 열두 가지 실과와 잎사귀들

계 22:2 길 가운데로 흐르더라 강 좌우에 생명나무가 있어 열두가지 실과를 맺히되 달마다 그 실과를 맺히고 그 나무 잎사귀들은 만국을 소성하기 위하여 있더라

처음 에덴동산의 동산 중앙에는 생명나무와 선악을 알게 하는 나무의 실과가 있어 첫 사람 아담에게 모든 나무의 실과는 너희가 먹되 동산 중앙에 있는 나무의 실과는 먹지 말라는 명을 내리신다.

그러나 그는 결국 동산 중앙에 있는 선악을 알게 하는 나무의 실과 곧 사람에게 지식을 갖다 주는 나무의 실과를 먹고 범죄하므로 하나님과 이별하여 동산에서 쫓겨나게 되었다고 창세기는 우리에게 말한다.

성경은 이렇게 뱀에게 미혹되어 실패한 사람들을 다시금 하나님이 만드신 첫 에덴동산으로 불러들이기 위해 새로운 계획과 방법을 실행하시며, 지혜 있는 자는 깨달아 알게 하는 성경의 말씀을 우리에게 주셨다.

본 절은 우리 육신의 눈으로는 한 번도 본적이 없는 영의 말씀으로 창조 때부터 계획했던 하나님의 뜻이 완성되었음을 말한다. 사도 요한은 생명나무이신 예수 그리스도와 또한 생명나무에 달린 열두 가지 실과와 가지에 달린 많은 잎사귀들을 보고 있다. 열매를 맺는 실과나무에는 실과와 함께 많은 잎사귀들이 있듯이 생명나무에도 열두 가지 종류의 실과와 그 가지에 붙은 많은 잎사귀들을 보여 주는 것이다.

여기서 우리는 달마다 생명나무에 맺히는 열두 가지 실과는 무엇이며 또한 가지에 붙어 만국을 소성하기 위한 잎사귀들은 무엇인가? 궁금하지 않을 수 없다.

첫째로 생명나무이신 예수 그리스도의 나무에 맺히는 열두 가지의 실과는 성곽의 열두 가지 보석으로 된 예수 그리스도의 열두 사도를 의미하는 것으로 보석의 종류와 색깔이 다르듯 실과의 종류와 색깔도 각기 특별한 맛과 향기를 낸다는 뜻으로 해석해야 한다.

주님이 이 세상에서 열두 사도를 택하사 증인으로 증거의 사역을 맡기실 때 모두에게 동일한 사명을 주신 것이 아니고 다양한 주님이 주시는 은사와 함께 각 사람의 성품과 기질에 따라 곧 그 사람의 색깔에 따라 나타내는 맛과 향이 다름을 실과로 말하고 있다.

이 열두 가지 실과의 맛과 향기는 생명나무이신 예수 그리스도 안에 있는 것들로 이것이 열두 사도에게 골고루 공급되어 각각 그들 나름대로의 맛과 향기를 내는 실과처럼 증거의 사명을 감당할 수 있는 힘과 능력으로 나타남을 의미한다.

그러므로 본 절의 열두 가지 실과는 우리가 세상에서 먹었던 사과 배 복숭아와 같은 실과 열매가 아니라 주님이 제자들에게 주시는 맛과 향으로 이것은 곧 예수 그리스도의 향기이다. 고린도후서 2장 14-16절은 이것에 대하여 "항상 우리를 그리스도 안에서 이기게 하시고 우리로 말미암아 각처에서 그리스도를 아는 냄새를 나타내시는 하나님께 감사하노라 우리는 구원 얻는 자들에게나 망하는 자들에게나 하나님 앞에서 그리스도의 향기니 이 사람에게는 사망으로 좇아 사망에 이르는 냄새요 저 사람에게는 생명으로 좇아 생명에 이르는 냄새라 누가 이것을 감당하리요"라고 말씀한다.

둘째로 만국을 소성하기 위한 잎사귀들에 대하여 알아보자. 먼저 '잎사귀'들은 '퓔론'(φύλλον)이라 하여 '풍부하다에서 유래된 잎과 잎사귀'를 말하며, '소성하다'라는 말은 '테라페이아'(θεραπεία)라고 하여 '시중들다, 섬기다, 봉사하다라는 말에서 유래된 섬김, 봉사, 돌봄, 치유, 의료봉사, 종들, 식구들'이란 뜻을 갖는다.

그렇다면 만국을 소성하기 위해 잎사귀들이 있다는 것은 무슨 의미일까?

소성하다라는 말이 섬기고 봉사하며 시중들고 치유하기 위한 종들이라는 의미이듯이 구약의 성막에서 제사장을 섬기며 백성들을 위하여 봉사했던 레위인들의 사명과 같음을 발견하게 된다.

곧 구약의 성막에는 제사장과 레위인들만이 들어가 진에 거하는 하나님의 백성들을 위하여 봉사했던 것처럼 거룩한 성 예루살렘에서도 성안의 성전에 들어가 봉사할 수 있는 자들은 왕 같은 제사장들 곧 멜기세덱의 반차를 좇는 제사장들과 이를 도와 섬기며 봉사하는 레위인과 같은 자들 곧 잎사귀들이 있다는 것을 의미하는 것이다.

이것에 대하여 민수기 8장 19절에는 "내가 이스라엘 자손 중에서 레위인을 취하여 그들을 아론과 그 아들들에게 선물로 주어서 그들로 회막에서 이스라엘 자손을 대신하여 봉사하게 하며 또 이스라엘 자손을 위하여 속죄하게 하였나니 이는 이스라엘 자손이 성소에 가까이 할 때에 그들 중에 재앙이 없게 하려 하였음이니라"라고 말씀하고 있다.

그러므로 생명나무 가지에 붙은 풍성한 잎사귀들은 레위인과 같은 봉사의 사역을 맡을 많은 수의 종들을 말하는 것으로 이들은 만국 곧 진에 들어와 있는 이방인 하나님의 백성들을 위하여 봉사하며 치유하며 시중들기 위한 자들이라 하겠다.

생명나무에 맺는 열두 가지 실과는 제사장인 멜기세덱의 반차가 열두 반차임을 말하는 것으로 이들 반차의 기간이 한 달이기 때문에 반차의 순서에 의하여 매달 새로운 제사장이 하나님과 및 어린양을 섬기는 사명을 감당함을 의미하며 잎사귀들인 레위인의 사명을 갖는 종들은 동서남북의 열두 진에 있는 이방인 하나님의 백성들을 위하여 봉사와 치유의 일을 감당하고 있음을 말씀한다.

역대상 23-26장은 성전에서 봉사하는 제사장과 레위인의 일들에 대하여 기록하고 있다. 다윗은 하나님의 성전에서 섬기는 제사장의 반차를 24반차로 하였지만 주님이 멜기세덱의 대제사장인 거룩한 성에서의 멜기세덱의 반차는 열두 사도의 이름이 기록된 열두 기초석과 같이 열두 반차를 갖게 된다.

나) 보좌 위 하나님과 어린양을 섬기는 종들

> **계 22:3** 다시 저주가 없으며 하나님과 그 어린양의 보좌가 그 가운데 있으리니 그의 종들이 그를 섬기며

거룩한 성 안에는 "하나님과 그 어린양의 보좌가 그 가운데 있으리니 그의 종들이 그를 섬기며"(계 22:3)라고 말한다. 그리고 그의 종들은 "그의 얼굴을 볼 터이요 그의 이름도 저희 이마에 있으리라"(계 22:4)라고 한다.

우리는 구약을 통해서 하나님의 얼굴을 보는 자는 죽고 살지 못한다고 배웠다. 출애굽기 33장 20절에 모세에게 이르되 "또 가라사대 네가 내 얼굴을 보지 못하리니 나를 보고 살 자가 없음이니라" 라고 말하며 또한 하나님은 모세에게 출애굽기 33장 23절을 통하여 "손을 거두리니 네가 내 등을 볼 것이요 얼굴은 보지 못하리라"라고 말씀하고 있으며 모세에게 하나님의 등을 보였다고 말씀한다.

이는 하나님의 얼굴은 너무나 거룩하고 빛 자체이시기로 죄 많은

사람의 눈으로는 볼 수 없으며 만약에 보는 순간에 소멸되고 마는 것이다. 베드로전서 3장 12절에서는 "주의 눈은 의인을 향하시고 그의 귀는 저의 간구에 기울이시되 주의 낯은 악행하는 자들을 향하시느니라"라고 하여 주의 낯 곧 얼굴을 악행하는 자들을 향하여 그들로 소멸되게 하신다고 한다.

그러나 본 절에서 하나님과 그 어린양을 섬기는 종들은 그 거룩하며 빛이신 얼굴을 본다고 한다. 또한 그의 이름 곧 어린양이신 예수 그리스도의 이름이 종들의 이마에 있다고 한다.

그렇다면 거룩한 성 안에서 하나님과 그 어린양을 섬기며 저들의 이마에 어린양의 이름이 있으며 또한 저들은 그 얼굴을 보며 세세토록 왕 노릇 하는 종들은 과연 누구인가?

먼저 이마에 어린양의 이름이 있다는 것은 이마에 인침을 받았다는 것으로, 계시록 7장 3절은 "가로되 우리가 우리 하나님의 종들의 이마에 인 치기까지 땅이나 바다나 나무나 해하지 말라 하더라"는 말씀같이 십사만 사천의 인 맞은 하나님의 종들이다.

또한 왕 노릇 하는 종들은 계시록 5장 9-10절의 "새 노래를 노래하여 가로되 책을 가지시고 그 인봉을 떼기에 합당하시도다 일찍 죽임을 당하사 각 족속과 방언과 백성과 나라 가운데서 사람들을 피로 사서 하나님께 드리시고 저희로 우리 하나님 앞에서 나라와 제사장을 삼으셨으니 저희가 땅에서 왕 노릇 하리로다 하더라"는 말씀같이 새 노래를 부르는 종들이며, 예수 그리스도의 피로 사서 하나님께 드려 나라와 제사장을 삼으신 이방의 종들이다.

한편 새 노래를 부르는 종들은 계시록 14장 3절에 "저희가 보좌와 네 생물과 장로들 앞에서 새 노래를 부르니 땅에서 구속함을 얻은 십사만 사천 인밖에는 능히 이 노래를 배울 자가 없더라"는 말씀같이 하나님과 및 어린양의 얼굴을 보며 섬기고 그들의 이마에 예수 그리스도의 이름이 있고 세세토록 왕 노릇 하는 자들은 십사만 사천의 하나님의 종들이다.

이들은 또한 교회와 복음의 증인들로 계시록 11장 3-4절의 "내가 나의 두 증인에게 권세를 주리니 저희가 굵은 베 옷을 입고 일천이 백육십 일을 예언하리라 이는 이 땅의 주 앞에 섰는 두 감람나무와 두 촛대니"라는 증인들이며, 계시록 19장 7절의 "우리가 즐거워하고 크게 기뻐하여 그에게 영광을 돌리세 어린양의 혼인기약이 이르렀고 그 아내가 예비하였으니"라는 바로 주님의 신부로 혼인잔치와 함께 그리스도의 아내가 되는 자들이다.

따라서 보좌에 계신 하나님과 어린양을 섬기며 얼굴을 보고 그들의 이마에는 이름이 있고 세세토록 왕 노릇 하는 종들은 바로 새 노래를 부르는 십사만 사천의 종들이며 증인들이고 예수 그리스도의 아내가 되는 자들로 이해할 수 있다.

이제 거룩한 성 예루살렘 안에는 밤이 없고 등불과 빛이 쓸데없다고 한다. 곧 주 하나님이며 어린양이신 예수 그리스도가 빛이 되어 저희에게 비추기 때문이다.

원래 교회는 이 세상의 빛이며 등불로 주님이 세우셨다. 마태복음 5장 14-15절은 "너희는 세상의 빛이라 산 위에 있는 동내가 숨기우지 못할 것이요 사람이 등불을 켜서 말 아래 두지 아니하고 등경 위에 두나니 이러므로 집안 모든 사람에게 비취느니라"라고 하여 빛과 등불로서의 교회가 세상을 밝히는 빛이라는 사실을 말하고 있다.

이제는 주님과 신부인 아내가 한 몸이 된 거룩한 성 예루살렘에서는 더 이상 교회가 필요 없다. 교회의 머리인 예수 그리스도와 몸인 신부가 하나가 되어 성을 이루었기 때문이다. 그리고 그 성안에는 빛이신 하나님과 및 예수 그리스도의 영광의 빛이 신부들에게 곧 종들에게 비취고 있기 때문이다.

이 빛은 태양과 같은 빛이 아니고 태양보다도 몇백 배 강력한 영의 빛으로, 감히 세상에서는 볼 수도 없고 상상할 수도 없는 기이한 빛이다

베드로전서 2장 9절은 이 빛과 이 빛 속에 들어간 자들에 대하여 "오직 너희는 택하신 족속이요 왕 같은 제사장들이요 거룩한 나라요 그의 소유된 백성이니 이는 너희를 어두운 데서 불러내어 그의 기이한 빛에 들어가게 하신 자의 아름다운 덕을 선전하게 하려 하심이라"라고 말씀하고 있다.

여기서 '기이하다'라는 말은 '다우마스토스'(θαυμαστός)라고 하여 '놀라운, 찬양할, 경이로운, 이상한, 영광스러운'의 뜻을 갖는 말이고, '빛'은 '포스'(φῶς)라고 하여 '빛, 밝음, 광채, 영적 조명, 광명'을 뜻한다.

그러므로 성안의 기이한 빛은 '놀랍고 경이로우며 영광스러운 광채의 영적인 조명'이라고 해석 할 수 있다.

2. 보라 내가 속히 오리니

계 22:7 보라 내가 속히 오리니 이 책의 예언의 말씀을 지키는 자가 복이 있으리라 하더라

헬라어에 '파루시아'(παρουσία)라는 단어는 임재를 가리키는 말이다.

헬라어의 '파라'(παρά)와 '오시아'(οὐσία)가 결합된 단어로, '파라'는 '나란히'라는 뜻이고 '오시아'는 '본질 또는 실재'라는 뜻이다.

위의 두 뜻을 결합하면 '본질과 나란히'라로, 결국 '파루시아'는 예수 그리스도께서 본질이신 하나님과 나란히 함께 오신다라는 의미로 해석된다.

그러므로 새 하늘과 새 땅에 거룩한 성 예루살렘에는 계시록 22장 3절에서처럼 "다시 저주가 없으며 하나님과 그 어린양의 보좌가 그 가운데 있으리니 그의 종들이 그를 섬기며"라고 하여 하나님과 어린양의 임재 곧 '파루시아'를 말하고 있다.

주님은 제자들에게 자신이 다시 올 것을 요한복음 14장 3절에서 약속하시는데 곧 "가서 너희를 위하여 처소를 예비하면 내가 다시 와서 너희를 내게로 영접하여 나 있는 곳에 너희도 있게 하리라"라고 말씀하신다.

또한 충성된 종들을 향하여 마태복음 24장 45-46절은 "충성되고 지혜 있는 종이 되어 주인에게 그 집 사람들을 맡아 때를 따라 양식을 나눠줄 자가 누구뇨 주인이 올 때에 그 종의 이렇게 하는 것을 보면 그 종이 복이 있으리로다"라고 한다.

바울은 데살로니가전서 3장 13절을 통하여 "너희 마음을 굳게 하시고 우리 주 예수께서 그의 모든 성도와 함께 강림하실 때에 하나님 우리 아버지 앞에서 거룩함에 흠이 없게 하시기를 원하노라"라며 우리의 신앙을 견책하고 계시며, 한편 믿음과 신앙을 떠나 세상의 평안하다와 안전하다를 찾는 자들에게는 "주의 날이 밤에 도적같이 이를 줄을 너희 자신이 자세히 앎이라"(살전 5:2)라는 경고를 보내고 있음을 본다.

구약에서도 이사야 선지자를 통해서 주님의 강림을 선포하신다. "보라 여호와께서 불에 옹위되어 강림하시리니 그 수레들은 회리바람 같으리로다 그가 혁혁한 위세로 노를 베푸시며 맹렬한 화염으로 견책하실 것이라"(사 66:15)라며 심판의 주로 강림하심을 말하고 있다.

성경은 주 여호와 하나님의 초림과 재림에 대한 약속의 책이며 이 모든 약속은 이미 주의 재림을 제외하고는 완성되었다. 그러므로 요한계시록은 한 가지 남은 주님의 재림에 대하여 초점을 맞추고 있는 계시의 책으로, 종들에게 모든 성도들로 하여금 주님의 재림을 가리키고 깨어 있어 준비하라며 전하는 주님의 사랑의 편지다.

다니엘서 12장 9-10절에는 "그가 가로되 다니엘아 갈지어다 대저 이 말은 마지막 때까지 간수하고 봉함할 것임이니라 많은 사람이 연단을 받아 스스로 정결케 하며 희게 할 것이나 악한 사람은 악을 행하리니 악한 자는 아무도 깨닫지 못하되 지혜 있는 자는 깨달으리라"라고 하여 마지막 곧 주님의 재림 시까지 계시의 말씀을 간수하고 봉함하라고 한다.

지혜 있는 사람만이 봉합된 계시의 말씀을 깨달을 수 있도록 하나님은 비밀의 장치를 해놓으셨다는 것이다. 베드로후서 1장 19절은 이것에 대하여 "또 우리에게 확실한 예언이 있어 어두운 데 비취는 등불과 같으니 날이 새어 샛별이 너희 마음에 떠오르기까지 너희가 이것을 주의하는 것이 가하니라"라고 하여 예언의 말씀이 어둠을 밝히는 등불과 같다고 한다.

그러나 날이 새는 새벽 시간 곧 종말의 시간에 샛별이신 예수 그리스도께서 너의 마음에 떠오르기까지 계시의 말씀을 해석하는 것을 주의하라는 것을 당부한다. 이는 계시의 말씀은 사람의 머리나 지식을 가지고 깨달을 수 없으며, 예수 그리스도의 영이 임한 지혜로운 자들만이 깨달을 수 있도록 하나님은 장치를 해놓으셨다는 말씀으로 오직 성령의 가르치심을 통해서만이 계시의 말씀을 이해하고 깨달을 수 있도록 하셨다는 의미이다.

주님은 "보라 내가 속히 오리니"(계 22:7)라고 한다.

여기서 '속히'라는 말은 '타퀴'(ταχύ)라고 하여 '지연함 없이, 빨리, 빠르게, 신속히, 즉시, 속히, 갑자기'라는 뜻이다. 주님의 재림을 기다리는 사람에게는 빠르게 신속히라는 의미로 받을 수 있지만 주님의 재림에 대하여 관심이 없었던 사람에게는 갑자기, 즉시 도둑처럼 오신다는 의미로 받아들여질 것이다.

분명한 것은 주님은 '카이로스'(καιρός)라는 '정해진 때, 알맞은 시간, 특정한 시기, 그리고 예정된 시간'에 오신다는 것이다. 그러나 사람은 이 시간을 정확히 알 수는 없지만 "때를 따라 양식을 나눠줄 자"(마 24:45)가 복이 있다고 하신 주님의 말씀처럼 충성된 종들로 하여금 때를 짐작하고 분별하게 하는 지혜를 주셨다는 것은 분명하다.

바울은 이것을 데살로니가전서 5장 4-5절에서 "형제들아 너희는 어두움에 있지 아니하매 그날이 도적같이 너희에게 임하지 못하리니 너희는 다 빛의 아들이요 낮의 아들이라 우리가 밤이나 어두움에 속하지 아니하나니"라고 하여 깨어 있어 그때 혹은 그 환경과 징조를 통하여 분별할 수 있도록 하였다는 것이다.

주님은 성경의 약속대로 반드시 꼭 다시 오신다. 그리고 새 하늘과 새 땅을 창조하시며 거룩한 성 예루살렘에서 그의 백성들과 함께 거하며 잊어버렸던 에덴동산을 다시 회복하실 것이다.

이제 이 땅에서의 6천 년이라는 '크로노스'(χρόνος)의 시간이 끝나가고 새 천년을 향한 '카이로스'(καιρός)의 시간이 다가오고 있다. 우리는 깨어서 이 장엄한 시간을 맞이하는 자들이 되어야 한다.

가) 이 책의 예언의 말씀을 지키는 자들

> **계 22:7** 보라 내가 속히 오리니 이 책의 예언의 말씀을 지키는 자가 복이 있으리라 하더라

천사가 사도 요한에게 말하기를 "이 책의 예언의 말씀을 지키는 자가 복이 있으리라"(계 22:7)라고 한다.

여기서 '지킨다'는 말은 '테레오'(τηρέω)라고 하여 '감시와 파수병'에서 유래한 단어로 '보호하다, 지켜보다, 경계하다, 주의하다, 감시하다, 보존하다'라는 뜻이다. 이 말은 외형적으로 지키고 보호한다는 의미가 아니고 마음으로 예언의 말씀을 지키고 보호하며 경계하고 보존한다는 의미다. 곧 종들에게 주님의 재림 시간까지 예언의 말씀을 잘 보존하라는 말씀이다.

본 절에서는 이 예언의 말씀을 지키는 자들에 대하여 천사가 요한에게 말하듯 "나는 너와 네 형제 선지자들과 또 이 책의 말을 지키는 자들과 함께 된 종이니"(계 22:9)라며 예언의 말씀을 지키는 자들에 천사와 사도 요한과 형제 선지자들 그리고 이 책의 말 곧 요한계시록을 지키는 종들을 포함한다.

이 예언의 말씀을 지키는 종들이 사도 요한과 같은 제자들과 신약의 종들만 있는 것이 아니고 형제 선지자들 곧 이스라엘 열두 지

파의 형제들 속에서 나온 구약의 선지자들도 함께 있다.

그러므로 사도 요한이 기록한 요한계시록을 단순히 예수 그리스도의 사후에 주님의 영이 임하여 특별히 주신 계시의 말씀으로만 생각하면 안 되며, 이것은 이미 구약의 선지자들을 통하여 율법 속에서 그리고 선지자의 글 속에서 예언되고 계시된 말씀으로 구약 안에 숨겨지고 가려져 있던 계시가 신약에 와서 요한계시록이란 꽃으로 활짝 핀 것이라는 점이다.

이것은 구약의 선지자들과 신약의 종들은 한 가지의 사명과 목표를 갖고 사역을 해왔음을 말하는 것으로, 이 땅에 다시 주님이신 여호와 하나님께서 강림하심으로 통치하시는 세상의 회복 곧 새 예루살렘의 회복을 위한 예언의 말씀을 기록하고 지키며 보존하는 일이었다.

계시록 1장 3절에서도 "이 예언의 말씀을 읽는 자와 듣는 자들과 그 가운데 기록한 것을 지키는 자들이 복이 있나니 때가 가까움이라"는 말씀을 하므로 주님의 재림이 가까운 종말에 계시의 말씀을 듣고 지키는 자들이 복이 있을 것을 말한다.

이 말씀에서 특이한 것은 "그 가운데 기록한 것을 지키는 자들"이라는 표현으로, 성령에 감동하여 사도 요한에 의하여 기록된 계시의 말씀을 지키는 자들이라는 말로 여기서 '기록된'이란 말은 '그랍호'(γράφω)라고 하여 '새기다, 쓰다, 글로 표현하다'라는 뜻이다. 곧 시내산에서 하나님은 모세에게 십계명을 돌에 직접 새기어 주셨듯이 사도 요한에게도 주님의 강림을 위한 계시의 말씀을 주님 자신이 직접 새겨 주셨다는 것이다.

그러므로 이 계시의 말씀을 사람의 글이나 단순한 묵시로만 취급하여 소홀히 한다면 그에 대한 모든 책임은 말씀에 기록된 대로 본인이 책임져야만 할 것이다.

나) 인봉하지 말라 때가 가까움이라

> **계 22:10** 또 내게 말하되 이 책의 예언의 말씀을 인봉하지 말라 때가 가까우니라

주님은 마태복음 13장 11절에서 "천국의 비밀을 아는 것이 너희에게는 허락되었으나 저희에게는 아니되었나니"라며 하나님 나라의 비밀을 알아야 할 자들은 제한되어 있음을 말한다. 그러면서 주님은 "내가 저희에게 비유로 말하기는 저희가 보아도 보지 못하며 들어도 듣지 못하며 깨닫지 못함이니라"라고 말씀한다.

성경은 천국에 들어가기 위한 비밀의 말씀으로 사람의 생각이나 지식으로 깨달아지는 것이 아니고 오직 하나님의 성령의 가르침을 받아야 깨달아지는 말씀이다. 이에 베드로후서 1장 20-21절에서는 "먼저 알 것은 경의 모든 예언은 사사로이 풀 것이 아니니 예언은 언제든지 사람의 뜻으로 낸 것이 아니요 오직 성령의 감동하심을 입은 사람들이 하나님께 받아 말한 것임이니라"라고 주장한다.

사도 요한은 요한일서 2장 27절을 통하여 "너희는 주께 받은바 기름 부음이 너희 안에 거하나니 아무도 너희를 가르칠 필요가 없고 오직 그의 기름 부음이 모든 것을 너희에게 가르치며 또 참되고 거짓이 없으니 너희를 가르치신 그대로 주 안에 거하라"라고 말한다.

이는 곧 사람의 지식에서 나오는 가르침이 아니고 성령의 기름 부음만이 성경의 비밀의 말씀을 가르칠 수 있다는 말로, 하나님을 사랑하므로 하나님의 영과 교통하는 자만이 비밀을 깨달아 알 수 있다는 것이다.

여기에 특히 주님의 재림에 대한 기록인 계시의 말씀은 시간과 때라는 정해지고 약정된 '카이로스'의 시간이 될 때까지는 하나님이 이것을 봉함하라고 말씀하시는 반면 또한 이 시간이 돌아오면 인봉하지 말고 열라고 말씀하시고 있다는 사실이다.

따라서 계시의 말씀을 닫고 여는 것이 사람의 뜻에 따르는 것이 아니라 오직 하나님이 약속한 '카이로스'의 시간에 맞추어 성령께서 봉함되는 시간과 또는 봉함된 인봉을 여는 시간을 결정한다는 말이다. 이것은 다니엘 12장 4절의 말씀에서 천사가 말하길 "다니엘아 마지막 때까지 이 말을 간수하고 이 글을 봉함하라 사람이 빨리 왕래하며 지식이 더하리라"는 지시를 통해서 더욱 확실하다.

이러한 이유로 역사 속에서 많은 신학자들 곧 어거스틴과 루터와 칼빈 등도 계시의 말씀에 대한 주석을 쓸 수 없었다는 것은 바로 성경은 하나님의 시간표에 의하여 닫히고 열리는 책이라는 것을 말하고 있다.

그렇다면 봉함되었던 계시가 열리고 인봉하지 말라는 하나님의 시간은 언제부터 시작되었는가?

이는 천사가 다니엘에게 말한 "사람이 빨리 왕래하며 지식이 더하리라"(단 12:4)라는 환경과 지식의 변화를 살펴야 할 것이다.

우선 교회사적으로는 1798년에 나폴레옹의 등장과 함께 시작되는 빌라델비아 교회의 시대를 말할 수 있는데 이는 "내가 네 앞에 열린 문을 두었으니 능히 닫을 사람이 없으리라"(계 3:8)라는 말씀 때문이다. 바로 이 시대는 하나님이 교회 앞에 열린 문을 두셨다고 하는 시간으로 세상에는 과학과 학문 등 지식이 탄생하고 범람하기 시작함으로 역사에서 한 번도 경험해 보지 않았던 현대 문명이 만들어지는 시기였으며, 교회적으로는 부흥과 함께 세상 구석구석에 선교의 열풍이 불어 예수 그리스도의 복음이 전파되었던 시기였다.

곧 주님의 계시의 약속대로 빌라델비아 교회 시대 이후로는 유럽 서구권에 한정되었던 복음이 아프리카와 남미 대륙 그리고 아시아의 오지까지 예수 그리스도가 전파됨으로 그야말로 온 세상에 그리스도의 복음의 열풍이 불었다.

수많은 지식과 함께 빨리 왕래하는 문명의 탄생으로 인류사에 큰 변혁이 일어났음을 우리는 역사를 통해 알고 있고 또한 배워 왔다. 바로 이러한 '카이로스'의 시간은 마지막 종말을 알려 주는 징조였다. 더구나 빌라델비아 교회 시대를 막 지나고 라오디게아 교회 시대에 들어서자마자 하나님이 구약에서 또한 마태복음 24장에서 예수님이 직접 "무화과나무의 비유를 배우라 그 가지가 연하여지고 잎사귀를 내면 여름이 가까운 줄을 아나니"(마 24:32)라는 주님이 문 앞에 이른 시간에 이스라엘의 탄생에 대하여 말씀했다는 것은 우리의 영적 각성을 위해서라는 것이다.

한편 계시록 10장은 천사의 손에 펴 놓인 작은 책을 사도 요한에게 갖다 먹어버리라는 말씀과 함께 요한이 이 책을 먹는 말씀이 기록되어 있다.

바로 여기서 말하는 작은 책은 요한계시록으로 요한과 같은 종들이 이 계시록의 말씀을 먹고 "많은 백성과 나라와 방언과 임금에게 다시 예언하여야 하리라"(계 10:11)라는 말씀같이 온 세상의 이방 민족들에게 다시 계시의 말씀을 예언하여야 함을 말하고 있다.

여기서 '가져다 먹어 버리라'는 의미를 보면 '갖다'라는 '람바노'(λαμβάνω)와 '먹어 버리다'라는 '카테스디오'(κατεσθίω)가 결합된 말로 이는 '취하고 이해해서 삼켜 먹어 없애다'라는 뜻이다. 계시록의 말씀을 완전히 이해하고 소화시켜 내 것이 되었다고 해석할 수 있다.

이는 곧 마지막 종말의 종들이 이제는 봉함이 열려진 요한계시록에 대하여 정확하고 확실하게 알고 이해해야 함을 의미하는 것으로 이미 주님은 때가 가까우므로 그 문을 활짝 열어 놓으셨음을 말하고 있다.

우리는 코로나 팬데믹이라는 역사 속에서 한 번도 경험해 보지 않은 희귀한 사태를 맞이하여 전 세계가 격리와 분리 그리고 어두움과 공포의 시대를 살아가고 있다. 눈에 보이는 시대적인 급박한 변화를 하나님의 종들은 이 세상에 나타난 마지막 종말의 징조로 깨닫는 지혜가 요구되는 때이다.

계시록 18장에서 말하는 "너의 상고들은 땅의 왕족들이라 네 복술을 인하여 만국이 미혹되었도다"(계 18:23)라고 하듯 세상의 권세와 물질을 가진 상고들이라고 하는 왕족들은 현재 거대한 은행을 비롯한 글로벌 기업을 운영하는 자들로 그들의 배후에는 권력과 힘으로 세상을 통치해온 왕족들 곧 대통령과 수상 등이 존재하고 있다는 것이다.

그런데 이러한 자들이 종말에 만국이라는 온 세상을 미혹하는 것이 바로 '복술'인데, 이는 '활마케이아'(φαρμακεία)라고 한다. 이 말의 뜻은 '약을 복용시키다'라는 말에서 유래된 단어로 '약 조제, 요술, 마술, 술수, 의혹' 등으로 해석된다. 곧 제약회사의 조제된 약물을 복용시킴으로 마술과 같은 술수로 만국 곧 온 세상의 백성들을 미혹했다는 말이다.

이것은 마지막 종말에 이들이 사용할 무기로 하나님은 이미 이것을 아시고 말씀 속에 계시하고 있음을 깨달아야 하며 우리는 지금 그 미혹의 실체가 극열하게 움직이고 있는 세상에 살아가고 있음을 명심해야 한다.

다) 두루마기를 빠는 자들

> **계 22:14** 그 두루마기를 빠는 자들은 복이 있으니 이는 저희가 생명나무에 나아가며 문들을 통하여 성에 들어갈 권세를 얻으려 함이로다

두루마기를 빤다는 말이 무슨 뜻인가?

그와 같은 자들이 "생명나무에 나아가며 문들을 통하여 성에 들어갈 권세를 얻으려 함이로다"라고 말씀한다. 우리가 생각할 때 두루마기는 사람이 가장 나중에 입는 겉옷이다. 헬라어로는 '엔톨레'(ἐντολή)라고 하여 '명령, 지시, 훈계, 계명'을 뜻하는 말로, 두루마기라는 순수한 단어와는 그 뜻하는 의미가 너무나 다르다. 킹 제임스 성경에서도 두루마기는 '컴맨드먼츠'(Commandments)라고 기록되어 있어 이는 '계명, 명령'을 의미한다.

곧 '두루마기를 빤다'라는 말은 '하나님의 계명과 훈계를 행한다'

라는 'Do his commandments'의 뜻으로 해석이 가능하다.

그러나 여기서 우리가 이해해야 할 것이 있는데, '엔톨레'라고 하는 '명령과 계명과 훈계'라는 단어 속에 담겨진 뜻을 분석하는 것이다. 우선 두루마기를 의미하는 '엔톨레'라는 단어는 '엔텔로'(ἐντέλλω)라는 '명령하다, 책임지우다, 명하다'라는 동사에서 유래된 말로 이 '엔텔로'는 '엔'(ἐν)이라고 하는 위치와 수단을 나타내는 전치사로 '~ 안에, ~로 말미암아, ~ 중에, ~의 이유로'라는 단어와 '텔로스'(τέλος)라는 '끝, 성취, 종말, 마지막'을 가리키는 단어와의 결합어이다.

위의 말을 종합하면 결국 두루마기는 '종말 곧 마지막에 또는 마지막으로 말미암아 행해야 하는 계명과 명령과 훈계'로 해석할 수 있다. 곧 하나님의 계명과 명령과 훈계를 지키며 행하는 것이 두루마기를 빠는 것으로, 이것은 또한 겉옷이라는 예복을 입는 것이라는 말이다.

열왕기하 2장은 엘리야가 승천하면서 자신의 겉옷을 벗고 불 수레와 불 말을 타고 승천하는 장면이 나온다. 그때 갑절의 영감을 구하던 엘리사는 엘리야의 몸에서 떨어진 겉옷을 주워 요단강을 치며 건너는 모습을 기록하듯 바로 엘리야의 몸에서 떨어진 겉옷에는 요단강의 물을 가르는 힘과 권능이 있다는 것으로 이것이 두루마기며 곧 율법의 옷이기 때문이다.

또한 본 절은 두루마기를 빠는 자들이 "생명나무에 나아가며 문들을 통하여 성에 들어갈 권세를 얻으려 함이로다"(계 22:14)라고 한다. 이 말씀은 생명나무이신 예수 그리스도에게 나아가기 위해서는 먼저 문을 통하여 성에 들어갈 권세를 얻어야 한다는 말로, 바로 이것 때문에 두루마기라는 겉옷 곧 율법의 옷을 입어야 한다는 것이다.

거룩한 성의 성문은 열두 개로 이 성문들에는 이스라엘 열두 지파의 이름들이 쓰여 있다고 한다.

이는 하나님이 이스라엘 열두 지파에게 주신 율법의 문이라는 뜻으로 겉옷 곧 율법의 옷을 두루마기로 입은 자들만이 통과할 수 있음을 말한다. 구약에서 예루살렘의 성전 문을 통과하려면 유대인으로 유대인의 옷을 입어야만 하듯이 마찬가지로 거룩한 성에 성문을 통과하는 권세를 얻기 위해서는 겉옷 곧 율법의 계명과 명령과 율례로 된 두루마기를 입어야 한다는 것이다.

이것은 종말이라는 마지막 시대에 성에 들어갈 권세를 얻으려 하는 종들에게 필요한 것으로 반드시 성에 들어갈 자들이 갖추어야 할 조건이기도 하다.

먼저 성에 들어갈 권세를 얻기 위해서는 내적 곧 영적으로는 마음의 할례를 받듯이 예수 그리스도의 영과 함께 복음의 증거를 소유해야 하며 둘째로는 바로 두루마기를 입는 것으로 율법의 계명과 명령과 율례를 행함으로 자신의 겉모습을 깨끗하게 세척해야 한다는 것이다.

이것을 계시록에서는 '하나님의 말씀과 예수 그리스도의 증거를 가진 자들'이라고 한다. 사도 요한을 비롯한 계시록 6장에서 다섯째 인을 뗄 때에 하늘의 제단에서 신원하던 종들 그리고 계시록 12장에서 용과 싸우기 위해서 바다 모래 위에 섰는 여자의 남은 자손들, 마지막으로 계시록 20장에서 보좌에 앉은 자들로 천년 동안 왕 노릇 하며 첫째 부활에 참예하는 자들이라 하는 것이다.

그러므로 마지막 시대의 종들은 안으로는 복음의 확실한 증거로 영적 무장을 해야 하며, 또한 율법의 계명과 명령과 율례의 말씀을 통하여 자신의 삶의 옷을 빨아 청결한 겉옷 곧 두루마기를 입어야 함을 말한다.

라) 성 밖의 악한 자들

> **계 22:15** 개들과 술객들과 행음자들과 살인자들과 우상 숭배자들과 및 거짓말을 좋아하며 지어내는 자마다 성밖에 있으리라

말라기 3장 18절에 "그때에 너희가 돌아와서 의인과 악인이며 하나님을 섬기는 자와 섬기지 아니하는 자를 분별하리라"는 말씀이 있다. 종말은 하나님 앞에서 이 세상이 두 종류로 분리되며 나누어지는 때로 계시록 22장 11절은 이것을 "불의를 하는 자는 그대로 불의를 하고 더러운 자는 그대로 더럽고 의로운 자는 그대로 의를 행하고 거룩한 자는 그대로 거룩되게 하라"라고 말하고 있다.

이는 종말은 용 곧 사단 마귀의 세력들이 이 땅으로 쫓겨나 사람들의 마음속에서 최후의 공격을 하고 있기 때문이다. 디모데후서 3장 1-5절은 이것에 대하여 "네가 이것을 알라 말세에 고통하는 때가 이르리니 사람들은 자기를 사랑하며 돈을 사랑하며 자긍하며 교만하며 훼방하며 부모를 거역하며 감사치 아니하며 거룩하지 아니하며 무정하며 원통함을 풀지 아니하며 참소하며 절제하지 못하며 사나우며 선한 것을 좋아 아니하며 배반하여 팔며 조급하며 자고하며 쾌락을 사랑하기를 하나님 사랑하는 것보다 더하며 경건의 모양은 있으나 경건의 능력은 부인하는 자니 이 같은 자들에게서 네가 돌아

서라"고 말씀한다.

또한 로마서 1장 18-23절은 "하나님의 진노가 불의로 진리를 막는 사람들의 모든 경건치 않음과 불의에 대하여 하늘로 좇아 나타나나니 이는 하나님을 알 만한 것이 저희 속에 보임이라 하나님께서 이를 저희에게 보이셨느니라 창세로부터 그의 보이지 아니하는 것들 곧 그의 영원하신 능력과 신성이 그의 만드신 만물에 분명히 보여 알게 되나니 그러므로 저희가 핑계치 못할지니라 하나님을 알되 하나님으로 영화롭게도 아니하며 감사치도 아니하고 오히려 그 생각이 허망하여지며 미련한 마음이 어두워졌나니 스스로 지혜 있다 하나 우준하게 되어 썩어지지 아니하는 하나님의 영광을 썩어질 사람과 금수와 버러지 형상의 우상으로 바꾸었느니라"라고 하며 불의한 자들에 대하여 통렬하게 비판하고 있다.

지금 본 절에서 말씀하는 '성 밖에 있는 자들'은 교회 안에서 믿음이 있다고 하고 또한 성도라고 하던 자들로 모두가 하나님과 주 예수 그리스도를 아는 자들이라는 점이다.

여기서 성 밖은 바로 거룩한 성 예루살렘을 말하는 것으로 의롭고 거룩한 자들이 하나님의 성과 진이라고 부르는 곳에 거하는 반면 이들 무리들은 성 밖에 거하며 곡과 마곡으로 불리는 자들이다.

주님은 그리스도의 믿음을 가졌다고 하던 이들의 불의하고 더러운 모습 곧 가증스러운 본질의 모습을 계시록 22장 15절에서 말하고 있는데 "개들과 술객들과 행음자들과 살인자들과 우상 숭배자들과 및 거짓말을 좋아하며 지어내는 자마다 성 밖에 있으리라"라고 하여 그동안 숨겨졌던 이들의 행태에 대하여 고스란히 드러내고 있다.

여기서 우리는 이들의 행태를 살펴볼 필요가 있으며 이러한 자들로부터 자신을 보호해야 하다는 것이다.

첫째는 개들이다.

'개'라는 말은 이는 '퀴온'(κύων)이라 하여 '개, 이단자, 우상 숭배자'를 가리키는 말이다. 누가복음 16장에는 부자와 거지 나사로의 이야기가 나오는데 나사로가 "부자의 상에서 떨어지는 것으로 배 불리려 하매 심지어 개들이 와서 그 헌데를 핥더라"라고 말한다. 나사로라는 이름이 '하나님, 도와주세요'라는 뜻인 것처럼 나사로는 부자와 같은 거대한 교단이나 교회로부터 떨어지는 부스러기를 먹고 사역하는 가난한 종으로 항상 그 마음에 '하나님, 도와주세요'라며 하나님을 기대고 의지하는 종이다.

가난한 나사로와 같은 종들을 미혹하는 자들이 있는데, 곧 이단자들로 가난이라는 아픈 곳을 핥아주는 미끼로 낚시를 던져 신실한 종을 하나님으로부터 떨어지게 하는 자들이다. 이런 자들을 개들이라고 한다. 그래서 빌립보서 3장 2절은 "개들을 삼가고 행악하는 자들을 삼가고 손 할례당을 삼가라"라고 경고하고 있다. .

둘째는 술객들이다.

이 '술객'이라는 말은 '활마코스'(φάρμακος)라 하여 '약품'에서 유래된 단어이며 '마술에 전념한 술객과 마술사'를 가리키는 말이다. 두통이나 통증이 있을 때 약을 먹으면 마술처럼 통증이 사라지는 것처럼 그리고 마술사들의 마술을 보면 사람의 눈을 속이는 것임에도 불구하고 정말로 사실인 것처럼 보이듯이 술객들은 성도들의 문제나 걱정을 약처럼 그리고 마술처럼 해결할 듯 하나님의 말씀을 가지고 감쪽같이 속이는 자들을 말한다.

종말에는 바로 이와 같은 수많은 거짓 종들이 술객들이 되어 베드로후서 2장 15절과 같이 "저희가 바른 길을 떠나 미혹하여 브올의 아들 발람의 길을 좇는도다 그는 불의의 삯을 사랑하다가" 결국은 영원한 멸망에 떨어지게 되었음을 상기하게 하는 선지자로 지금도 이러한 종들이 어린 성도들의 눈과 마음을 속이고 있는데 바로 이런 종들을 술객들이라 한다.

셋째는 행음자들이다.

'행음'한다는 말은 '폴노스'(πόρνος)라고 하여 '팔다'에서 유래된 단어로 '남창, 간부, 난봉꾼, 간음하는 자, 부정한 자'를 뜻한다. 곧 매춘부인 음녀에게 자신을 파는 자로 여기서 음녀는 계시록 17장 5절에서 "그 이마에 이름이 기록되었으니 비밀이라, 큰 바벨론이라, 땅의 음녀들과 가증한 것들의 어미라 하였더라"는 말씀과 같이 종말에 거대한 바벨론의 음녀에게 자신을 팔며 그들이 주장하는 이론과 사상을 받아들였음을 말한다.

이것은 WCC와 WEA와 같은 바벨론의 음녀가 이끄는 거대한 종교 세력들과 연합하여 그들의 사상과 이론을 교회와 하나님의 백성들에게 전하며 미혹하여 예수 그리스도를 배도하게끔 하는 자들을 말한다.

넷째는 살인자들이다.

'살인'은 '포뉴스'(φονεύς)라 하여 '살인, 살인자, 살인한 사람'을 말한다. 민수기 35장에는 고살자와 오살자의 기록이 있어 고살자는 고의로 살인한 사람을 말하고, 오살자는 마음에 살인의 뜻이 없이 실수로 살인을 한 경우를 말한다. 그러나 본 절의 살인자들은 고살자로 고의적인 살인의 뜻을 가지고 살인을 한 경우로 요한복음 10장에는 이들에 대하여 "도적이 오는 것은 도적질하고 죽이고 멸망시키려는 것 뿐이요"(요 10:10)라며 사단 마귀를 살인자라고 말하고 있다.

결국 고의적 살인자인 사단 마귀의 뜻을 따라서 그 이론과 사상을 물려받아 성도들을 멸망의 길 곧 문이 넓고 길이 넓은 길로 이끄는 "양의 옷을 입고 너희에게 나아오나 속에는 노략질 하는 이리라"(마 7:15)라는 거짓 선지자와 종들을 말한다.

다섯째는 우상 숭배자들이다.

'우상 숭배'는 '에이돌롤 라트레스'(εἰδωλολάτρης)라 하여 '고용인, 봉사자, 예배자'에서 유래된 단어로 '우상 숭배자, 형상 예배자'를 가리킨다. 이는 예수 그리스도가 아닌 그 외의 것을 마음에 두고 예배드리는 자들을 말하는 것으로 곧 외적인 형상과 그림 그리고 하나님의 말씀이 아닌 자신의 의와 생각을 좇아 봉사하고 예배드리는 자들을 말한다.

출애굽기 20장 4절의 십계명에는 분명히 "너를 위하여 새긴 우상을 만들지 말고 또 위로 하늘에 있는 것이나 아래로 땅에 있는 것이나 땅 아래 물속에 있는 것의 아무 형상이든지 만들지 말며"라고 우상을 만드는 것에 대하여 경고하시고 있다.

물론 우상 숭배에는 보이는 외형적 우상을 만들어 섬기는 행위도 있지만 보이지 않는 우상 곧 우리 안에 있는 욕심을 좇아 그것을 이루기 위하여 하나님의 이름을 망령되이 일컫는 행위도 또한 우상 숭배라는 사실이다.

여섯째는 거짓말을 좋아하는 자들이다.

'거짓말'은 '프슈도스'(ψεῦδος)라 하여 '거짓, 거짓말, 거짓말하다'라는 뜻이다. 여기서 거짓말을 좋아한다는 진정한 의미는 '거짓말을 만들기를 좋아한다'라는 뜻으로 이는 곧 사단 마귀의 본질이다. 요한복음 8장 44절은 이것에 대하여 "너희는 너희 아비 마귀에게서 났으니 너희 아비의 욕심을 너희도 행하고자 하느니라 저는 처음부터 살인한 자요 진리가 그 속에 없으므로 진리에 서지 못하고 거짓을 말할 때마다 제 것으로 말하나니 이는 저가 거짓말쟁이요 거짓의 아비가 되었음이니라"라고 말하고 있기 때문이다.

주님은 종말을 경계하시면서 마태복음 24장 24절에서처럼 "거짓 그리스도들과 거짓 선지자들이 일어나 큰 표적과 기사를 보이어 할 수만 있으면 택하신 자들도 미혹하게 하리라"라고 말씀하신다. 이는 곧 큰 표적과 기사도 사단은 얼마든지 마술과 같이 거짓으로 행할 수 있다는 것으로, 바울은 데살로니가후서 2장 11-12절에서 "이러므로 하나님이 유혹을 저의 가운데 역사하게 하사 거짓 것을 믿게 하심은 진리를 믿지 않고 불의를 좋아하는 모든 자로 심판을 받게 하려 하심이라"라고 한다.

그러므로 종말은 거짓이 안개처럼 온 세상을 덮는 시대라는 사실에 종들은 눈을 떠야 한다. 정치, 경제, 사회, 문화, 그리고 종교 안에는 눈에 보이지 않는 거짓의 세력들이 자신들이 만든 강력한 이론과 체제를 가지고 어리석은 백성들을 속이며 미혹한다.

특별히 교회 안에 수많은 거짓 선지자와 종들이 활동하면서 베드로후서 3장 3-4절의 말씀처럼 "먼저 이것을 알지니 말세에 기롱하는 자들이 와서 자기의 정욕을 좇아 행하며 기롱하여 가로되 주의 강림하신다는 약속이 어디 있느뇨 조상들이 잔 후부터 만물이 처음 창조할 때와 같이 그냥 있다 하니"라며 주님의 강림하심에 대하여 부정하며 거짓을 전한다는 것을 알고, 깨어 있어야 한다.

위의 여섯까지 일을 행한 자들은 거룩한 성 예루살렘 밖의 곡과 마곡이 되어 성 밖에서 울며 이를 갈이 있으리라는 말씀대로 영원한 불과 유황으로 타는 못에 들어가게 될 것을 말한다.

3. 다윗의 뿌리와 자손, 광명한 새벽별

계 22:16 나 예수는 교회들을 위하여 내 사자를 보내어 이것들을 너희에게 증거하게 하였노라 나는 다윗의 뿌리요 자손이니 곧 광명한 새벽별이라 하시더라

하나님은 그리스도가 다윗의 가문에서 나올 것을 이미 창세기의 야곱의 예언을 통해 말씀하셨다. 창세기 49장 10절은 "홀이 유다를 떠나지 아니하며 치리자의 지팡이가 그 발 사이에서 떠나지 아니하시기를 실로가 오시기까지 미치리니 그에게 모든 백성이 복종하리로다"라고 한다.

실로는 그 자신에게 속한 '고요와 평안과 냉정'을 가지고 오는 현재로 존재하는 자를 일컫는 말로 이 세상에 오실 그리스도를 의미하는 말이다. 모세는 유다를 축복하면서 "여호와여 유다의 음성을 들으시고 그 백성에게로 인도하시오며 그 손으로 자기를 위하여 싸우게 하시고 주께서 도우사 그로 그 대적을 치게 하시기를 원하나이다"(신 33:7)라고 말한다. 이는 유다를 통해서 오실 그리스도에 대하여 이미 예언된 기록으로 마태복음 1장 1절에는 더욱 구체적으로 "아브라함과 다윗의 자손 예수 그리스도의 세계라"라고 하며 그리스도를 다윗의 자손이라는 명칭을 사용한다.

여기서 '자손'은 '휘오스'(υἱός)라고 하여 '아들, 자손, 영적인 아들, 인자' 등을 의미하는 말로 이는 다윗 왕의 계보를 잇는 왕의 자손으로 영적인 아들이라는 말이다.

그리스도가 이 세상에 오실 때는 왕으로 선지자로 그리고 제사장의 세 가지의 직분을 가지고 오셨다. 첫째는 왕으로 오신 그리스도는 곧 다윗 왕의 자손으로 오시는 데 다윗 왕이 이스라엘의 실제적이며 역사적인 왕이었다면 그리스도는 종말에 이스라엘의 뿌리를 잇는 영적 이스라엘로 승리자 곧 이긴 자들의 왕이 되실 것을 계시로 약속하고 있다.

그리스도는 이 세상에 오시어 한 번도 왕의 직분을 수행한 적이 없지만 그가 십자가를 지시고 돌아가시기 전 빌라도의 법정에서 로마의 군인들은 "그 앞에서 무릎을 꿇고 희롱하여 가로되 유대인의 왕이여 평안할지어다"(마 27:29)라며 그리스도를 유대인의 왕으로 인정했으며, 십자가상에서도 마태복음 27장 37절을 통하여 "그 머리 위에 이는 유대인의 왕 예수라 쓴 죄패를 붙였더라"라고 하여, 이방인들은 알고 했든 모르고 했든 그리스도를 유대인의 왕으로 인정했다.

이제 본 절은 그리스도 자신이 "나는 다윗의 뿌리요 자손이니"(계 22:16)라며 왕의 족보를 가진 자임을 스스로 고백하고 있다.

여기서 '뿌리'는 '흐리자'(ῥίζα)라고 하여 '뿌리, 원인, 원천, 기원, 어린 가지, 자식'이라 하여 다윗의 뿌리인 유다 지파에 뿌리를 두고 있음을 말하는 것이다. 이스라엘의 아비인 야곱이 창세기 49장 10절에서 "실로가 오시기까지"라는 예언의 말씀과 일치한다.

이제 예수 그리스도는 다시 이 세상에 강림하여 1천 년의 기간 동안 천년왕국에서 다윗의 왕권을 가지시고 통치하실 것이다. 6천년 동안 사람의 범죄와 타락으로 인하여 사단에게 빼앗겼던 통치권을 다시금 회복하고 생명수의 강이 흐르는 사랑으로 하나 된 나라를 다스리실 것이다.

또한 주님은 자신을 '광명한 새벽별'이라고 하신다.

이 별은 아침 새벽녘에 동쪽 하늘에 밝게 빛나는 별로 태양계에서는 태양과 달 다음으로 밝다.

이사야 14장 12절에서는 하나님이 사단을 "너 아침의 아들 계명성이여"라며 하늘에서 떨어진 별로 묘사한다. 킹 제임스 성경은 계명성을 '루시퍼'(Lucifer)로 표현하고 있지만 현대 성경은 단순하게 'Morning Star'로만 표시하고 있어 예수 그리스도를 상징하는 새벽별(The Morning Star)과 혼돈을 준다.

이것은 사단도 자신을 예수 그리스도와 동등한 새벽별로 위장하여 많은 사람들을 미혹하기 위한 간교함이다. 먼저 우리는 새벽별의 의미가 무엇인지 이해할 필요가 있다. 이것은 영적인 것으로 사단이 통치하는 어둠의 시간이 지나가고 막 태양이 뜨기 직전의 새벽녘에 동쪽 하늘에 밝게 빛나는 별처럼 주님의 재림이 가까웠음을 알리는 징조라는 것이다.

또한 주님은 자신을 광명한 새벽별의 징조로 나타내시며 마지막 시대에 늦은 비의 성령과 말씀을 광명한 빛과 같이 가져올 것을 약속하고 있다는 것으로 이해할 수 있다.

광야에서 이스라엘 백성에게 출애굽기 16장을 통하여 평일에는 한 오멜의 만나를 양식으로 주셨지만 육일째는 갑절의 양식을 주셨던 것처럼 주님의 재림을 앞둔 종말의 시간에는 갑절의 영적인 양식을 주시기 위하여 광명한 새벽별의 징조로 나타나심을 말하는 것으로 이해한다.

그러므로 베드로도 예언의 말씀에 대하여 기록하면서 "어두운 데 비추는 등불과 같으니 날이 새어 샛별이 너희 마음에 떠오르기까지"(벧후 1:19)라며 샛별 곧 The Morning Star가 오시어 마음에 갑절의 영적 양식을 주셔야만 예언의 말씀을 이해할 수 있음을 말하고 있다.

본 절에서 주님은 종말에 교회들에게 주님이 광명한 새벽별로 오시어 갑절의 양식을 주시며 깨어 있어 준비하라고 사자들을 보내어 예언의 말씀을 증거하게 하셨다는 것이다.

교회사적으로 보면 바로 이러한 광명한 새벽별로 갑절의 양식을 가지고 우리의 마음에 오시는 시기가 라오디게아 교회 시대부터라 할 수 있는데, 이는 "내가 문밖에 서서 두드리노니 누구든지 내 음성을 듣고 문을 열면 내가 그에게 들어가 그로 더불어 먹고 그는 나로 더불어 먹으리라"(계 3:20)라고 하기 때문이다.

곧 주님이 오셔서 우리 마음의 문을 두드리는 시간이 있다는 것인데 바로 그때부터 라오디게아 교회 시대로 육일째인 갑절의 영의 양식을 갖고 오시는 늦은 비의 시간이라는 것이다.

마태복음 14장에는 제자들이 탄 배가 바다에서 바람으로 인하여 고난을 당하고 있을 때 밤 사경에 주님이 바다를 걸어서 오시는 장면을 기록하고 있는데, 바로 이 밤 사경이라는 시간이 새벽 5-7시 사이를 가리키는 시간으로 이는 새벽별이 동쪽 하늘에 환하게 비취는 때라는 사실이다.

이러한 기록이 주는 의미는 성경은 새벽별이신 주님이 교회 위에 갑절의 양식을 위하여 종말에 오시는 시간을 비밀의 말씀을 통하여 정확하게 계시하는 것으로 이해해야 한다.

주님은 이 시간을 알리기 위하여 역사적으로 큰 세 가지의 사건을 일으키시는데, 첫째는 이탈리아의 뭇솔리니를 통한 라테란 조약과 함께 가톨릭의 성지인 바티칸을 국가로 인정하는 조약 체결을 하는 것, 둘째는 독일의 히틀러를 통한 2차 세계대전의 발발과 함께 육백만 명의 유대인 학살 사건을 일으키는 것, 그리고 셋째는 그 사건을 배경으로 이스라엘이 국가로 독립되는 것을 말한다.

바로 이러한 역사적 사건들은 주님이 이 세상에 오시어 개입하시며 일으키시는 사건으로 이것에 대하여 마태복음 24장 32-34절에는 "무화과나무의 비유를 배우라 그 가지가 연하여지고 잎사귀를 내면 여름이 가까운 줄을 아나니 이와 같이 너희도 이 모든 일을 보거든 인자가 가까이 곧 문 앞에 이른 줄 알라 내가 진실로 너희에게 말하노니 이 세대가 지나가기 전에 이 일이 다 이루리라"라고 말씀하시는 것이다.

여기서 우리는 "이 모든 일을 보거든"이라는 표현을 유의해야 하는데 이는 이러한 일들이 일어나는 것을 우리 눈으로 본다는 것이다.

먼저 '보거든'이라는 말은 '에이도'(εἴδω)라고 하여 과거시제에만 사용하며 '보았다, 알았다, 인식했다, 깨달았다'라는 의미로 해석한다. 곧 라오디게아 교회 시대라는 6일째 갑절의 영의 양식을 가지고 오시는 시간을 알리며 또한 자신이 문 앞에와 있다는 사실을 깨닫게 하기 위하여 이러한 역사적 사건들을 만드신 분이 바로 주님이라는 사실이다.

그러므로 우리는 주님 자신이 스스로를 광명한 새벽별이라고 표현하는 의미에 대하여 이는 종말론적인 뜻을 포함하고 있음을 이해해야 할 것이다.

가) 성령과 신부가 말씀하다

> **계 22:17** 성령과 신부가 말씀하시기를 오라 하시는도다 듣는 자도 오라 할 것이요 목마른 자도 올 것이요 또 원하는 자는 값없이 생명수를 받으라 하시더라

성경은 성령의 소리다. 베드로후서 1장 21절은 "예언은 언제든지 사람의 뜻으로 낸 것이 아니요 오직 성령의 감동하심을 입은 사람들이 하나님께 받아 말한 것임이니라"라고 한다. 사도 요한도 밧모섬에서 계시록을 기록할 때, 계시록 1장 10절에서 "주의 날에 내가 성령에 감동하여 내 뒤에서 나는 나팔 소리 같은 큰 음성을 들으니"라고 한다.

고린도전서 2장에는 "오직 하나님이 성령으로 이것을 우리에게 보이셨으니 성령은 모든 것 곧 하나님의 깊은 것이라도 통달하시느니라"(고전 2:10)라고 말한다.

기독교는 하나님의 영인 성령의 종교로 이를 '진리의 영'이라고 한다.

요한복음 14장 17절은 "저는 진리의 영이라 세상은 능히 저를 받지 못하나니 이는 저를 보지도 못하고 알지도 못함이라 그러나 너희는 저를 아나니 저는 너희와 함께 거하심이요 또 너희 속에 계시겠음이라"라고 하여 세상에는 성령을 아는 자와 알지 못하는 자로 구

분되고 있다는 것이다.

이 성령은 다른 이름으로 '보혜사'라고 하여 '파라클레토스'(παράκλητος)라고 한다. '곁에서 돕기 위하여 부름 받은 자'라는 의미로 '상담자, 중보자, 위로자, 돕는자'라는 뜻이다. 요한복음 14장 26절은 이것에 대하여 "보혜사 곧 아버지께서 내 이름으로 보내실 성령 그가 너희에게 모든 것을 가르치시고 내가 너희에게 말한 모든 것을 생각나게 하시리라"라고 한다.

곧 성령은 신비한 하늘의 세계에 대하여 그리고 영원한 나라에 대하여 계획하신 하나님의 뜻을 우리에게 가르치시며 알게 하시고 깨닫게 하기 위하여 우리를 상담하시며 돕는 영이라는 말이다.

본 절에서는 성령과 신부가 말씀하신다고 한다.

곧 계시록의 말씀은 성령과 신부에 의하여 기록된 음성으로 이들은 "오라 하시는도다 듣는 자도 오라 할 것이요 목마른 자도 올 것이요 또 원하는 자는 값없이 생명수를 받으라 하시더라"(계 22:17)라며 외치신다. 여기서 신부의 외치심은 사도 요한과 같은 하나님의 말씀과 예수 그리스도의 증거를 가진 종들로 성령에 감동하심을 입은 자들이다.

이들 종들에 대하여는 "이 사람들은 여자로 더불어 더럽히지 아니하고 정절이 있는 자라 어린양이 어디로 인도하든지 따라가는 자며 사람 가운데서 구속을 받아 처음 익은 열매로 하나님과 어린양에게 속한 자들이니 그 입에 거짓말이 없고 흠이 없는 자들이더라"(계 14:4-5)라는 십사만 사천의 종들을 말한다. 하나님은 특별히 종말에 이러한 종들을 천사와 같이 사용하신다.

사도 요한도 천사에게 경배하려 할 때에 천사가 말하기를 "나는 너와 및 예수의 증거를 받은 네 형제들과 같이 된 종이니"(계 19:10)라며 요한의 경배를 거절하는 장면을 본다. 예수의 증거를 받은 종들이 그리스도의 신부로, 이들은 종말에 천사와 동등한 사역을 하며 이들의 입을 통하여 선포되는 외침 곧 "듣는 자도 오라 목마른 자도 오라 또 원하는 자는 누구든지 와서 값없이 생명수를 마시라"며 외치는 자들이다.

본서를 기록하게 된 동기도 이와 같은 하나님의 뜻을 선포하기 위하여 때를 따라 양식을 나눠줄 자가 복이 있다고 하신 그리스도의 신부 된 종으로 외침이며 부르짖음이다.

그러므로 본서는 증인의 사명을 맡은 하나님의 종들과 영과 계시의 말씀에 목마른 성도들 그리고 심지어는 그리스도를 믿지 아니하던 자들에게까지 원하는 자면 누구든 생명수를 마실 수 있다.

나) 예언의 말씀을 더하거나 제하면

> **계 22:18** 내가 이 책의 예언의 말씀을 듣는 각인에게 증거하노니 만일 누구든지 이것들 외에 더하면 하나님이 이 책에 기록된 재앙들을 그에게 더하실 터이요
> **계 22:19** 만일 누구든지 이 책의 예언의 말씀에서 제하여 버리면 하나님이 이 책에 기록된 생명나무와 및 거룩한 성에 참예함을 제하여 버리시리라

성경 말씀은 일점일획도 변함이 없으신 진리의 말씀이다. 온 우주만물을 창조하신 하나님은 지금도 이 우주를 한치의 오차도 없이 섭리하시며 통치하신다. 성경은 바로 그런 하나님이 우리에게 주신

예언이며 계시의 말씀이다.

그러므로 성경을 해석하고 이해하는 것은 사람의 지식이나 철학 또는 과학의 힘이 아니고 오직 성령의 가르치심을 받아야만 한다. 요한일서 2장 27절은 그것에 대하여 "너희는 주께 받은바 기름 부음이 너희 안에 거하나니 아무도 너희를 가르칠 필요가 없고 오직 그의 기름 부음이 모든 것을 너희에게 가르치며 또 참되고 거짓이 없으니 너희를 가르치신 그대로 주 안에 거하라"라고 말씀한다.

또한 히브리서 기자는 "하나님의 말씀은 살았고 운동력이 있어 좌우에 날 선 어떤 검보다도 예리하여"(히 4:12)라고 한다. 여기서 '예리하다'라는 말은 '토모스'(τομός)라 하여 '베다, 자르다'라는 동사로부터 유래한 '날카로운, 예리한'이라는 말이다. 곧 하나님의 말씀이 날카롭고 예리하다는 뜻은 전혀 빈틈이 없고 허점이 없으며 완전하다는 의미이다.

그러나 사람은 실수와 허점이 많고 또한 성경을 해석함에 있어 자신의 지식과 신학 심지어는 감정에 의하여 더하거나 빼므로 이로 인하여 하나님의 뜻을 왜곡하는 수많은 사례들을 본다.

본 절은 예언의 말씀을 듣는 각인에게 증거하고 있는데 "만일 누구든지 이것들 외에 더하면 하나님이 이 책에 기록된 재앙들을 그에게 더하실 터이요 만일 누구든지 이 책의 예언의 말씀에서 제하여 버리면 하나님이 이 책에 기록된 생명나무 및 거룩한 성에 참예함을 제하여 버리시리라"(계 22:18-19)라는 무서운 경고를 내리고 있다는 것이다.

특별히 주님의 재림을 준비하기 위한 계시록은 성경 전체에서 가장 중요한 핵심이라 할 수 있다.

그러므로 계시록을 해석한다는 것이 얼마나 두려운 일인가? 베드로후서 1장 19절은 이것에 대하여 "또 우리에게 더 확실한 예언이 있어 어두운 데 비취는 등불 같으니 날이 새어 샛별이 너희 마음에 떠오르기까지 너희가 이것을 주의하는 것이 가하니라"라고 권면하고 있다.

그러면서 베드로후서 1장 20절은 "먼저 알 것은 경의 모든 예언은 사사로이 풀 것이 아니니"라며 경고하는 것이다.

본 절은 이 예언의 말씀에 더하면 이 책에 기록된 재앙을 더한다고 한다.

여기서 '더한다'는 말은 '에피티데미'(ἐπιτίθημι)라 하여 '위에 놓다, 쌓아 올리다, 풍성하게 얻다, 습격하다, 공격하다'라는 의미로, 하나님의 말씀 위에 그럴듯하게 보기 좋은 것들로 쌓아 올린 것을 말한다. 곧 사람의 지식이나 경험 또는 신념이나 의로움 등으로 말씀 위에 쌓아 올림으로 말씀의 본질보다는 자신의 의를 드러내고자 하는 경우다.

창세기 40장의 떡 굽는 관원장의 꿈이 바로 그것을 말하는 것으로 꿈에 흰떡 세 광주리가 머리에 있고 그 윗 광주리에 바로를 위하여 만든 각종 구운 식물이 있다고 한다.

이것의 의미는 흰떡 세 광주리는 하나님의 깨끗하고 정결한 말씀을 뜻하지만 문제는 그 떡 광주리 위에 바로를 위하여 구운 식물을 쌓아 올렸다는 것이다.

여기서 바로는 세상의 왕인 사단을 의미하는데 떡 굽는 관원장은 하나님의 말씀 위에 사단이 좋아하는 구운 식물을 올려놓음으로 하나님을 나타내기보다는 사단의 미혹의 실체인 보암직하고 먹음직한 것을 나타냄으로 또한 혼합시킴으로 인하여 하나님의 말씀을 부정하게 했다는 것이다.

그러므로 이것의 결과는 바로 재앙으로 사망에 이르게 되었음을 성경은 기록하고 있다.

"이 책의 예언의 말씀에서 제하여 버리면 하나님이 이 책에 기록된 생명나무 및 거룩한 성에 참예함을 제하여 버리시리라"(계 22:19)라고 한다. 현대신학의 아버지라고 하는 슐라이에르마허의 자유주의 신학은 성경의 뜻과 의미들을 축소시켰으며 이 영향은 지금까지도 자유주의 신학을 신봉하는 자들에 의하여 진행되고 있다.

대표적인 것은 하늘의 하나님을 땅의 하나님으로 끌어내려 인본주의적인 신앙의 길로 인도했으며, 성경 속에 있는 신비한 세계들 곧 예수 그리스도의 처녀 탄생과 죽은 자의 부활에 대한 것 그리고 주님이 사역 가운데 행하신 기적에 대하여 부정과 의혹을 제기하는 등 자유주의 신학의 대표적인 신학인 고등비평이란 신학을 만들어 하나님과 예수 그리스도의 하늘의 뜻을 축소시켜 왔던 것이 사실이다.

또한 19세기 중엽에 등장한 세대주의 종말론은 사도 요한의 기록인 요한계시록을 교회와 유대인의 부분으로 나누어 가르침으로 상당한 부분들이 이방인들하고는 관계없는 계시가 되어버렸다

그야말로 "이 책의 예언에서 제하여 버리면"이라는 불법이 되게 하였으며 이것은 결국 이방인들이 생명나무와 거룩한 성에 참예하는 길을 모르게 하여 애초부터 싹을 잘라 버리게 했다는 사실이다.

이 모든 것들은 결국 사단의 간교한 수법에 의하여 그동안 기독교 역사 안에서 시행되고 이루어져 왔으며, 특별히 생명나무와 거룩

한 성에 참예하는 길을 인도하는 요한계시록은 다양한 이론들과 종말적 현상들을 부정하는 시대적 현상과 사고들로 인하여 이방인 교회 안에서 거부되는 책으로 인식되어 왔다.

지금도 수많은 이방인 교회의 종들은 요한계시록에 대한 가르침을 성도들에게 전하는 것을 두려워하며 기피하고 있음을 보면서 얼마나 사단의 간악한 수법이 그동안 교회를 파괴해 왔는지를 보게 된다.

왜 하나님이 이 책의 예언의 말씀에서 제하여 버린 자들에게 생명나무와 및 거룩한 성에 참예함을 제하여 버리신다고 하였는가?

그것은 바로 계시록을 유대인의 것과 이방인의 것으로 나누어 애초 이방인들이 생명나무와 및 거룩한 성에 참예하는 길을 막아버린 자들을 향한 하나님의 보복이라 할 것이다.

성경은 분명히 로마서 10장 11-12절에서 "성경에 이르되 누구든지 저를 믿는 자는 부끄러움을 당하지 아니하리라 하니 유대인이나 헬라인이나 차별이 없음이라 한 주께서 모든 사람의 주가 되사 저를 부르는 모든 사람에게 부요하시도다"라며 선언하고 있는데, 왜 오직 요한계시록에서만 유대인과 헬라인을 구별하시는지 이 글을 읽는 자들은 깨달아야 할 것이다.

하나님은 화합과 연합의 하나님이시지 분리와 나눔의 하나님이 아니라는 사실을 성경은 우리에게 가르쳐 왔음에도 유대인들은 특별한 혜택을 받는 사람인 것처럼 인식하는 이방인 교회의 성도들은 반드시 깨어 하나님은 이방인 교회에게 생명나무와 및 거룩한 성에 참예하는 길을 열어놓으셨다는 사실을 알아야 한다.

그러므로 지금 이방인 교회들은 로마서 2장 28-29절에서 "대저 표면적 유대인이 유대인이 아니요 표면적 육신의 할례가 할례가 아니라 오직 이면적 유대인이 유대인이며 할례는 마음에 할지니 신령에 있고 의문에 있지 아니한 것이라"는 말씀을 깊이 상고해야 할 것이다.

다) 아멘 주 예수여 오시옵소서

계 22:20 이것들을 증거하신 이가 가라사대 내가 진실로 속히 오리라 하시거늘 아멘 주 예수여 오시옵소서

성경의 결론은 주님이 다시 오시는 것이다.

하나님이 창조한 세계 속으로 다시 오시어 영원히 하나님의 형상으로 창조된 사람과 함께 거하며 잃어 버렸던 에덴의 동산을 다시 회복하는 것이 하나님의 뜻이다. 그래서 하나님의 백성들은 다시 오실 주님을 기다리며 긴 세월을 인내하며 기다려 온 것이다.

그동안 수없이 많은 사단의 공격과 간교한 미혹으로 하나님의 백성들은 긴 어둠의 터널을 지나며 그 끝에 비칠 새 하얀 빛을 꿈꾸며 소망으로 견디어 왔다.

그러므로 "아멘 주 예수여 오시옵소서"는 모든 성도들의 마음의 간절한 외침이다. 또한 이 말은 주님이 "내가 진실로 속히 오리라"(계 22:20)라는 말씀에 대한 성도들의 기쁨의 화답이다. 헬라어로 '엘코마이'(ἔρχομαι)는 '오다, 나타나다, 들어오다, 임하다'라는 뜻으로, 주님이 이 세상 속으로 들어오신다는 말이다.

주님은 본 절에서 속히 오실 것을 약속한다. 여기서 '속히'라는 말은 '타퀴'(ταχύ)라 하여 '지연함 없이, 빨리, 빠르게, 신속히, 곧, 즉시,

갑자기'라는 의미이다.

하루가 천년 같고 천년이 하루 같은 주님에게는 '속히'라는 시간의 개념이 우리가 느끼는 개념과는 다르다는 것은 분명하다. 단지 주님은 자신이 이 세상에 있는 사랑하는 성도들을 만나고자 하는 절박한 마음의 표현이다. 어짜피 주님은 하나님만이 아시는 '카이로스'의 예정된 시간에 오실 것이다. 그러나 '속히'라는 말이 어떤 사람에게는 '빨리, 즉시 오시옵소서'라는 희망의 소리로 들릴 수 있지만, 반대로 어떤 사람에게는 갑자기라는 두려움의 소리로 도둑처럼 오신다는 경고의 소리로 들릴 수 있다.

초대교회의 성도들은 주님이 그 당시에 재림하실 것이라고 생각하여 인사가 주 예수여 오시옵소서라는 뜻을 갖는 '마라나타' 였다고 한다. 고린도전서 16장 22절에도 "만일 누구든지 주를 사랑하지 아니하거든 저주를 받을지어다 주께서 임하시느니라"는 말씀이 있다. 여기서 주께서 임하시느니라는 말이 곧 아람어 '마라나타'(μαρὰνάθά)이다.

바울은 고린도 성도들에게 주님이 재림하실 것을 말하며 신앙의 고삐를 쥘 것을 경고하고 있다.

지금 우리가 사는 이 시대는 어떠한가?

마지막 교회 시대인 라오디게아 교회를 향하여 주님은 내가 문밖에 서서 두드린다 고 말씀한다.

그리고 이스라엘의 새로운 탄생을 의미하는 마태복음 24장의 무화과나무 비유에서 "내가 진실로 너희에게 말하노니 이 세대가 지나가기 전에 이 일이 다 이루리라"(마 24:34)라고 하는 주님이 오심을 짐작할 수 있는 거대하며 불가사의한 사건을 우리의 눈앞에서 이루셨다.

또한 바벨론의 음녀와 하나 되어 동성끼리의 결혼을 합법화하며 배도의 길을 가는 개신교의 WCC와 WEA의 거대한 타락의 세력들을 보고 있다.

최근에는 코로나 바이러스라는 희대의 전염병이 세계를 공포의 도가니로 몰아가고 있으며 이로 인해 사람과 사람 간의 격리라는 명목으로 교회 내의 예배의 현장이 무너져 내리는 현상을 목도하고 있다.

또 기술의 발달로 이제는 사람의 몸을 치료한다는 명목으로 칩을 삽입하여 통제하려는 강력한 법들이 만들어지고, 한편에서는 이러한 것들을 시행하는 나라들이 존재하고 있다. 결국 지금은 성경이 우리에게 경고했던 마지막 종말에 있을 모든 일들이 존재하며 시행되고 있다.

과연 우리는 이러한 시대를 살아가는 하나님의 백성들로 감각이 없는 자들로 살아갈 것인가 아니면 깨어서 주님의 오심을 기다리며 준비하는 마라나타의 신앙으로 살아갈 것인가?

바로 본 요한계시록의 집필은 그러한 하나님의 때를 알리는 말씀을 전하라는 강력한 성령의 계시함으로 시작된 것이다.

부족하나마 많은 하나님의 백성들이 이 책을 통하여 하나님과 어린양이신 주님을 다시 만나는 계기가 되길 바라며, 주님의 다시 오심을 간절히 기다리며 사모하는 마라나타의 믿음을 소유하길 부탁한다.

집필을 마치면서

성경의 마지막 장인 요한계시록을 집필하면서 두려움과 걱정이 앞섰다. 부족한 나 자신이 계시록에 대해 집필한다는 것은 마치 에베레스트와 같은 큰 산을 넘는 엄청난 도전이라 생각했기 때문이다. 그러나 마음속으로 들려오는 하나님의 음성을 거절할 수 없었다. "때가 되었으니 말씀을 기록하라"는 것이다.

나는 모세처럼 "하나님, 나같이 부족한 자가 어떻게 그 위험한 책을 씁니까? 나는 할 수 없어요"라면서 나도 모르게 부인하고 거절했다. 그러나 계시의 말씀을 기록하라는 성령의 음성이 내 속에서는 마음을 채찍질하며 불타올랐다.

생각 끝에 그렇다면 "나는 할 수 없으니 성령님께서 말씀해 주세요. 주님이 그리하시면 하겠습니다"라고 순종했고, 두 달 동안의 장고 끝에 마음의 결정을 하고 펜을 들어 계시록의 책장을 폈다. 이것이 만 15개월 전의 일이다.

미국 뉴저지주 팰리세이드파크의 조그만 사무실에 앉아 온 마음을 다해 기도하며 성령께서 주시는 글을 한 자 한 자 적어 나갔다. 그 당시에 미국은 코로나로 많은 사람들이 죽어가고 있었고, 확진자도 많아 힘들고 어려운 시간임에도 누군가 재촉하는 듯 나는 낮과 밤을 가리지 않고 계속 계시의 말씀을 적어 나갔다.

두 달 만에 계시록의 절반인 11장까지 마치고 나니 체중이 10킬로그램 정도 빠져 있었다. 건강 상태가 너무 안 좋았으며 거기다 코로나 확진까지 받아 이중 삼중으로 고통이 몰려왔다.

이러다 죽을 수도 있겠다 생각하니 힘들고 어려웠지만 그래도 주님이 계시록을 완성하기까지는 건강을 지켜 주시리라는 생각을 하니 마음에 평안함이 찾아왔다. 터널의 절반을 지나왔지만 아직까지 갈 길이 멀고 출구에 들어오는 빛을 보기까지는 아득하게만 느껴졌다.

나는 혼자 '희망의 끈을 놓아선 안 돼, 주님이 보고 계시잖아'라고 자문자답하며 한 발자국씩 앞으로 나아갔다.

어느 정도 몸이 회복되자 마음속에는 문득 한국에 나가 나머지를 완성해야겠다는 생각이 들었다. 건강을 지키기 위해 잘 먹어야 하는데 이곳에서 홀로 음식을 해먹다 보니 중국 음식이나 피자로 식사를 때우는 것이 보통이었기 때문이다. 더 이상 이런 식으로는 건강을 지키기 어렵다는 생각이 들어 2021년 3월에 한국으로 나왔다.

그래도 한국에는 5년 전 안성의 산골에 얻어 놓은 7평짜리 작은 원룸이 있어 그곳에서 쉬며 글을 쓸 수 있었다. 먹고 싶은 것을 쉽게 구할 수 있고, 또 제자들이 가져다 주는 반찬으로 불편하지 않게 온전히 글을 쓰는 데만 전념할 수 있었다.

엘리야 선지자도 요단강의 그릿 시냇가에서 까마귀가 갖다 주는 떡과 고기를 먹으며 세상과 단절된 상태에서 오직 하나님과 독대하였듯이, 작고 조그만 원룸이지만 요단강보다 훨씬 좋은 환경이라는 생각이 들었다.

나는 가끔 하나님께 마음으로 기도하면서 "하나님, 저를 주의 종으로 불러주셔서 너무 기쁘고 행복하며 감사합니다"라며 혼자 중얼거릴 때가 있다. 왜냐하면 하나님의 말씀 속에 들어가 있다 보면 내 마음속에 신비하고 기이한 세상이 펼쳐지며 모든 것을 가진 것같이 희열과 기쁨이 차고 넘치기 때문이다.

어느덧 한국에 온 지 10개월, 바로 오늘 2022년 1월 14일은 계시록 22장 21절까지 모든 계시의 말씀에 대한 기록을 완성한 날이다. 그래서 오늘은 나의 인생에 영원히 기억될 날로 마음의 짐을 벗은 듯 홀가분하다.

종은 이 책이 천국을 소망하는 많은 하나님의 백성들에게 필독서가 되어 생명나무에 나아가며 거룩한 성에 들어가는 은혜의 책으로 길잡이가 되길 기원한다.

알파와 오메가이시며 처음과 나중이시고 시작과 끝이신 하나님은 지금도 살아 계시어 우리와 함께 하신다. 고린도전서 13장 12절에서처럼 "우리가 이제는 거울로 보는 것같이 희미하나 그때에는 얼굴과 얼굴을 대하여 볼 것이요 이제는 내가 부분적으로 아나 그때에는 주께서 나를 아신 것같이 내가 온전히 알리라"는 말씀이 이 책을 읽는 모두에게 임하기를 축복한다.

2022년 1월 14일(금)

예수 그리스도의 종 손요한 목사

요한계시록 세미나 문의: 010-6888-0967 손요한 목사

성령론적 요한계시록 Ⅱ

기이한 빛 속으로

1판 1쇄 인쇄 _ 2022년 5월 25일
1판 1쇄 발행 _ 2022년 5월 30일

지은이 _ 손요한
펴낸이 _ 이형규
펴낸곳 _ 쿰란출판사

주소 _ 서울특별시 종로구 이화장길 6
편집부 _ 745-1007, 745-1301~2, 747-1212, 743-1300
영업부 _ 747-1004, FAX 745-8490
본사평생전화번호 _ 0502-756-1004
홈페이지 _ http://www.qumran.co.kr
E-mail _ qrbooks@daum.net / qrbooks@gmail.com
한글인터넷주소 _ 쿰란, 쿰란출판사
페이스북 _ www.facebook.com/qumranpeople
인스타그램 _ www.instagram.com/qrbooks
등록 _ 제1-670호(1988.2.27)
책임교열 _ 김영미 · 이화정

 ISBN 979-11-6143-726-2 94230
979-11-6143-727-9 (세트)

책값은 뒤표지에 있습니다.